U0666491

黄松峪史话

時二零二三年元月 翟德年 敬题

柴福善◎著

中国文史出版社

图书在版编目（CIP）数据

黄松峪史话 / 柴福善著. —北京：中国文史出版社，2023.6
ISBN 978-7-5205-4051-3

Ⅰ. ①黄… Ⅱ. ①柴… Ⅲ. ①平谷区—地方史 Ⅳ. ①K291.3

中国国家版本馆CIP数据核字（2023）第058567号

责任编辑：刘华夏

出版发行：中国文史出版社
地　　址：北京市海淀区西八里庄路69号　　邮编：100142
电　　话：010－81136606 / 6602 / 6603 / 6642（发行部）
传　　真：010－81136655
印　　装：廊坊市海涛印刷有限公司
经　　销：全国新华书店
开　　本：787mm×1092mm　1/16
印　　张：30.75
彩　　插：12
字　　数：399千字
版　　次：2023年6月北京第1版
印　　次：2023年6月第1次印刷
定　　价：98.00元

《黄松峪史话》编委会

柴福善　北京市平谷区人，1956年12月生，曾任平谷县委党史办副主任、县文化文物局副局长、平谷区文化委员会副主任、区文联副主席、区政协常委、区政协学习与文史委员会主任，为中国作家协会会员、北京作家协会理事、平谷文史专家。

1982年起发表文学作品，在全国多家报刊发表诗歌百余首、散文400余篇，多篇作品被转载，并收入多种文集。散文集《江山有待》荣获全国第五届冰心散文奖，《两栖集——柴福善散文精粹》被中国散文学会指定为2012年特别推荐书籍。

出版散文集《逍遥人生》《岁月无痕》《往事与乡情》《核桃树下的王蒙》《秦时明月》《江山有待》《两栖集》《泃河的波光》《畅游石林峡》《畅游梨树沟》和诗集《石林峡　梨树沟》及校注《李锴诗文集》《与中学生谈写作》，与古建专家罗哲文合著《中华名寺大观》《中华名塔大观》《中华名桥大观》《中华名园大观》《中华名楼大观》《中国的世界遗产》，编著《平谷寺庙志略》《平谷古树名木图志》《志书补遗》《明代平谷志料辑校》《平谷史话（修订本）》《峪口史话》《独乐河史话》《马昌营史话》《镇罗营史话》《大兴庄史话》《刘家店史话》《东高村史话》《平谷镇史话》《丫髻山》《丫髻山楹联匾额》《丫髻山碑刻》《丫髻山传说》《丫髻山历史文化课》及《老红军李云辉》《我所了解的瓦关头》《熊儿寨村那些事》，主编《泃水长歌》（三卷）和《平谷文物志》等。

十八潭风景区
太清宫
百香宫旅游景区
北京平谷天云山
旅游风景区
千佛崖风景区
梨树沟景区
黄
莲花塔
欢乐农家
贾家台
梨树沟门
梨树沟
塔洼
金塔仙谷
松
湖洞水风景区
塔洼沟口
北京平谷区国际徒步大道
刁窝
京东石林峡风景区
峪
黄松峪水库
千年银杏景区
黄松峪
插旗顶
康石岭
乡
白云寺
白云寺
黄松峪中心小学
黄松峪乡
黄松峪中学
钟乳洞
小东沟
大东沟
黑豆峪桥
黑豆峪
东方石窟
风景区
试验厂桥

黄松峪乡地图

俯瞰云雾掩映下的明代长城、黄松谷关及黄松峪水库（王玉梅摄于2021年7月）

石林峡七彩池（石林峡管理处提供，摄于2020年3月）

梨树沟休闲谷夜景（梨树沟休闲谷提供，摄于2022年7月）

花海梯田（梨树沟休闲谷提供，摄于2022年8月）

湖洞水

天云山玻璃大桥风光

溶洞奇观（张永成摄于2021年9月）

黄松峪村观音庙前银杏树（摄于1988年9月）

白云寺村白云寺前重修白云寺碑（摄于2007年10月）

明安边神炮，1982年黄松谷关关城遗址出土

黄松峪乡人民政府（摄于2014年4月）

序

始入黄松峪，便被这里的青山绿水、风土人情深深吸引；身处黄松峪，更被这里的一草一木、一颦一笑频频触动，让人百看不厌、久处不腻，虽在任两年有余，这片64.4平方公里的土地上依然还有我未踏足过的山巅沟谷，未尝尽的农家美食，未听完的民间趣事让人期许。

黄松峪，这块黄金宝地地处京津冀两小时交通圈的核心，立足优越的自然、人文资源禀赋，黄松峪乡党委、政府始终坚持“绿水青山就是金山银山”的“绿色发展　生态立乡”战略部署，高质量发展全域休闲旅游业，沿着17.9公里的胡关路，号称“天下第一古洞”的京东大溶洞景区、新晋网红打卡地松鸣·露营、璀璨明珠黄松峪水库、明代石长城、4A级景区京东石林峡、2A级景区湖洞水、高品质乡村休闲综合体梨树沟休闲谷、天云山景区等文旅产品多点开花、硕果累累，是北京唯一一处享有国家森林公园、国家地质公园、国家矿山公园三项“国字号”殊荣的乡镇。

这里乡风淳朴，村民热情好客。全乡23%的人从事旅游及相关产业，村民利用闲置房屋或改造成一栋栋别具一格精品民宿，或办起了具有家乡味道的农家院，山间野菜加工成的天然菜肴风味鲜美，拿手好菜巧手豆花、枸椒子烙饼、烤羊、豆角饭、铁锅炖、水库鱼等农家菜广受欢迎。

这里藏龙卧虎，英才荟萃。早有前文化部部长王蒙先生居此多年，现有世界版画联盟主席王华祥打造了一家万圣谷美术馆，既可饱览世界顶尖艺术名画又可享高端艺术民宿；中国山水画研究院里的陈克永隐居于此20余年，先生磅礴大气的画作，绘就了黄松峪乡的山水之美。

这里未来可期，注定不凡。在新时代乡村振兴，既要塑形，也要铸魂的发展背景下，实现乡村文化振兴，推动当代农村文化繁荣复兴发展成为实现乡村全面振兴的关键和内在动力，大美黄松峪将紧抓机遇，以文化为抓手做好文旅产品顶层设计，推进农文旅项目连点成片，串珠成链，擦亮高品质的“世界休闲谷 大美黄松峪”文旅新名片。

为此目的，极其有幸聘请到柴福善先生编纂《黄松峪史话》，深度挖掘乡村历史文化。柴福善先生是邑内著名文史专家，他耗费毕生精力、青灯黄卷、皓首穷经，在万卷史书中孜孜以求平谷历史文化的研究，已出版《平谷史话》《志书补遗》《平谷文物志》等多部重要著作。先生对黄松峪的山水也十分青睐，已整理出版《畅游石林峡》《石林峡览胜》《美在梨树沟》等多本书目，撰写的《再访石林峡》《梨树沟写意》等文章在《人民日报》刊发。经过先生历时十个月的宵衣旰食、朝乾夕惕，逐一踏勘乡域内的文化遗存，访遍了村中老者，在夜以继日的寻经问典、爬梳剔抉中终成《黄松峪史话》一书，将已经被时代的尘埃封埋的历史文化重新展现出来，就此机会，我代表黄松峪乡党委、政府，对先生表示衷心的感谢，愿仁者寿智者康，不断谱写本土文史的华章。

“一邑之典章文物，皆系于志”，盛世编修史志是中国优秀的文化传统，处在这样一个太平盛世，我们有责任为后人留下一部系统的、翔实的地方史料，为现在乃至将来经济社会发展提供借鉴，为爱国爱乡教育提供乡土教材，为各界朋友深入了解“大美黄松峪”提供信息。《黄松峪史话》以翔实的资料、珍贵的图片、朴实的文风，清晰记录了黄松峪的历史文化、名胜古迹和风物景观，是社会各界了解和认识黄松峪的宝贵史料，确有“存史、资政、育人”的意义，“治天下者以史为鉴，治郡国者以志为鉴”，未来的黄松峪将以此书作为重要的资料宝库、文化宝库、知识宝库，传承优秀的历史文化，融合时代内容，促进文化繁荣，推动经济社会发展。

匆匆写下上面一些文字，与其说是作序，倒不如更准确地说是晚辈写的一篇读后感作业，希望更多的人能从这部史话中，获取有用的信息和教益。

中共黄松峪乡党委书记 [illegible]

2023年3月

目 录

沿 革

黄松峪乡，因驻地黄松峪村而得名（图1，图2）。地处平谷区东北部，西南距区政府驻地20公里，东及东南与金海湖镇相邻，西南与南独乐河镇接壤，西与熊儿寨乡毗连，西北与镇罗营镇相接，东北与河北省兴隆县交界。乡域总面

图1 黄松峪乡人民政府（摄于1992年）

图2 黄松峪乡人民政府（摄于2014年4月）

积64.4平方公里，下辖7个行政村，共5400多人。

历史上，这里为平谷、密云、蓟县三县交界处，主要由密云和蓟县两县管辖。

查阅清光绪七年（1881年）《密云县志》，“卷二之八·舆地三·市里·村庄”中的“正东”及“东南”方位，尤其“东南”，记有“瓦官头庄”“镇罗营堡”“上镇庄”“大铧山”“熊儿寨”“鱼子山”等村，没有记载属于密云县管辖的“澇洼”“塔洼”“梨树沟”“刁窝”“黄土梁”“土谷子”等村。民国三年（1914年）《密云县志》及民国二十七年（1938年）《密云县志》亦未见对这几个村庄的记述。

蓟县自明代有志，而明、清志尚未见到，手头仅有一部民国三十三年（1944年）《重修蓟县志》复印本，其中“卷三·乡镇·户口”写到，明以鱼鳞册编里，里有甲，甲有户，阅岁开除全郡，共分二十六里，弘治五年（1492年）改为十五里。清因明制，又裁撤蓟州镇朔营州三卫为尚义里，共为十六里。新编《蓟县志》“第一编·建置区划·第三章·区划·第一节·明清时区划”记载：至清道光十一年（1831年），全县划15里、28保，有973个村。其中，关厢里，共辖102个村，分3保，西关乡保辖60个村，东山乡保辖34个村，西山乡保辖8个村。西山乡保所辖8村为：峨嵋山、彰作里、黄松峪、将军关、黑豆峪、黑水湾、靠山集、上营。这8个村都为今平谷区境内的村落，而“上营”当为今东上营，黄松峪村、黑豆峪亦在其间。

民国三十三年（1944年）《重修蓟县志》记载，民国元年（1912年），划全县为八区，区下设乡。黄松峪乡的一部分，属于第八区靠山集乡。为便于读者了解与研究，在此将全乡16个村名一并录此：靠山集、东沟、黄松峪、小东沟、大东沟、上营、棚峪、彰作、红石门、黑水湾、将军关、黑豆峪、白云寺、康石岭、峨嵋山、北寨。同时，对这16个村还有具体户数、人口：

村 名	户 数	男	女	合 计
靠山集	93	284	264	548
东 沟	48	178	155	333
黄松峪	236	741	675	1416
小东沟	9	28	29	57
大东沟	16	42	40	82
上 营	118	459	389	848
栅 峪	125	305	305	610
彰 作	159	493	458	951
红石门	31	104	86	190
黑水湾	213	685	622	1307
将军关	137	432	394	826
黑豆峪	240	795	717	1512
白云寺	50	130	118	248
康石岭	18	43	43	86
峨嵋山	105	342	276	618
北 寨	79	252	246	498

这些村的户数和人口数，当为1943年前后的数字。

根据《蓟县志》所记和志前所绘第八区图以及平谷县地名办、市测绘设计研究院编制的《平谷县地名图》予以比对，“东沟”位于区图的靠山集东不远，且在“东沟”旁写着“大小”二字，而地名图在今靠山集村东边2里处标示有“小东沟”，故此，这里的“东沟”当为今“小东沟”了；“大东沟”“小东沟”位于区图的黄松峪东侧不远，地名图在今黄松峪村东南不远，且标示着自然村“小东沟”及行政村“大东沟”，所以，这“大东沟”“小东沟”，应是今黄松峪乡的“大东沟”“小东沟”了。

“栅峪”有125户、610人，是个不小的村了。新编《蓟县志》记载1946年5月，将靠山集、黄松峪、小东沟、上营、彰作、黑水湾、将军关、黑豆峪、白云寺、峨嵋山、北寨、中心村、白水泉、黄草洼、红石坎、大东沟、康石岭、栅峪、东沟19个村庄划归平谷县，其中就有“栅峪”，可地名志及新编2001年版《平谷县志》对此没有记述，尤其新编2001年版《平谷县志》所记划归的村庄为14个行政村，即峨嵋山、北寨、黑豆峪、白云寺、靠山集、东上营、彰作、大东沟、小东沟、中心村、将军关、黑水湾、黄松峪、黄草洼，这应该是现在的村庄记述了。那么，“栅峪”是并到哪村，还是改了新名？看区图，栅峪在大东沟东面，彰作西面，黑水湾、上营北面，这位置似与地名图的“茅山后”吻合。可地名志记载茅山后，“清已成村，称榛子峪”，似与此无关，以后再行研究。

“康石岭”，志书有记，应是个不大的村，而区图未标示。地名图则在白云寺东北、黄松峪西边的位置标示为一个小自然村，且距白云寺村更近些。地名志记载：康石岭“清代成村，村东山梁石质风化如糠，称糠石岭，村以山岭得名，后演化为今称”。黄松峪人、乡文化干部潘军记得，康石岭是白云寺和黄松峪搭界处的一个小山梁，那儿的石头特别糟，就跟糠饽饽似的，那个小村是过去白云寺的一个小队。

“白水泉”，志书有记，但区图未标示，地名志未记载，应该与黄松峪地区无关，不作研究。

抗日战争开始后，在中国共产党领导下，随着冀东西部抗日根据地的开辟，于1940年4月建立蓟（县）平（谷）密（云）联合县，在鱼子山设立西北办事处。黄松峪这一带地区，应属于西北办事处开辟的抗日根据地。

1940年11月，随着根据地的扩大，将蓟平密联合县扩建为两个联合县，南部以盘山前为中心，建立蓟（县）宝（坻）三（河）联合县；北部撤销西北办事处，以鱼子山为中心，建立平（谷）密（云）兴（隆）联合县，下设四个区，其中二区在城东及北山，黄松峪地区当在二区范围内。平密兴联合县委宣传部长兼二区区委书记江东，就在这一带开辟地区、发展党员及建立党组织。

1942年11月，将平（谷）密（云）兴（隆）联合县改为平（谷）三（河）密（云）联合县，将原属蓟（县）宝（坻）三（河）联合县的三河一部分划入，下设4个区，黄松峪地区仍属二区。

1943年7月，随着抗日根据地的巩固和扩大，为适应抗日斗争形势发展，冀热边特委作出“县划小，区划大”的决定，将平三密联合县划为两个联合县，北部原平三密联合县三区连同滦承兴办事处所辖大小黄崖区域，划为承（德）兴（隆）密（云）联合县，南部为平（谷）三（河）蓟（县）联合县（通称老平三蓟联合县），将原蓟（县）宝（坻）三（河）联合县盘山地区划入，下设10个区。黄松峪地区依然属于二区。

1944年7月，恢复1942年被日军“蚕食”的基本区，且西部开辟到潮白河流域，西南开辟到通县、香河一带。这时，平三蓟联合县一分为三，西部二十里长山一带扩建为三（河）通（县）顺（义）联合县，西南部九、十区扩建为三（河）通（县）香（河）联合县，东部一、二、三、六等区仍为平三蓟联合县（通称新平三蓟联合县），直至抗日战争胜利，下设10个区。1945年8月至1946年3月，仍沿用平三蓟联合县建制，下设11个区。黄松峪地区仍然属于二区。

1946年3月，取消平三蓟联合县建制，恢复平谷县的单一建制。新编2001年版《平谷县志》记载从蓟县划入14个行政村，包括黄松峪乡的黑豆峪、白云寺、大东沟、黄松峪4个村。而新编《蓟县志》记载是19个村庄划归平谷县，看来是包括一些如小东沟、大东沟等自然村了。至

1949年，全县下设7个区，黑豆峪、白云寺等在第二区；黄松峪、大东沟等在第三区。

1950年5月，又从密云县划出35个行政村归平谷，有涝洼、塔洼、梨树沟、刁窝、黄土梁、土谷子、段洼、上镇、西峪、西牛角峪、上营、下营、见子庄、五里庙、寺峪、桃园、北水峪、关上、清水湖、南水峪、玻璃台、东长峪、西长峪、四道岭、东牛角峪、花峪、白羊、南树林、罗家沟、魏家湾、北土门、南岔、熊儿寨、老泉口、瓦官头，包括黄松峪乡的涝洼、塔洼、梨树沟、刁窝、黄土梁、土谷子6个村。

这时，全县将7个区合并为5个区，其中第三区（南独乐河区）：政府驻地南独乐河，辖47个行政村，有将军关、中心村、彰作、大东沟、靠山集、上营、上宅、郭家屯、大马各庄、小马各庄、黄草洼、红石坎、上堡子、罗汉石、酸枣峪、新开峪、土门、晏庄、祖务、耿井、马屯、滑子、黑水湾、韩庄、胡庄、洙水、水峪、海子、南山村、甘营、望马台、南独乐河、北独乐河、峨嵋山、刘家河、北寨、黑豆峪、小东沟、黄松峪、白云寺、刁窝、土谷子、黄土梁、段洼、梨树沟、涝洼、塔洼。其中，黄松峪乡的11个村在此区内。只是所写“黑豆峪、小东沟、黄松峪”之“小东沟”，“彰作、大东沟、靠山集”之“大东沟”，联系后面志书所记及现在的现状，不知是否记反了，感觉黄松峪附近的当为今大东沟，靠山集那边的当为今小东沟才是。当然，如果以后发现记载的原始档案，应以原始档案所记为准。

1953年6月，建立乡政权，全县划为6个区、80个乡（镇）。其中，靠山集区，政府驻地靠山集，辖17个乡、41个行政村，有黄松峪乡、黑豆峪乡；镇罗营区，政府驻地镇罗营，辖14个乡、34个行政村，有梨树沟乡、土谷子乡、塔洼乡。今黄松峪乡应在这两个区、5个乡内。就在这时，“涝洼”划分为“东涝洼”“西涝洼”，“东涝洼”划入了靠山集乡，“西涝洼”划入了黄松峪乡。1976年3月，“西涝洼”并入了黄松峪村；

1996年，“东涝洼”并入了大兴庄镇周庄子村。至此，平谷县不再有“涝洼”村了。

关于“土谷子乡”，为新编2001年版《平谷县志》所记。而原土谷子村80岁老书记计泉记得，好像有个大段洼乡，乡长叫张德发，秘书叫白文林。张德发是大段洼人，就在大段洼村南边他家里办公，离土谷子不远，经常到土谷子来，村里人一见就说乡长来了。没记得也没听说有土谷子乡。老人说，书上写着有土谷子乡，要么就是乡长在他家办公？老人思维清晰，头脑灵活，所记事情一般很准确。此资料只有查阅原始档案如何记载，才可证实是志书记载确切，还是老人所记确切，暂且存疑。

1954年，南埝头乡并入东高村乡，全县为6个区，79个乡。黄松峪地区没有变化。

1956年撤销区级建制，将79个乡并为34个乡镇：城关镇、大北关乡、赵各庄乡、东高村乡、张各庄乡、王辛庄乡、门楼庄乡、马坊乡、果各庄乡、马昌营乡、后芮营乡、北杨家桥乡、西樊各庄乡、峪口乡、唐庄子乡、乐政务乡、后北宫乡、刘家店乡、大华山乡、西峪乡、镇罗营乡、关上乡、熊儿寨乡、罗家沟乡、塔洼乡、中心村乡、靠山集乡、东马各庄乡、祖务乡、韩庄乡、南独乐河乡、南山村乡、峨嵋山乡、张辛庄乡，共辖271个行政村。今黄松峪地区村庄，主要应在祖务、塔洼及罗家沟乡内。88岁黄松峪村老书记秦瑞清记得，祖务乡包括五趟街，即土门、耿井、晏庄、马屯、祖务，还有大东沟、黄松峪、黑豆峪、白云寺；塔洼乡包括刁窝、梨树沟、塔洼。后来在访谈中，一些人曾说胡同水过去属于大段洼。原土谷子村老书记80岁计泉亦记得，这时土谷子还有北寨的东石片都归大段洼村，和大段洼是一个高级社，土谷子1957年与大段洼分开了。此时应属于罗家沟乡，罗家沟乡乡长叫王殿义，常到土谷子去。

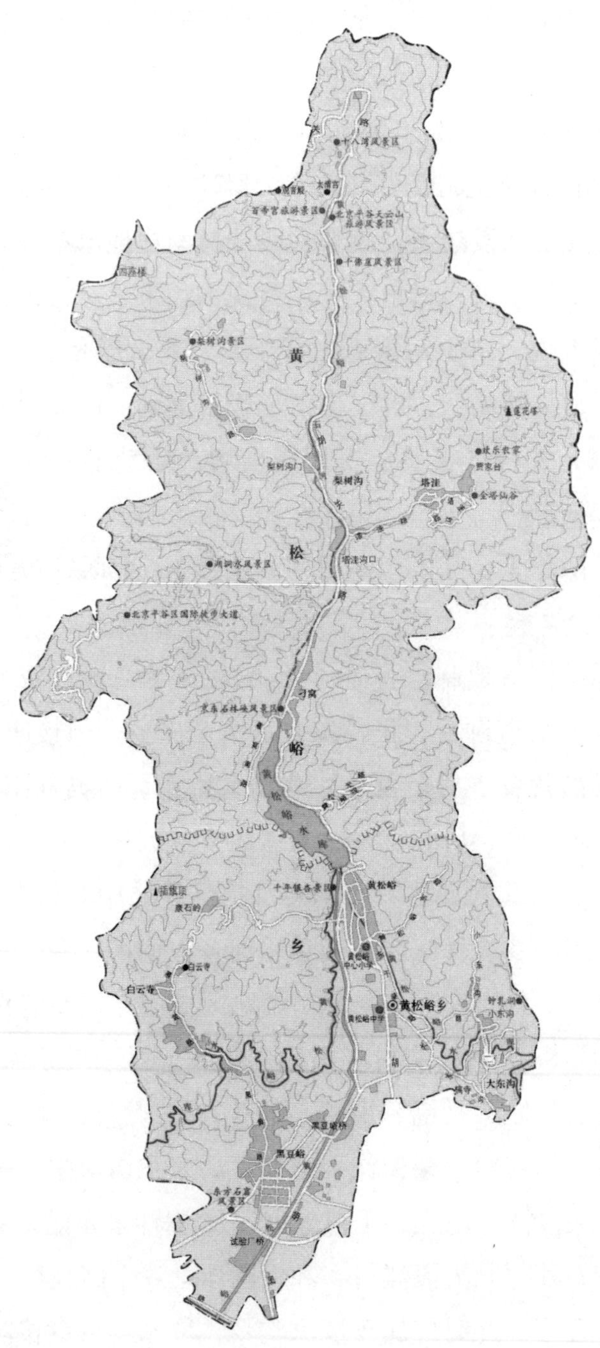
十八湾风景区
百奇宫旅游景区
北京平谷天云山旅游风景区
千佛崖风景区
西蓝楼
梨树沟景区
黄
莲花塔
欢乐农家
贾家台
梨树沟门
梨树沟
塔洼
金塔仙谷
松
洞洞水风景区
塔洼沟口
北京平谷区国际徒步大道
刁窝
京东石林峡风景区
峪
黄松峪水库
十年银杏景区
黄松峪
插旗顶
康石的
乡
白云寺
黄松峪中心小学
黄松峪乡
黄松峪中学
钟乳洞
小东沟
大东沟
黑豆峪桥
黑豆峪
东方石磨风景区
试验厂桥

图3　黄松峪乡地图

1958年1月，将34个乡镇合并为18个乡：城关乡、张各庄乡、中胡家务乡、大兴庄乡、马昌营乡、门楼庄乡、马坊乡、峪口乡、刘家店乡、大华山乡、南独乐河乡、峨嵋山乡、黄松峪乡、靠山集乡、熊儿寨乡、镇罗营乡、关上乡、乐政务乡。6月，又将峨嵋山乡、中胡家务乡并为北屯乡；将关上乡并入镇罗营乡。全县辖16个乡。其中，设有黄松峪乡，今黄松峪地区的村庄主要应在黄松峪乡域内，土谷子应在熊儿寨乡域内。

1958年9月，撤销乡建制，建立城关人民公社、马坊人民公社、峪口人民公社、韩庄人民公社、大华山人民公社，下设21个管理区、258个大队，辖274个行政村。其中，韩庄人民公社辖黄松峪、红石坎、靠山集、韩庄、南独乐河5个管理区，49个大队。今黄松峪地区的村庄，主要应在黄松峪管理区内，土谷子应在熊儿寨管理区内。

1960年，土谷子又和大段洼合并为一个村。这时，计泉老人认为大段洼村应该归黄松峪管理区管。记得当时大段洼村的分户会计是土谷子的，主管会计是大段洼的。村干部和主管会计到黄松峪这边办事、开会常看见。至1961年三四月再次分开，以后再没合并。

1961年6月，撤销管理区，将5个人民公社划为21个人民公社，下辖269个大队。即城关人民公社、东高村人民公社、山东庄人民公社、张各庄人民公社、王辛庄人民公社、马坊人民公社、门楼庄人民公社、马昌营人民公社、峪口人民公社、北杨家桥人民公社、大兴庄人民公社、乐政务人民公社、韩庄人民公社、靠山集人民公社、黄松峪人民公社、红石坎人民公社、南独乐河人民公社、大华山人民公社、刘家店人民公社、镇罗营人民公社、熊儿寨人民公社。其中，黄松峪人民公社，辖10个大队：黑豆峪、黄松峪、大东沟、白云寺、西涝洼、土谷子、刁窝、塔洼、梨树沟、黄土梁。这里的“大东沟”，应合并了附近的“小东沟”，统一称为“大东沟”了，而靠山集那边的称作“小东沟”，“康石岭”并入了白云寺。

1963年，黄松峪公社的胡同水（今湖洞水），改为行政村。1976年，在“西涝洼”并入黄松峪村的同时，胡同水并入了黑豆峪村。

1984年4月，随着全县人民公社改为乡，大队改为村，黄松峪人民公社也改为黄松峪乡，各大队便改为村委会至今。其间，1992年，土谷子村迁至王辛庄镇中罗庄村，黄土梁村迁至黑豆峪村。现在，黄松峪乡下辖7个行政村：黄松峪、黑豆峪、塔洼、 梨树沟、大东沟、白云寺、刁窝（图3）。

黄松峪乡整个域内以山区为主，南部为平原谷地边缘。黄松峪石河从北向南流来，流过乡域中部，汇聚为黄松峪水库，流向西南出境。全乡以旅游业为主，有“世界休闲谷，大美黄松峪”之称，正努力打造“高品质全域乡村休闲旅游”胜地。

山 川

黄松峪地区以山地为主，南部边缘为谷地，从而形成北高南低的地势。这里山多，重叠连绵，海拔123米至1122米，最高峰名三座山，位于乡域东部。明代万里长城由东向西，自乡域中部山上蜿蜒而过。黄松峪石河自北南流，中部汇聚为黄松峪水库，继而西南流入南独乐河镇境内。

三座山

三座（zuǒ）山，因顶部三峰并峙而得名（图4）。

新编县志及地名志写作“三座”山，民间则一直称为“三躲子山”或“三垛子山”。

访谈中，乡文化干部潘军说，一般叫三躲子山，也有叫三座（zuǒ）子山。而塔洼村63岁老村主任王志存说：“三垛子山，是垛口的垛，我们都这样写，在塔洼村东北七八里地。从村委会附近往东北看，从南往北分别是大垛子山、二垛子山、三垛子山。”

原塔洼三队贾家台人81岁老村会计谭长富说，村东北，有大垛、二垛、三垛。传说是陈三出家在二垛上，媳妇带着孩子来找。过去，二垛上有个水井，上边是大青砖砌的。井不深，有水能喝。井在二垛西边凹的地方，靠塔这边。那地方有树叶盖着，割柴火上去一瞅精湿，用镰刀

图4　三座山（摄于2022年10月）

把树叶子一刀，是个水井。原塔洼三队贾家台人64岁村民谭子荣说，过去听大人说这和陈三修行有关。

看来，当地人一直就称呼为“陈三”，说“陈三躲”是否将他躲在大垛、二垛、三垛山修行混在一起了呢？

三座山坐落平谷区与河北省兴隆县交界处，其西南坡在黄松峪乡境内，属燕山余脉，海拔1122米，为乡域最高峰。

新编县志及地名志记载，三座山为燕山期以来形成的断块山地，西北及东南两侧有断裂带。由中元古界长城系石英砂岩构成，岩石形成年代距今约18亿年。因长期自然风化侵蚀，山间巨石参差，多陡峭岩峰。岭脊呈北西向延伸，南与金山一脉相连。顶部三峰高矗，由南向北分别称作“大座”“二座”“三座”，海拔分别为1068米、1085米、1122米，相对高差小于60米。

山间植被繁茂，西坡有泉。

四座楼山

四座楼山，因顶部建有明代长城的4座敌楼而得名（图5）。

四座楼山坐落在镇罗营、黄松峪、熊儿寨三乡镇交界处，属燕山余脉，海拔1062.7米。

新编县志及地名志记载，四座楼山山势陡峭，山间多悬崖，突起于周遭群山之上，大有俯瞰群山、唯我独尊之势。山体由中元古界长城系的石英砂岩、石英岩构成，形成年代距今约18亿年。周围约50公里。

山区气候温凉，植被繁茂。

图5 四座楼山（摄于2022年10月）

黄松峪沟谷

如果说，整个黄松峪乡就是一道大的南北向沟谷，那么在这大的沟谷中，又自然形成了多条小的沟谷。

新编县志记载，乡域内有沟谷8条，最长的为黄土梁沟，长1.02万米，最宽处100米，呈南北走向，这也是全区最长的一条沟谷。

名　称	位　置	走　向	长度（米）	宽度（米）	面积（平方公里）
梨树沟	黄松峪乡塔洼沟口西北	西北东南	3960	97	0.38
湖洞水沟（原名龙潭沟）	黄松峪乡刁窝西北	西北东南	3330	67	0.22
大夹板石沟	黄松峪乡塔洼北	东北西南	2590	87	0.23
小东沟	黄松峪乡大东沟北	东北西南	2700	113	0.31
塔洼沟	黄松峪乡塔洼沟口东	东北西南	3750	153	0.57
白云寺沟	黄松峪乡黑豆峪西北	西北东南	3000	100	0.30
柏石湖沟	黄松峪乡刁窝西南	东西	3900	67	0.26
黄土梁沟	黄松峪乡梨树沟沟门村东	南北	10200	100	1.02

这里的“柏石湖沟”，应该就是现在的石林峡景区那条沟谷。1998年改叫“京东石林峡景区”前，叫“柏石湖”景区。

乡域内主要大小村落，就坐落于这些大小沟谷中；也正是这些大小沟谷流淌下来的水，汇集成了黄松峪石河。

黄松峪石河

黄松峪石河，发源于黄松峪乡北部黄土梁上面的狗背岭一带，沿着黄土梁沟（曾开辟为飞龙谷景区）西南流，至梨树沟沟口，梨树沟水自西北汇入；继续南流，塔洼沟水自东北汇入；再向南，湖洞水、石林峡水相继自西汇入；经雕窝村西，汇入黄松峪水库。出水库再南流，经黄松峪村西、黑豆峪村东，且有白云寺沟水自西北汇入，继续西南流便进入南独乐河镇境内（图6）。

图6 黄松峪石河

黄松峪石河再向南独乐河镇西南，经南、北独乐河村之间，至峰台村东，北寨石河汇入。再向西南，汇入泃河。

实际上，这条黄松峪石河，应该就是独乐河。

独乐河，又称独乐水，《北京市平谷地名志》记载，南独乐河村“明代称渡漏河，因渡漏河从村北流过，河水时有时无，村以河得名。后来村民认为‘渡漏’招致贫穷不吉利，根据谐音改称独乐河”。此说或为民间所传，未见典籍记述。

北魏郦道元《水经注》记有“独乐水”：泃河“屈西南流，独乐水入焉。水出北抱犊固，南经平谷县故城东。后汉建武元年，光武遣十二将追大枪、五幡及平谷，大破之于是县也。其水南流，入于泃”。

"后汉"指东汉。"建武元年"，为光武帝刘秀年号，时为公元25年。西汉更始三年（25年），刘秀遣吴汉率耿弇（yǎn）、陈俊、马武等12位将军，与农民军尤来、大枪、五幡战于潞东。农民军败退至平谷，1.3万人被杀害。刘秀遂定河北，6月，即皇帝位，改元建武，是为东汉光武帝。

《水经注》所记独乐河"水出北抱犊固"，或许北魏时黄松峪北面一带有"抱犊固"这个名称。访谈当地人，无人知晓。查阅相关资料，亦无记载。毕竟黄松峪因关隘而成村于明时，与北魏相隔近千年，一个不起眼的地名，或许没能流传下来，亦属正常。

清康熙六年（1667年）《平谷县志》"山川"简略记述："独乐河，在县东北二十里，或伏或见，断续无常，西流入于泃河。"

黄松峪水库

黄松峪水库，一座中型水库，坐落于黄松峪村北石河上游峡谷谷口，故得名。而水库大坝处，即是明代万里长城黄松谷关关口。

新编县志及地名志记载，黄松峪水库建于1969年11月至1971年6月。县"革委会"组建了工程指挥部，市水利工程勘察设计院负责工程设计，市水利工程总队和县民工负责施工。主要建筑为拦洪坝和溢洪道。拦洪坝为混凝土重力坝，基础为石英砂岩。坝高48米，长185米，坝顶高程206.5米，坝底宽33.3米，顶宽5米。溢洪道装1孔12米×6.3米的弧形钢闸门，最大泄洪量为435立方米／秒。1978年10月至1980年6月，进行大坝加固工程（图7，图8）。

黄松峪石河全长13公里，河水注入库区，控制流域面积49平方公里，总库容1040万立方米，防洪库容190万立方米，兴利库容950万立方米，死库容50万立方米。设计水位为百年一遇的205.5米，死水位为181.2米。

图7 黄松峪水库（摄于1976年，选自《档案见证美丽平谷》）

图8 黄松峪水库（王玉梅摄于2022年8月）

黄松峪水库配套工程有东、西灌溉干渠两条。东干渠建于1970年11月，1971年10月竣工，沿山东南延干渠，经黄松峪、金海湖两乡镇，长8.2公里；西干渠建于1970年12月，1971年6月竣工，沿山西南延干渠，经黄松峪、南独乐河、山东庄3个乡镇，长13.95公里。两干渠灌溉面积2万亩。

图9　黄松峪水库西干渠渡槽，上有“水利是农业的命脉”及“农业学大寨”字迹（摄于2011年3月）

而西干渠在水库南面贴山脚，经过两山间低洼处，架渡槽而过（图9）。渡槽上至今还有“水利是农业的命脉”和“农业学大寨”字迹，应是1971年水库建成时遗物，带有“文革”时痕迹。

2022年8月，黄松峪水库发现一群宛如雨伞的小生物，硬币大小，通体透明，水中一张一缩地自由遨游。经专家考察，确认是桃花水母，一个平方米里竟有两三个，密度较高。桃花水母生活于清洁的江河、湖泊中，对水质要求很高，有一点污染或带一点毒性，也不能存活。桃花水母最早诞生于约5.5亿年前，是名副其实的“活化石”，有着“水中大熊猫”之称，为世界级濒危物种。这是首次在北京地区没有南水北调来水的本地水库中发现桃花水母。

近年来，黄松峪水库及上游逐步推进水环境治理，加大水生态修复保护，增殖放流。水面保洁，持续开展生态清洁小流域综合治理，实现清水下山，净水入库，水质得以改善，为桃花水母的生长提供了有利条件。

名 胜

黄松峪乡山清水秀，有着众多优美的自然风光，为旅游业发展提供了丰富资源。

这里不仅有全区最早开发的景区之一湖洞水景区，更有广具影响的京东石林峡、梨树沟休闲谷以及天云山景区、京东大溶洞等，还有国家地质公园、国家矿山公园、国家森林公园，形成了全域旅游的格局。

京东石林峡

石林峡，位于乡域中部，属于燕山余脉。

石林峡景区，以自然山水为主，也有亭、桥、栈道、摩崖石刻，等等。如果从园林角度看，我国园林一般分为皇家王府园林、宅第园林、寺观园林、山水胜景园林等，那么石林峡无疑是一座山水胜景园林了。

说到桥，我国古代有索桥、浮桥、梁桥和拱桥四大基本类型。索桥，一种以绳索而建造的桥梁，多建于沟深水急的峡谷中。浮桥，一种以船、筏及木板为桥身而建造的桥梁。梁桥，又称平桥，一种以桥墩和横梁而建造的桥梁。拱桥，与梁桥相对而言，是一种以拱券建造的桥梁。

迎宾桥，一座五孔石拱桥，横跨石林河上，桥两边护以石栏。而桥头以花木搭架成一道彩虹，热情迎接天下游人。

景区大门，上书“石林峡”三个大字，书写者为苏适（图10）。

图10　石林峡景区大门（摄于2020年6月）

当然，此苏适非彼苏轼，是我国当代书法家。

平时旅游，一到洞庭湖，就会想到洞庭天下水；到了岳阳，就会想到岳阳天下楼。那么到了京东，自然是石林峡了。

人常说，五岳归来不看山，黄山归来不看岳，这是三山五岳。对于石林峡呢，作者十几年前来过，前不久再来，还是想看的，并写一篇游记散文《再访石林峡》，刊登在了《人民日报》上。

走进石林峡，看什么呢？四时不同，比如春天繁花的灿烂，夏天树木的葱绿，秋天霜叶的醉意，冬天雪花的洁白，点染得石林峡景色亦不尽相同。但主要景观是不变的，这就是石林峡的山，石林峡的石，石林峡的水。当然也看横陈的小桥、点缀的亭子以及山顶钛合金玻璃飞碟、山下金娃娃，等等，自然山水与人文景观构成了这座山水胜景园林。

这是一道天然峡谷，燕山隆起的刹那而形成，时光沧桑到今天，应该亿万年不止了。从这山峰山岩，地层地貌，能够看出如何从远古的一片茫茫大海，而渐渐隆起成莽莽燕山的。

走进峡谷，眺望峡谷两侧，山对称着高耸，这边的凸出处，恰是那边的凹陷处，大致吻合。尽管有的地方可能很窄，但也不会随意弥合一起，除非再一次沧海桑田。两侧对峙的悬崖峭壁，宛若刀削斧斫，遮天蔽日。

那峭壁因风雨蚕食，竟形如林状，故东侧山称东石林山，西侧山称西石林山，景区也自此得名。

细看石林间，一团团不凋的绿色，是石缝里顽强生存的松柏，虽不盎然也不蓬勃，却为石林点染出生机。应该是山多高水多高，不然很难生长任何生命，包括松柏。看山岩间的崖柏，即使不是很粗，也应该不止三五十年，柏树生长极其缓慢，何况又长在缺水少土的岩缝里。

这才是“咬定青山不放松，立根原在破岩中”。在这里，崖柏是生长出了一种精神的。我想起古文里的一句话：“素湍绿潭，回清倒影，绝巘多生怪柏。”仿佛就为石林峡而写。这“怪柏”，应该就是崖柏。

前面一片柿子树，一些树老得都空洞了，甚至长出了树瘤。就像人一样，人老生斑，树老生瘤，人树一理。

柿树原产我国，一种高大的落叶乔木。

平谷地区柿子树很多，主要有两种：一种结的是大柿子，称大盖儿柿；一种结的是小柿子，称小火儿柿。柿子秋后摘了是涩的，春节以后再吃，尤其带着冰碴儿吃，心底甭提多痛快，以至形成一句俗语：瞅你，心里就像吃了大凉柿子似的。大意是说人遇事时没往心里去。当然，刚摘下的柿子也可以人工去涩，乡下称为“漤柿子”。不过，近年引进了一种甜柿子，摘下树即可食用。

由于“柿”与“事”谐音，人们就与事事如意相联系，画家也往往喜欢随手画几个柿子，悬挂厅堂。所以，便把这里称为“如意苑”。

在石林峡，可以仰则观象于天，俯则观法于地。如果前行呢，就观石林峡山水了。而峡谷行走，真感觉天地有大美而不言，只静静地欣赏。

峡谷间，那些崩落的巨石，为千年万年自然所风化，更有历经地震所震塌。平谷地区，清康熙十八年（1779年）旧历七月二十八，曾发生一次八级左右大地震，1976年7月28日发生唐山大地震，波及至此。一些风化的山岩，甚至小半座山，都被震落了。说到底，这些大大小小的石头，原本就是大山的分化，填充着峡谷的空旷，成为观览的景物。

孔子说，仁者乐山，智者乐水。身在石林峡，既可做仁者，又可做智者，只管尽情游览石林峡山水了。而水在山石间流淌，清澈见底。溪水因山成曲折，山路随地作低平。我就在溪边的山路上优游地走着，感受着溪水逝者如斯，不舍昼夜地流淌。

前面一棵杏树，一直生长在这里，为保护杏树，路为之避让了。这杏树确实老了，我前几年来，记得已长些了虫洞，但终归还是开了不少花，结了不少杏的。《人民日报》美编、画家罗雪村先生来写生，还为此欣然作了一张速写的。谁知今日再来，竟已枯死了。树其实也有寿命，据山里人说，一般杏树能活六七十年光景，到时候就慢慢老去。即使枯死了，也依然树立这里，这就是敬畏生命。

而“杏”字与幸福、幸运的“幸”字谐音，故起名“一路有幸”，寄寓着人们一种美好希望与祝福。当然，古人也有一句非常著名的诗句：“春色满园关不住，一枝红杏出墙来。”在品读优美诗句的同时，对“红杏出墙”也赋予了另外的含义。

峡谷越来越深了，高峰入云，两侧石壁，上负危岩，下临深谷。诸峰排列，姿态各异。怪石嶙峋，崔嵬峥嵘。鬼斧神工，诗情画意。宏大气势，挺拔壮观。直引得画家、摄影家、诗人、作家，争相前来写生创作。

峡谷壁立，山泉涌流。山以水为血脉，以烟云为神采。可以说，是山得水而活，也就是山有了水，而充满了灵动，不然就呆板了；水得山而媚，水有了山，而焕发出魅力，不然就平淡了。

有山有水，水在峡谷间流动，就会聚而成潭。石林峡号称九瀑十八潭，是说石林峡潭多瀑多。前面这山崖，每到雨季，山上涵养的水流下来，就会从山崖缝中流泄下来，落入潭中，故名崖泄天浆。

面对不同的山石崖壁，作为景观总要起个适当的名字，以便人们欣赏。前面崖壁之下，尤其炎炎夏日，每走到这里，就颇觉凉爽，故称清凉小世界。而在山石的缝隙间，游人往往随手竖着倚放一根根小木棍，或有吉祥、顺畅、安康的冀望之意吧。

幽幽峡谷里，散落的这些石头上，有着或繁复或简约或富丽或质朴的纹饰，真以为是哪位大画家手笔，其实是自然与时光的描摹与沧桑。平谷有种奇石——金海石，就是石面以纹饰取胜，石林峡里，随处可见这大大小小的金海石呢。

京东第一石，极言其体积庞大，当有两间房子大小，说巨石名副其实。

飞来石，北侧崖壁上，一石千年万年摇摇欲坠而不坠。真不知从哪里来的，莫非天外飞来之物吗？

这倾斜的巨石，背（bèi）身石下，正可一背（bēi）。摆个背好姿势照相可以，真背，不止三五万斤，没谁能背动，除非具有洪荒之力。再者，真有人能背动，恐怕早背走了，也就没了这一景。

一方大石，从山上滚落时恰被一树随意一抵，石借惯势下倾，树依定力上挺，瞬间倾挺为一种平衡，一下就平衡为绝妙风景。而这树是桑树，谁知结的是紫桑葚还是白桑葚？其实，这棵桑树奇就奇在一直没结过桑葚，不能桑树也有雌雄？不得而知。

走上这座小桥，铁架上铺横木。在其他地方，我也走过两头有桥墩，上面铺着大条石的石桥，这类桥名为平桥或梁桥，为我国古桥的重要类型之一。

小桥边一巨石，中间齐碴碴断作两截，应是天力所断，而非人力所为。断裂的石缝窄窄，以前桥在旁边，就有人至此穿来穿去，以此为趣。我不敢贸然去穿，担心两半石一时心血来潮合并一起，躲闪不及，再想出来大概要等地老天荒了。

左侧这块大石上，坐一姑娘塑像。姑娘叫霞姑，不知是旧传，还是新编，大致是说霞姑与青梅竹马的樵夫三郎相爱，外族入侵，三郎应征从军，久未归来，霞姑就每天坐大石上盼望。久而久之，化作了一尊塑像，这石便称霞姑石了。

左侧有个天然洞穴，名罗汉洞，洞内塑有伏虎罗汉。佛教约东汉初年传入我国，佛祖、菩萨，下面就是罗汉了。常见的在大雄宝殿佛祖释迦牟尼两侧，有十六罗汉或十八罗汉。实际上，唐以前是十六罗汉，唐以后才增加到十八罗汉。当然，一些庙宇中也有如五百罗汉，就需另建殿堂了，如北京碧云寺就有罗汉堂。

通往罗汉洞的既窄且浅的溪流中，垫着两三块石头，我们可以踏着过去。其实，这也是一种简陋的石梁桥，又称“踏步桥”或“跳墩子”。应该说，我们的祖先，面对一道不深也不甚宽的河流，想迈一步又迈不过去，会就地随手寻找三两块石头一垫，或找根木头横着两岸一搭，登踏着就过去了。这些踏墩子或独木桥，就是人类创造的最原始的桥梁。

石林峡谷一路溪水不绝，时缓时急，时宽时窄，宽阔处一踅，便聚而为潭。溪水奔腾着，跳跃着，滋润着整个峡谷，使峡谷充满着葱茏，充满着诗意（图11）。不仅水皆缥碧，游鱼细石，直视无碍，而且细听夏日里蝉鸣鸟语，蝉则千啭不穷，鸟则百叫无绝。放开眼，更千岩竞秀，百壑争流，草木蒙笼其上，若云兴霞蔚，置身其间，使人应接不暇了。

再往前走，就是石林峡谷最为曲折、狭窄的地方了，峡谷两侧最窄处仅两三米，尤其右侧崖棚，较为低矮，且探了出来，大家观赏景色的

图11　石林峡水流不绝（王玉梅摄于2021年7月）

同时，一定注意上面不要碰头。

逆水而上，时时见到一些小的瀑流。右侧崖壁，上下一道山凹，着满黑魆魆水的痕迹。雨季来临，这里就瀑布腾泄了。旧称“天蛙台”，即是此景。

当至峡谷绝壁处，一道瀑布轰鸣着飞泻而下，这便是石林瀑布（图12）了。

图12　石林飞瀑（摄于2020年6月）

转身，沿着另一侧山路回走，就到了天梯。

天梯，足有200余级阶梯，且很陡峭，上天能是件容易的事吗？到这里石林峡已行程大半，大家是否有些累了呢？要走上这陡峭的200余级阶梯，是需要些体力与脚力的。

行百里者半九十，成功就在最后的坚持与努力之中！不过，累了可以歇歇再登。

而蹬上天梯，就意味着到了天界，可以看到下面看不到的绝妙景观，这就是气势磅礴的九天飞瀑。

走在天路上，飞瀑就在前面。

峡谷游览，我想到一段禅语：见山是山，见水是水；而后，见山不是山，见水不是水；最终，见山只是山，见水只是水。这是禅的三重境界，石林峡我不止一次来，似乎说不清见的是山还是水了。

一只蝴蝶，翩翩着落下了。落在一片枯叶前，是把枯叶当作同类了吗?

行到水穷处，坐看云起时。前面已是溪水尽头，尽头是峡谷绝壁。可峡谷绝壁不是峡谷绝笔，而是一道绝胜风景。但见山顶一瀑水流，冲出一凹缺口，急遽地从天而降，直挂黑黝黝绝壁，有如一条白练。壁上山石突兀，白练被分割为几缕，眨眼间就飞落壁底了，这就是石林峡奇观——九天飞瀑。

年深日久，常言水滴石穿，这里不止石穿了，飞瀑竟把壁底冲成一巨大石潭！飞瀑成潭，多少年来一直是这样。而2020年春节前后新冠肺炎疫情蔓延，景区封闭。石林峡不怨天尤人，而是绸缪在先，趁机改造旧景。待疫情过去，石林峡再次开放，这里便全然一新了。

但见瀑布依旧，瀑下则从潭化作了一片盈盈水池。一道道随弯就势的坝阶，舒缓着瀑布的水流。池水一阶一阶地漫溢，又形成一叠一叠的瀑布。这山间白练，壁底彩池，一时间令人流连忘返。这才是：借得黄龙水一圜，更移七彩石林间（图13）!

就在瀑布飞落的瞬间，弥漫的细密水珠，纷纷飘洒身上，颇有些凉意。

细看瀑布下部，一道彩虹横挂绝壁。平时雨后天晴才有且转瞬即逝的情景，在这里只要停住脚步，太阳明悬峡谷上空，抬眼即可随时观赏了。

瀑水流过彩虹桥，顺着峡谷奔流向天地间了。

由这里往东，就是石林山顶。如果希望省时省力，游人可乘坐700米长的索道缆车，顺势还可俯瞰石林峡景；如果时间充裕，又有脚力，且作健身，游人也可徒步二三里山路。无论索道，还是徒步，殊途同归，都会达到山顶。

作者坐了缆车，置身于石林峡主峰东石林山。著名的钛合金飞碟玻璃观景台，坐落在海拔768米的山巅之上。当然不止这些，还有三亭及十二生肖雕像。

图13 九天飞瀑与七彩池（摄于2020年6月）

亭，我国园林中重要的建筑物，可以歇息，可以点景，石林峡自然也不可缺了它。这是西亭，又称钟亭，坐落巨石之上，一座单檐六角亭。在此，尽可观赏天地万象，四方美景。尤其园林，讲究巧于借景，“园虽别内外，得景则无拘远近”。如北京颐和园借西山之景，更显得幽深旷远。站这里，就可观得峡谷之外的西山境况，更深的山间，幽静中一片人家，恍惚世外桃源。

那里原有一座小山村，名叫土谷（gū）子，后来搬出山外了。

看完西山，再回看亭中，设有护栏。这种护栏，有个非常好听的名字，叫美人靠。坐下来，感受一下美人靠的舒服与惬意。亭里悬挂一口大铁钟，直径1.1米，通高1.6米。看看钟上镌刻的吉祥铭文，有兴致也可以敲一敲。只是别撞得了，终归是做一天和尚才撞一天钟的。

这钟应该铸造得科学合理，以至于敲起来声音洪亮，余音袅袅，满山满谷都可听到。佛教讲，“闻钟声，烦恼轻。智慧长，菩提增”。在生活和工作中，也会常说或听到一个词，就是“警钟长鸣”。实际上，我们每每听到钟声，心灵总会受到一种震撼。

继续沿石阶登上山顶，先看观景台北面，为十二生肖雕像，以纯铜雕铸的站像。一般认为，十二生肖起源与原始社会氏族图腾崇拜有关，我国早在先秦之时，比较完整的生肖系统就已形成。十二生肖各有寓意，早已成为我国悠久的民俗文化符号。

这些雕像，兽首人身，整体比真人略高些。各具情态，生动传神。我属猴，一下找到属于自己的那尊，且拍照留念。

这里还有一套编钟，仿古代乐器精心制造而成。其声浑厚悠扬，是能够演奏乐曲的。我对乐曲一窍不通，随便敲上几下，实在不成曲调，赶紧作罢，让贤后面等候的人了。

拍完照，敲完编钟，就要走上石林山之巅，亲身体验最惊险、最刺激的钛合金飞碟玻璃观景台了！观景台以航天钛合金材料、合金钢、高强拉索和防弹玻璃建造而成。钛合金的重量，只有传统钢结构重量的一半，而强度则是传统钢结构的两倍。观景台对钛合金的应用，开了民间领域应用的先河。崖壁外悬空32.8米，面积415平方米，比号称世界“第八大奇景”的美国科罗拉多大峡谷廊桥还长11米，面积要大一倍多。

观景台以飞碟为原型，悬浮于空中，下距崖底400多米。玻璃晶莹剔透，下视无碍，形无所依，惊险得简直步步惊心（图14）。中间一架飞碟，里边俩外星人，一驾驶，一眺望。飞碟是刚来石林峡想降落，还是游览完石林峡要起飞呢？不得而知。

站观景台南侧，不仅可俯瞰雄奇险秀的石林峡全景，更可倚栏远眺，

图14 钛合金飞碟玻璃观景台游览胜景（摄于2016年8月）

东南那片水，是山水名胜金海湖。再远些的山顶隐约可见一塔高矗，是我国历史上十五大名山之一、乾隆皇帝曾言“要知有盘山，何必下江南”的盘山。而明代万里长城从东南山间蜿蜒而来，经过黄松峪村北，继续穿山越岭向西北而去。这里为明代黄松谷关，新中国成立以后，在关口处修建一道大坝，成为黄松峪水库。

在观景台东侧，下望石林峡景区门口，一座山乡小村刁窝村。这里有当代文学泰斗、文化部原部长王蒙的一座小院，普通的一户山里人家。曾有慕名者找到王蒙的小院，扒着门看，好奇地说，一位享誉世界的大作家，就出自这个小院？是，也不是。说是，因为这里确实有王蒙的家，20多年来王蒙经常来这里读书写作，许多的小说、散文、诗歌，就是在这里写的，甚至就写的这里；说不是，因为他祖籍河北南皮，与清代张之洞为同乡，生活、工作及写作主要在京城。大家再看刁窝北面，一道山谷里坐落着另一小村塔洼，千百年来民间一直在采金。

离开观景台，平息心境，来到石林山顶的第二座亭——中亭，这是三座亭中的主亭，故位居山顶最高处，海拔773米。此亭为重檐六角攒尖顶，施以彩画，顶覆黄琉璃瓦。

彩画大致分为三种：和玺彩画，等级最高，主要画以龙或凤为主的图案，沥粉贴金，辉煌壮丽。和玺彩画主要用于紫禁城外朝重要建筑及内廷中帝后居住的等级较高的宫殿等。旋子彩画，等级次于和玺彩画，主要画以简化形式的涡卷瓣旋花，有时也画龙凤，一般用于次要宫殿或寺庙中。苏式彩画，等级低于前两种。主要画以山水、人物故事、花鸟鱼虫等。一般用于园林中的小型建筑，如亭、台、廊、榭以及四合院住宅、垂花门的额枋上。这么看来，这亭上的彩画当属于苏式彩画了。

我是坐在美人靠上略作休息，并顺便欣赏了一下彩画的。

在绝顶北眺，才发现绝顶并非极顶，峰峰岭岭连绵起伏涌向天际，正是莽莽苍苍的燕山！

这是石林山顶的第三座亭——东亭，亦称鼓亭，也是一座单檐六角亭，比主亭略小些。亭中置一铜鼓，重达800斤，击鼓声震天地。

古人常以击鼓为进，在战场上，就是击鼓进兵，而鸣金收兵。常说的一个词，就是“一鼓作气”。一击鼓，总会长人精神，使人振奋。

那是谁，兴趣盎然，击了一通又一通鼓。

从这里要下山了，有一段石阶路，还有栈道，有曲折，有陡峭。想想，世间的路哪能都平坦呢？前面可以坐缆车，也可以走步道，都可以到走进石林峡时的柿树林那里。

石林峡栈道，多倚着崖壁修建，随高就低，随弯就直，随里就外，随上就下，即为峡谷之路，又是景区一景。像刚才走上石林峡主亭中亭时，蹬着几个“脚印”，沿着西侧巨石而上。这脚印形状的铁制的踏步，当是一种特殊的栈道了。

谈及栈道，原指沿悬崖峭壁凿孔架构的一种道路。历史上，最为人们熟知的一个故事：秦末楚汉相争，项羽封刘邦为汉王，刘邦势弱，用张良之计，烧毁几百里栈道，以示再无回关中之心，使项羽疏于戒备。而后，有人起兵反项。刘邦再依韩信之计，明修栈道，暗度陈仓，乘机攻占关中，为建立大汉王朝奠定基础。

石林峡景区门外北侧，有萌宠观光互动区，松鼠、兔子、羊驼、矮马、孔雀、火鸡等一批大小动物，极其萌宠可爱。有大人带孩子参观及饲喂互动，带来了无尽的欢乐。

石林峡景区门外南侧，还有高空飞翔、自悬滑车等惊险、刺激的游乐项目。当然也有旋转木马、碰碰车、旋转恐龙等，既可亲子互动，又让年长者追忆逝去的童年。

这大半日，行走在这一派明净的山水中，与这山、与这水、与这天地，相优游、相偎依、相守望。就在与自然的交接中，我的心境舒展，精神更健旺了。

回顾石林峡景，终与云南石林不同。常说十里不同俗，百里不同天，何况一在清新秀美的南方，一在雄浑豪放的北方，应该各有千秋的。

梨树沟休闲谷

梨树沟休闲谷，位于乡域北部（图15）。

原本一道十来里长的沟谷，曲折幽深，当属燕山余脉。或许就在燕山山脉从海底隆起的刹那，在南麓不经意便留下了这道沟谷，算来亦有十几亿年光景了。

沟口外面，不知何时生长出一棵杜梨树。冬去春来，几百年悄然逝去，生长极其缓慢的杜梨树，竟长到两三搂粗了。又不知谁人走到这里，看到这棵大杜梨树，没有名字的沟谷，随口就叫梨树沟了。后来，随着

图15　梨树沟休闲谷迎宾门（摄于2022年10月）

这里聚集了人家，且人家越聚越多，自然形成一个村落，顺理成章，人们就以沟谷之名而名村了。

直至20世纪90年代，村人搬迁沟外，建造新村，幽深的沟谷便沉寂荒凉了。近年，当走了世界多个国家和地区、游了祖国多处名山胜水且打造了京东名胜石林峡的安满先生，偶然走进沟里，顿时被沟里的山水所吸引，这才有了今天的梨树沟休闲谷。

走进休闲谷不远处，右侧陡峭的石壁，有巨大榜书“胜境”二字，这是对休闲谷的高度概括了。先声夺人，以期移步换景，慢慢引人入胜。

京城著名书法家翟德年先生为之书写，其旗下德年书画社秦绒、翟朝欢等刊刻。当然，整个梨树沟数十处书法皆由先生所书，亦由书画社所刻了。翟先生篆隶楷行草皆精，尤以楷书为妙，学书恪守“二王”之道，而兼取众体，大气厚重。秦、翟刊刻，以圆底阴刻和阴包阳刻为主，远宗秦汉，天苍地阔，刊刻出了书法风骨神韵，为梨树沟胜景着墨点睛。

行走中，向前远眺山景，宛若一道画屏，游人如步入画屏中，故有“画屏”之称了。

其实，休闲谷里，步步是景，处处如画。行走其间，如在画中游览了。

继续前行，左侧一方巨石，镌刻着“忽如一夜春风来，千树万树梨花开”的诗句。

这是《白雪歌送武判官归京》诗中的两句，为唐代著名边塞诗人岑参所作。岑参曾做安西北庭节度使封常清的判官，诗以浪漫主义的艺术手法，生动描绘了祖国边疆雄伟壮丽的山川和风光。

梨树沟休闲谷不仅镌刻了这两句诗，还镌刻了其他一些描写梨花的诗句，并在谷地及路边栽植了国内外多种梨树，意在打造梨花文化，以突出休闲谷特色。尤其到了春天，大大小小的梨树一齐开来，满沟满谷梨花如云似雪，真以为天下梨花一时间都在这里绽放了！

前路折回处，是称作“小龙门”的地方，总让人想起“曲径通幽处，禅房花木深”的诗句及意境。

休闲谷没有禅房，但曲径通幽与深深花木是有的。故左侧峭壁上，高高地刊刻了“通幽”二字。

下面的阴文“翟德年印”及阳文“河东人”篆刻，书法之下更见治印功力。

梨树沟休闲谷，一条大道贯通其间，平坦迂回，且以城垛口装饰道旁，号称十里梨花大道。在这大道的路面上，“梨花大道”四个大字映入眼帘，因字做了反光效果，太阳下“梨花大道”自是熠熠生辉了（图16）。

图16 梨花大道贯通梨树沟休闲谷（王玉梅摄于2022年4月）

休闲谷以打造梨花文化为主题，在这里得以具体体现。

梨花大道不仅漫长，而且坡度和缓，转弯适度。休闲谷据此先决条件，率先在全国开发了山地滑车项目。

项目一经推出，立即引得大批游人闻讯而来，甚至等候的游人排起

图17　山地滑车（摄于2021年4月）

了长龙。或一人一车，或母子一车，顺路自由滑下，尽享滑行之乐了(图17)。

前行，转身眺望左侧山景，整座大山形如鲲鹏展翅。

庄子有言："北冥有鱼，其名为鲲。鲲之大，不知其几千里也。化而为鸟，其名为鹏。鹏之背，不知其几千里也。怒而飞，其翼若垂天之云。"

常以鲲鹏展翅喻人前程远大，不可限量。当然，庄子不为这里的山景所说，可这里的山景却形象地诠释着庄子。

沿路右转，前面两山对峙，好似一为真山，一为倒影，形影不离，故名"对影山"。而山亦有真有假吗？不得而知。

前走不远，路左侧有座拱桥，桥下涧水潺潺流过。桥边一石，镌刻着"栗树谷"三个大字。休闲谷由此游览分为两路，一路沿主路继续前行，一路过小桥通往栗树谷。

花开两朵，分枝各表。先看栗树谷，休闲谷的一条支路。

走过栗树谷桥前行，石阶左侧一石，长满苔藓。苔藓很小，一般生长于阴凉潮湿处。即使干枯一冬，也不会死去。顽强的生命在春天着一点水，便即刻鲜绿起来。

石左边，刊刻了清代袁枚《苔》诗：

白日不到处，青春恰自来。
苔花如米小，也学牡丹开。

袁枚，浙江钱塘人，进士出身，做过知县。其论诗首倡性灵说，诗多表达生活感受，风格清新灵巧。

过了苔石，就见山谷间清澈流水，潺潺地淌过大小石头，流淌出了唐代王维诗的意境。故临水右侧一石，刻着“清泉石上流”五字，是《山居秋暝》诗句。

王维，河东蒲州人，曾任尚书右丞，故世称“王右丞”。王维参禅悟道，精通诗、书、画、音乐等，诗多山水田园之作。宋代苏轼称其“味摩诘之诗，诗中有画；观摩诘之画，画中有诗”，可为定评。

路右侧，一棵大栗树。

盛夏时节，栗树伸展的巨大枝杈如盖，撒一地阴凉。坐旁边石上，顿觉神清气爽。

故在石上刻有“阴泽”二字，让人不禁想起“前人种树，后人乘凉”之语，而所谓“阴泽”亦有“泽被后世”之意了。

前行至一道悬山卷棚顶且饰彩绘的游廊旁，一石足有三间屋大小，镌刻着“绿水青山”四个大字，每字比人还高。只有这样气势磅礴的榜书，才与这方巨石相称。

统观休闲谷刻石，有大有小，大小结合，犹如一篇文章，整体布局巧妙匀称，谐调严谨。毫无疑问，这方刻石一定会成为休闲谷一个地标性刻石。

休闲谷有山有水更有丰富的植被，山清水秀。能促进人体新陈代谢、增强机体抗病能力、有“空气维生素”之称的负氧离子，一般地方每个单位仅1000多，而梨树沟最高时竟达26万多，天然氧吧了。这“绿水青山”四字，就是对梨树沟休闲谷最好的评语。

既称“梨树沟休闲谷”，梨树在沟谷里自是随处可见。就在“绿水青山”刻石左侧，有几棵一二百年的老梨树，应该是在梨树沟有了村落后，先人辛劳栽种的了。有些枝杈都糟朽了，依然顽强地生长着。就是这些梨树和树边一镐镐刨出的山地，养育了一代代梨树沟人。

那棵最大的梨树，一人使劲也合抱不来。春天开出满树的梨花，秋天结出满树的梨子。不等人摘，鸟们先飞来了，落在大梨树上，睁着圆圆的眼睛，歪着头左瞅瞅右看看，拣那最大最甜的梨子先啄食起来。老人们说，鸟们不用尝，闻闻气息，就知道哪个梨子最好吃的。在这点上，鸟类似乎比人类还聪明。

看完梨树，再回到“绿水青山”刻石前。便想这是休闲谷最大的刻石了吧？其实，这方刻石再大，也不过三间屋大小，怎算得休闲谷刻石之最呢？

且往右走，举头向东眺望，“休闲谷”三个大字赫然在目。每个字高约4米，宽约4.5米，径直将梨树沟休闲谷的主题，镌刻在了对面石崖上。这是以整座大山为石，开了上山路，搭了脚手架，才精心镌刻上去的，别的刻石又怎能与此相比呢？

这条“栗树谷”，生长着十几棵大栗树，或一两搂粗，或两三搂粗，甚至有一棵竟四五搂粗，几百上千年了。梨树沟人也不知道这老栗树是谁栽的，啥时候栽的，只记得他们小时老栗树就这样的。历经沧桑，是名副其实的“古栗树”了。

古栗倚天外，年轮忘几何。

苍山有落木，绿水无停波。
遗世生幽谷，出尘衣薜萝。
材高固难用，老叶自婆娑。

此诗专为古栗树而作，并刻在了古栗树下面。诗颇具古意，初读以为前人所作，其实是平谷区年仅27岁、对古诗词颇有研究的青年才俊郭策所写。

走过古栗树，左侧山坳幽深静谧，木多成双，相依相伴，可谓“连理”树。正如唐朝大诗人白居易在《长恨歌》中所写，“在天愿作比翼鸟，在地愿为连理枝”了。

再往前，过了一小桥，就回到宽阔的主路了。

回到主路，为不使景观遗漏，还是接着从栗树谷桥那儿继续沿主路前行。

左侧溪流旁一棵大栗树，树下一巨石，溪水从石边悠然流去，故石上刻了“悠游”二字。

当代作家聂绀弩先生在散文《往星中》写道：“宇宙如此其大，天空如此其浩渺无穷，群星如此其遥远，而我却悠游容与于其间。”老到的文笔，无意间为这刻石做了引申的述说。

右侧一片梨树林，生长着一些大大小小的梨树，这便是“梨园”了。林中一些半掩半露的卧石，卧石上镌刻着梨花诗句：

寂寞空庭春欲晚，梨花满地不开门。

唐代刘方平《春怨》诗句。刘方平，河南洛阳人，隐居汝、颍水边，详情不得而知。

欲黄昏，雨打梨花深闭门。

北宋李重元《忆王孙·春词》词句。李重元，工词，宋徽宗时在世，生平不详。

春草萋萋绿渐浓，梨花落尽晚来风。

元代赵雍《摊破浣溪沙》词句。赵雍，浙江湖州人，赵孟頫之子，书画家，有《兰竹图》《溪山渔隐》等作品传世。

这些诗词颇具意境，镌刻石上，游人在欣赏休闲谷景观的同时，流连中亦可品味诗词的意蕴了。

前行，细看左前方，一山形如卧狮，正深情地回望，故名“回首”。

山亦有情山易老，深深回望卧狮情。可卧狮回望什么，就不得而知了。

路右边，并立三棵槐树。

想周代宫廷外有三棵古槐，三公朝见天子，便面向三槐而立，后以“三槐”喻指“三公”。而这三棵槐树，便称“三公槐”了。

槐树延年，往往会长上几百上千年，长到几搂粗，即使树干都空洞了，还依然开花结子。所以，有首民谣说得好：“千年松，万年柏，不如老槐䠀一䠀。”终究那样的老槐不多见了。

继续前走，路西侧一方巨石。

过去，梨树沟里哩哩啦啦坐落着6个小自然村，形成一个梨树沟村。巨石上面，有王家台、牛角沟、太平庄、黄榆沟4个自然村，归密云县管辖，过五单五庙会；巨石下面，有沟口、尉家台2个自然村，归蓟县管辖，过四月十八庙会。故村人称此石为“界石”。

界石正面，镌刻着“梨树沟”三个大字；界石背面，是翟德年老师以小楷书写的散文《梨树沟写意》。这篇散文是作者的拙作，发表于《人民日报》，后入选中学试题题库，为全国多省市中学试卷所选用。

至路转脚处，一大石。溪水北来，倚石流过。

石顺水面，刊刻“智者乐水”四字；石背水面，刊刻“仁者乐山”四字。这里有山有水，刻此经典名言，既能激发游人心理共鸣，又与此石此景相应。

语出孔子《论语》“雍也篇”：“子曰：知（zhì）者乐水，仁者乐山。知者动，仁者静。知者乐，仁者寿。”

孔子以山水形容仁者与智者，形象生动且深刻。

继续前行，但见左前方大半个山离开主体，滑向了下方。这滑下的半个山体，是完全可与山的主体合二而一的。或是地壳变动，或是大地震，致使山体崩裂，部分山体下滑，而形成眼前之景了。

清康熙十八年七月二十八日（1679年9月2日），平谷、三河发生大地震。民国二十三年（1934年）《平谷县志》记载：“邑东山多崩陷。海子庄东南有山长里许，名锯齿崖，参差峙立，形如锯齿，盖地震摇散而未崩陷者，其它断如刀切而存其半者，皆崩而陷入地中者也。”

志书记载的锯齿崖，就在平谷区东部，风景名胜金海湖心。清康熙十八年（1679年）大地震，使其崩陷一半。不知这下滑的山体，是否亦为地震所致呢？

路右侧，一座小湖，湖平如镜，故称“平湖”。

湖坐落两山峡谷间，中间一道横坝，长80余米，高近20米，湖面近万平方米。坝上一道风雨廊，长70余米，廊上饰以花鸟、山水等彩绘。廊两侧，一边一座重檐攒尖顶六角亭。

湖虽算不上大，坝亦算不上长，可湖在坝里，而坝在高处峡谷间，站坝下仰望，大有“高峡出平湖”之势。

毛泽东主席曾作《水调歌头·游泳》词，写道：“更立西江石壁，截断巫山云雨，高峡出平湖。”姑且借用了。

游人累了，可坐长廊或亭里小憩。亦可坐下，静心观赏四周风景。如在长廊中部，眺望西南，一山如人右手撑头，左手抚膝而坐，活脱脱一尊“坐佛”了。

佛祖欣然坐此，是坐赏梨树沟休闲谷，还是坐观大千世界呢？

平湖不仅有碧绿清澈的湖水，不仅有怡然自得的游鱼，还有依托近万平方米湖面的水秀景观。

白天，湖上大型的音乐喷泉表演，经过了精心的创意编排，水幕、高喷、彩虹、气爆、盘龙、水帘、水雷等十三大类喷头，随着不同音乐，不同节奏，而喷涌出水幕、水柱、水雾、水球，等等，忽而舒缓，忽而急骤，忽而成排成片，忽而水柱冲天，忽而水汽爆响，忽而雾珠弥漫，忽而水帘倒垂，忽而长虹挂天，水景千姿百态，恢宏壮观（图18），怎不令游人流连忘返，久久不愿离去呢？

图18　水景秀，2022年9月11日下午2点30分，阳光恰好照到平湖，水景中奇迹般地出现了难得的彩虹

夜晚，这里又以休闲谷真山真水为实景，以新颖的舞美表演，融合建筑影像、花式喷泉、水幕投影、声光电火特效等多种视听形式，变幻莫测的光影幻化出大型水秀情景剧《平谷夜话》。

《平谷夜话》演出分为《序·梨树夜话》《根在华夏》《大好河山》

《忠勇热血》《走向未来》五幕。以本土一对爷孙“以梨喻人”的对话渐次展开，由梨树开花结果而引申出为人处世的道理。其中由古至今撷取轩辕黄帝统一华夏、明代知县刘爱创立平谷八景、戚继光镇守边关长城等与平谷有关的历史故事及传说，弘扬了平谷悠久厚重的历史文化（图19）。

图19　平谷夜话（梨树沟休闲谷提供，摄于2022年10月）

水秀前景为60多米宽的水幕和中景廊桥纱幕及激光投影出梨树沟实景山体，整个演出，不仅呈现出多层次，而且展现了大场景，深深震撼着游人心灵，并在潜移默化中受到了历史文化的熏陶与启迪。

如此规模宏大的水秀，在华北尚属首创。

明代长城，从休闲谷北部山间蜿蜒而过。

长城，我国古代人民留下的一项安定与和平保障的伟大的军事防御工程。最早修筑长城的是楚国及齐国，随后秦、燕、赵等国亦相继修筑。秦统一六国，将秦、燕、赵三国的北方长城连为一起，形成西起临洮、东至辽东的万里长城。之后，汉至明各代多有修筑，前后延续2000余年。

明长城东起辽宁丹东虎山，西至甘肃嘉峪关，总长8800余公里。平谷境内长城近百里，为明代在北齐长城基础上所修建，属蓟镇长城一部分，城墙皆以当地山石垒筑，即所谓“石长城”。

梨树沟段长城，为百余米的石长城，南临黄松谷关，北临南水谷关，西接四座楼，东部山上一座砖砌三眼敌楼。再往东，为800余米山险及两座敌楼。建造长城以险为障，以崖代墙，在此得以具体体现。现存一方修建城墙碑，首名为“钦差总督蓟辽保定等处军务兼理粮饷经略御倭太子太保兵部尚书兼都察院右副都御史重庆蹇达”，时“万历三十六年”。说明梨树沟段长城修建于明万历三十六年（1608年），当时由官至从一品的太子太保、兵部尚书蹇达总督蓟辽保定等处军务了。这对研究当时的政治、军事具有重要价值。

长城，现为国家级文物保护单位，世界文化遗产。

梨树沟，长城脚下这道八九里长的山谷里，居住着清朝时从大北关村迁来的张家，第一辈儿叫张兰普，最初就住在一间屋大小的巨石砬夹子里，自此梨树沟村就立庄了。至今砬夹子尚存。我走遍了全区270多个大小村落，这是唯一保存下来的立庄遗迹了。

后来，梨树沟人陆续从外面搬来，逐渐形成沟口、尉家台、王家台、牛角沟、太平庄、黄榆沟6个自然村落。

黄榆沟村头，一棵梨树，一盘石碾。

村人早从这里搬走了，若有一天回来，想起炊烟，想起童年，尤其看到曾经爬上爬下的梨树，曾经推来推去的石碾，心底能不涌起一缕恋恋的乡愁吗？

梨树沟休闲谷曲折宛转，只觉一折一胜景，一转一洞天。尤其曲折宛转到最高处，便是一路殷殷期待的花海梯田了。

原为一代代梨树沟人，一镐镐刨出的一条条山地，一石石垒砌的一道道坝堰。经休闲谷的精心打造，改造成了漫山遍野的花海梯田（图20）！

海拔五六百米，气候温润凉爽，适宜花卉生长。油菜花、蓝盆花、牵牛花、孔雀草、红景天、马鞭草、串红、荆芥、凤仙、月季、鼠尾草、红地肤、山桃草、四季海棠、卡尔拂子茅，仅菊花就有雏菊、堆心菊、荷兰菊、金光菊、国庆菊，还有国外引进的如德国鸢尾，各种各类、各式各样、五颜六色的花不下数十种，欣然扎根于此，成行成片争奇斗艳，

图20　花海梯田（梨树沟休闲谷提供，摄于2022年8月）

不同时节竞相盛开。鸟语花香里，蜂吻蝶翩中，一直从春开到秋了。

置身于花海梯田，就仿佛置身于多彩的云南。这里既有哈尼梯田层层叠叠的磅礴气势，又有昆明世博园万花绽放的缤纷灿烂，实为北方所少有。这才是：

梯田层叠铺锦绣，
花海缤纷照眼来。

看了这么多，也只看了梨树沟休闲谷的大概。

究其实，白天，晴时阳光灿烂出梨树沟诸多胜景，阴时尤其风雨消歇，处处流泉，汇成一道溪水，向梨树沟外奔流而去。而山间云雾缭绕，万千气象，又如入仙境。

夜晚，万千彩灯同时闪亮，映照得休闲谷如诗如画，一片璀璨辉煌了。

至于四季，春有花，夏有叶，秋有果，隆冬时节漫天飞雪，梨树沟则一派冰清玉洁银装素裹了。

故梨树沟休闲谷，随着时移事异，阴晴有别，四季更迭，景亦不同了。

这里，是值得再来的！

湖洞水景区

湖洞水景区，位于乡域中北部（图21）。

新编2001年版《平谷县志》“第六编·商业·旅游业·第九章·旅游业”记载：

图21　湖洞水三山守门迎宾（摄于2022年10月）

平谷县北东南三面环山，中部和西部为平原，山清水秀。有众多的文物古迹和优美的自然风光，为旅游业的发展提供了丰富的资源。

20世纪80年代初，县政府始开发旅游资源，旅游业渐趋兴旺。1985年，金海湖（原金海公园，1990年5月易为现名）被辟为旅游区。1988年，新辟湖洞水旅游区。

也就是说，湖洞水景区是县里将原海子水库开发为金海湖后，乡村第一个开发的旅游景区了。故新编2001年版《平谷县志》“大事记”亦有记述：

1988年5月14日，由黄松峪乡政府、黑豆峪村和县副食品公司联合开发的湖洞水旅游区举行开业典礼。

县志并在“第六编·商业·旅游业·第九章·旅游业·第一节·景点”之“自然景观”中对湖洞水景区重点记述，时称“湖洞水旅游区”：

湖洞水旅游区，位于县城东北20公里，坐落在黄松峪乡境北部、刁窝村西。因此处山沟如胡同狭窄陡险（图22），且山崖上有洞，沟内常年有水

图22　进景区大门不久，石崖对峙，形如胡同，水流其间（摄于2022年10月）

图23　湖洞水风光

而得名。峡谷长6公里，双峰夹溪，曲折幽深，以谷、溪、峰、石著称。景区内有山门洞、一线天、半月池、映天池、鸽子窝、龙潭、燕子崖、将军峰、虎头峰、狮子峰、灵芝顶、三娘洞等多处景点（图23）。

原副县长、县政协副主席韩牧苹先生，在20世纪80年代初，曾踏察县内东部北部山区，且撰写了多篇文章，对推动平谷旅游业发展，做出了重要贡献。尤其在他编写的《金海游踪》书中收录了《金山记景》一文，对湖洞水（原称胡同水）做了翔实记述：

出塔洼沟口向南转西，入胡同水。胡同水是一条长十数华里的大峡谷。两岸高崖壁立，置身谷底，四顾阴森，令人毛骨悚然，仰望太空，则会产生“天开一线”之感（“天开一线”，为金山十景之八）。

峡谷东口北崖，高约百丈，直上直下，纯九十度角，崖巅有古洞三个，坐北面南，就是有名的三娘洞（图24），这里边有一段哀婉动人的传说。

平谷城东10里陈太务村，当年有一个叫陈大躲的人，一日忽然不辞而别，离家出走，数日不归。他的妻子，到处打听丈夫的消息，后来听说大躲出黄松峪口外，到胡同水去了。妻子便带着儿媳、女儿，背着干粮，前去寻找。找到胡同水，不见大躲，于是娘三个就在山下呼喊，似乎听到大躲在山顶答应，就是不见下来。娘三个爬到山顶上呼叫，大躲又在山后答应，娘三个山前山后喊叫多遍，也只是但闻其声，不见其人。天黑了，他妻子对儿媳、女儿说："反正你爹就在此山，咱娘三个不走了。"就分别住在3个山洞里。时过数日，大躲仍然没找到，娘三个干粮用尽，饿死在山洞中。后人感念她们娘三个情意坚贞，遂定名三娘洞。

图24　三娘洞（摄于2007年12月）

话又转回来，你游览至此，如身体不甚健壮，就在山下遥遥一望，面对高崖古洞，追怀三娘故迹，抚今思昔，感慨一番，也算不虚此行了。如你有爬山经验，可循西面陡坡，沿羊肠小道，上临崖顶。最西一洞，洞前垒石为台，洞口内东西侧各有土炕，洞中深广数丈。正北面有佛龛，龛基前面有字，字迹多可辨认，乃旧时"劝世"之歌。歌词有"叹无常，好凄凉，妻恋夫，儿恋娘……躲无常"等语，窥其意，似与三娘之说有关。中洞（二洞）口外亦有石台，洞较浅，内无建筑。东洞又在数丈高之绝壁上，无路可通，不知内有何物，只能待诸攀登家去考察了。

三个洞前，有两个石窖，据说是贮菜用的，看来三娘后，这洞是长期有人居住过的了。

“洞水三娘”，为金山十景之九。

顺峡谷，踏清泉，往里走，逐渐开阔，然谷野山刁，迷离苍莽，增人豪迈之情，你可尽情大声呼啸，以抒壮怀。吼声在巨谷中激荡回环，似乎有人与你相互唱和，经久不息。

湖洞水景区开放后，作者曾不止一次游览。时至今日，为编写《黄松峪史话》再次走进，感觉时光流逝，而一线天、龙潭（图25）、三娘洞等风光依旧，并且又整理打造了一些抗战时的红色教育内容。

图25　龙潭及小桥流水（摄于2022年10月）

抗战时期，胡同水及土谷子、大段洼一带，是八路军十三团经常活动以及卫生处、供给处存贮物资、伤病员养伤病的地方，日伪军“扫荡”说来就来。1944年11月19日深夜，敌人纠集平谷、兴隆等县的1000多个日伪军，带着刚刚被捕的十三团卫生处炊事班班长周绍荣，分五路从罗家沟、歪脖山、南顶、花峪、土谷子，向大段洼合击。

原八路军十三团宣传队队员王渔在《记冀东十三团宣传队》回忆文章中写道：

荣军周绍荣同志在1944年敌冬季“扫荡”中被俘，敌人要他招出我卫生队伤员住地，他坚说不知，敌人对他用尽酷刑。他突然变口气说：“好吧！我引你们去找！”他把敌人引至憋虎沟的悬崖陡壁上，指着下面对鬼子小队长说：“队长！你来看，伤员就隐蔽在下面。”鬼子信以为真，探身下望，周绍荣顺势一掌将鬼子推下崖去，同时自己也跳崖殉难。

这里写到周绍荣跳崖的“憋虎沟”，69岁老村书记何金义向大段洼村崔占平打听，说没听说有憋虎沟的地名，在我们村与胡同水村交界处，有叫大北沟、二北沟的。何金义又询问原胡同水村80多岁的秦满林，说胡同水与大段洼村交界处，有叫大憋沟的。何金义认为，“大北沟”“大憋沟”，不知是不是人们口口相传的不同叫法。访谈原胡同水村87岁老书记于文合，记得胡同水的老许家南沟沟口就是大场子，大场子南边六七里地，在老许家南坡有个大砬，得有好几十丈深。鬼子把周绍荣带到那儿，问他八路军藏在哪儿，他一把把鬼子推下砬去，自己也跳砬了。这是说出了准确的位置，看来周绍荣跳崖应该是这里了。

在这次围攻中，大段洼村干部边指挥群众隐蔽，边转移伤员，还派出民兵许贵有，去通知正在养伤的十三团连长贺明登，但还没有来得及转移就被敌人包围了。贺明登带伤沉着地指挥通讯员孙秀海和民兵许贵有开枪阻击敌人。许贵有中弹牺牲，孙秀海背起贺连长突围，也中弹牺牲。这时贺明登拿过通讯员的手枪向敌人射击，子弹打光，贺明登英勇牺牲。卫生所康毅和4个卫生员不幸被捕，被敌人带到陡子峪据点毒打审讯，第二天被押到将军关杀害。

贺明登牺牲后，胡同水人将烈士掩埋了。于文合老人记得，贺明登就埋在老许家南沟沟口下边的河槽南坡，墓南边有棵1尺多粗的栗子树。

周绍荣的英雄事迹，被当时的滦西影社创作成《周绍荣殉国》影戏，流传于冀东各地。

天云山景区

天云山景区，位于乡域东北部（图26）。

天云山景区，为近年新开发的景区。这里是在黄土梁村搬迁后开发的飞龙谷景区，后因黄关路的打通，使飞龙谷成为一个开放式的景区了。就在飞龙谷里边的一道山谷，2014年经打造而成为今天的天云山景区。

图26　天云山牌楼（摄于2022年10月）

对于飞龙谷景区，新编2001年版《平谷县志》“第六编·商业·旅游业·第九章·旅游业·第一节·景点”之“自然景观”记载：

飞龙谷，位于县城东北17.5公里黄松峪乡境内。

飞龙谷从北而南，由高向低，如飞龙蜿蜒而下，故名。神龙溪自北高泉（海拔700米）涌出，流水潺潺，贯通南北。夹岸丛林茂密，果树满坡。谷内群峰竞秀，流泉飞瀑，众水争流，幽洞奇石，景色绝佳。自南而北盛景有神龟石、谷底三峰、鹰峰、泻玉峰、灵豚石、半月池、老君崖、荷花池、御井泉、飞来池、天浆泉、将军石、魔僧石、鬼雕石、北高泉、双啸石等。

1986年、1988年联合国生态环境考察团两次来此考察，将其誉为北方的张家界。

天云山景区峡谷幽深，重峦叠嶂（图27），悬崖峭壁，苍岩怪石。其中，莲花峰、苍岩山、佛手峰、天王峰、不老峰、怪莲峰、翠屏峰、四姑娘山、玉屏山等诸峰耸入云端，将军雄风、罗汉伏虎、金蝉旭日、群仙朝圣等石景举目可见，更有真露寺、七夕庙、天和宫（图28）、旧金山等人文景观布列其间。

天云山植被茂密，林木蓊郁，遮天蔽日。游览中，时时会看到北京地区少有的白桦林及野生杜鹃花。山谷里，白云缭绕，溪水奔流，鸟语花香，犹如仙境一般。

人称天云山，既有北方山峰的雄伟，又有南方山川的秀丽。景区中，不仅建造了通往山顶的索道，以方便游览；更在峡谷间建造了北京地区

图27 天云山景（张永成摄于2015年6月）

图28　栈道与天和宫（摄于2022年10月）

最早的玻璃栈道（图29）、玻璃大桥、玻璃观景台。特别是海拔近千米且有“云中漫步”之称的玻璃桥，宽仅2米，长达200余米，横跨两山间，一座600平方米的巨大玻璃观景台与之相连（图30）。晶莹剔透的玻

图29　玻璃栈道

图30　凌空的玻璃飞桥与玻璃观景台（摄于2022年10月）

璃，感觉无所依傍，直让人不敢下视，踏上去每一步都觉提心吊胆，胆战心惊。一时间，前来体验的游人蜂拥而至，络绎不绝。

天云山在飞龙谷里，飞龙谷在天云山外。究其实，天云山与开放的飞龙谷已融为一体。而联合国生态环境考察团对飞龙谷“北方的张家界”的赞誉，誉于天云山亦名副其实。

京东大溶洞

京东大溶洞，位于乡域西南部（图31）。

新编2019年版《平谷县志》“第十五编·旅游业·第二章·旅游开发·第二节·景区景点”记载：

京东大溶洞，AAAA级景区，位于黄松峪乡黑豆峪村。1998年5月，开凿出长2500米、形成于1亿年前的溶洞，号称“天下第一古洞”。该洞

图31　京东大溶洞山景及湖水与拱桥（摄于2022年10月）

是中国在白云岩地层中发现的第一个大型溶洞群。洞内沉积石笋、石柱、石幔、石花、石塔、石珍珠、石人、石兽等钟乳石。主要景点有蟠龙御壁、神兽迎宾、众仙聚会、天崩地裂、蓬莱仙境、长空撒玉、江南春雨、郑和下西洋、飞天壁画、水帘洞。

京东大溶洞是“15亿年前的中元古界长城系高于庄组白云岩地层中的喀斯特溶洞”，对比世界各地岩溶洞穴多形成于2.3亿年至5.7亿年间的古生代碳酸盐岩地层中，而京东大溶洞则是迄今国内外已发现岩溶洞穴所依存的最古老的岩石地层，地质学上称为中元古界长城系高于庄组白云岩，故有“天下第一古洞”之称。所说的“古”，是指大溶洞所依存的岩层古老。这里地处燕山山脉与华北平原接壤之地，紧临黄松峪河谷。溶洞所在的佛山，全部由可溶性白云岩组成，加之发育的裂隙构造，为岩溶洞穴形成造就了良好的地质环境。

所谓“喀斯特景观”，即岩溶景观，指地表水或地下水对可溶性碳酸盐类岩石进行溶蚀的地质作用，历经千百万年的漫长岁月而形成的独特的地表地貌景观与地下洞穴、化学沉积景观的总称，国际上统称为喀斯特溶洞景观。

志书所记京东大溶洞“形成于1亿年前的溶洞”，是指白垩纪末期，燕山造山运动结束之时。也就是这座山体形成以后，开始慢慢岩溶成溶洞的时间，与白云岩地层的15亿年并不矛盾。

京东大溶洞分为九大游览观赏区，主要景观景点有：

蟠龙御壁　一块巨大石壁上，自然呈现出的图案，有如北京故宫的“九龙壁”，故称“蟠龙御壁”，只是这比故宫九龙壁的年代要久远得多。石壁上有浮雕，又有透雕，完全是大自然的鬼斧神工了。当然，也有说这是东海龙王来此所作，故又称“龙绘天书”（图32）。

其实，这些蜿蜒的“龙”，是由不规则形状的燧石条带组成的，其

图32 龙绘天书（张永成摄于2015年8月）

物质成分主要是硅、镁质，这些物质呈胶体状，在海水沉积过程中和碳酸盐一起沉积成岩，形成年龄15亿年左右。在距今6700万年以前，经地下水的溶蚀、侵蚀及冲刷，在难溶的燧石长带周围，相对易溶的碳酸盐岩被侵蚀溶解，岩层面上的燧石条带便凸显出来了，从而形成这个奇特景观。

神兽迎宾 前面一片钟乳石，或斜生，或倒长，或横出，就像神兽欢迎贵宾前来游览。一般情况下，石笋都应尖部朝上，可这些石笋却有所不同。其实，这是一块状如兽形的、塌落的白云灰质岩岩块，石笋生成后，随岩块的塌落而倾斜。所以，这些横生、斜出、倒挂的钟乳石，是地壳变动的见证了。

鹅管 这是些刚刚形成、正在生长且很稚嫩的钟乳石。钟乳石因洞顶渗水还在生长。据科学家测定，钟乳石1万多年才会生长1厘米，生长是极其缓慢的。

梁祝 鹅管下面，细看似有一对情侣，就像我国古代戏剧中的梁山伯与祝英台。他们曾经羽化为蝶，在空中缠绵飞舞，最终又来这里将爱情的坚贞化成钟乳石，从此不离不弃，相伴永远了。

往前走，一段长廊，展示着一些奇石。这是溶洞当初挖掘中遗留的，供游人欣赏。

龙蛋祈福 再向前，有些圆且光滑的石卵，小者如拳，大者如碗，似是侏罗纪时期的恐龙蛋，其组成的形状就像倒挂的“福”字，故名

“龙蛋祈福”。所谓“龙蛋”，就是一种椭球形状的硅质结核团块，形成过程与“蟠龙御壁”类似。

观音度燕 一石似观音菩萨，头戴宝冠，身着瓔珞衣裙，安静慈祥地端立于高山之上，对面岩石上落着一只惟妙惟肖的飞燕。传说观音菩萨有33种化身，不分贵贱贤愚，且以各种化身拯救众生苦难，故称其为大慈大悲救苦救难的观世音菩萨。而面前的观音正以无边佛法度化这只飞燕，故名“观音度燕”。

乱云飞渡 此处洞体的岩壁向下倾斜，似层层粘接而成。由于这里的岩石层较薄，且软硬相间，故在地下水经年累月的侵蚀、冲刷下，软的岩层凹进去，硬的岩层凸出来，久而久之，就形成这种犬牙交错、层层叠叠的形状，看去给人一种乱云飞渡之感。

蓬莱仙境 是一处规模庞大的钟乳石群。各种高大的钟乳石耸立其间，呈现不同的形象与姿态，雄伟壮观，看去有如“蓬莱仙境”一般（图33）。

图33 蓬莱仙境（张永成摄于2021年9月）

这里简单解释一下石柱等形成过程及景观类型。

溶洞中富含碳酸钙的地下水呈水滴状，从洞顶岩缝中渗出下落，由于二氧化碳逸出和水分蒸发，部分碳酸钙重新沉淀。由上向下生长成钟状或乳房状悬于洞顶，称为石钟乳。当水滴落洞底，沉积作用自下向上生长，状似竹笋，称为石笋，二者生长相连后则形成石柱。

富含碳酸钙的地下水在流动过程中，随着温度、压力等环境条件的变化，水溶液中的碳酸钙重新发生沉淀，这个过程称为洞穴化学沉积作用。正是在这种作用下，形成了洞内不同形态的岩溶景观，可大致分为五种景观类型：一是滴水沉积方式，形成石钟乳、石笋、石柱、鹅管等景观；二是渗透水沉积方式，形成石幔、石旗、石盾等景观；三是飞溅雾气水沉积方式，形成石花、石枝等景观；四是流水沉积方式，形成石瀑布、壁流石、石坝等景观；五是停滞水沉积方式，形成石珍珠、石葡萄、云盆等景观。这些景观类型，在溶洞中都可以看见。

刮骨疗毒 且看在这个钟乳石上，酷似端坐的关羽，头戴纶巾，身披绿袍，长髯飘洒胸前。其双眉紧皱，正以左手挽起右边袖口，宛若箭伤后请华佗刮骨疗毒的情形。

石幔竖琴 此处钟乳景观称作“石幔竖琴”，就像战国编钟，历史悠远，声音曼妙，千年不绝。只是这景观在下面，且尚待开发，多少有些遗憾了。

西天取经 这组钟乳石，就像唐僧师徒四人历尽千难万险，最终来到这里。八戒腆胸露肚随唐僧在右，沙僧气宇轩昂侍立在左，悟空则在前开路，活脱脱一幅西天取经图。

天涯歌女 前面好似一西方少女，手提拖地长裙，站立那里引吭高歌，故称“天涯歌女”。

无忧树下 一高大的钟乳石，称为无忧树。相传佛教创始人释迦牟尼，为古代印度迦毗罗卫国王净饭王之子，即生于无忧树下。

寿星赐福 一石形如一寿老翁，双手叠于胸前，慈祥和善，故名“寿星赐福”。

灵芝瑞草 岩壁上如生长着千百棵灵芝，充满祥瑞之气，遂名“灵芝瑞草”。

白羊引路 一方岩石，有如一只白羊，在前面引路。下面要穿过一段隧道，去下一个观赏区了，白羊唯恐游人迷路而在前导引呢。

一柱擎天 一般说来，从上往下长的叫石钟乳，从下往上长的叫石笋，二者上下生长是相对的。经过百万千万年终于衔接一起了，就成了石柱。如稍有错位，上下便不能衔接一起，不能不慨叹大自然的鬼斧神工。而眼前，这石钟乳与石笋就天造地设般地衔接在了一起，称为“一柱擎天”。

长空撒玉 洞顶垂悬着长而又密的鹅管，有如春天空中垂下的雨帘。而鹅管滴下晶莹的水珠，有如点点白玉撒向人间。

所谓“鹅管”，是由滴水沉积方式形成的碳酸钙沉积形态。其形成过程类似石钟乳。由于这一带的白云岩成分中含有较多的硅、镁质，降水量又不大，涓涓细流沿着岩层中细小裂隙渗滴。当碳酸钙的浓度均匀，滴水速度又基本处于匀速状态，经过漫长的时光，往往会形成这种由上向下生长的细长管状沉积物，称作鹅管。若成群出现，则称鹅管群。洞中鹅管十分发育，是本区岩溶景观的一大特点。

江南春雨 春雨自天而降，如梦如诗，大地随之一片盎然春色。由于春雨的滋润，地上台上到处果实累累。面对此情此景，不由得想起杜甫“好雨知时节，当春乃发生。随风潜入夜，润物细无声”的诗来。

圣火神灯 前面一石，如一巨大火炬，已点燃千万年，映照着洞中幽暗的世界。

石花 大片的石花，似海底珊瑚般绚丽。由于溶洞里温度湿度的变化，洞内含有碳酸钙的雾气水凝结岩壁上，碳酸钙沉积形成朵朵绽开的鲜花，故称“石花”。

郑和下西洋 一方巨石，犹如一只大船。有人说，是我国明代航海家郑和下西洋所用，五六百年后放置于此，以供游人观览。

鲲鹏傲雪 再看这里，仿佛积雪开始融化，冰凌高悬，一派残雪消融的北国初春景色，故称此景为“北国之春”。若放开视野，大处着眼，将整个景观看成一体，又像一巨大鲲鹏，振动翅膀，欲翱翔太空，故名“鲲鹏傲雪”。说到鲲鹏，总让人想起《庄子·逍遥游》所写：“北冥有鱼，其名为鲲。鲲之大，不知其几千里也。化而为鸟，其名为鹏。鹏之背，不知其几千里也。怒而飞，其翼若垂天之云！”庄子笔下写的是不是这里的鲲鹏？不得而知，只有问庄子了。

石峡曲径 再往前走，就到了大溶洞最高的一段通道，即进入溶洞顶层，名曰“石峡曲径”。到此便可领略“海相沉积及海相沉积岩”的壮观气势。

所谓海相沉积作用，是指在海洋环境中发生的沉积。沉积物可分为化学作用生成的沉积物和物理作用生成的沉积物两大类。前者以碳酸盐类为主，产生在浅海和深海地区；后者主要是流水从陆地上搬到海里的岩石碎屑物质，沉积在滨海近岩地带，经过漫长的成岩作用，形成了厚薄不一、成层性好、成分不同的海相沉积岩。溶洞内外所见的岩石，就是距今15亿年前后形成的白云岩类岩石。其原始形状应该是水平的，后来受到造山运动影响发生了倾斜，眼前这块石壁，就是一个向南倾斜的岩层层面，是地质作用留下的遗迹。

飞天壁画 眼前石壁上，似五位仙女踏着祥云追逐嬉闹，仙女身后花园奇花异草，好一幅“飞天壁画”。不仅有敦煌壁画飞天的神韵，更有石刻浮雕的雕琢技法，堪称京东大溶洞一绝。

其实，这面“壁画”形成于比较薄的硅、镁质岩层面上。岩壁当初是在胶体状态环境下沉积成的，由于物质成分不均衡，加上岩石层面上微小裂隙发育，再经地下水溶蚀、侵蚀，易溶的和相对难溶的物质，就在层面上凹凸不平地显示出人形花纹画面了。

定军山 眼前一景，名为“定军山”。定军山位于陕西汉中，三国时古战场，以蜀汉大将黄忠击毙曹魏大将夏侯渊而闻名。由此不由得会想起两个人：一是丞相诸葛亮，正纶巾鹤氅，羽扇倒背，手捻长髯，俯首运筹呢。山下排排站立的，便是跟随丞相南征北战的蜀国将士。二是老将黄忠，是黄忠在定军山斩曹将夏侯渊，才稳定了汉中。故有“得定军山则得汉中，得汉中则定天下”之谓。看山下蜀国众将士大都面目不清，唯独老将黄忠面目清晰，气宇轩昂，真的是天造地设了。

西风卷帘 一巨大的石幔，30米长短，仿佛被西风吹动着，故名“西风卷帘”（图34）。

图34 西风卷帘（张永成摄于2021年9月）

石幔的形成，由于溶洞中富含重碳酸钙的地下水，从洞顶或侧壁岩石缝隙中缓慢渗出，碳酸钙沿缝隙不断向外生长扩大，形成悬挂式的片状或板状体，形如幕帐的便称为石幔了。

洞中的钟乳石高矮大小等等不同，千姿百态，任由游人想象。比如，母亲抱着女儿相依为命的，称为“母女情深”。再一个状如托塔天王李靖手托宝塔，称为“天王托塔”。

老僧面壁 再往前走，那个石笋就像一位老僧，正面对崖壁，苦苦修行。

群僧礼拜 此景中，上边立者为南海观音，下边群像如众多僧人顶礼膜拜。

玉树临风 右侧洞中，一株玉树挺立，风中枝叶婆娑起舞。

高崖泄瀑 前面一条洁白如练的瀑布凌空落下，大有“飞流直下三千尺”的磅礴气势。这是一道“石瀑布”，由流水沉积作用形成的典型景观形态。当地下水从洞壁的裂缝或洞穴通道向下流动的过程中，碳酸钙在岩壁面上逐渐沉积，面积逐步扩大，形成凝固的瀑布了。

蛟龙出水 继续前走，石窟中有个巨大神兽，昂头张嘴，后半身没于水中，形如蛟龙，故称“蛟龙出水”。

开天辟地 走到这里，前面那些钟乳奇观消失了，展现的是天塌地陷、山石崩裂的惊心动魄的情景。一块悬空石夹在当中，也许正是其苦苦支撑，才使这巨大岩壁不致倾倒。一时间，仿佛进入了《列子·汤问》记载的“共工氏与颛顼争为帝，怒而触不周之山，折天柱，绝地维。故天倾西北，日月辰星就焉；地不满东南，故百川水潦归焉”的情景。

当然，共工怒触的不周山不在这里，这一切也并非共工所怒触，而是约在100万年前后，这一带地区曾发生强烈地震，导致洞中岩块崩塌坠落了。

天外孤城 走出天塌地陷、山石崩裂的情景，便来到了祥和宁静的天宫，称作“天外孤城”，诸多神仙大概出外仙游未归，留与游人慢慢游览了。

雨后春笋 大自然的生命力是顽强的，尽管是在天塌地陷的境况下，雨后仍有春笋节节生长。细听，还有春笋咔咔的拔节声呢。

女娲炼石 西汉《淮南子》有“往古之时，四极废，九州裂。天不兼覆，地不周载”，“于是，女娲炼五色石，以补苍天”的记载。而眼前便是女娲跪坐地上，炼石补天的情景。上有一头雄狮，似仰天怒吼，是为女娲守候吗？

水帘洞 过了“开天辟地”景区，乘船走水路到达溶洞最后一个景区“水帘洞”。这里，钟乳石宛若天空垂下的水帘。而水帘洞为《西游记》中洞府，齐天大圣孙悟空的故乡。孙悟空和唐僧一起去西天取经了，

图35　溶洞奇观（张永成摄于2018年4月）

其宝座还空留在这里。

斜壁天倾　且看身后斜壁，长20余米，高10余米，整个斜壁平展自如，应该是当初沿着一个大的岩层层面溶蚀剥落所形成。

京东大溶洞，2500米游程，曲折幽深。千姿百态、鬼斧神工的洞中奇观（图35），直让游人回味不绝、流连忘返了。

黄松峪国家森林公园

黄松峪国家森林公园，位于平谷区东北部，南北长13公里，东西宽3.3公里，总占地面积达42.74平方公里，几乎都是山，说九分山水一分田不为过。园内地形变化丰富，森林茂密，动植物种类繁多。

园内植被区划属暖温带落叶阔叶林区，林木绿化率高达93.13%，森林覆盖率达63.15%，重点景区森林覆盖率85%以上。

现有植被以人工林和天然次生林为主，中山坡顶分布有中山草甸。针叶林，以油松林和侧柏林为主；落叶阔叶林，主要类型为栎林、山杨林、刺槐林及沟谷杂木林；果树，有苹果、梨、桃、李子、杏、红果、柿子、枣、板栗（图36）和核桃等。

园内有野生植物资源818种，主要植物有135科。森林建群树种以油松和栎类为优势树种。散生乔木树种有刺槐、山杨、柳树、桑树、山楂、桃等。主要灌木树种以荆条为主。主要草本植物有黄米草、白米草、羊胡草等。其中，有一级古树银杏1棵，二级古树龙爪槐1棵，侧柏4棵。

图36　梨树沟里的老栗树（摄于2022年9月）

这些种类繁多的森林植物，构成了森林植物群落景观。

在这片得天独厚的森林中，生活着许多野生动物，常见的有金钱豹、梅花鹿、獾（图37）、狐狸、斑羚、狍子（图38）、苍鹭、大白鹭等近百

图37　梨树沟里发现的猪獾（摄于2022年1月）

图38　梨树沟里发现的狍子（摄于2022年7月）

种。园内有石林峡、梨树沟、京东大溶洞、湖洞水、千佛崖、天云山等风景名胜区，与公园融为一体。

黄松峪国家森林公园，2005年12月，经国家林业总局准许设立。2006年5月，成立黄松峪国家森林公园管理处，保护及管理园内的地方性植被和重点动植物。

黄松峪国家地质公园

黄松峪国家地质公园，位于平谷区东北部，地处燕山脚下，面积为3554.4公顷。

园内包括石林峡、梨树沟、京东大溶洞、湖洞水、千佛崖、天云山等景区。已在主园区博物馆设立了主碑、园区总体分布图、简介说明栏、地质公园徽标（图39）。在各独立园区设立了副碑（图40）及各园区导

图39　京东大溶洞东侧，国家地质公园博物馆及标志碑（摄于2022年10月）

图40　湖洞水景区门里国家地质公园标志（摄于2022年10月）

游图，并在原有市级地质公园博物馆的基础上修建了地质公园博物馆。园区地质遗迹资源丰富，可分为六种类型。

火山活动遗迹

园区的古火山口，是距今15亿年前后的中元古代时期，由火山喷发形成并保留下来的地质遗迹。已圈定的古火山口有7个，其中黄松峪古火山口和梨树沟古火山口出露最好。黄松峪古火山口，在黄松峪村西、石河西岸，仅露出一部分，其余部分被第四纪覆盖；梨树沟古火山口，在园区北部梨树沟村附近。火山口呈近东西向的椭圆形，四周高山环绕。在梨树沟村东小山梁上，可观察到火山角砾岩。角砾大小不等，形状不一，成分除火山岩外，还有石英砂岩。该山梁呈东西走向，与火山口长轴方向一致。另外，白云寺古火山口和康石岭古火山口，总体特征与上述两个古火山口相似，在白云寺至黄松峪公路上可见到一些火山角砾岩，但出露不好。

地下岩溶作用遗迹

以京东大溶洞为代表，是北京东北部山区目前已发现的规模最大的岩溶洞穴。溶洞位于园区南部佛山山体内，形成于中元古界长城系高于庄组白云岩中。由于形成溶洞的碳酸盐岩地层古老、洞穴规模较大、化学沉积类型齐全、洞内景观壮丽多姿，堪称首都一绝。不仅具有重大的科研、科普意义，而且具有很高的观赏价值。

地表内外营力地质作用遗迹

这类地质遗迹，分布于园区中北部，形成于中元古界长城系石英砂岩中，有峰丛、峰林、塔林、孤峰等景观，高耸挺拔，宏伟壮观，为园区又一特色景观，很具观赏价值。其成因，属侵蚀、构造形成的地貌类型，与高耸挺拔、宏伟壮观的峰丛呈明显对照的，是曲径幽深陡峭的峡谷，以石林峡景区内的峡谷最为典型。

沉积遗迹

园区出露的中元古界地层，是在距今14亿年前后海洋沉积环境形成的。在这类岩层中，保存了许多反映当时沉积环境的重要地质遗迹。

岩层，园区出露的岩层，主要是中元古界长城系，由碎屑岩（砾岩、砂岩）、黏土岩（页岩）和碳酸盐岩（白云岩、白云质灰岩）组成。这些岩石虽然都是在海相环境下沉积的岩层，但形成的环境是有差别的。因此，公园内不仅展示着各种地质遗迹景观，而且还反映了14亿年前后海洋环境的变化以及沧海桑田的变迁。

层理，是记录当初沉积环境和沉积物质的一个界面，在各个地层中清晰可见，是一种典型的沉积遗迹。

交错层，是园区内长城系石英砂岩中，经常见到的一种沉积遗迹，是反映当初沉积环境紊流变化的印证。

波痕，是当初留在沉积层面上波浪活动的遗迹，波峰波谷十分逼真。

构造遗迹

断裂，园区断裂有黑豆峪—北寨断层、康石岭断层、小段洼断层、黄松峪水库东沟断层及黄松峪村东南罗岭沟断层等断裂构造。在黄松峪水库东沟，可见出现在常州沟组顶部石英砂岩内的断层，向北东延长，长度1公里以上；在黄松峪村东南是罗岭沟断层，可见构造角砾岩带，带宽15—50米，长750米。

张裂隙，在园区内很多，规模较大的张裂隙，出现在湖洞水景区虎头峰附近，其裂隙走向南西250度。

水文遗迹

石河水系与黄松峪水库石河水系，自北向南纵贯园区中部，是园区重要的水文景观。黄松峪水库是公园内重要的地表水体，也是公园内观赏休闲的优良景区。

映天池与龙潭湖，是湖洞水景区内一个水体景观。池小水深，是园内仅次于黄松峪水库的地表水体。南邻“一线天”，北接龙潭湖，构成了一道独特风景线。

瀑布，见于石林峡景区内。以“石林飞瀑”最为壮观，位于石林峡峡谷尽头，落差20多米，底部为一直径约35米的圆潭。夏秋时节，瀑布飞流直下，水花四溅，美不胜收。

黄松峪国家地质公园，始建于1997年。2009年8月，国土部批准授予国家地质公园资格，经4年建设，于2012年底通过国土部专家检查验收，2013年9月正式揭碑开园。

黄松峪国家矿山公园

黄松峪国家矿山公园，位于平谷区境内，总面积64.4平方公里。园区内的采金历史悠久，据县志记载，可追溯到唐朝。古老的采金遗迹已很难找寻，目前分布有新中国成立前后至20世纪90年代开采金矿遗留的矿硐10多个，其中开采最长的矿硐有3000多米。

依靠此处1000多年淘金史为开发背景，采用矿业资源的有效保护与

图41　在塔洼村东北正在建设中的国家地质公园博物馆及雕塑（摄于2010年10月）

科学利用的发展策略，在塔洼村建成矿山公园博物馆（图41），以供人们游览观赏、科学考察与科学知识普及。

矿山公园内，除有丰富的矿业遗迹资源外，还有丰富的地质遗迹资源，如距今15亿年左右形成的火山（以下简称古火山口），是北京地区独一无二的地质遗迹景观。还有形成在中元古界长城系高于庄组白云岩中的岩溶洞穴，即京东大溶洞，不但规模宏大、岩溶沉积类型齐全、景观美丽多姿，而且母体岩层年代古老，是迄今北京市乃至全国岩溶洞穴赋存的最古老的岩层。再就是由长城系的长石石英砂岩形成的雄伟壮观的地质地貌景观，有的像玉宇琼楼，有的似古城堡，有的像高耸挺立的塔林，有的如整装列队的雄兵。还有丰富的自然景观资源，如湖洞水景区、天云山景区、石林峡景区等。这些矿业遗迹、地质遗迹和自然风光融合一起，构成了黄松峪国家矿山公园的主体。

黄松峪国家矿山公园，2006年8月，经国土资源部批准建设，于2012年9月揭碑成立。2006年5月，设立的黄松峪国家森林公园管理处，同时悬挂北京黄松峪地质公园管理处、北京黄松峪国家矿山公园管理处的牌子，负责三园的总体规划、建设、开发和环境治理、文物保护等工作。

在矿山公园博物馆（图42）建成之际，当时作者应邀帮助整理了解

图42　黄松峪国家地质公园博物馆（摄于2019年6月）

说词，为保存资料，一并收录于此。

黄松峪国家矿山公园解说词

在“宝藏”雕塑前：简单讲解矿山公园和主题雕塑情况

各位领导、各位来宾（各位女士们、先生们、各位朋友们、各位同学们）：大家好！欢迎大家来黄松峪国家矿山公园参观。

黄松峪国家矿山公园，位于北京市东北部平谷区黄松峪乡境内，地处燕山脚下，总面积47.25平方公里。园区包括矿山公园博物馆、矿硐展区、选矿遗址等。

现在大家所在的是矿山公园广场，四面皆山，风景如画。广场中心有一座主题雕塑，名为《宝藏》。雕塑高6米，由不锈钢和玻璃钢制作而成。

大家请看，雕塑整体以矿硐造型，中间螺旋圆形区域象征着延伸的矿硐，中间是光芒四射的灿烂金块。整座雕塑以写实与抽象相结合的手法，形象地表现了金矿公园的主题。当然，如果从远处看，整个雕塑形如一只巨大的眼睛，中心部分宛若眼睛的瞳孔，支撑的不锈钢柱则像瞳孔散发的光芒，寓意着我们不但要立足现在，而且更要放眼未来，珍惜资源，保护环境，科学发展。

进入矿山公园博物馆：简略讲解馆内情况

请大家随我来，参观黄松峪国家矿山公园博物馆。

矿山公园博物馆共分四个展区：地质科普、金矿分布、黄松峪金矿和金矿开采流程。我们以图文并茂及实物展示的形式，向大家进行重点介绍。

第一展区，主要介绍地球的形成及北京地区地质发展演化史、岩石类型和主要矿产资源。

（第一橱窗）

我们的地球，大约远在46亿年前，由于宇宙中的尘埃聚集而形成，同时形成了太阳系的其他星球。当时地球非常炽热，经过漫长的地质年代过程，地球才慢慢冷却，内部形成了地核、地幔和地壳。到大约36亿年前，地球上产生了最早的有生命的细胞。直至距今5.4亿年前，也就是寒武纪时，带壳的后生动物才大量出现。而人类诞生就更晚了，不过300万年左右，人类文明史只有6000年左右。尽管如此，也不必悲哀，人类一诞生，就是万物之灵，成为地球的主宰。

请看，这是岩浆岩，又称火成岩，由岩浆凝结形成的岩石，约占地壳总体积的65%。目前已发现700多种岩浆岩，常见的有花岗岩、安山岩、玄武岩等。

这是沉积岩，又称水成岩，是岩石在外力作用下，经过风化、搬运，最后在海洋、湖泊、低地或海陆之间的过渡地带沉积下来，经受亿万年的压缩、变化之后，胶结一起，形成一层一层的坚硬的岩石。地球表面，70%的岩石是沉积岩，只占整个地壳的5%。大洋底部几乎全部为沉积岩或沉积物所覆盖。目前已知，地壳上最古老的岩石年龄为46亿年。沉积岩中保留了许多地球的历史信息，包括古代动植物化石、地球气候环境变化的信息等，对古生物和古气候研究具有十分重要的意义。

这是变质岩，是组成地壳的重要成分，占地壳总体积约27.4%。变质岩由沉积岩、岩浆岩或变质岩变质而成。常见的变质岩有大理岩、片岩、角岩、浅粒岩、变粒岩、麻粒岩、片麻岩等。

请看，这里展示的，是几种常见的岩石。这是白云岩，形成于盐度高、水浅的潮汐带上、咸化潟湖或海湾环境中。白云岩广泛用于建材、陶瓷、焊接、橡胶、造纸、塑料等工业中，在农业、环保、节能、药用及保健等领域也有应用。

这是砂岩，经风化、剥蚀、搬运在盆地中堆积形成。砂层和砂岩是构成石油、天然气和地下水的主要储集层，可用作磨料、玻璃原料和建筑石材。部分砂层和砂岩中富含砂金、锆石、金刚石、钛铁矿、金红石等砂矿。北京的砂岩主要分布于密云、怀柔、平谷一带，时代以中元古代为主，距今1000万—1800万年。

这是大理岩，一种变质岩，又称大理石，因盛产于云南大理而得名。其中，质地均匀、细粒、白色的，又称汉白玉。像北京房山产的汉白玉，享誉国内外。许多有色金属、稀有金属、贵金属和非金属矿产，都与大理岩有关。大理岩板材可作室内装饰材料和雕刻原料等。

这是片麻岩，是典型的变质岩，具有明显的片麻状构造。密云地区的铁矿资源主要产于这类岩石中。广泛分布于密云、怀柔一带。时代为太古代，距今约2500百万年以前。

这是辉长岩，主要由辉石和斜长石等矿物组成。在这类岩体中常有铜、镍、钒、钛、铁等金属矿产，也是良好的建筑装饰石材。

这是花岗岩，主要由长石、石英和云母等矿物组成。很多有色金属矿产资源与各种花岗岩类活动有关，花岗岩也是一种被广泛应用的建筑装饰石材。房山、延庆、密云、怀柔、平谷等地均有分布，时代多为中生代，距今65万—230万年。

玄武岩，岩石均为暗黑色，多有铜、钴、硫黄、宝石等矿产，本身可做耐酸铸石原料。工业上可做过滤器、干燥器、催化剂等。是公路、铁路、机场跑道所用石料中最好的材料。主要分布于门头沟、怀柔等，时代为中生代。

这是粗面岩，呈浅灰、浅黄或粉红色，有气孔或多孔的熔渣构造。有关的矿产有铜、铅、锌等。

（第二橱窗）

北京地区的地质发展史历时约30亿年，其间，地壳发生多次剧烈变动，造就了北京地区各种各样的地质遗迹、生物化石和矿产资源。

这是北京地质时代表，可以看出，北京地区最古老的岩石为太古界密云岩群的磁铁石英岩类和斜长角闪岩类，已测得的最大年龄为4049.48万年，太古界变质岩主要分布于密云、怀柔和平谷一带；中—新元古界分布广泛，厚度约6000米，为富镁碳酸盐岩、碎屑岩和黏土岩等，在黄松峪这一带夹少量火山岩；寒武系—奥陶系主要分布于西山地区，少量分布于北山和京东，地层总厚度约1300米，含大量动物化石，如三叶虫、头足类、腹足类、牙形石等；石炭系、二叠系及三叠系分布于门头沟和房山，厚度约700米，为在套含煤碎屑岩和红色碎屑岩，产于海相生物化石及华夏植物群化石；侏罗系—白垩系为产于陆相火山—沉积盆地内的火山沉积岩，广泛分布于西山、北山的向斜构造及断陷盆地内，厚度7700—12000米，含各种生物化石；新生界分布于平原区及各大水系与山麓地带。这些地层之间，都经历了较长的沉积间断并发生了强烈的构造活动。

北京地区具有丰富的矿产资源，现已发现124种，有66种列入矿产储量表，矿产地有359处。具有工业利用价值且储量较大的矿种主要有煤、铁、金、钼、水泥石灰岩、花岗石、大理岩、建筑用砂石等。尤其煤矿规模巨大，品质优良，主要分布于北京西部山区；黑色金属矿产主要有铁、铬、钒、钛等，以铁为主，主要分布于密云、怀柔等；有色及贵金属矿产主要有铜、铅、锌、钼、钨、铝土矿、铂、钯、金、银等10多种，主要分布于北京北部的延庆、怀柔、昌平等地区。非金属矿产种类较多，分布广泛，熔剂石灰岩、水泥石灰岩、化工石灰岩、白云岩、硅石、大理岩、花岗岩、辉绿岩等13个矿种储量居全国前10位。

北京地区三大岩类都很充足，其中沉积岩主要分布于北京的西山，以灰岩、白云岩为主，还有火山喷发的沉积岩，北京的煤矿主要产于西山；岩浆岩主要分布于北京的北部昌平、延庆一带，主要为花岗岩，主要产出有色金属，如铜、铅、锌、钼等；变质岩主要分布在北京北部密云、怀柔一带，岩性为各类片麻岩、变粒岩，是铁矿的主要产区。

请看不同岩类的地貌，这是沉积岩地貌、岩浆岩地貌、变质岩地貌、火山岩地貌。

请看矿物，我们目前已知的矿物有3000种左右，液态的如石油、自然汞，气态的如天然气、二氧化碳和氦，固态有机物如油页岩、琥珀。矿物一般是化学元素通过地质作用等过程发生运移，聚集而形成。我们常说的矿石，是指含有用矿物并有开采价值的岩石，按所含有用矿物性质和利用的特征分为金属矿石和非金属矿石两大类。北京地区常见的矿物主要有下面几种：黄铁矿，主要用于提取硫黄和硫酸的原料；方铅矿，是提取金属铅的主要矿物；闪锌矿，常含锰、镉、铟、铊、镓、锗等稀有元素，是提炼锌和这些稀有元素的重要矿物原料。还有蓝铜矿、孔雀石、磁铁矿、萤石、钾长石等。

下面请大家观看第二展区，主要介绍我国、北京及平谷地区的金矿产地分布状况。

我国黄金资源丰富，只是地区分布不平衡，东部地区金矿分布广，类型多。如砂金集中在东北地区的北东部边缘地带，而长江中下游有色金属集中区是伴生金的主要产地。

北京地区的金矿主要分布于平谷、昌平、密云、怀柔，以岩金为主，主要有石英脉型、蚀变岩型等。我们平谷金矿分布于北部及东部山区，主要有万庄金矿、晏庄金矿、上镇金矿和南山村金矿，矿线长60多公里。

下面请大家观看第三展区，着重介绍黄松峪国家矿山公园的岩石和矿石类型。

我们通过黄松峪国家矿山公园地层表简表，可以大致看出，这里的地层，有新生界第四系、中元古界长城系及太古界等，现存多座古火山口。

就矿区岩石类型来看，有角闪斜长片麻岩，是黄松峪矿区最古老的岩石，呈灰黑色，形成时间约为18.5亿年；底砾岩，为长城系常州沟组最底部的岩石，岩石中含有大量下部变质岩的砾石，是元古界与太古界的分界标志；石英砂岩，为长城系常州沟组主要岩石类型，呈灰红色的层状，形成时间约为17.5亿年；页岩，为长城系串岭沟组主要岩石类型，呈灰色，薄层状，页片状，形成时间约为17亿年；泥灰岩，出露于长城系团山子组，呈灰黄色，含有大量泥质和燧石条带，形成时间约为16亿年；火山角砾岩，出露于长城系大红峪组下部，在北京只出露于本地一带，形成时间约为14.5亿年，含锰白云岩，出露于高于庄组下部，因含锰而呈灰黑色，形成时间约为14亿年。

（应是展厅中间的圆形展示区）就北京地区的矿石类型来看，有裂隙型含金石英脉，含有大量的构造裂隙，黄金主要赋存在裂隙中，是黄松峪矿区的主要金矿类型；黄铁矿化含金石英脉，含有大量的黄铁矿，黄金呈微粒状赋存于黄铁矿中，为矿区内的主要金矿类型；褐铁矿化含金石英脉，属黄铁矿化含金石英脉的氧化矿，含金量高于黄铁矿化含金石英脉；铅锌矿化含金石英脉，含有大量的方铅矿、闪锌矿，含金量低于上面的三种金矿类型；破碎带型含金石英脉，因构造作用呈碎裂状，并被后期黄铁矿等蚀变矿物所胶结，这种矿石含金量较高，但在矿区出露较少。

（在中间圆形展示区讲解完后，向右隔断墙一指，可简单一讲如这是大理岩，这是板岩）下面我们向大家展示几种岩石、矿石：这是大理岩，为变质岩，呈纯白色，完全由中细粒的白色方解石颗粒组成，基本不含杂质。采自北京房山高庄，又称汉白玉，是我国著名的汉白玉品种之一，主要作为雕刻石料；这是板岩，为低级变质岩，沿板理方向可以剥成薄片。采自北京昌平，可作为建筑材料和装饰材料，过去当地民间常用作屋瓦；这是磁铁矿石，主要由磁铁矿、角闪石、长石、辉石、石英等矿物组成，其中黑色，发金属光泽的就是磁铁矿。采自密云沙厂铁矿，这种矿石是北京地区的主要铁矿类型；这是石英脉，是石英的集合体，熔点高，耐温性和耐酸碱性好，一般硬度大于7，脉石英常与水晶共生。

（紧接着向右一指）下面请大家观看第四展区，主要介绍金矿开采流程，并展示提炼和加工的黄金工艺品。

选矿炼金主要有两种方法：一种是比较原始的方法，首先人工打眼放炮、背运矿石，再用石碾碾碎矿石，随后进行拉溜、煅烧，从而炼出成品金。这种方法，在民间至今仍在使用，只是提炼出的成品金纯度为91%—92%，还需要进一步提纯。一种是较为现代的方法，首先以空压机打眼放炮、以车拖运矿石，再用粉碎机、球磨机粉碎矿石，随后以汞做吸附剂或氰化钠等做分离剂，最后以铅罐煅烧提纯，炼出成品金，其纯度可达99.9%。只是汞或氰化钠等有较大的毒性，会对环境产生影响。

这就是金矿采、选、冶工艺的流程图。

这是黄金制品展示。

矿山公园博物馆向大家展示的，就到这里了。主要是以金矿为主题，向大家简略地展示和介绍了地学科普方面的基本知识，让大家初步了解了我国金矿分布状况及黄松峪矿山金矿开采的情况等。下面请大家随我到矿硐展区参观。

在展馆和洞口之间的道上：简略讲述有关平谷黄金历史文化及民俗文化

据志书记载，新中国成立以后，在北京地区平谷是产金大县。1967年，万庄、晏庄、上镇三座金矿生产黄金首次突破万两，达到10022.4两，在全国都赫赫有名。据统计，在1949年至1990年，平谷全县累计向国家交售黄金17.47万两，为国家做出了巨大贡献。而平谷采金，始于唐代，迄今已有1000多年历史了。

当然，平谷地区使用金的历史就很早了。1977年，在刘家河村发现一座商代中期墓葬，出土金器、铜器、玉器等随葬品40多件，其中青铜礼器16件，尤其那件铁刃铜钺，将我国使用铁的历史提前1000年。而金器就有金笄（jī）、金臂钏、金耳环、金箔饰片等。金笄就是古人束发用的簪子，三角形，27.7厘米长，重达108.7克。这些都是国家一级文物，分别收藏于国家博物馆和首都博物馆。刘家河的墓葬主人应该是一位位高权重者，我们现在还不清楚那些金器，是当地人当时所冶炼制作还是由外面传进来，但起码可以说，那时平谷地区就已经使用金器了，至今3000多年了。

刚才讲了，平谷具有悠久的采金历史，民间也就形成了独特的与此有关的民俗文化。平谷三面环山，中为谷地，平谷由此得名。这些山中都有金子。相传，有个“南蛮子”来平谷憋宝，发现了山中藏有金子。

他就种了一棵葫芦，心急，不等葫芦长熟就摘了。到一座山前晃上三晃，山裂开一道缝，便拿葫芦一撑，赶紧走进去。原来山里有一头金牛，正拉着金碾子轧金豆子。他想拉金牛拉不动，想抱金碾子抱不走，最后脱下褂子去收金豆子。可那葫芦嫩，撑不住大山，嘎巴折断了，大山合上了，把那个贪婪的“南蛮子”捂在山里，再也出不来了。这虽是个传说，但恰也形象地反映了平谷地区产金、采金的情景。

在民间，形成许多与采金有关的民俗文化。如进掌窝不许打口哨，不许说脏话，不许干脏事，不许女人进去（大概是嫌女人脏吧）；再有，塌方不叫塌方，说笑；有金的矿砂不能说石头，叫金砂（大概担心一说石头金子就没了）；在掌窝里碰见小耗子，叫小伙计；在掌窝里灯灭了，叫灯顺了；巷道险不说险，叫狂；矿脉有金子叫放阔儿，没金子叫没放阔儿；看看矿石里金子含量如何，叫叫金儿（图43）。这些黄金民俗文化，简直可以编一本厚厚的书了，不是三言两语就说清的，大家如有兴趣，以后有时间再慢慢了解吧。

图43　塔洼村74岁老人郝金山谈新中国成立前这里采金情况（摄于2010年9月）

大家请看前面，这就是矿硐展区，请大家进洞后注意脚下安全。

在矿硐展区：借助于塑像，简略讲述黄松峪金矿从古至今开采、选矿的过程

我们现在走进的矿硐，就是过去采金的巷道，往里一直通到山那边，长1250米，山前就是过去的国家金矿晏庄矿，现在还有遗址。只是过去的巷道很狭窄，高约1.8米，宽约1.6米，高一点的人还站不起来呢。现在，为了便于参观而拓宽了，宽2米，高2.2米。展区平面呈“U”字形，总长430米，内设16个场景，以黄松峪金矿开采、选矿历史为主线，通过一组组雕塑，形象地再现了平谷及黄松峪金矿从古至今开采、选矿过程。硐内还设置了趣味互动场景，让大家在轻松愉悦的氛围中体验矿工的真实生活，了解平谷及黄松峪金矿的有关历史。

这是第一组雕塑，场景展示了古人原始的采矿方式：火烧矿脉，再用冷水浇，使矿石在热胀冷缩的作用下炸裂开来。这种采矿方式称为烧爆法。大家看，一个古代矿工手拿扇子，弯腰正向火堆使劲地扇风，想使火烧得更旺些，旁边堆放着一些烧火的劈柴。

这组雕塑展示了原始采矿的情景。平谷黄金开采始于唐代，当时人们已借助简单的金属工具进行开采。大家看，有两个人，一人手扶钢钎，另一手抡锤，半蹲式在敲碎矿石；另一人站立，面对掌子面，吃力地一手握钎，另一手抡锤。反映了当时开采条件的原始、简陋。

这组雕塑，展示了古人打制采矿工具的场景。两个人，一人半蹲着拉风箱，另一人注视着炉火中的工具，后面平台有铁砧，边上立着铁钳、钢钎等已打好的工具。

这组雕塑，展示了古代选矿的情景。古人利用岩石砂粒与矿物颗粒的比重不同，通过水的冲淘，将它们分开。这种选矿方法，称为重选法，现在一些民采矿山还在使用。这里有两个人，在水池旁用簸箕筛选黄金矿砂，另一人坐一侧手选矿石。大家细看，那些黄色点状物表示含金的多金属矿石。

这组雕塑，展示了近代采矿的情景。新中国成立前矿工在矿主的监视下采矿，矿工用铁锨往筐内装矿石，旁边站着监工的矿主。1946年，有个朝鲜人叫郑子洞，曾包万庄金矿1年半，雇用采金工人700人，年产黄金约万两。由于是掠夺性开采，使矿体受到很大破坏。

这组雕塑，展示的是日伪时期的采矿场景。日本侵略者在我国烧杀抢掠，在长城沿线制造无人区，实行烧光、杀光、抢光的“三光”政策，简直罪恶至极！1939年，日本人高岛在孔城峪开矿采金，将矿砂运往密云青云楼、辽宁营口冶炼。1944年，日本人在丫髻山筹建一座日选25吨的选矿厂，掠夺黄金。且看雕塑，有两名衣衫破烂的矿工，一人手持撬棍在撬矿石，另一人蹲下正搬运砂石。两人以怠工的姿势干活，以逃避日本兵的监视。

这组雕塑，展示了新中国成立前恶劣的开采环境。矿工在低矮的矿硐内，吃力地将装满矿石的布袋拉往硐外。

这组雕塑，展示了矿难的场景。巨大石头下掩埋着遇难矿工的肢体，真实再现了矿洞崩塌后的凄惨景象。

这组雕塑，展示了现代采矿的情景。一个矿工手持电钻打眼，一辆运输车停在身后，硐顶一串照明灯，表现了现代采矿较为先进的生产设备和良好的施工环境。

这组雕塑，展示的也是现代采矿的情景。在掌子面，一个矿工蹲着正要点燃最后一根导火索，准备爆破。但见矿工半蹲着，好像一旦点着炮捻，便立即冲出矿硐去。

大家到此，也许稍感劳累，我们在这里专门设置了两个矿工休息的场景，大家可以和这些矿工雕塑零距离接触，和休息中的矿工雕塑合影留念。

这组雕塑，展示的是矿工生活。这是另外一条未开放的老硐。在这里，大家可以看到一群矿工正往硐外走的情景。大家可以走到地台上，将头放在矿工头部位置进行拍照，照片的题目就叫《我的矿工生活》。

这组雕塑，展示的是民间采矿的运输情景。一个矿工双手拉着铁制双轮车，向硐内走去。

这组雕塑，展示了国家采矿的运输情景，一个头戴安全帽的矿工，在铺有小铁轨的矿硐内，推着装满矿石的运输车，往硐外运送矿石。

这组雕塑，展示了手工选矿的情景。刚才在洞外说了，不许妇女进洞，可没说在洞外不许妇女干活。这里就雕塑了一位妇女，蹲在矿石堆旁，手拿小锤在敲打矿石，进行拣选，以把岩石、低品位矿石和富矿石区分开来。这里之所以塑造一位女性，是依据近年这一带发生的一个真实故事。一位妇女随着男人去山上堆着废毛石的地方拣矿石，想小解，蹲下尿一冲，竟冲出一块明晃晃的矿石，俗称狗头金，回家炼出的金子够打一个戒指的。

这组雕塑，展示了祈愿池的情景。元宝形的洞穴，洞壁上摆放着黄金爷神位。这位黄金爷是一位地方行业神，也许在诸神书中没有列入，但过去平谷北部山区采金的人都信奉黄金爷，且供奉其牌位。前有一水池，水池中央一金元宝。大家可向洞口香台前投掷硬币，许下自己的心愿。

到这里我们的参观就结束了。大家通过刚才的参观，在这么短的时间里，但愿能够对地球的演变、北京地质的概貌和平谷地区黄金的历史及民俗文化有所了解。好，谢谢大家，欢迎大家再次光临，并祝大家健康幸福快乐！

村 落

黄松峪乡下辖7个行政村，立庄有早晚，人来有先后。近些年，有4个村搬迁或合并。现在，黄松峪乡有村民2390余户，总人口5420余人。

白云寺村

白云寺村，坐落乡域西部偏南（图44，图45）。

白云寺村得名，79岁老生产队长孙思旺听老人说，过去这里盖庙的时候，上面老是有一块白云遮着，就叫白云寺了。后来一建村，就以寺的名字叫白云寺村了。

图44　白云寺村委会（摄于2006年12月）

图45　白云寺村委会（摄于2022年10月）

图46　白云寺村84岁老村主任于作春（摄于2022年10月）

84岁老村主任于作春（图46）、75岁老村书记胡长顺及老生产队长孙思旺等说，过去白云寺村由白云寺和康石岭俩自然村组成，白云寺东南距黑豆峪4里，东北距康石岭4里。白云寺村分为仨生产队，梁前边白云寺，是一二队，一队在大庙西边，以杨树沟为主；二队以大庙为主。三队在梁北边，过去叫康石岭。黄松峪村人、乡文化干部潘军记得，康石岭是白云寺和黄松峪搭界处的一个小山梁，那儿的石头特别糟，就跟糠饽饽似的。

83岁老村会计陈凤全记得，白云寺过去和黑豆峪是一个村，就是从黑豆峪搬过来的，所以这里叫黑豆峪北沟，属于蓟县。查阅新编《蓟县志》"第一编·建置区划·第三章·区划·第一节·明清时区划"记载：明代，实行里甲制，里下有甲，甲下有户。十户为一甲，十甲为一里。清代，沿用明制。至清道光十一年（1831年），全县划15里、28保，有973个村。其中，关厢里，共辖102个村，分3保，西关乡保辖60个村，东山乡保辖34个村，西山乡保辖8个村。西山乡保所辖8村中，有黑豆峪村，没有白云寺村。这时这边如已有人生活，亦当属于黑豆峪村。

民国三十三年（1944年）《重修蓟县志》"卷三·乡镇·户口"记载，民国元年（1912年），划全县为八区，区下设乡，第八区靠山集乡有黑豆峪村，同时还有白云寺、康石岭。同时，白云寺、康石岭还有具体户数、人口。

村 名	户 数	男	女	合 计
白云寺	50	130	118	248
康石岭	18	43	43	86

这些户数和人口数，当为1943年前后的数字。

这也说明，至1944年重修蓟县志时，白云寺、康石岭当是两个自然村，尚未成为一个独立的行政村。

按说白云寺村属于蓟县，亦记载于蓟县志。翻阅清康熙六年（1667年）《平谷县志》“地理志·寺观”，却有“白云寺，在黑豆峪寨北，至县二十五里。金皇统四年建，弘治十二年重修。今俗称继广寺”的记载，雍正、乾隆等《平谷县志》所记相同。民国二十三年（1934年）《平谷县志》“卷一·地理志·名胜”亦有“白云寺，距城三十里，居众山之间。南五里至黑豆峪寨，邻蓟县界”的记载，此志所记还有“东北30里至白云寺，与蓟县连界”语，甚至民国九年（1920年）《平谷县志》前面所绘“平谷县地图”，东北县界处明确标示着一个表示庙宇的“△”符号，并在左侧竖写“白云寺”三字。这样记述，是表示这座寺庙属于平谷吗？一般县志是记述自己一县之事的，可寺在白云寺村，而村又属于蓟县。一时不得其解，仅在此简略记述，不做探究。

抗战时期，这里相继属于冀东西部抗日根据地的蓟平密、平密兴、平三密、平三蓟联合县。1946年3月，取消联合县建制。新编《蓟县志》记载1946年5月，将19个村庄划归平谷县，其中有黑豆峪，亦有白云寺、康石岭。而新编2001年版《平谷县志》所记划归的村庄为14个行政村，有黑豆峪，亦有白云寺，没有康石岭，这应该是以现在的村庄记述了。从新编《蓟县志》对白云寺、康石岭分记来看，1946年5月两个自然村应该还没有独立成为一个行政村。不然，就会直接写白云寺村一个名字了，而不会分写。

《北京市平谷县地名志》记载：白云寺村，“辖白云寺、康石岭两个自然村”。白云寺，“明代成村，原属黑豆峪，称黑豆峪北沟。1943年独立划为行政村。据传该村建庙时山坡上常有白云缭绕，庙建成后，称白云寺。村以寺而得名。1946年由蓟县划归平谷县。抗日战争时期，化名

2303（代号）”。康石岭，“清代成村，村东山梁石质风化如糠，称糠石岭，村以山岭得名，后演化为今称。1946年由蓟县划归平谷县”。

地名志所写白云寺村1943年独立划为行政村，不知所依何据。胡长顺老书记记得，1958年白云寺还和黑豆峪是一个村呢。究竟如何，值得进一步研究。

至1949年，全县下设7个区，白云寺村在第二区。1950年5月，全县并为5个区，其中白云寺村在第三区（南独乐河区）。1953年6月，建立乡政权，全县划为6个区、80个乡（镇），白云寺村应在靠山集区黑豆峪乡内。1956年撤销区级建制，并为34个乡镇，白云寺村应在祖务乡内。1958年1月，将34个乡镇合并为18个乡，白云寺村应在黄松峪乡内。1958年9月，撤销乡建制，建立5个人民公社，下设21个管理区，白云寺村应在韩庄人民公社黄松峪管理区内。1961年6月，撤销管理区，将5个人民公社划为21个人民公社，白云寺村应在黄松峪人民公社内。1984年4月，全县人民公社改为乡，大队改为村，黄松峪人民公社随之也改为黄松峪乡，白云寺大队亦改为白云寺村委会至今。

图47　白云寺村79岁老生产队长孙思旺（摄于2022年10月）

村里人说，一队，以孙姓为主，占90%，还有吕、陈、张、于等姓；二队，以陈姓为主，还有张、于、石、郝、丁、卢等姓；三队，张、赵、王等姓都是大户，还有于、胡、石、陈、郝等姓。

白云寺村哪姓先来立的庄？79岁老生产队长孙思旺（图47）说：“我听说是康石岭姓马的先来的，不知道马家从哪儿搬来的，他们早搬到平谷城去了。”

孙姓，孙思旺老人说：“我们孙姓主要在一队，从王辛庄镇东古村搬过来的，到我这儿五辈儿。我父亲叫孙怀仁，爷爷叫孙庆友，太爷叫孙继功，老太爷叫孙永龙。就是老太爷这辈儿搬过来的，孙永龙是到这儿的第一辈儿。再往上叫啥不知道了，孙家从哪儿到东古的更不知道了。我儿子叫孙立金，孙女叫孙杉。在村里，孙家我下面还有三辈儿，也就是说，白云寺孙家有八辈儿人了。最小一辈儿尚未成年不计，以七辈儿、每辈儿25年计，孙家到这儿180年上下，约在清道光中后期。现在，孙家有20多户，七八十人。”

郝姓，76岁老妇联主任刘玉华（图48）说：“我是南独乐河镇刘家河娘家，嫁到白云寺二队郝家，爱人叫郝宝林。听爱人说郝家是从芮营搬到塔洼，又从塔洼搬到兴隆下营那边的三十二岭沟，从三十二岭沟搬到白云寺。我公公叫郝金财，再往上不知道了。我儿子叫郝立新，女儿叫郝小梅，孙女叫郝运奇。

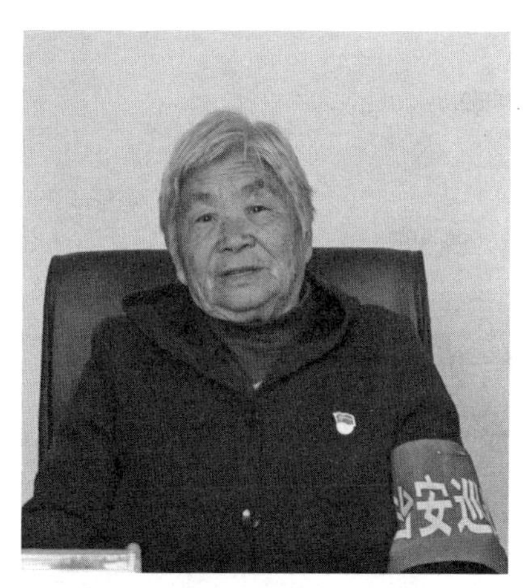

图48　白云寺村76岁老村妇联主任刘玉华（摄于2022年10月）

“我们这片的郝是一家子，三队姓郝的郝长海与我们不是一个郝，也不知道他们从哪儿搬来的。”

郝家即是从芮营搬来的，芮营在马昌营镇，分前、后芮营。为编写《马昌营史话》，作者曾到芮营访谈，郝姓主要在前芮营。前芮营村南2里来地远的地方，有片遗址，就是过去的郝家庄，那地方至今还叫郝家沟。而郝家是从山西来的，先到郝家沟那地方。据说姓芮的将军带兵来后，那时都带着家属，家属住在后营，部队住在前营，便称为前、后芮营了。郝家在南边人少，就归到了前芮营。郝姓原有家谱，始祖叫郝国柱，传了十六七辈。这就是郝家来到芮营的大致情况。

于姓，84岁老村主任于作春说：“我是三队康石岭的，于家从天津宝坻过来的，到这儿应该是我太爷那辈儿，太爷叫啥不知道了。父亲叫于庆云，爷爷也不知道叫啥了。我有一儿两女，儿子叫于宝金，俩女儿叫于秀莲、于秀敏，还有仨孙子叫于晓峰、于晓奇、于晓祥。村里于家我下面还有三辈儿人，共计七辈儿，最小一辈儿尚未成年不计，以六辈儿、每辈儿25年计，于家到这儿150年上下了，约在清同治时。现在，于家有2户，10口人。”

图49　白云寺村75岁老村书记胡长顺（摄于2022年10月）

胡姓，75岁老村书记胡长顺（图49）说：“我是三队康石岭的，我们胡家是从兴谷街道中胡家务一挑子挑来的。我父亲叫胡和，爷爷叫胡朝珍。太爷叫胡久成，就是太爷这辈儿过来的，是到这儿的第一辈儿。太爷有仨儿子，老大胡朝义、我爷爷是老二、老三是胡朝海。老大胡朝义搬到了蓟县，老三胡朝海搬到了离东陵5里的新立村。我父亲这辈儿也哥仨，父亲是老大；老二胡庆让日本鬼子给打死了，结婚没孩子；老三胡旺，搬到黑豆峪了。我有俩儿子，老大胡国兵，有俩孙女叫胡恬恬、胡悦悦；老二胡国栋，有个孙子叫胡臻，16岁了。胡家到这儿140年上下，约清光绪时，大致在清末了。”

图50　白云寺村78岁老生产队长张学芹（摄于2022年10月）

张姓，78岁老生产队长张学芹（图50）说：“我是三队康石岭的，我们张家是从王辛庄镇西古村搬来的，与二队的张是一个张。西古的张家分东门、西门，我们是东门。父亲叫张连余，爷爷叫张守全，太爷叫啥记不住了，就是太爷这辈儿过来的。我儿子叫张松坡，孙女叫张敬雯。村里的张家，我下面还有三辈儿，共七辈儿人了，到这儿150年上下。现在，张家有6户，20来人。”

陈姓，83岁老村会计陈凤全说：“我是二队白云寺的。我们这个陈是从峪口镇中桥村搬过来的，黑豆峪的陈也是中桥的，不知道中桥的陈是从哪儿过来的。我父亲叫陈云，被日本鬼子打死了。爷爷叫陈广银，也被日本鬼子打死了。太爷叫啥不知道了。听说是从太爷那辈儿逃荒到这儿的，说是一粪箕子背来的。我儿子叫陈小会，孙子叫陈旭，重孙子叫陈明曦，重孙女陈诺曦。现在，陈家有八九户，30多人。”

作者编写《峪口史话》时曾到中桥村访谈，中桥的陈姓，说是江西颍川县人，祭祀的始祖叫陈德新，明朝朱棣时当兵带着家属过来的。

2020年底，白云寺村有140多户，200多人（图51）。

图51　白云寺新村（摄于2022年10月）

大东沟村

大东沟村，坐落乡域东南部（图52，图53）。

所谓东沟，因在黄松峪村东边而得名。90岁老村支委张广成说：“我们这地方在黄松峪村东南6里地，过去黄松峪村的一些人家这边有地，常到这边来干活。一问上哪儿干活去？随口就说‘东沟’，一来二去的就叫开了。后来这里陆续有了人家，中间有道山梁，以山梁为界，梁北边叫尖山峪，又叫小东沟，梁南边羊拉子，又叫大东沟。等独立成村的时候，就叫大东沟村了。”

实际上，大东沟村分三片。张广成老人说，村南边这片是槁寺，过去归晏庄。79岁老村书记李景祥接过话茬，说槁寺是后来叫的，原来小名叫水泉上（shang）。

张广成老人记得：“梁南边这片，在村中间，也就是村委会所在地，叫羊拉子。我家在东边，叫后背阴，

图52　大东沟村委会（摄于2006年12月）

图53　大东沟村委会（摄于2022年10月）

过去归黑水湾，后背阴后来也归羊拉子管。正式叫大东沟，是在1948年土改复查的时候，还没独立成村呢。我记得1953年结婚的时候，我还在黑水湾打扫卫生呢。”

李景祥老人说，归黑水湾张家的这地方叫大葛条峪，又叫后背阴。西边是羊拉子，归黄松峪。这两片统称大东沟。

张广成老人说，梁北边叫尖山峪，也叫小东沟，归黄松峪。

85岁老村书记陈秀峰也说：“我是1938年生的，土改复查的时候我10岁，那时候这边是分槁寺、后背阴、大东沟、小东沟四片。具体说来，南边槁寺是一队，二队是后背阴，三队是羊拉子，四队是梁后头小东沟，正名叫尖山峪。”

村人说，后来梁南边是二队，包括羊拉子、后背阴；梁北边是三队，就是小东沟；最南边是一队，是指槁寺。

历史上，大东沟村过去应属于蓟县，查阅民国三十三年（1944年）《重修蓟县志》“卷三·乡镇·户口”记载，民国元年（1912年），全县划为8个区，区下设乡。大东沟属于第八区靠山集乡，有东沟、小东沟、大东沟3个名字。根据蓟县志所记和志前所绘第八区图以及平谷县地名办、市测绘设计研究院编制的《平谷县地名图》进行比对，“东沟”位于区图的靠山集东不远，且在“东沟”旁写着“大小”二字，而地名图在今靠山集村东边2里处标示有“小东沟”，故此，这里的“东沟”当为今金海湖镇的“小东沟”了。而“大东沟”“小东沟”位于区图的黄松峪东侧不远，地名图在今黄松峪村东南不远，且标示着自然村“小东沟”及行政村“大东沟”，所以，这“大东沟”“小东沟”应该是今黄松峪乡的“大东沟”“小东沟”了。志书还记载了当时小东沟，有9户，男28人，女29人，共计57人；大东沟有16户，男42人，女40人，共计82人。这应是1943年前后，大东沟和小东沟两个自然村的数字，说明这时还没有独立成为今天的大东沟村。

抗战时期，这里相继属于冀东西部抗日根据地的蓟平密、平密兴、平三密、平三蓟联合县。1946年3月，取消联合县建制。新编2001年版《平谷县志》记载，从蓟县划入14个行政村，有“大东沟”“小东沟”。这应该是现在的村名，“大东沟”即是黄松峪乡的大东沟村，“小东沟”当是金海湖镇的小东沟村。当然，熊儿寨乡还有个村，称为“东沟”。这3个村名，与蓟县志所记不是一个概念。而新编《蓟县志》记载是19个村庄划归平谷县，有“小东沟”“大东沟”及“东沟”，应该是与民国时《蓟县志》所记相同。今天看来，这19个村大概不全是行政村，是包括了一些自然村的。也就意味着，这时的大东沟应该尚未独立成村，还是分片各归旧属。

1950年5月，全县设5个区，这时已出现大东沟村，且在第三区南独乐河区内。根据志书所记及张广成老人1948年土改复查时还没独立成村之说，大东沟村或在1948年至1950年独立成村了。1953年6月，建立乡政权，全县划为6个区、80个乡（镇），大东沟村应该在地靠山集区黄松峪乡内。1956年撤销区级建制，全县并为34个乡镇，大东沟村应在祖务乡内。1958年1月，将34个乡镇合并为18个乡，大东沟村应在黄松峪乡内。1958年9月，撤销乡建制，建立5个人民公社，下设21个管理区，大东沟村应在韩庄人民公社黄松峪管理区内。1961年6月，撤销管理区，将5个人民公社划为21个人民公社，大东沟村应在黄松峪人民公社内。直至1984年4月，全县人民公社改为乡，大队改为村，黄松峪人民公社改为黄松峪乡，大东沟村亦由大队改为村委会至今。

总起来看，大东沟村应该在1948年至1950年初独立成村。而槁寺、大东沟和小东沟3个自然村，各姓搬来有早晚，根据村人所谈，大致在清中晚期，不会太早。

至于《北京市平谷县地名志》所记，大东沟“清代成村，因村处黄松峪东南一条较大的山沟之中，故名大东沟”。小东沟“清代成村，三面环山，南是沟口。因南有大东沟，故名小东沟”。槁寺“清初成村，因此地有泉，故村名原称江水泉。后因附近有寺庙，又改称今名”，与村里老人所谈不尽一致，值得研究。而村人祖祖辈辈生活在这里，所谈内容是一辈辈口口相传下来的，故应以村人所谈为准。

大东沟村主要姓氏人口。

张广成老人说，一队槁寺，以张家为主；二队大东沟、羊拉子以尉家为主，后背阴以张家为主；三队小东沟，以李家为主。

张姓，90 岁老村支委张广成（图 54）说：“我们这个张是平谷镇东寺渠的。当初我奶奶一背篓子背着到金海湖镇的上宅，给人家做饭，抡笊篱把子。我们都在这边生的。干了几年，也挣点钱，置点山坡地，全是荒山。我爸和我大爷（ye）哥儿俩，过来刨点山坡地。那时候西边是黄松峪，东边是黑水湾，南边是晏庄，这地方没人，后来我们就落后背阴这儿了。我父亲叫张林，大爷（ye）叫张树。爷爷不知道叫啥，我从小都没见过爷爷。爷爷的坟地在这边，我见过。我有仨儿子，老大叫张作海，有个儿子，也就是我孙子叫张晓生，张晓生有个女儿，也就是我重孙女叫张妍硕；老二叫张作良，有个儿子，也就是我孙子叫张晓新，张晓新有个儿子，也就是我重孙子，记不住叫啥了；老三叫张作山，有俩儿子，也就是我俩孙子叫张晓振、张晓楠。村里还有一个张，我们不是一个张，人不多。”

图 54　大东沟村 90 岁老村支委张广成（摄于 2022 年 10 月）

85 岁老村书记陈秀峰记得，海子村有个张继宗，到兴隆那边去，那边也没地了，就回来了。有个黑水湾的亲戚，说村西边我那儿有点地，都是刨出来的，就是把边。张继宗一估摸，好地也没有，反正过去的地是谁种就归谁，就过来了。这样，他就落在了大东沟。

陈秀峰老人说的张继宗，应该就是张广成老人说的与他们不是一家的另一个“张”了。

图55　大东沟村85岁老村书记陈秀峰（摄于2022年10月）

陈姓，陈秀峰（图55）说：“我们这个陈，是从黄松峪来的。过去这边有地，就落小东沟这边了。”

陈秀峰老人记得：“黄松峪村的陈姓，是从山东庄镇大北关搬过来的。当时搬到黄松峪的是老哥儿仨，少亡一个，哥儿俩延续下来了。现存的那棵龙爪槐，是我老老太爷栽的。当时栽了两棵，活了一棵。陈家坟地那儿有个石碑，比人高。碑上写着陈家出了个武举人，是有功名的。黄松峪过去归蓟县。陈家坟地有2亩多地，后来人多了，又分穴别处立坟了。

“到这边最早的是我父亲，叫陈自福。我爷爷叫陈国仓，太爷叫啥不知道了。陈家以前全是教学的老师，没有当官的。我这辈儿哥儿四个，我是老大，没有儿女；老二叫陈秀清，有俩女儿；老三叫陈秀海，有俩女儿；老四叫陈秀和。”

陈秀峰老人所谈黄松峪村的陈姓是从山东庄镇大北关搬过来的，与黄松峪村的陈家人所谈有异。黄松峪村83岁退休职工陈广珍说，黄松峪陈家是从峪口镇中桥村搬来的。中桥村陈姓人记得，祭祀的始祖叫陈德新，明朝初年从江西迁至中桥。后来中桥陈家一脉再迁至黄松峪，且成为黄松峪村的立庄户之一。

李姓，79岁老村书记李景祥说：“小东沟的李家，是从夏各庄镇马各庄搬过来的。抗战的时候，我家跑反，先跑到黄松峪，住1年多，后来就跑到这儿。到这边也没房子，就使棒子秸搭的棚子。我是1943年生的，就生这边了。到这儿的第一辈儿是我爷爷李春，父亲叫李树山，我有俩儿子，老大叫李立东，李立东有俩儿子李振、李正石；老二叫李立群，李立群有个儿子李岩。我父亲那辈儿哥五个，老大叫李宝山，老二叫李福山，老三是我父亲李树山，老四叫李明山，老五叫李连山。现在，李家有30多户，七八十人。”

陈秀峰老人说，小东沟以李家为多，还有徐家、尉家。实际上，徐家来得比李家要早些，是从贾各庄搬来的，开点儿地就住下了。徐家是李家的舅舅，李家是奔舅舅来的，就从马各庄搬过来了。

2022年12月，再次来大东沟访谈，88岁村民徐凤如（图56）说：“我们是尖山峪的徐家，从贾各庄搬来的。我父亲叫徐怀，爷爷叫徐广全，太爷叫啥不知道了。到这儿的第一辈儿，就是我爷爷。我这辈儿哥儿俩，我是老二，大哥叫徐凤祥。我有仨儿子，老大叫徐占江，老二叫徐占海，老三叫徐占河。徐占江有一个儿子，一个女儿，还有一个孙子；徐占海有一个儿子，一个女儿，还有个孙女；徐占河有个女儿，叫徐淑云。大哥徐凤祥有俩儿子叫徐占文、徐占武，还有个女儿。”

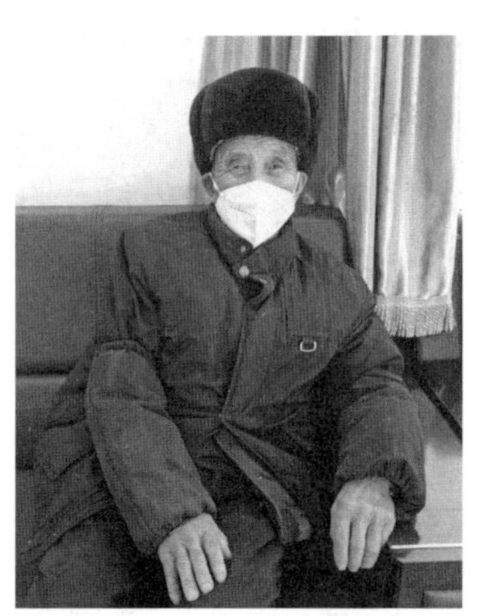

图56　大东沟村88岁村民徐凤如（摄于2022年12月）

作者曾到王辛庄镇贾各庄访谈，贾各庄主要有徐、张、任、常四大姓。而徐家为大户，210多户，600多人，占全村2/5。据说徐家本姓爱新觉罗，是皇上本家。跟着努尔哈赤到辽宁一个叫徐家沟的地方，撂下一队人马，就把徐家祖先撂那儿了。后来又到了贾各庄这个地方，为了统治汉族，叫满族人改姓，王爷、贝勒一般不会随便改，只能是底下的人改。当时徐家祖先就是个带兵的，手下也就100多人，没权没势，想到徐家沟，就改为汉姓徐了，而徐家祭祀的始祖叫徐能。当初到这儿，据说是点着一炷1米多高、手指粗的香，骑着马跑，北面跑到北山根，西边跑到泇河边，南边跑到洵河边，往东一直跑到海子那地方。游牧人没见过海，瞅着那儿的河面很宽，水很大，以为是海，就管那儿叫海子了。人们随后掴着马蹄子印，这就是老徐家的地方，从此徐家人在此守边屯田。后来，徐家一位女子被皇上看上，进宫了。皇家有规定，八旗子弟，男的到十七八岁要当兵，女的到十五六岁要选秀。徐家那个女子在宫里不从自杀了，徐家便与皇上打官司，结果输了。皇上说，反正你们也不服管教，就出旗吧！清代旗人一落生就有俸禄，出旗就成汉人，没俸禄了。而一出旗，上面就认为你反了，派兵杀过来。有一部分人跑到了通县，都是拿笔杆念书的；撂下没走的，全是会武的，都战死了，只藏起来一个小男孩，叫徐有福。所以，现在贾各庄的徐家人都是他的后代。这事大致发生在乾隆之时。徐家过去送祖宗，都要送两回，先到村北，往北面送一回，旗人发祥地在北面的白山黑水之间；再往村南送一回，就是为祭奠那位刚烈的徐家女子。村里人说，徐家到这里跑马占圈后，起村名贾各庄，尽管是姓贾的贾，但取的是真假的“假”的意思，也就是在这里躲藏起来。

2014年7月，作者就徐家事访谈老村书记徐文生，徐文生整理了徐氏家谱。记载：第一辈儿徐能，第二辈儿徐育学，第三辈儿徐德才，第四辈儿徐金明。家谱所记的徐家，主要沿着第八辈儿徐德寿这一脉延续下来。而徐德寿生有三子，徐大志（东门分支）、徐大寿、徐大荣（西门分支），徐家由此分为东西两门。

在家谱右上部另记：

去黄松峪大东沟

徐广德——徐义——徐凤岐

徐广顺——徐贵——徐凤鸣

徐广和——徐有——徐俊廷

徐广全——徐怀——徐凤如

这里专门记载了从贾各庄搬到黄松峪乡大东沟村的徐家一脉，且写到了“徐凤如”。根据家谱所记，“广”字应为第十三辈儿。徐凤如所说爷爷叫徐广全，父亲叫徐怀，与家谱所记吻合。这样看来，从贾各庄徐家来论，徐凤如当为第十五辈儿了。徐凤如已有重孙子了，而重孙子即是徐家第十八辈儿人。记载来大东沟的有徐广德、徐广顺、徐广和、徐广全，当是老哥儿四个一起来尖山峪的了。

张广成、李景祥、陈秀峰3位老人记得，一队还有卢家，是从耿井村搬来的；二队尉家，从黄松峪村过来的。

作者整理2006年12月调查寺庙时拍摄的村委会照片，是二层小楼，这在当时全区是不多的。尤其在村委会大门两边，左边悬挂着村党支部、村委会的牌子，右边还悬挂着另一方牌子，竟写满字迹，细看是一方功德匾（图57）了。

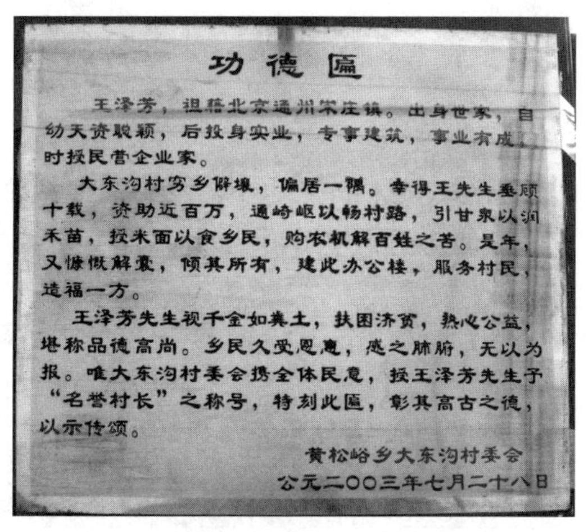

图57 大东沟村委会门前悬挂的功德匾（摄于2006年12月）

功德匾

王泽芳，祖籍北京通州宋庄镇。出身世家，自幼天资聪颖，后投身实业，专事建筑，事业有成，时授民营企业家。

大东沟村穷乡僻壤，偏居一隅。幸得王先生垂顾十载，资助近百万，通崎岖以畅村路，引甘泉以润禾苗，授米面以食乡民，购农机解百姓之苦。是年，又慷慨解囊，倾其所有，建此办公楼，服务村民，造福一方。

王泽芳先生视千金如粪土，扶困济贫，热心公益，堪称品德高尚。乡民久受恩惠，感之肺腑，无以为报。唯大东沟村委会携全体民意，授王泽芳先生予“荣誉村长”之称号，特刻此匾，彰其高古之德，以示传颂。

黄松峪乡大东沟村委会

公元二〇〇三年七月二十八日

现在，大东沟村委会办公楼已续建为三层，特别是民居都盖成了二层别墅的小楼，大东沟真的是翻天覆地、今非昔比了（图58）。

图58　大东沟新村（摄于2022年10月）

2020年底，大东沟村有160多户，380多人。

刁窝村

刁窝村，坐落乡域中部（图59，图60）。

图59　刁窝村委会（摄于2007年5月）

图60　刁窝村委会（摄于2022年10月）

刁窝得名，85岁村民李如意说，在村北东边有两道山沟，叫大刁窝、小刁窝。据说过去住过雕，后来演变成刁窝，立庄后就以刁窝当作村名了。

《北京市平谷县地名志》记载：刁窝，“清代成村，相传村附近山崖洞住过雕，称雕窝，村以此得名，后演变为今称”。

地名志所记与村人所谈不同，作者以为村人所谈更符合实际。

60岁老村书记符仲刚（图61）则说，石林峡里边杨树台子那儿修过一个刁关，又高又险，经过地震、洪水，就毁了。后来立庄，就叫刁窝了。这个刁关是北宋修的，抵御大辽的侵扰，与黄松峪关是同期的。村南有个地名叫八宝阵，宋辽在这儿摆过阵。修黄松峪水库大坝挖槽时，挖出过月牙弯刀、盾牌，镶嵌着宝石、绿松石。

图61　刁窝村60岁老村书记符仲刚（摄于2022年10月）

刁关之说未见相关志书记载，访谈中也有人说八宝阵是与穆桂英大破天门阵有关。平谷地区流传不少关于杨家将的传说故事，或与人们对英雄的崇敬有关。但一般来说，杨家将守关及与辽交战之地应该不在平谷地区。黄松峪关与这段长城为明代所修，明《四镇三关志》有记。

69岁老村书记何金义说，我岳父家保存着一张光绪二十三年（1897年）的地契，上写着“荒山厂一处，坐落小刁凹东北沟河漕南”的话，这里就有“小刁凹”。起这名儿可能与雕有关，但建村应该是在长城失去防卫的作用以后，允许长城里边的人家到长城外边的地来干活。我们何家就是黄松峪的，这边有地，后来落刁窝这边了。

何金义老人言之有理，看来是先有“大刁窝”“小刁窝”这两道沟，后来这里有人家生活居住，就以沟名而名村。且为书写方便，随手就写作“刁窝”，相沿至今。民间一些习以为常的名字，往往没有明确的一定是什么字，只按字音随手书写了，就像“小刁凹”一样，不仅“雕”字可以写作“刁”字，而且“窝”字也写作了“凹”字。所以，作者认同李如意老人村名由村北的大刁窝、小刁窝两道沟而得名之说，即是早在清光绪时就已写作“刁”字，“刁窝”延续至今起码已100多年，没必要再人为更改了。

历史上，刁窝村应属于密云管辖。查阅清光绪七年（1881年）《密云县志》“卷二之八·舆地三·市里·村庄”记载，没有刁窝村。民国三年（1914年）《密云县志》及民国二十七年（1938年）《密云县志》亦未见记述。抗战时期，这里相继属于冀东西部抗日根据地的蓟平密、平密兴、平三密、平三蓟联合县。1946年3月，取消联合县建制，这里仍属于密云。直至1950年5月，由密云划归平谷。这时，平谷县设5个区，刁窝村在第三区南独乐河区内。1953年6月，建立乡政权，全县划为6个区、80个乡（镇）。刁窝村又在哪个区哪个乡？何金义老人联系塔洼村张启老人，说过去有塔洼乡，下面只有塔洼和刁窝两个村；再联系搬到马坊镇新建队的何金生，也说有塔洼乡，且只有塔洼和刁窝两个村，并说塔洼乡乡长叫贾希里，就是塔洼村人。还说黄土梁可能是梨树沟乡，梨树沟乡乡长叫陈德银，是梨树沟村人。这么说来，刁窝村是在镇罗营区塔洼乡了。

1956年撤销区级建制，合并为34个乡镇，今黄松峪地区的村庄主要应在祖务、塔洼及罗家沟乡内。88岁黄松峪村老书记秦瑞清记得，塔洼乡包括刁窝、梨树沟、塔洼等村。看来，刁窝村仍属于塔洼乡。1958年1月，将34个乡镇再合并为18个乡。6月，又并为16个乡。其中，设黄松峪乡，刁窝村应在黄松峪乡域内。1958年9月，撤销乡建制，建立城关、马坊、峪口、韩庄、大华山5个人民公社，下设21个管理区，刁窝村应在韩庄人民公社黄松峪管理区内。1961年6月，撤销管理区，将5个人民公社划为21个人民公社，刁窝村应在黄松峪人民公社内。直至1984年4月，全县人民公社改为乡，大队改为村，随之黄松峪人民公社改为黄松峪乡，刁窝村亦由大队改为村委会至今。

85岁村民李如意记得："我过去听老人说，刁窝是魏家来得最早。"

魏姓，63岁村干部魏德珍（图62）说："魏家是从大兴庄镇三福庄村搬来的。我父亲叫魏明全，爷爷叫魏殿启，太爷叫魏福太，就是太爷这辈儿过来的。我儿子叫魏君，孙子叫魏梓毅，孙女叫魏依灿。"

作者编写《大兴庄史话》访谈三福庄村时，村里老人说魏家是从平谷镇北台头搬过来的，有十三四户，五十来人。作者编写《平谷镇史话》曾访谈北台头村，访谈了不少大姓小姓，却没谈魏姓，魏姓从哪儿搬到北台头的也就不得而知了。

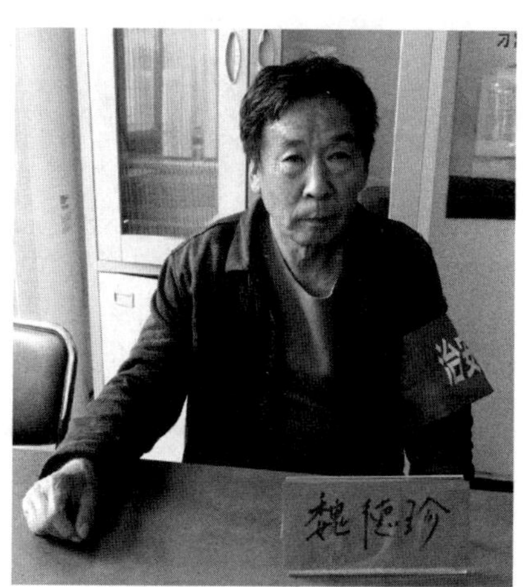

图62　刁窝村63岁村干部魏德珍（摄于2022年10月）

这样看来，魏家满打满算是六辈儿，最小一辈儿尚未成年不计，以五辈儿每辈儿25年计，130年上下，大致在清光绪中期前后过来的。

现在，魏家有5户，20多人。

何金义老人说，过去符海堂曾说刁窝最早来的是赵家，并说当年刁窝是魏家管事，同意邢家过来，并把一片地划给邢家，才有邢家来了以后光绪二十三年（1897年）买袁永春地的事。可向一些老人打听，刁窝没人知道袁永春这个人。

图63　马坊镇新建队村69岁村民赵成祥（摄于2022年7月）

这张地契距今有120多年了，也许是魏家来了不久，邢家就过来且买了袁永春的地了。

2022年7月，作者访谈搬到马坊镇新建队村69岁村民赵成祥（图63）时，也说："在刁窝听说我们赵家最早来的。"并说："赵家是从东高村搬到刁窝的，就是爷爷过来的。父亲2007年去世，要活着99岁了。"

赵成祥父亲赵明排行老二，赵成祥的孩子与赵明长兄的孙子若差几岁甚至十几岁很正常，再加上赵成祥父亲的年岁，赵家从东高村搬到刁窝大致也应在120年上下。

图64　刁窝村80岁村民邢荣付（摄于2009年8月）

这么说来，刁窝或是魏家来得更早些，也就是魏家立的庄了。而赵家来刁窝也比较早，或与魏家前后脚了，且与邢家可能差不多同时到的刁窝。

邢姓，何金义老人岳父是刁窝村的邢荣付，2015年，86岁邢荣付（图64）谈了一些邢家情况，何金义简单整理。

邢家是从山西搬到南独乐河镇北独乐河

村。多年以后，有个邢德宝，到金海湖镇黑水湾村北山牛槽沟的地方住下来。这时，遇见了刁窝村的魏殿启。在牛槽沟吃水要到黑水湾去挑，挑一趟需半天时间，便随口问你们那儿吃水咋样？魏殿启说，刁窝吃水不难，北半拉（lǎ）到胡同水挑水，南半拉到南石卡儿（在黄松峪水库东侧、四道沟沟口北边山包下）挑水，一早上能挑三四趟，不误早上喝粥，要不你们就搬这边来吧，并把小刁窝沟口上边南北坡让给了邢家。邢家就这样过来了。

作者为编写《独乐河史话》，到北独乐河村访谈，北独乐河村由村北邢家庄、村中曹家胡同、村西南堡子庄、村东南孟家庄、村南高家庄、王家庄6个自然村组成，主要姓或说从山西老槐树来的，或说随龙过来的（所谓“随龙过来的”，一般指燕王扫北的时候，燕王即后来的明成祖朱棣）等，都应是明朝过来的了。谈及邢家庄，村里人公认邢姓来得最早，穷了没站住脚，有搬到刁窝、狗背岭、兴隆的。后来从狗背岭又搬回一家姓邢的，落在曹家胡同了。

何金义老人看了岳父那张光绪二十三年（1897年）地契，所写的将“荒山厂一处”，“出退与北独乐河邢克顺名下承种”的邢克顺，应该就是邢家来刁窝的第一辈儿。

邢荣付的父亲叫邢安，父亲这辈儿哥俩，父亲是老二，老大叫邢旺。爷爷就叫邢克顺，爷爷这辈儿也是哥俩，爷爷是老大，老二叫邢克举。太爷就是邢德宝。

邢荣付这辈儿也是哥俩，邢荣付是老二，老大叫邢荣发。

邢荣付有2个儿子，5个女儿。长子邢凤栓，生一子邢永亮，邢永亮生一子邢睿涵；次子邢凤所，生2个女儿。

邢荣发，生2个儿子，4个女儿。长子邢长领，生2个儿子，老大邢金山约16岁时溺亡，老二邢金平生有一子。次子邢长明，生一子邢磊、一女邢硕。

图65　刁窝村85岁村民李如意（摄于2022年10月）

现在，邢家有4户，17口人。

李姓，85岁村民李如意（图65）说：“李家从山东闯关东过来的，先到河北兴隆四道河子，后来由四道河子搬到这儿。我父亲叫李长太，爷爷叫啥不知道了。小日本一侵入中国，让有哥儿俩的必须有一个要到东北开荒，我叔叔李长河就跑了，跑到外边，这儿天那儿天的，后来落到刁窝这儿。叔叔没儿女，1955年就把我过继过来了。我儿子叫李宝华，孙子叫李刚，重孙子叫李子涛。”

图66　刁窝村72岁老村书记符仲库（摄于2022年10月）

符姓，72岁老村书记符仲库（图66）说：“符家是从河北三河灵山大唐回搬过来的。父亲叫符顺堂，爷爷叫符玉连，就是爷爷这辈儿过来的。太爷叫符天增，太爷后来岁数大了也跟过来了。往上，老太爷叫符博，清朝时戴顶子，三河知县、蓟州知州到我家据说都得下马、下轿。再往上不知道了。我家过去一到清明节，就去三河那边上坟，大家一块儿吃官坟。我有俩女儿，叫符冬梅、符云辉。符仲刚是我亲弟弟。”符仲刚说：“我儿子叫符祥志，还有个孙女。”

现在，符家有6户，20多人。

看来，符家到这边也是比较早的，即是符海堂说刁窝最早来的是赵家，就说明符家来得要晚于赵家，极可能与赵家前后脚，不会相差太久。因为符家要是从符仲库爷爷那辈儿过来，符仲库72岁，按常理应该还没

图67　刁窝村64岁村民郝福全（摄于2023年2月）

有重孙子，但孙子辈儿也应20岁上下了，所以，符家来这儿也应有一百一二十年了。

郝姓，64岁村民郝福全（图67）说：“郝家是从顺义区沙岭镇搬来的，塔洼的郝家和蓟县二拨子的郝家据说都是从刁窝搬去的。

“父亲叫郝金明，爷爷叫郝来，当兵去了，牺牲在外，为烈士。爷爷这辈儿哥儿五个，老大叫郝铜，老二叫郝增，老三叫郝云，爷爷是老四，老五叫郝稳，这哥儿五个只有父亲郝金明一个男孩儿，父亲曾任两届村党支部书记。太爷叫郝景胜，老老太爷叫郝利，再往上叫郝亮。郝家有家谱，记的第一辈儿就是郝亮，不知道郝家是哪辈儿搬到刁窝来的了。

“父亲生有三子二女，长子叫郝福奎，生有一子叫郝彦蒙，生有一女叫郝若林；我是次子，生有一子叫郝彦兴，一个孙子叫郝天佑；三子叫郝福山，生有一女叫郝晶。”

现在，郝家有3户，10多人。

何姓，何金义老人说：“何家是从黄松峪搬过来的，当初何家这边有地，就落这边了。

“在刁窝西边、石林峡南边有条山沟，沟里有棵大桃树，叫桃木峡，现在这棵大桃树早没了。过去何家住在桃木峡沟口下，有5户。何家往北300米远的地方，住着郭家、崔家两三户。郭家、崔家先搬到河东边的，何家到1983年才搬到河东边。

“我父亲叫何维青，爷爷叫何俊杰，太爷叫何顺之，再往上不知道了。我有俩女儿，叫何佳丽、何倩丽。何家就剩我们一户了，大部分搬到马坊新建队去了。”

这里谈及新建队，何金义老人记得，1970年修黄松峪水库，刁窝村在库区里。这年3月开始搬迁，到4月底全部搬完。一队有赵怀、赵明、赵顺、张友山、张友林、康万富、康文、秦保山、王瑞芬、何明、何存、何海清、何保清，二队有高清富、崔富生、杨满生、崔海、崔江、张怀，两队共19户搬到马坊人民公社，成立了新建队村。2020年底，新建队村有40多户，170多人。

没搬迁的，一队有陈香元、杨合、崔文山、崔永、崔英、崔雨、陶兰香、郭振山、何维青，二队有王子林、王相武、王相生、王桂满、符顺堂、符海堂、符敏堂、郝金明、王顺忠、邢荣富、邢荣发、魏明全、魏云恒、魏德福、于朝忠、崔合、张合、张克才、张克田、张克仕、郭桂英，共30户，139人。原来两个独立核算的生产队，便合并为一个大队了。

新编2019年版《平谷县志》“第十五编·旅游·第二章·旅游开发·第二节·民俗游”记载：刁窝，位于黄松峪乡。1992年，兴办“农家乐”接待。2003年，被评为市级乡村民俗旅游村。有接待户55家，餐饮特色为烤全羊（图68）。

图68 刁窝农家院烤全羊（摄于2012年，选自《大美黄松峪》）

2020年底，刁窝村有105户，270多人。

黑豆峪村

黑豆峪村，坐落乡域南部（图69，图70）。

黑豆峪村得名，访谈村中老人，没有人说得清楚。作者以为，黑豆峪村应该是以黑豆峪得名。即是说，应该先有一条沟谷称黑豆峪，后以黑豆峪名而名村。哪条沟谷是黑豆峪？现存一通重修白云寺记碑，原立于白云寺山门外西侧，明代山西右布政使金纯在明弘治十二年（1499年）九月撰写的碑文，民国二十三年（1934年）《平谷县志》“卷六·艺文志·文类”收录了此碑文，名《白云寺记》。碑文写道：

图69 黑豆峪村委会（摄于2006年12月）

图70 黑豆峪村委会（摄于2022年10月）

白云寺，距平谷县迤东北约二十里。有山曰峨嵋，其眷以东又十里，为黑豆谷。

这里的“谷”同“峪”。也就是说，黑豆峪在峨嵋山东边10里，而白云寺就在黑豆峪这条沟谷里。尽管500多年过去，可沟谷不会改变。细看地形，黑豆峪村就建在这条沟谷南端的沟口处。而当初的白云寺村，属于黑豆峪的，称为黑豆峪北沟。

至于为啥叫黑豆峪，没有相关资料确切记述。《北京市平谷县地名志》记载：黑豆峪村，“明代成村，始称黑虎峪，后因山林中无虎，又据村中多种黑豆，故改今称。抗日战争时期，曾化名青石崖、2302（代号)”。这里写的不知所依何据，而“多种黑豆”之说，一些村人也有此语，总觉未免有些望文生义之嫌。

查阅相关志书，《光绪顺天府志》记载：“白云寺，在县北黑豆峪寨，金皇统四年建，明弘治十二年重修，俗称继广寺。”清康熙六年（1667年）年《平谷县志》“地理志・寺观”记载：“白云寺，在黑豆峪寨北，至县二十五里。金皇统四年建，弘治十二年重修。今俗称继广寺。”民国二十三年（1934年）《平谷县志》“卷一・地理志・名胜”记载：“白云寺，距城三十里，居众山之间。南五里至黑豆峪寨，邻蓟县界。”也就意味着黑豆峪村，过去称为黑豆峪寨。平谷区内有明长城近百里，沿线建有彰作里关、将军关、黄松谷关、南水谷关、北水谷关5座关隘，并建有守卫关隘的将军石营（东上营）、峨嵋山营、熊儿谷营、镇虏营、黑水湾寨、峨嵋山寨、鱼子山寨、熊儿谷寨8座营寨。黑豆峪村在黄松谷关西南八九里，可守卫关隘的8座营寨中，并没有黑豆峪寨。是其他屯兵的营寨吗？没有相关资料，不得而知。无论与守卫关隘或屯兵是否有关，据志书所记，黑豆峪村又称黑豆峪寨无疑。

历史上，黑豆峪村属于蓟县。查阅新编《蓟县志》“第一编・建置区划·第三章·区划·第一节·明清时区划”记载：明代，实行里甲制，里下有甲，甲下有户。十户为一甲，十甲为一里。清代，沿用明制。至清道光十一年（1831年），全县划15里、28保，有973村。其中，关厢里，共辖102村，分3保，西关乡保辖60村，东山乡保辖34村，西山乡保辖8村。西山乡保所辖8村中，有黑豆峪村。

民国三十三年（1944年）《重修蓟县志》“卷三·乡镇·户口”记载，民国元年（1912年），划全县为八区，区下设乡，第八区靠山集乡有黑豆峪村。

抗战时期，这里相继属于冀东西部抗日根据地的蓟平密、平密兴、平三密、平三蓟联合县。1946年3月，取消联合县建制。新编2001年版《平谷县志》记载从蓟县划入14个行政村，有黑豆峪村。至1949年，全县下设7个区，黑豆峪村在第二区。1950年5月，全县并为5个区，黑豆峪村在第三区（南独乐河区）。1953年6月，建立乡政权，全县划为6个区、80个乡（镇），黑豆峪村应在靠山集区黑豆峪乡内。1956年撤销区级建制，并为34个乡镇，黑豆峪村应在祖务乡内。1958年1月，将34个乡镇合并为18个乡，黑豆峪村应在黄松峪乡内。1958年9月，撤销乡建制，建立5个人民公社，下设21个管理区，黑豆峪村应在韩庄人民公社黄松峪管理区内。1961年6月，撤销管理区，将5个人民公社划为21个人民公社，黑豆峪村应在黄松峪人民公社内。1984年4月，随着全县人民公社改为乡，大队改为村，黄松峪人民公社也改为黄松峪乡，黑豆峪大队亦改为黑豆峪村委会至今。其间，1976年，胡同水村并入了黑豆峪村；1993年，黄土梁村并入了黑豆峪村。

黑豆峪村何时建村？地名志记载“明代成村”，应该大致不差。清康熙六年（1667年）《平谷县志》主要内容应继承于明志，记载白云寺有“在黑豆峪寨北”语，客观说明黑豆峪寨为明时所建了，但也早不过明时。明万历四年（1576年）《四镇三关志》记载黄松谷关建于明永乐年。

如设关即是建村，黄松峪村当建于明永乐年间。也就意味着黑豆峪建村早不过建造黄松谷关时，意即黑豆峪建村应该不会早于黄松峪村。

作者几年前来村访谈，村里人有说黑豆峪立庄于金代，甚至说先来的梁、马、贺、黄、杨五大姓，是看金代“鞑子坟”的。村史馆即是这么写的，此说值得研究。金代皇统前后有萧氏家族墓安葬至此，但不等于黑豆峪村就在此时立庄。黑豆峪村旧有真武庙、菩萨庙及五道庙，应该都是明代以后建造。这些庙宇，包括现在的黑豆峪村及村民，应该与金代萧氏家族墓没有关联，起码现在没发现家谱、典籍、碑刻等证明这点。通过访谈等，黑豆峪立庄大致应在明代，也就意味着先来的梁、马、贺、黄、杨五大姓及以后陆续搬来的村民，是明代或明代以后来的了。

图71　黑豆峪村88岁老村会计王玉臣（摄于2022年10月）

88岁老村会计王玉臣（图71）谈及黑豆峪村，说：“南北向一条大街，北边通白云寺。这条大街过去是河槽流水的地方，就是一条南北向的道，走路越走越低，再加上年年发水冲刷，就成河槽了，现在都打上水泥了。南北向这条道是村里的主街，到南边牌楼有3里地长。这些年村子往南发展，靠南部还有一条东西向的街，有2里地长，形成了村子的十字街。十字街的西南角少一些住户人家。实际上，我小时候黑豆峪村主要在十字街的西北部，老庄应该在这里。村里的庵庙、五道庙和菩萨庙，就在南北向主街的西边，老庄庄南，现在这地方是村中心了。”

既然村人认同梁、马、贺、黄、杨五姓先来，那么也就意味着是这五姓立庄的了。杨姓早已没人，黄姓后来搬到峨嵋山村，马姓无后，过继巩发为后。梁家亦无后，收梁俊为养子。梁俊原姓孙，武清县人，兄弟二人讨饭失散，流落至此。只有贺姓一直繁衍至今。

图72　南独乐河镇峨嵋山村83岁村民黄万田（摄于2014年12月）

关于峨嵋山村黄姓，2014年12月，作者为编写《独乐河史话》到峨嵋山村访谈83岁的黄万田老人（图72），说黄姓是随龙来的，没具体说从哪儿来的，当然更没谈是从黑豆峪搬来的。只是说老村委会西边有黄家老坟，百八十个坟头，有石供桌、石香炉。是否黑豆峪的黄姓是从峨嵋山搬来的呢？也不排除，只是老人没说，也就不得而知了。如果说两村的黄姓为本家，并如黄万田老人所说黄姓是随龙来的，而《四镇三关志》又记载峨嵋山营为“永乐年建”，因此，黄姓过来最早也就是明朝初年，甚至不会早于明永乐年间了。

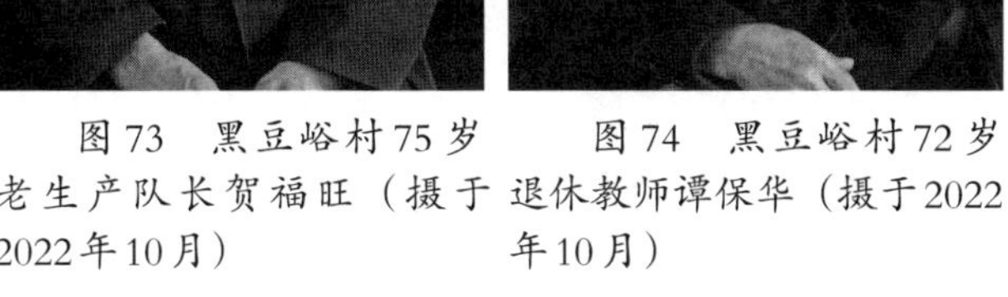

图73　黑豆峪村75岁老生产队长贺福旺（摄于2022年10月）

图74　黑豆峪村72岁退休教师谭保华（摄于2022年10月）

贺姓，75岁老生产队长贺福旺（图73）说：“不清楚贺家从哪儿搬来的，过去也没听老人说。我父亲叫贺在奎，爷爷叫贺金众，太爷不记得了。我儿子叫贺宪文，孙子叫贺兴。”

现在，贺家有20来户，60多人。

谭姓，黑豆峪村72岁退休教师谭保华（图74）说：“谭家过去有家谱，分南谭北谭，记得我们是北谭。过去听我二爷说，谭家是从山东过来的，到了楼庄，从楼庄到了这儿。我父亲叫谭广志，爷爷叫谭德敬。

图75　黑豆峪村73岁老村书记谭永革（摄于2022年10月）

爷爷这辈儿哥儿四个，老大谭德胜，老二叫谭德贤，我爷爷是老三，老四叫谭德忠。四爷谭德忠没儿子，父亲就过继给四爷了。太爷叫谭义，再往上不知道了。我儿子叫谭云超，孙女叫谭金骏祺。”

73岁老村书记谭永革（图75）说：“谭家过去出个举人，是哪朝中举的不知道，就是那个中举以后搬到这儿的，祖坟在黄松峪中学后头。全村陈家人口最多，谭家第二。我1985年在村当书记的时候，谭家有260户，近千人。像谭连元、谭秉林都是师级干部。我父亲叫谭长林，爷爷让日本鬼子给砍死了，没见过，不知道叫啥。我儿子叫谭祖光，孙子叫谭雨锋。”

谭保华老人提供了一份谭家人于2000年整理打印的谭氏家谱，写道：

谭家清朝初期从本县罗庄村迁到黑豆峪定居，谭家祖坟三处，第一处东坡（谭英、谭岳）；第二处杨坑，卢臣老房东坝上（谭仕福、谭仕禄）；第三处北井（谭福达）。以后分为四大门：东院、西院、南谭、北谭。

东院

第一辈儿谭　江，三子，谭廷奎　谭廷爵　谭廷瑞

第二辈儿谭廷奎，四子，谭连杰　谭连恒　谭连付　谭连启

　　　　谭廷爵，四子，谭奉铭　谭书铭　谭勋铭　谭子书

　　　　谭廷瑞，三子，谭景铭　谭守铭　谭金铭

第三辈儿谭连杰，二子，谭永顺　谭永平

谭连恒，一子，谭永才

谭连付，二子，谭长在 谭长流

谭连启，二子，谭永龙 谭永旺

谭奉铭，三子，谭连举 谭连香 谭连芳

谭书铭，三子，谭振邦 谭振海 谭振山

谭勋铭，三子，谭连树 谭连礼 谭连元

谭子书，一子，谭连芝

谭景铭，六子，谭至中 谭至和 谭至祥 谭至安
谭至恒 谭至太

谭守铭，无后

谭金铭，二子，谭至功 谭至裕

第四辈儿谭永顺，三子，谭占文 谭占武 谭占方

谭永平，二子，谭士文 谭士新

谭连举，无后

谭连香，三子，谭布云 谭瑞云 谭普云

谭连芳，一子，谭付云

谭振邦，继子，谭记云

谭振海，二子，谭宝云 谭记云（过继谭振邦）

谭振山，二子，谭长义 谭东义

谭连礼，一子，谭胜云

谭连芝，三子，谭晓云 谭占云 谭辅云

谭至中，二子，谭松林 谭柏林

谭至和，后人迁居山东庄

谭至祥，后人迁居下营

谭至安，后人迁居兴隆

谭至恒，招子，李海金

谭至太，二子，谭珠林　谭国林

谭至功，一子，谭山林

谭至裕，三子，谭广林　谭增林　谭亚林

第五辈儿谭布云，三子，谭以山　谭以华　谭以江

谭瑞云，一子，谭杰春

谭普云，二子，谭全友　谭海琛

谭付云，二子，谭大发　谭　雨

谭宝云，三子，谭满良　谭满林　谭满合

谭记云，一子，谭满成

谭松林，二子，谭占来　谭占友

谭山林，二子，谭宗记　谭宗根

谭亚林，一子，谭鑫伟

第六辈儿谭以山　谭以华　谭以江　谭杰春　谭全友　谭海琛

谭大发　谭　雨　谭满良　谭满林　谭满合　谭满成

谭占来　谭占友　谭宗记　谭鑫伟

谭宗根（一子，谭云鹏）

第七辈儿谭云鹏

西院

第一辈儿谭　池，四子，谭廷杰　次　子　三　子

四　子（不知名字）

第二辈儿谭廷杰，二子，谭　龙　谭　连

次　子，一子，谭　奇

三　子，一子，谭　章

四　子，一子，谭　增

第三辈儿谭　龙，一子，谭维成

谭　连，二子，谭维合　谭维洲

谭　奇，四子，谭维翰（过继谭章）　谭维贤　谭维新
　　　　　　谭维明

谭　章，继子，谭维翰

谭　增，一子，谭维纲（迁出）

第四辈儿谭维成，二子，谭元彬　谭永千

谭维合，无后

谭维洲，二子，谭永利　谭永宏

谭维贤，一子，谭瑞清

谭维新，四子，谭永安　谭永忠　谭永春　谭永启

谭维明，一子，谭永宽

谭维翰，四子，谭永祥　谭永珍（迁出）　谭永瑞
　　　　　　谭永钜（迁出）

第五辈儿谭元彬，三子，谭国明　谭国林　谭国宝

谭永利，二子，谭伏生　谭国生

谭永祥，二子，谭保金　谭保民

谭永瑞，一子，谭宏利

在东院、西院之后，有“附　随谭”半页：

第一辈儿谭廷元，三子，谭　志　谭　正　谭　修

第二辈儿谭　志，二子，谭维平　谭维恒

谭　正，五子，谭维良　谭维林　谭维森　谭维全
　　　　　　谭维山

谭　修，一子，谭维荣

谭　福，二子，谭海旺　谭海胜

谭　春，抱子，谭维臣

南谭

第一辈儿谭廷兆，三子，长子谭星，次子谭义（过继谭廷臣），三子谭祥

谭廷举，一子，谭　旺

第二辈儿谭　星，一子，谭维元

谭　祥，二子，谭仲文　谭仲武

谭　旺，二子，谭维绪　谭维信

第三辈儿谭维元，四子，谭树发　谭树德　谭树旺　谭树林

谭仲文，二子，谭占华　谭国旗

谭仲武，二子，谭向东　谭向国

谭维绪，二子，谭　科　谭　恒

谭维信，二子，谭东明　谭东增

第四辈儿谭树发，一子，谭金海

谭树德，四子，谭金山　谭金柱　谭金保　谭金启

谭树旺，三子，谭凤启　谭凤友　谭凤朋

谭树林，迁出

北谭

第一辈儿谭廷臣，继子，谭　义

第二辈儿谭　义，四子，谭德胜　谭德贤　谭德敬　谭德忠

第三辈儿谭德胜，一子，谭广珍

谭德贤，二子，谭广瑞　谭广禄

谭德敬，二子，谭广治（过继谭德忠）　谭广福

谭德忠，继子，谭广治

第四辈儿谭广瑞，二子，谭保基　谭保云

谭广福，一子，谭保国

谭广治，二子，谭保华　谭保同

在北谭后，所接着写的或仍属于北谭：

第一辈儿谭　闰，三子，谭廷珠　谭廷玉　谭廷宝

第二辈儿谭廷珠，三子，谭　富　谭　贵　谭　起

谭廷玉，一子，谭　明

谭廷宝，二子，谭　学　谭　生

第三辈儿谭　富，二子，谭存德　谭存义

谭　贵，一子，谭存芳

谭　起，三子，谭存旺　谭存发　谭存友

谭　明，二子，谭维勤　谭维俭

谭　学，无后

谭　生，一子，谭存善

第四辈儿谭存德，二子，谭永胜　谭连合

谭存义，二子，谭永旺　谭永国

谭存芳，一子，谭永志

谭维勤，无后

谭维俭，三子，谭永江　谭永海　谭永河

谭存善，三子，谭永林　谭永茂　谭永亮

第五辈儿谭永胜，一子，谭海生

以下不知如何排辈儿，仅照录：

谭廷用，二子，谭子经，一子，谭维善

谭子仁，迁出

谭德香，三子，谭　雨　谭　云　谭　宗，兄弟三人的后人分不清

谭德才，三子，谭顺文　谭伯文　谭计文

谭顺文，一子，谭炳林（迁居外地）

谭伯文，二子，谭炳珍，无后

谭炳山，二子，谭长生　谭长胜

谭计文，三子，谭炳长，过继，谭长印

谭炳正，二子，谭长宝　谭长松

谭炳友，三子，谭长合　谭长宏　谭长利

谭作文，一子，谭炳全，五子，谭长富　谭长发　谭长志

谭长松　谭长敏

谭焕文，一子，谭炳君，三子，谭长久，一子，谭宝宽

谭长路，三子，谭宝义

谭宝庆

谭宝江

谭长启，一子，谭宝力

谭宪文，一子，谭炳恒，二子，谭富强　谭富国

谭尚文，二子，谭炳玉，一子，谭长春

谭炳元，一子，谭富祥

谭炳香，四子，谭长山　谭长生　谭长顺

谭长四

谭德生，三子，谭凤文 谭钟文 谭庆文

谭凤文，一子，谭炳合

谭钟文，三子，谭炳奎 谭炳刚 谭炳海

谭庆文，无后

谭炳合，五子，谭长全　谭长林　谭长旺

谭长祥　谭长海

谭炳奎，一子，谭长颂

谭炳刚，三子，谭长城　谭长友　谭长明

谭炳海，四子，谭长才　谭长群　谭长福
　　　　　　　谭长义
谭长全，二子，谭宏明　谭宏亮
谭长林，三子，谭永革　谭永启　谭永保
谭长旺，一子，谭小龙
谭长祥，二子，谭宏生　谭宏桂
谭长海，三子，谭　英　谭光辉　谭光明
谭长群，一子，谭小力

谭氏家谱没有辈儿数，辈儿数为作者抄录时所添加。有些不知记述何处，或是编写家谱的人一时亦不知记述在哪儿了，只得照录，以为研究者参考。而所整家谱当是今人往上追述到四五辈儿，并非清初来到黑豆峪的谭氏家族全部。因为清初至今已300多年，起码有十五六辈儿人了。谭保华老人说的谭家从山东过来先到楼庄，再问哪个楼庄，说应该是门楼庄吧，咱们县还有啥楼庄呢？可家谱写作罗庄，说楼庄是否为罗庄谐音所致？民国九年（1920年）《平谷县志》前面绘有“平谷县地图”，上面标示着“前罗庄”“中罗庄”及“后罗庄”，又是哪个罗庄呢？

谭永革老书记又提供了79岁谭存旺老人电话，说：“谭存旺还是我爷辈儿呢，他对谭家事更清楚些。”电话访谈谭存旺老人，很明白地说，谭家从山东过来的，到了中罗庄，后来从中罗庄搬到黑豆峪。这就是了，问及南谭、北谭、东院、西院，老人说，谭家分为四大门，谭永革是大门，好像家谱记载到永革那儿是十三辈儿。谭永革下面还有两辈儿，共十五辈儿，与家谱写的“谭家清朝初期从本县罗庄村迁到黑豆峪定居”基本吻合。谭存旺老人接着说：“谭维成是二门，谭福云是三门，我是四门，小门，所以我在村里辈儿比较大。听老辈儿说，我们谭家过去在清代的时候给皇上办差，吃俸禄，到蓟县去使租子钱。那时候，黑豆峪、黄松峪、黑水湾和峨嵋山半个庄，共仨半庄归蓟县管。”

再问家谱写的“随谭”是咋回事，谭存旺老人说：“这事我听老爷子说过，我老太爷子有一回到蓟县使租子钱去，回来的时候，走到盘山前头的田家峪，看见道边缩估着一个十来岁的孩子，又是大冬天的，就问他哪儿的人，咋在这儿。那孩子说，我没家没业，也不知道是哪儿的。说你跟我走吧。老太爷子就把他带回家来了。到这边管吃管住，力所能及地干些活。后来大了，谭家给盖了一小房子，帮助成了家。就这样，那孩子说我就随着谭家吧，就随着姓谭了。”

谭存旺老人说：“我父亲叫谭起，爷爷叫谭廷珠，太爷叫谭闰，老太爷叫谭福达，再往上记不住了。父亲这辈儿哥儿仨，老大叫谭富，老二叫谭贵，我父亲是老三。我有一儿一女，儿子叫谭小军，女儿叫谭春艳。我孙子叫谭昊天，12周岁了，属虎的。”

谭存旺老人说出谭家上下七辈儿，而谭永革比谭存旺小两辈儿，谭永革孙子谭雨锋已18岁读大学了。这样，所初步整理的谭家上下已是九辈儿人，很珍贵的一份家族资料了。老人还随口说在外头退休的谭永林有过去的老家谱，如能找到老家谱，再进一步核实整理。

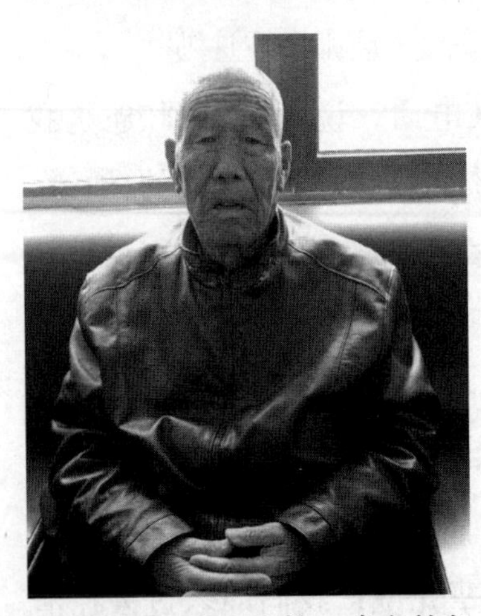

图76　黑豆峪村81岁老村书记陈永志（摄于2022年10月）

88岁老村会计王玉臣认为，黑豆峪村谭家来得最早，理由是“谭家在村中心大槐树西边。往下是王家，是王仕福的王家，不是我们这个王”。这是老人所谈，既然谭氏家谱明确写着，谭家清初由中罗庄搬到黑豆峪村，与梁、马、贺、黄、杨五大姓比，应该是晚了。

陈姓，81岁老村书记陈永志（图76）说：“陈家是从峪口镇中桥村搬过来的，到这儿第一辈儿不知道叫啥。我父亲叫陈洪兆，爷爷叫陈正深，太爷叫陈永强，老太爷叫陈德金，这是哥儿俩，另一个叫陈德银，是个哑巴。再往上不知道。我儿子叫陈良革，孙子叫陈续东。”

图77　黑豆峪村64岁老村书记陈连足（摄于2022年10月）

64岁老村书记陈连足（图77）说：“我父亲叫陈自平，爷爷叫陈荣，太爷叫陈国章，老太爷叫啥不知道了。我儿子叫陈伟。”

两人都谈到了陈家是从峪口镇中桥村搬过来的，作者编写《峪口史话》时曾到中桥村访谈，中桥的陈姓，说是江西颍川县人，祭祀的始祖叫陈德新，明朝朱棣时当兵带着家属过来的。

现在，陈家有200多户，1000来人，是黑豆峪村最大的姓。

王姓，王玉臣老人说：“王家是从祖务过来的，到这儿有六七辈儿了。我父亲叫王文喜，爷爷叫王国众，太爷叫啥记不住了。我有俩儿子，大儿子叫王连云，二儿子叫王连雨。王连云有个儿子，也就是我孙子叫王兆军；王连雨有个女儿，也就是我孙女叫王怡然。现在，王家有10多户，六七十人。”

图78　黑豆峪村63岁老村干部王仕福（摄于2022年10月）

63岁老村干部王仕福（图78）说：“我不知道这个王从哪儿搬来的，只听说是老哥儿俩分家，分南王、北王。老大是北王，要财旺；老二是南王，要人旺。我们是南王，人多。我父亲叫王印之，爷爷叫王进贤。爷爷这辈儿哥儿四个，还有王礼贤、王任贤，有一个记不住了。太爷不知道叫啥了。我儿子叫王文凯，孙子叫王宇航。现在，王家有三四十户，100多人。”

卢姓，90岁村民卢香奎说：“卢家是从金海湖镇耿井村搬过来的，老祖坟在土门庄东了。耿井的卢家从哪儿来的就不知道了，到这儿的第一辈儿叫啥也不记得了。我父亲叫卢焕彬，爷爷叫啥也不知道了。我有5个儿子，老大叫卢林，老二叫卢全，老三叫卢旺，老四叫卢春，老五叫卢良；还有俩女儿，叫卢凤珍、卢金义。卢林有个女儿叫卢小周，卢全有个儿子叫卢小波，卢旺有女儿叫卢然，卢春有个儿子叫卢小新，卢良有俩女儿卢小月、卢小雨。卢小波有个儿子，也就是我重孙子叫卢景泽。”

王玉臣老人说，黑豆峪村共有16个姓，陈、谭、王、李、张等是大姓，还有其他一些小姓，如周姓一家，赵姓一家，贾姓一家，贺姓人也不多，也是小姓。

胡同水村70岁村民秦满仓（图79）记得，1976年从胡同水搬过来的主要有刘姓、于姓、许姓、白姓等18户，百十人。

83岁黄土梁老书记崔连明（图80）记得，1993年黄土梁搬到黑豆峪的有于、崔、张、王、刘等姓人家。

图79　原胡同水村70岁村民秦满仓（摄于2022年10月）

图80　原黄土梁村书记、83岁崔连明（摄于2022年10月）

民国三十三年（1944年）《重修蓟县志》“卷三·乡镇·户口”记载黑豆峪村，240户，男795人，女717人，共计1512人。这些户数和人口数，当为黑豆峪村1943年前后的数字。

2020年底，黑豆峪村有1070多户，2570多人。

黄松峪村

黄松峪村，坐落乡域中南部（图81，图82）。

图81　黄松峪村委会（摄于2006年12月）

图82　黄松峪村委会（摄于2022年10月）

黄松峪得名，88岁老村书记秦瑞清说，村东边有个尖山峪，上面有几棵松树，就从那儿得的名，叫作黄松峪了。

明时在此设黄松谷关，明万历四年（1576年）刘效祖所撰《四镇三关志》记载其建于明永乐年。而“谷”同“峪”。也就是说，先有黄松峪，明永乐时（1403—1424年）在此设关，便随之称为黄松峪关。后因关而成村且得名，故称黄松峪村了。所以，黄松峪村明代就成村了。

《北京市平谷县地名志》记载：黄松峪，“明为长城关隘，因附近山上松树繁茂而得名黄松峪关，后成村简称今名。抗日战争时期，曾化名木村，2304（代号）”。地名志所记大致不差。

历史上，黄松峪村属于蓟县。新编《蓟县志》“第一编·建置区划·

第三章·区划·第一节·明清时区划”记载：明代，实行里甲制，里下有甲，甲下有户。十户为一甲，十甲为一里。清代，沿用明制。至清道光十一年（1831年），全县划15里、28保，有973村。其中，关厢里，共辖102村，分3保，西关乡保辖60村，东山乡保辖34村，西山乡保辖8村。西山乡保所辖8村中，有黄松峪村。

民国三十三年（1944年）《重修蓟县志》“卷三·乡镇·户口”记载，民国元年（1912年），划全县为八区，区下设乡，第八区靠山集乡有黄松峪村。访谈中秦瑞清老人也说，黄松峪村过去是蓟县的八区。

抗战时期，这里相继属于冀东西部抗日根据地的蓟平密、平密兴、平三密、平三蓟联合县。1946年3月，取消联合县建制。新编2001年版《平谷县志》记载从蓟县划入14个行政村，有黄松峪村。至1949年，全县下设7个区，黄松峪村在第三区。1950年5月，全县并为5个区，黄松峪村仍在第三区（南独乐河区）。1953年6月，建立乡政权，全县划为6个区、80个乡（镇），黄松峪村应在靠山集区黄松峪乡内。1956年撤销区级建制，并为34个乡镇，黄松峪村应在祖务乡内。1958年1月，将34个乡镇合并为18个乡，黄松峪村应在黄松峪乡内。1958年9月，撤销乡建制，建立5个人民公社，下设21个管理区，黄松峪村应在韩庄人民公社辖黄松峪管理区内。1961年6月，撤销管理区，将5个人民公社划为21个人民公社，黄松峪村应在黄松峪人民公社内。1984年4月，随着全县人民公社改为乡，大队改为村，黄松峪人民公社也改为黄松峪乡，黄松峪大队亦改为黄松峪村委会至今。

图83　黄松峪村94岁老生产队长高存（摄于2022年10月）

黄松峪村哪姓先来立庄？访谈94岁老生产队长高存（图83）、88岁老村书记秦瑞清、87岁老生产队长郭保瑞等村里老人，过去听老辈儿人说，胡、杨、陈应该是黄松峪村来得较早的三大姓。村委会东边是胡家坟，有10多亩地；杨家坟在乡政府对面，有七八亩地；而陈家坟在村委会西边，还有棵龙爪槐，够1搂多粗。大家记得，还是胡家坟多，现在胡家的人大都搬到金海湖镇胡庄去了，过去一到清明那边都来这边上坟祭祖。胡家坟地有石碑1米多高，且不是一个，杨家坟、陈家坟大家记得也有石碑，只是这些碑都已不存了。

作者几年前曾来村访谈，据陈姓老人回忆，说陈氏家族为黄松峪村立庄户，由中桥村迁来的。2022年12月，为编写《黄松峪史话》，再次来村访谈。83岁退休职工陈广珍（图84）也肯定地说，陈家是从中桥搬来的。作者编写《峪口史话》时，曾到中桥村访谈，中桥村的陈姓人回忆，中桥陈氏祭祀的始祖叫陈德新，说是江西颍川县人，明朝朱棣时当兵带着家属过来的。现在中桥村以陈姓为主，约400户、1300多人，占70%。陈姓是中桥村的坐庄户，立庄应在明朝初年了。后来中桥陈家一脉，再迁至黄松峪，且成为黄松峪的立庄户之一。这样看来，黄松峪立庄当略晚于中桥村，但也应在明朝了。

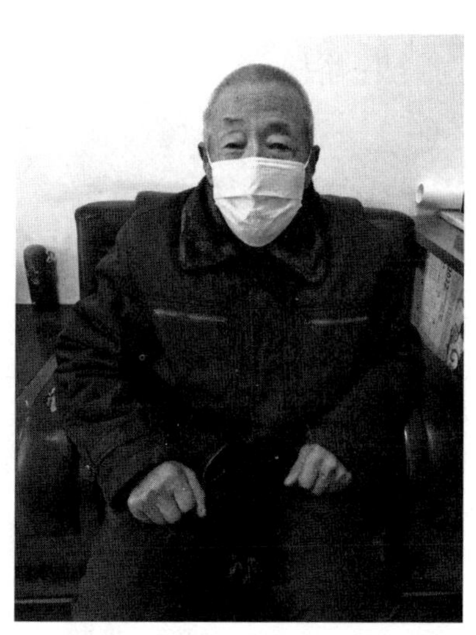

图84　黄松峪村83岁退休职工陈广珍（摄于2022年12月）

陈广珍老人记得：“陈家祖坟原在黄松峪村西南100多米的地方，现在那儿都是人家了。祖坟有1亩半地，龙爪槐在坟地的东半拉（lǎ）。那座祖坟在东北，龙爪槐在祖坟的东南边。陈家祖坟有好几个石碑，南边的一个最高，有2米来高，1米来宽。我父亲叫陈习增，爷爷叫陈连成，太爷叫啥不知道了。我有个儿子，叫陈保云；俩女儿，叫陈素芳、陈素云。有个孙子叫陈朋，孙女叫陈佳丽。还有个重孙子，叫陈昊阳。”

黄松峪村陈姓人已不知道来这儿有多少辈儿了，过去陈姓人多时有四五十户，现在还有30多户。

杨姓，72岁村民杨金海（图85）说：“我们杨家听说是一挑子挑来的，从哪儿挑来的、啥时候挑来的就不知道了。杨家坟在村东小东沟南边，有5里多地，老祖坟是个明堂。在黄松峪中学操场那地方，过去也是杨家坟，有好几亩地，坟地上有好几棵大柏树。还有一些分出的坟。我父亲叫杨维君，爷爷叫杨×营，再往上不知道了。我儿子叫杨利，女儿叫杨静。有个孙女叫杨欣怡。”

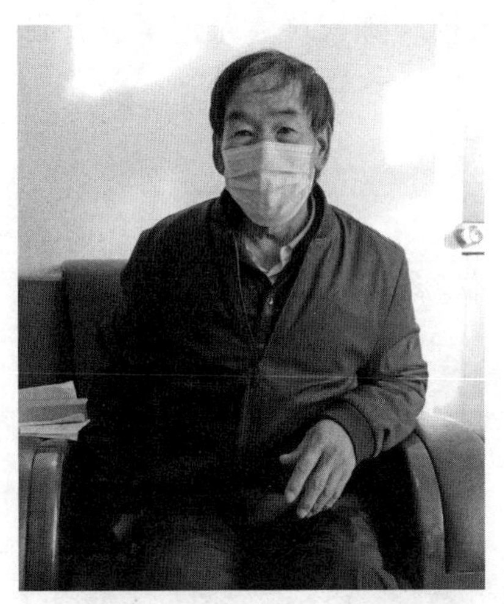

图85　黄松峪村72岁村民杨金海（摄于2022年12月）

现在，杨家有十几户，四五十人。

至于胡姓，未能访谈胡家人，但村人说胡家有个胡仲德，儿子叫胡宝贵，详情也就不得而知了。2014年，作者到祖务访谈84岁村民胡自旺，也说胡家是从黄松峪村搬来的，据说是老哥儿俩。而黄松峪村的胡姓是从山西洪洞县搬来的，那里过去有胡家祖坟。

图86　黄松峪村88岁老村书记秦瑞清（摄于2022年10月）

秦姓，88岁老村书记秦瑞清（图86）说，秦家由平谷镇下纸寨搬过来的，到这儿的第一辈儿叫啥不记得了。

作者到下纸寨访谈，72岁退休干部秦章（图87）说，下纸寨的秦姓是从山东济南过来的，并说是随龙过来的。也就是明朝初年过来的了。

图 87 平谷镇下纸寨村72岁退休干部秦章（摄于2019年8月）

秦瑞清老人说："父亲叫秦学忠，爷爷叫秦自成，太爷叫啥不知道了。我有俩儿俩女，大儿子叫秦国成，二儿子叫秦国全，大女儿叫秦国珍，二女儿叫秦国荣。秦国成有个儿子，也就是我孙子叫秦寅，秦寅一儿一女，也就是我重孙子、重孙女；秦国全有个儿子，也就是我孙子叫秦虎，秦虎有俩女儿，也就是我重孙女。"

图 88 黄松峪村69岁退休干部秦瑞文（摄于2022年11月）

秦瑞清记得："父亲那辈儿哥儿俩，父亲是老大，有个弟弟，也就是我叔叔，叫秦学敏。秦学敏有俩儿子，老大叫秦瑞明，有俩儿子；老二叫秦瑞文，有一个儿子。我这辈儿是哥儿俩，我是老二，有个大哥叫秦瑞堂，有四个儿子，老大叫秦国华，老二叫秦国春，老三叫秦国艳，老四叫秦国文。"

69岁退休干部秦瑞文（图88）说："父亲叫秦学敏，爷爷去世早，不知道叫啥了，只记得爷爷那辈儿哥儿仨，有个叫秦沛文的。我一儿一女，儿子叫秦国峰，女儿叫秦国嵩。有个孙女叫秦可。"

实际上，秦瑞清与秦瑞文应该是一爷之孙。既然秦瑞清说爷爷是秦自成，那么，秦瑞文爷爷也是秦自成了。

现在，秦家有10多户，40多人。

高姓，94岁老生产队长高存说："高家不知道从哪儿搬来的，也不知道从哪辈儿搬来的。我父亲叫高汉春，爷爷没见过，更不知道叫啥。我有一个儿子，叫高玉宝；仨女儿，分别叫高翠芝、高翠芳、高翠花。俩孙子，分别叫高亮、高星。高星有个儿子，也就是我重孙子，叫高皓轩。”

图89　黄松峪村87岁老生产队长郭保瑞（摄于2022年10月）

秦瑞清老人说，高存父亲那辈儿，还有高汉良、高汉臣、高汉河、高汉国哥儿五个，高家是黄松峪村的大户。

现在，高家有30多户，100多人。

郭姓，87岁老生产队长郭保瑞（图89）说：“听老人说，郭家是从山东搬过来的，具体啥地方不知道了，郭家过去也是大户。父亲叫郭起荣，爷爷叫郭德军，太爷叫啥记不得了。我有仨女儿俩儿子，仨女儿分别叫郭凤芹、郭凤萍、郭凤英。俩儿子，老大叫郭福来，一孙子一孙女；老二叫郭福利，一孙子。”

图90　黄松峪村76岁村民郭宝顺（摄于2022年10月）

76岁村民郭宝顺（图90）说：“父亲叫郭连荣，爷爷不知道叫啥了。我有一儿一女，儿子叫郭亚利，女儿叫郭亚东。郭亚利有个女儿，也就是我孙女叫郭心仪。”

图91　黄松峪村70多岁退休干部赵明（摄于2014年10月）

赵姓，70多岁的原韩庄乡副乡长赵明（图91），于2010年至2014年，整理了黄松峪村赵氏家族族谱。据其所述，赵家应是明初移民时来到黄松峪的，至于是山西还是山东已经说不清了。整理出的赵家七辈儿人，所列的第一辈儿赵连城，应该不是明初到黄松峪的始祖，而是现在所记的上下七辈儿：

第一辈儿赵连城，生三子赵 □ 赵 贵 赵 启

第二辈儿赵 □，生二子赵荣山 赵青山

赵 贵，生一子赵春山

赵 启，生三子赵景山 赵玉山 赵连山

生二女戴门赵氏，出嫁东马庄

张门赵氏，出嫁晏庄

第三辈儿赵荣山，生六子赵 海 赵 河 赵 江 赵 玉

赵 旺 赵 青

赵青山，生二女魏门赵氏，出嫁黄松峪

刘门赵氏，出嫁夏各庄

赵春山，生一子赵 祥

生一女郭门赵氏，出嫁黄松峪

赵景山，生二子赵 瑞 赵 明

生二女赵凤头，出嫁滑子

赵 芬，出嫁韩庄

赵玉山，生一子赵 胜

生一女赵淑珍，出嫁下纸寨

赵连山，生一子赵 勤

生二女赵 兰，出嫁郭家屯

赵 玲，出嫁南独乐河

第四辈儿赵 海，带子张化启

赵 江，生一女赵翠玲，出嫁黄松峪

赵 玉，养女赵淑英，出嫁马屯

养子赵洪顺

赵　祥，生一子赵洪义

生一女赵秀英，出嫁黄松峪

赵　瑞，生二女赵广华，出嫁黄松峪

赵晓华，西沥津招婿

赵　明（图92），生二子赵荣国　赵兴国

图92　黄松峪村赵明三代全家福（摄于2012年10月）

赵　胜（图93），生三女赵丽华，出嫁黄松峪

赵静华，出嫁太平庄

赵青华，出嫁峨嵋山

生一子赵洪涛

赵　勤（图94），生三子赵保全　赵金全　赵德全

第五辈儿赵洪顺（图95），生二子赵立国　赵立忠

赵洪义（图96），生三子赵敬东　赵保东　赵卫东

赵荣国，生一女赵世颖

赵兴国，生一女赵楠昕

赵洪涛，生一子赵衣非

赵金全，生一子赵鑫博

赵德全，生一子赵星月

图93　黄松峪村赵胜全家福（摄于2014年10月）

图94　黄松峪村赵勤全家福（摄于2014年1月）

图95　黄松峪村赵洪顺全家福（摄于2014年1月）

图96　黄松峪村赵洪义祖孙三代全家福（摄于2014年1月）

第六辈儿赵立国，生一女赵昕仪

赵立忠，生一女赵梓怡

赵敬东，生一女赵寰宇

赵保东，生一女赵新宇

赵卫东，生一女赵晓宇

赵家现存一个过去祭祖的牌位（图97），为木制，外有盒套。牌位以毛笔墨迹写着：

清故先
考赵公讳连城之灵位
妣赵门胡氏
不孝男赵启奉祀

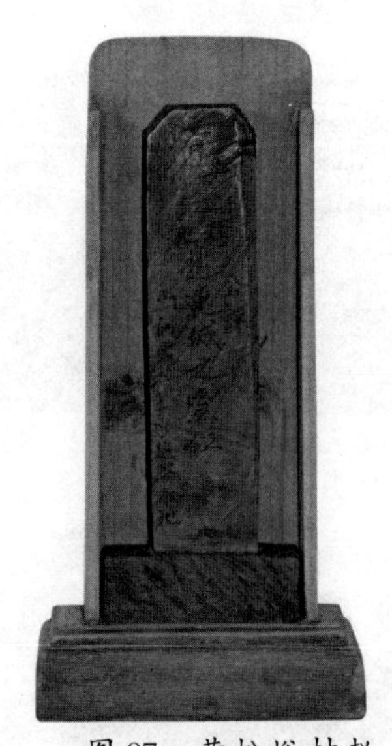

图97　黄松峪村赵家第一代赵连城之牌位

由此可知，所祭即为第一辈儿赵连城及妻胡氏，为第二辈儿赵启所奉祀。

除以上这些姓外，黄松峪村还有刘姓、赵姓、李姓、王姓、巨姓等。刘姓，如刘福春、刘福贵；李姓，如李永德、李永起、李永青、李方；王姓，如王中和、王永生、王少春；巨姓，如巨有发、巨有财、巨有旺。

秦瑞清老书记记得，随着修建海子水库，1960年，新开峪搬来60户、200来人，主要有肖、赵、靳三姓。后来有部分姓肖的、姓赵的搬到了杨家桥。新开峪人也有一开始搬到祖务的。肖姓，如肖金、肖春；赵姓，如赵宝忠、赵福贵、赵汝华。这是新开峪的两大姓，靳姓人不多，如靳玉朝，有俩儿子，老大叫靳戈，老二叫靳华。1976年，西涝洼搬下来，主要有潘姓、付姓、刘姓、李姓等，共10多家，70来人。还有从梨树沟搬来的，如纪有奎。

肖姓，2022年12月，作者再次来村，访谈原新开峪村89岁村民肖顺清（图98）。肖顺清老人说："我们肖家是从金海湖那边的新开峪村搬过来的。我是1962年去石景山钢铁厂当工人，离开了新开峪。修海子水库的时候，1960年我爷爷从新开峪搬到了黄松峪，我从石景山一回来，也就到这儿了。新开峪当时有二百来户，一千来人。主要是肖、赵两姓，肖姓有七八十户，赵姓有百八十户，还有王、李、耿、张等小姓。

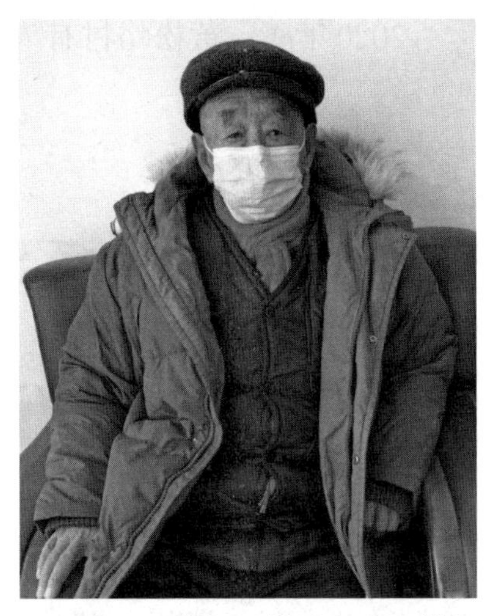

图98 黄松峪村原新开峪村人89岁肖顺清（摄于2022年12月）

"新开峪是我们肖家先来立的庄，从蓟县邦均过来的，听说过来有二百来年了。有个姓赵的给肖家做活，肖家看他老实本分，就把肖家的姑奶奶嫁给他了，生了仨儿子，赵家由此就分为三门，属二门人旺。

"后来修海子水库，新开峪的人有搬到祖务、靠山集、南杨家桥、上下纸寨村、北寺、大小北关、东高村、桥头营、坎利津等村，新立村还有1家。搬到黄松峪的有60多户，其中肖姓40多户，赵姓20多户。后来有20多户又从这儿搬到南杨家桥，也是肖、赵两姓。

"我父亲叫肖允，爷爷叫肖德存，太爷叫肖柱，老太爷叫啥不知道了。我有仨儿子，叫肖大力、肖二力、肖三力。肖大力有俩儿子，叫肖磊、肖宾。肖磊有个女儿，是我重孙女了。肖二力有个儿子叫肖飞，有个女儿叫肖倩。肖三力有个儿子，叫肖游。"

现在，黄松峪肖家有40多户，100多人。

民国三十三年（1944年）《重修蓟县志》"卷三・乡镇・户口"记载黄松峪村，236户，男741人，女675人，共计1416人。这些户数和人口数，当为黄松峪村1943年前后的数字。

2020年底，黄松峪村有720多户，1630多人。

梨树沟村

梨树沟，是平谷北部山区长城脚下八九里长的一道山沟。2020年5月，作者来村访谈，关于梨树沟得名，76岁梨树沟老村会计王家台王德海（图99）说："听我大爷（ye）说过，在梨树沟沟口，过去有棵大杜梨子，两三搂粗，就从这儿叫的梨树沟。只是这棵大杜梨树不知道啥时候就没了，连七八十岁的老人小时候也没见过。"（图100）。

图99　梨树沟村76岁老村会计、三队王家台王德海谈村名（摄于2020年5月）

大杜梨树是早已无存了，而名字一直延续至今，且以名村。

图100　梨树沟村黄榆沟69岁老生产队干部肖凤英指着梨树沟口外面西侧不远处，说过去听老人说老杜梨树就大致在这个地方（摄于2020年5月）

梨树沟村，坐落乡域北部。从外到里，梨树沟村依次分布着沟口、尉家台、王家台、牛角沟、太平庄、黄榆沟6个自然村（图101，图102）。

图101　梨树沟村委会（摄于2007年3月）

图102　梨树沟村委会（摄于2020年5月）

《北京市平谷县地名志》却记载：梨树沟村委会，“辖梨树沟、梨树沟门、尉家台、牛角沟、太平庄及黄榆沟6个自然村”。写到“梨树沟”，“清代成村，王姓先来，建村在台地上，故名王家台。1991年更名为梨树沟，因该山地多梨树而得名”。关于王家台改称梨树沟，访谈中村人未曾谈及，一直把整个村叫梨树沟，而那个小自然村落虽然人早已搬出，可谈起来还随口就叫王家台。

梨树沟村的6个自然村，过去在大队集体时，划分为6个生产队，依次为一队沟口，二队尉家台，三队王家台，四队牛角沟，五队太平庄，六队黄榆沟。在尉家台上边，王家台下边，有两三间屋大的一块石头，村人称为“界么石”（图103），就是现在刻着“梨树沟”3个大字的那块

图103　梨树沟尉家台与王家台之间的界么石（摄于2020年5月）

石头。80岁老生产队长尉清江（图104）记得，过去，界么石下边一二队归蓟县管，界么石上边4个队归密云管。这儿也时兴（xīng）庙会，界么石往上4个队兴五单五庙会，界么石往下一二队兴四月十八庙会，根据村人所谈，梨树沟过去应该归蓟县和密云两县管辖。查阅新编《蓟县志》"第一编·建置区划·第三章·区划·第一节·明清时区划"所记："关厢里，共辖102村，分3保"，其中"西山乡保辖8个村：峨嵋山、彰作里、黄松峪、将军关、黑豆峪、黑水湾、靠山集、上营"。没有梨树沟村。

图104　梨树沟村80岁老生产队长尉清江（摄于2020年12月）

"第二节·中华民国时期区划"又记："1946年5月，撤销联合县，恢复蓟县建制。""靠山集、黄松峪、小东沟、上营、彰作、黑水湾、将军关、黑豆峪、白云寺、峨嵋山、北寨、中心村、白水泉、黄草洼、红石坎、大东沟、康石岭、栅峪、东沟划归平谷"，依然没有梨树沟。

新编2001年版《平谷县志》"第一编·建置沿革·第三章·区划"记载："1946年3月，平谷县独立建制"，"其中有从蓟县划入的行政村14个：峨嵋山、北寨、黑豆峪、白云寺、靠山集、东上营、彰作、大东沟、小东沟、中心村、将军关、黑水湾、黄松峪、黄草洼”，也没有梨树沟。

再看清光绪八年（1882年）《密云县志》“卷二之八·舆地三·村庄”、民国三年（1914年）《密云县志》“卷二·之三·舆地·村庄”所记“东南”，均没有梨树沟。而新编《密云县志》“第一编·建置·第一章·建置沿革·第三节·县域变迁”记载：1950年6月1日，将瓦官头、熊耳寨、猪圈仓、南水峪等35个村划归平谷，其中就有梨树沟。新编2001年版《平谷县志》“第一编·建置沿革·第三章·区划”记载：1950年5月，从密云县划出35个行政村归平谷，其中有“梨树沟”。

看来，梨树沟过去主要应为密云管辖，且独立成村不会很早，不然密云旧志不会遗漏。

梨树沟村人公认，是黄榆沟张家先来，是占山户。为记述方便，梨树沟村主要姓氏及来源，仅以自然村记述。

一队，在梨树沟外头，就叫沟口，主要有张姓、齐姓。

张姓，65岁老村书记张连芳（图105）说，沟口的张家是从峰台搬来的，就是太爷的爷爷那辈儿过来的，到我这儿是第六辈儿，已经见着第八辈儿人了。这样算来，第八辈儿还小尚未成年，按七辈儿、每辈儿25年计，一百七八十年，大致在清道光中期过来的。张连芳记得：“父亲叫张福顺，四队张福德管我父亲应该叫叔（shōu），是一个太爷，名都叫乱了。我爷爷那辈儿哥儿四个，爷爷是老三，我不知道叫啥，是被日本人打死的。当时鬼子来了，跑到沟口外西坡一个小砬棚藏着，仨人，有我爷老三，还有老四，另一个叫代俊峰，代俊峰抽着烟，大烟袋晃悠着，大概是叫

图105　梨树沟村65岁老村书记张连芳（摄于2020年5月）

图106　南独乐河镇峰台村71岁村民张银（摄于2014年12月）

鬼子瞅见了，一枪就把烟袋打掉了，同时把我爷这哥儿俩打死了，代俊峰没打死。我儿子叫张宏伟，孙子叫张程博。张家现在有十来户，三四十人。”

2014年12月，为编写《独乐河史话》，作者到峰台访谈。71岁张银老人（图106）说，张家过去供的始祖叫张国荐，有牌位，写着“明故始祖张公讳国荐之灵位”。并说张国荐曾在河南叶县做官，大概相当于县教育局局长。清雍正六年（1728年）《平谷县志》“选举志·贡荫·岁贡”记载“张国荐，太务屯人，任叶县教谕，署本县及淅川印，有惠政”。叶县现为河南省平顶山市所辖，张国荐为叶县教谕。清同治十年（1871年）《叶县志》“卷五·职官”记载：教谕，“张国荐，平谷人，贡生。崇祯间任”。说明张国荐主要生活于明晚期。明、清之时，县学皆置教谕，负责县学管理与课业等，为正八品官。张姓从哪儿来未曾说清。张家过去有家谱，到张银爷爷张仁那辈儿是第十三辈儿，满打满算已十七辈儿。也就是说，从张国荐算起，峰台张姓已传十七辈儿，有400年上下。

齐姓，张连芳老人说，齐家也是沟口大户，从金海湖镇祖务村搬来的。过去有齐凤河、齐凤海、齐凤林、齐凤臣、齐凤祥等。齐家有十来户，三四十人。现在沟口齐家没人了。

张连芳老人记得，沟口过去还有赵姓、陈姓、冯姓、吴姓等。

赵姓，有赵永田、赵永山、赵永青、赵永松四五户，十几个人，现在都搬走了，有搬到南独乐河镇公爷坟的。

陈姓，从南独乐河镇公爷坟搬来的，陈玉发、陈玉林等，过去陈家有四五户，十几个人。现在沟口陈家没人了。

冯姓，与兴隆县罗泉厂那边的冯是本家，这边冯玉金三儿子冯起明过继到罗泉厂那边，那边是他大爷（yé）。冯家现在还有人，如冯起友，人不多。

吴姓，当初由夏各庄镇安固村搬来的，有四五户，吴占元、吴占清等。现在没有人了，搬到了东古等村。

沟口最多时有30多户，170多人。

二队，尉家台，进梨树沟往西走不远，在路北山坡上。是纪家先来的，开始叫纪家台。后来姓尉的多了，就改为尉家台了。最多时有三十五六户，140多人。整个梨树沟，是六队的张家先来，第二来的就是纪家了。

尉姓，80岁老生产队长尉清江说："我是尉家台的。尉家从山西下坡子过来的，先搬到平谷，山东庄镇鱼子山、黄松峪乡大东沟等都有尉家人。我们是从大东沟搬到这儿的，到这儿有五六辈儿，100多年了。我父亲叫尉文明，爷爷叫啥记不住了，爷爷那辈儿哥六个。我儿子叫尉保伟，孙子尉娇龙，重孙子也有了。现在人很少了，都搬走了，有搬到中胡家务的，搬到黑豆峪的，等等。"尉清江老人记得："闹日本的时候，一回，有个鬼子戴着钢盔、拿着枪过来了，我爸一瞅见鬼子到伴儿俩（跟前）了，当时就是坝沿上坝沿下，就一个鬼子，我爸提溜着我就跑。那时鬼子没开枪，要开枪准给打死了。"

纪姓，尉清江老人说，村里纪家最多时有8家，40多人，现在几乎都搬出去了，如纪仲林（化名王仲林）搬到县城了，纪仲元搬到黑豆峪了。这俩人是叔辈儿哥儿俩。问及王仲林之子纪永志，说父亲说过，纪家是从夏各庄镇纪太务搬来的，父亲90多岁了，身体不好住了一段时间院了，且头脑不是很清楚，具体情况已谈不了了。作者未曾到纪太务进

图107　梨树沟村62岁原村主任尉家台宋宝起（摄于2020年5月）

行人口源流访谈，纪太务纪家有关情况也就不得而知了。

宋姓，62岁原村委会主任宋宝起（图107）说："我也是尉家台的。宋家从山东庄镇北屯搬来的，听说那边是从山西或山东过来的。北屯的宋分前街、后街，我们跟前街宋比较近，那边如宋云普、宋印普等，以前有追过儿，这哥儿俩一没也就断了。梨树沟老人至今还记得，宋印普会唱评剧，扮青衣，不止一回来这村唱戏。我父亲叫宋满仓，大爷（ye）叫宋满财，爷爷叫宋景宽。太爷叫啥记不住了，就是太爷那辈儿过来的。宋家我这辈儿有七八个。我儿子叫宋晨亮，孙女叫宋梓妹。这样看来，宋家到这儿也有六辈儿人了，应该与尉家前后脚来的，有130年上下了。"

三队，王家台，在尉家台西边，西山坡的台上，主要住着王家。最多时有十几户，70多人。

王姓，76岁梨树沟老村会计王德海说："我是王家台的。王家从山西乐阳县大槐树根底下过来的，第一辈儿叫王希顺。王家是先落到山东庄镇大北关，住些年又搬到这儿，起名王家台，有十来辈儿，200来年了。我父亲叫王见才，爷爷叫王计文，太爷叫王殿贵，再往上记不住了。我儿子叫王富，孙女叫王文静。我们就是一个王，抗战时期，有个王珍，化名王山民，梨树沟还有俩人，一是尉家台纪仲林，化名王仲林，尉家台李士华，化名李永田。这3人抗战时出去工作了，王山民落在了承德，是粮食局局长；王仲林在平谷，曾是县委副书记，后来是人大主任；李永田落在了遵化，不清楚具体干啥。"

四队，牛角沟，在王家台上头，道东边，主要是张姓，20来户，60来人。

张姓，73岁村民张福德（图108）说："我是牛角沟的。张家从南独乐河镇峰台村搬来，有七八辈儿了。我父亲叫张克金，爷爷叫张德瑞，我爷爷那辈儿哥儿八个，再往上记不住了。我儿子叫张国亮，孙女叫张珠妍。就牛角沟来说，我下面还有三辈儿。

图108　梨树沟村牛角沟73岁村民张福德（摄于2020年5月）

"若是从峰台到这儿有七八辈儿，一百七八十年上下，大致在清道光中期。"

五队，太平庄，在小水库上边西北沟，就是往上走看长城的那道沟。这里也主要是张姓。62岁原村委会主任宋宝起说，这里有两个张，一个张是从王辛庄镇太平庄搬来的，是先来的，所以这儿还叫太平庄。另一个张晚些，是从山东庄镇大北关搬来的。最多时这里有30来户，120多人。

六队，黄榆沟，在梨树沟紧里边，在沟里东北方向。这里地势最高，地又多，且开阔，用老人的话儿，说这儿敞亮。张家先来，是梨树沟的占山户。最多时，有20来户，90多人。

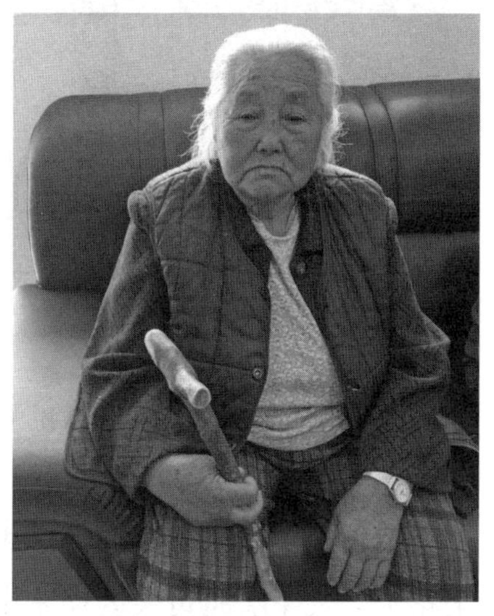
图109　梨树沟村黄榆沟91岁村民陶淑芬（摄于2020年5月）

张姓，91岁村民陶淑芬（图109）说："我娘家是镇罗营镇玻璃台的，19岁嫁到梨树沟村黄榆沟，我男人叫张保生，21岁。就是我们这个张，最早来到这儿的。第一辈儿叫张兰普，从山东庄镇大北关村搬到这儿。乍么晨儿来的时候，就在一个砬夹子那儿住着。张兰普会看些风水，往上转转瞅瞅，就盖了一处房子，现在房岔子还有，就在通向村里的那道坝坎的下面，朝西，过不了小三间。后来在西面盖了四破五的房子，东侧小三间的地方盖了猪圈，最后这儿住着的，是张保顺的父亲张贺发。另外，在北边沟里头，看中一片坟地，张家人去世了就都埋那儿了。张家到现在有多少辈儿了不知道，张保生父亲叫张全，爷爷记不住叫啥了。有仨儿子，叫张长明、张长富、张长松。有个孙子叫张静宜，还有个重孙女。”

76岁梨树沟老村会计王德海接过话茬，说张家来这儿，听说有300来年了。

图110　这就是张家人最早来住的砬夹子，在黄榆沟下面（摄于2020年5月）

69岁老生产队干部黄榆沟的肖凤英补充道，过去听老人说，张家最早来住的这个砬夹子，就在黄榆沟下面。一间大小的地方，三面是大石头，朝向东面（图110）。上面用树木一搭，再棚些草等，很容易的。这坡地后来划归四队了，队上还在这里圈过羊。

张家人还记得先祖，记得先祖老房子所在的地方，也是不忘初心与来路了。张家啥时过来的说不清了，应该早不过清代。也就是说，梨树沟清代建村了。若如王德海老人所言，张家来这儿300来年，则在清康熙末年、雍正初年，相当于清前期了。

谢姓，80岁尉家台尉清江说，黄榆沟除张家外，还有一家姓谢的，从兴隆县朱家沟搬来的，就这一家，老两口儿，没有儿女，早没了。

肖姓，陶淑芬老人说，黄榆沟还有一家姓肖的，从山东庄镇北寺搬来的，当时那人在北寺庙里住着，后来就挑着挑子过来了，就是肖凤英太爷。他儿子肖满财，要活着有120多岁了，生仨儿子，肖顺发、肖顺起、肖顺宝。62岁原村委会主任宋宝起记得，肖顺起不在了，生有四个儿子，老大肖凤林当时已经与本队张家女结婚，就搬到顺义去了，肖顺起妻子带着仨儿子改嫁到山东庄孔家，改姓孔了。

这里谈及“北寺庙”，北寺村西旧有一座一间的小庙五道庙，村西北角还有一座前后三进大殿、供奉佛祖释迦牟尼的大庙龙泉寺，这里指的当是龙泉寺了。

梨树沟有长城。2020年5月，作者来村访谈时，62岁原村委会主任宋宝起说，前几天京城一家报纸登这边有错长城，有不少人就来这儿瞧了。疫情不让进，还不高兴，说报纸登了开放了。对于那段城墙，西边跟四座楼就隔一个梁，梁沿上边是四座楼，梁沿下边就是梨树沟的城墙。以前在这里弄个小豁口，过那边就是杨家台。三队王家台有个王计祥，在那边种地。他有4个儿子，王增、王瑞、王理、王福，末了生的给人家了，就剩仨儿子了。王计祥要活着得有130多岁了，一家子就在城墙这边住，在城墙外边种地，那片地还挺好的，全是黑土。后来一直属于梨树沟的，一九七几年我们还安排俩老头在那边放羊、种地，秋后年轻人到那边背棒子。现在那片地也是我们的，那边史家台的人栽了些红果树。

宋宝起说，北边那段城墙有2里来地长，村里人一直叫城牌梁子，也叫边墙，没听说叫错长城，也没听说过那些传说。这段过去有4个敌楼，两头两个还有大砖啥的，看得清楚，中间两个看不清楚了。说着，

图111　梨树沟长城及敌楼（摄于2020年5月）

宋宝起还在纸上画了一个边墙及4个楼子的示意图。

69岁黄榆沟肖凤英说，那段边墙的4个楼子，都是砖垒的，我们管那叫破楼子，就是靠西边楼子，往西奔四座楼那边有一段边墙，上边3个楼子之间没有边墙。

实际上，村人所谈就是黄榆沟北面的长城，为明代万里长城的一部分（图111）。长城从四座楼那边过来，毛石干垒的城墙百余米，东部山上一座三眼敌楼。再往东，为800多米山险，未建城墙。体现了建造长城的一个重要特点，即以险为障，以崖代墙。文物志、普查资料等也如是记述。现存一方修造此段城墙碑，首名为“钦差总督蓟辽保定等处军务兼理粮饷经略御倭太子太保兵部尚书兼都察院右副都御史重庆蹇达”，时间为“万历三十六年（1608年）春防”。这一切，说明这段城墙为正常修建，并非报纸所称的“错长城”。

梨树沟在20世纪70年代，最多时达140多户，800来人。至90年代末，为预防泥石流等灾害，村由沟里迁至沟外，部分人家迁至外村。

2020年底，梨树沟村有60多户，130多人。

塔洼村

塔洼村，坐落乡域北部（图112，图113）。

塔洼得名，搬到大兴庄镇良庄子村的原塔洼三队贾家台人81岁老村会计谭长富（图114）说，三队北边1里多地，过去那儿有个庙叫小寺，小寺旁边有个塔，就从这儿起的村名叫塔洼。北砬棚上有毛笔写的字，过去说是元朝人写的。沟里有个洞，洞里住过和尚。我小时候放羊去过，洞里就像搭着炕，石头垒的。

图112　塔洼村委会（摄于2006年12月）

图113　来村调查寺庙时二层小楼的主体已经建好（摄于2022年10月）

老人所言应该基本是准确的，可村人也有一些具体的说法：“村人说，明清年间，最先来到塔洼村的人应该是不守规矩的和尚，但这些和尚不是塔洼人的祖先。而远在清朝之前，以和尚身份来到这儿的大多都是官府通缉的犯人，他们没在这里开垦土地、耕耘和劳作，却神奇般地扩大了人员和势力，建起高塔，修建寺庙，甚至抢男霸女，建立炮台与朝廷对抗。当时朝廷正修建东陵，为确保工程顺利进行，朝廷出兵征剿，把和尚全部杀掉了。

图114　今大兴庄镇良庄子村、原塔洼三队贾家台人81岁老村会计谭长富（摄于2022年10月）

“塔洼村是贾家先来的，通过与和尚交往，获得了和尚允许，贾家便选择了坡向平缓、开阔朝阳的位置建造住房，并在四周开垦土地，过起了自给自足的生活，这个地方就叫贾家台，距今有300多年历史。后来杨家、郝家来了，占据村中低洼地带，形成了郝家台。其他姓氏的家族陆续搬来，繁衍至今。”

先来塔洼村的家族占好地方开垦种地，后来的人一般要到边远的山上山下开垦土地，或租种别人的土地。现在，塔洼村四周山脚下，仍能看到石块垒成的旧房遗址，那是塔洼村祖先居住的遗迹。

由于这里四面环山，中间地势低洼，地形如同盆地，北山顶上有座寺庙，且建有一塔，当地人随口就叫这里为“塔洼”了，一直沿用至今。

这正是对塔洼村立庄、得名及人口来源的解说。

历史上，塔洼村应属于密云管辖。查阅清光绪七年（1881年）《密云县志》“卷二之八·舆地三·市里·村庄”记载，没有塔洼村。民国三年（1914年）《密云县志》及民国二十七年（1938年）《密云县志》亦未见塔洼村的记述。抗战时期，这里相继属于冀东西部抗日根据地的蓟平密、平密兴、平三密、平三蓟联合县。1946年3月，取消联合县建制，这里仍属于密云。直至1950年5月，塔洼村由密云划归平谷。这时，平谷县设5个区，塔洼村在第三区南独乐河区内。1953年6月，建立乡政权，全县划为6个区、80个乡（镇）。其中，镇罗营区所辖14个乡中有塔洼乡，已搬到马坊镇新建队、原刁窝村民何金生记得塔洼乡乡长叫贾希里，就是塔洼村人。而塔洼村应该在镇罗营区塔洼乡内。

1956年撤销区级建制，合并为34个乡镇，其中有塔洼乡。塔洼村仍属于塔洼乡。88岁黄松峪村老书记秦瑞清记得，塔洼乡包括刁窝、梨树沟、塔洼等村。1958年1月，将34个乡镇再合并为18个乡。6月，又并为16个乡。其中，设黄松峪乡，塔洼村应在黄松峪乡内。1958年9月，撤销乡建制，建立城关、马坊、峪口、韩庄、大华山5个人民公社，下设21个管理区，塔洼村应在韩庄人民公社黄松峪管理区内。1961年6月，撤销管理区，将5个人民公社划为21个人民公社，塔洼村应在黄松峪人民公社内。直至1984年4月，全县人民公社改为乡，大队改为村，随之黄松峪人民公社改为黄松峪乡，塔洼村亦由大队改为村委会至今。

61岁老村书记高印海（图115）说，塔洼村过去分为4个生产队，第一生产队，在塔洼这条沟的沟口，这片就叫塔洼沟口；第二生产队，在村委会这片，有郝家台、杨家台，统称郝家台，应该是杨家来得更早些；第三生产队，在村东北，主要是贾家，90%的人都姓贾，所以叫贾家台，1997年，贾家台搬到大兴庄镇良庄子了，当时有五六户没搬，就分散在了一二队；第四生产队，在三队东侧，塔洼村的最上边，与河北兴隆交界，都是张家，没叫张家台，沿用了过去的土名叫滚石沟。四队的张与一队的张是一个张，都是从山东庄镇山东庄村搬过来的。1985年或1986年，一部分张家搬到马坊及马昌营镇的天井村。剩下的张家人在1987年前后，根据村委会安排及各家意愿，分散在了一二三队。57岁村书记李闯补充说，过去胡同水三娘洞以东都是塔洼的。

图115　61岁老村书记高印海（摄于2022年10月）

《北京市平谷县地名志》记载：塔洼村，“辖塔洼、塔洼沟口、贾家台3个自然村”。

塔洼，“清代成村，据传300多年前，该村东北山顶上有座寺庙，建有雷峰塔，村四周环山，中间洼，故称塔洼。1950年由密云县划归平谷”。

塔洼沟口，“清代成村，村建塔洼沟口，因此而得名。1950年由密云县划归平谷”。

贾家台，“清代成村，贾姓先来此定居，村建在沟谷中间的小台上，因而得名贾家台。1950年由密云县划归平谷”。

地名志所写，与高印海老书记所谈不完全相同，一是没有四队这片，或是1990年前后编写地名志时，这片已分散于一二三队之故；二是所记的塔洼当是老书记谈的二队郝家台。对此，应以村人所谈为好，地名志所记作为参考。

一队，塔洼沟口，主要有张、李、卢三大姓。

图116　塔洼村57岁村书记李闯（摄于2022年10月）

李姓，57岁村书记李闯（图116）说：“我们这个李，是从王辛庄镇东古村搬来的，就是爷爷那辈儿逃荒到了这儿。那年代，刨点镐头地就饿不死。东古的李从哪儿搬来的就不知道了。父亲叫李顺山，爷爷叫李生，再往上不清楚了。我女儿叫李婉辰。现在，李家上下有六辈儿人了。最小一辈儿尚未成年不计，以五辈儿、每辈儿25年计，130年上下，李家约在清光绪中后期搬来的。”

李闯说：“卢姓是从耿井搬来的，现在有10多户，五六十人。张家不知道从哪儿搬来的，有张怀、张旺、张永、张宽、张起等，现在有10多户，二三十人。沟口那儿有个牛鼻子洞，有一户贾家叫贾维利在那儿住。是我爷爷李生背篓子背过来的，背到我们这儿，把三间草房给他住了。据说这个贾是南独乐河镇甘营村的贾。”

二队，就在村委会这片，有杨家台、郝家台，有郝姓、杨姓、高姓、李姓、王姓等。

搬到大兴庄镇良庄子的、原贾家台人81岁老村会计谭长富说，塔洼村应该是二队的郝家、杨家先来的，先来的占下边的好地方，三队贾家是后来的所以在上头。这么说来，也就意味着塔洼村是郝家、杨家先来立的庄了。比其他姓略早些，大致也就在清后期了。

高姓，高印海老书记说："我们高家开始是由山东闯关东没过去，就落王辛庄镇熊耳营了，从熊耳营搬到黄土梁后头的兴隆二道河子。我爷爷那辈儿老哥儿仨，我姑奶奶嫁到塔洼二队的郭家。抗战的时候，日本鬼子划'无人区'，把那边的房子都烧了。我爷爷是老大，就从二道河子一挑子挑着，随着姑奶奶搬到塔洼来了。这是大致在1941年或1942年，那兄弟俩就落那边了。我父亲叫高满，爷爷叫高佩云，再往上不知道了。父亲这辈儿哥儿四个，父亲是老大，老二叫高珍，老三叫高金，老四叫高庆。我这辈儿哥儿仨，老大叫高印忠，老二叫高印祥（搬小辛寨了），我是老三。我有一女儿，叫高杨。"

王姓，63岁老村主任王志存（图117）说："我们这个王是从大兴庄镇白各庄搬过来的，父亲叫王山，爷爷叫王秀廷，就从爷爷那辈儿过来的。我有俩女儿，叫王芳、王慧。村里我们王家我下面还有两辈儿人，这样王家来这儿共五辈儿，以四辈儿计，百十年上下。二队还有一户姓王的，叫王志平，是近家喽，也从白各庄搬过来的。"

图117 塔洼村63岁老村主任王志存（摄于2022年10月）

作者编写《大兴庄史话》时，曾到白各庄访谈，周村、白各庄及平谷镇岳各庄，这仨村的王都是从山东周村随着燕王扫北过来的，当时过来老哥儿仨，老大王君佐落（lào）在了周村，老二王君佑落在了白各庄，老三王君章落在了岳各庄。

61岁村民王国金（图118）说："不清楚我们这个王从哪儿过来的，只知道我们来得比较早，在村委会东南的矿山公园那住，是太爷那辈儿过来的。我父亲叫王宝义，爷爷叫王福，太爷叫啥不知道了。我儿子叫

图118　塔洼村61岁村民王国金（摄于2022年10月）

王悦，孙子叫王志轩。已见着六辈儿人了，按五辈儿计，130年上下，大致在清光绪中后期过来的。

“还有个王叫王起，从兴隆搬过来的。”

村人说，李姓有个李宝山，从东古过来的。

二队还有苏姓、高姓及任姓，都一两户，人不多。

三队，在村东北，主要是贾家台，大部分人家都姓贾。

贾姓，70岁老村会计贾希旺说：“贾家是从南独乐河镇甘营村搬过来的，啥时候搬来的不知道。我父亲叫贾富林，爷爷叫贾福颖，太爷叫啥记不得了。记得爷爷那辈儿哥儿俩，爷爷是老二，大爷叫贾富河，生了5个女儿。父亲那辈儿也是哥儿俩，父亲要活着有100岁了。三队贾家台的贾都是一个贾，有40多户，一百四五十人。1997年，有30多户、100多人搬到大兴庄镇良庄子了。还有搬到黄松峪村的。我家是富农，一队没有成分高的，1966年，村里就把我家从三队迁到一队了。

“三队还有崔姓、谭姓、董姓、张姓、王姓等小姓。如谭姓，与黑豆峪是一个谭。董姓，听说过去当过警察，从东北过来的，到这边没房子，我们到一队，村里就把我们的房子给他们住了。董景奇，有4个儿子，老大叫董树宗，老二叫董树义，老三叫董树林，老四叫董树生。后来又回东边辽宁了，就剩下老大董树宗留这儿了。董树宗有一儿三女，儿子叫董学明。”

四队，在三队东侧，塔洼村的最上边，与河北兴隆交界。

张姓，四队的人都姓张。村人记得，张家是从山东庄镇山东庄村搬过来的，如张敬南，父亲叫张怀福，有俩女儿。过去张家有10多户，20多人，后来搬到一队1户，搬到二队3户，还有搬到马坊的。现在，四队没人了。

上面谈及三队贾家台主要村民搬到大兴庄镇良庄子的事，2022年10月作者专程来到良庄子，对部分原贾家台人进行访谈。

贾姓，原贾家台人81岁老村会计谭长富记得：“我们是1997年搬到大兴庄镇良庄子的，当时没搬下来的有贾淑芬、王刚、谭子成、贾希福（光棍儿1人）、贾希怀5户，20来人。”

原贾家台人63岁村民王金说，贾家台人最多时是一九七几年，有200多人。搬到良庄子的有31户，包括王家2户，崔家4户，谭家4户，张家3户，贾家18户，共180多人。

原贾家台人69岁村民贾会刚（图119）说：“我们贾家是从南独乐河镇甘营村搬过来的，是贾家台来得最早的，第一辈儿叫啥不知道了。贾家分几门，有些出五服了。土门的贾家、东古的贾家、黄松峪的贾家，都是甘营的贾。”

图119　今大兴庄镇良庄子村、原塔洼三队贾家台人69岁村民贾会刚（摄于2022年10月）

贾会刚说：“我父亲叫贾希才，爷爷叫贾雨林，太爷叫啥不记得了。与父亲这辈儿平辈儿的，村里有贾希库、贾希环、贾希永、贾希有。与我平辈儿的，有贾会山、贾会国、贾会新等。我儿子叫贾立有，孙子叫贾子玉。”

乡干部潘军补充说，黄松峪贾家“希”字辈儿的，有贾希有、贾希明、贾希荣、贾希革、贾希玉，还排着叫呢。

王姓，原贾家台人63岁村民王金（图120）说：“我们王家是从南独

图120　今大兴庄镇良庄子村、原塔洼三队贾家台人63岁村民王金（摄于2022年10月）

图121　今大兴庄镇良庄子村、原塔洼三队贾家台人71岁村民崔淑莲（摄于2022年10月）

乐河镇北独乐河村搬到贾家台的，我姥姥家是贾家台的，父母就过这边来了。我父亲叫王秀生，爷爷叫王印，太爷叫王仁民，再往上不知道了。我儿子叫王腾飞，孙子叫王英瑞。”

崔姓，原贾家台人71岁村民崔淑莲（图121）说：“崔家是从山东庄镇西沥津搬到兴隆陡子峪，又从陡子峪搬到贾家台。听我爷爷说，我们这个崔与刁窝的崔、黄土梁的崔、黑豆峪的崔，都是一个崔，都是西沥津的崔。陡子峪那边，在一个台地上，也有一大片坟地，有好几辈儿呢。”

崔淑莲说：“我父亲叫崔旺，爷爷叫崔永顺，太爷叫啥不知道了，就是太爷那辈儿搬到贾家台的。我有俩弟弟，叫崔国珍、崔国义。崔国珍有俩儿子，叫崔春朋、崔春喜；崔国珍有个孙子，也就是崔春朋的儿子，叫崔大宇。”

崔淑莲说：“我爷爷那辈儿哥儿俩，爷爷是老大，还有个二爷叫崔永发。二爷俩儿子，叫崔臣、崔君。崔臣有四个女儿，叫崔素云等。崔君有仨儿子，老大叫崔国新，有一儿一女；老二叫崔国成，有俩儿子叫崔志远、崔志超；老三叫崔国华，有一儿一女，女儿叫崔立娟，儿子叫崔凯。”

张姓，崔淑莲说：“我嫁给贾家台张家，张家是从梨树沟搬到贾家台。我爱人叫张福友，公公叫张克伶，就从公公这辈儿过来的。公公生

7个儿子，我爱人是老大，老二叫张福贵（招到峨嵋山去了）、老三叫张福春、老四叫张福山、老五叫张福来、老六叫张福起（招到北寺）、老七叫张福银（招到北辛庄）。”

原贾家台人63岁村民崔淑凤（图122）说：“我和崔淑莲是叔伯姐妹，我父亲叫崔存，爷爷叫崔永顺。我有俩弟弟，叫崔国山、崔国银。崔国山一儿子叫崔林，崔国银一儿子叫崔乐宝。”

图122　今大兴庄镇良庄子村、原塔洼三队贾家台人63岁村民崔淑凤（摄于2022年10月）

贾姓，崔淑凤说：“我嫁给贾家台贾家，听老人说东古、西古有姓贾的，我们这个贾是从西古搬到贾家台的。我爱人叫贾希平，公公叫贾桐林，就从公公这辈儿搬到贾家台来的。我爱人哥儿仨，老大贾希成，留在了西古；老二是我爱人，我们有个儿子叫贾小雷；老三叫贾希悦，有俩女儿叫贾晨妍等。”

崔淑凤说这个贾是从西古搬到贾家台的，且听老人说东古、西古有姓贾的。作者记得清代唯一进士贾名伸在所撰《贾氏家谱》中写道：

贾氏，世为平谷县土著。以三茔世次计之，盖自宋、元，至今殆将千年。相传始祖居本县城北五里许之齐各庄，后散处各村，或远徙他州县，莫能备悉。以今所知，除齐各庄故居外，如本县城西门外之西关及山东庄、洙水庄、高村、太平庄（此庄旧有同族非止谱中所载国卿一门）、鹿角庄（此庄贾姓有二，一同族，一不同族）、前后罗家庄、杜家、胡家务，并三河县之许家务、兴隆庄、北宫、云峰寺、蓟州之大白塔庄支，分派别统，俟将来另为详考，以作合谱。

贾名伸记述了齐各庄的贾姓散处各村，包括胡家务。而胡家务有东胡家务、中胡家务及西胡家务，西胡家务就分为今天的东古、西古。这么说来，崔淑凤家的这个贾，最早是齐各庄的贾了。

谭姓，谭长富老人说："我们谭家是从黑豆峪搬到贾家台的，我就在黑豆峪生的，四五岁的时候搬过来的。我奶奶是贾家台的娘家，就搬到这边来了，我爷爷叫谭继啥记不住了。我父亲叫谭炳银，是老二，有个大爷（ye）叫谭炳金。我这辈儿哥儿仨，我是老大，老二叫谭长福，老三叫谭长印。我有俩儿子，老大叫谭子立，一女儿叫谭雪莲，一儿子叫谭雪东；老二叫谭子霞，俩女儿叫谭雪萍、谭雪茹。"

图123　今大兴庄镇良庄子村、原塔洼三队贾家台人64岁村民谭子荣（摄于2022年10月）

原贾家台人64岁村民谭子荣（图123）说："谭长富是我的长辈儿，我父亲叫谭长友，爷爷叫谭炳金，与谭长富的父亲是亲哥儿俩。我父亲是哥儿俩，父亲是老大。我这辈儿也是哥儿俩，我是老大，还有个弟弟叫谭子瑞。我有一儿一女，儿子叫谭小悦，女儿叫谭小翠。我弟弟有个女儿。"

20世纪80年代初期，贾希旺老人在塔洼村当会计，记得那时塔洼人达到最高峰，有160多户，787人。

2020年底，塔洼村有110多户，220多人。

附　消失的村落

为了解决吃水、交通以及上学等山里生活中的问题，一些村落陆续下迁。1976年3月，西涝洼搬迁至黄松峪村；亦在1976年，胡同水搬迁至黑豆峪村；1992年春，土谷子村搬至王辛庄镇中罗庄村；1993年3月，黄土梁村搬迁至黑豆峪村。自此，这4个村子不复存在。

黄土梁村

黄土梁村，坐落乡域北部。

黄土梁得名，83岁黄土梁老书记崔连明（图124）说，站在黄土梁三队往北瞧，两山间一道梁岗（gàng）儿，过去那里出黄土，是个黄土岗。黄土用没了，露出了山尖和梁岗，这地方就叫黄土梁了。后来独立成村，就以黄土梁名村了。

图124　原黄土梁村83岁老书记崔连明在村委会前留影（摄于2022年10月）

历史上，黄土梁村应属于密云管辖。黄土梁这一带有人居住，访谈村里老人，一队王家来得较早些，随后如一队张家、二队于家、三队崔家等就陆续来了，有一百五六十年，约在清同治前后或光绪初期。这是黄土梁村的立庄。

查阅清光绪七年（1881年）《密云县志》“卷二之八・舆地三・市里・村庄”记载，没有黄土梁村。民国三年（1914年）《密云县志》及民国二十七年（1938年）《密云县志》亦未见记述，这时应该未独立成村。抗战时期，这里相继属于冀东西部抗日根据地的蓟平密、平密兴、平三密、平三蓟联合县。1946年3月，取消联合县建制，这里仍应属于密云。老书记崔连明记得十来岁的时候，村里的书记叫于德海。村里有书记，黄土梁这时就应该独立成村了，大致在20世纪40年代末。

直至1950年5月，黄土梁由密云划归平谷。这时，全县设5个区，黄土梁在第三区南独乐河区内。1953年6月，建立乡政权，全县划为6个区、80个乡（镇），黄土梁村应该在镇罗营区梨树沟乡内。1956年撤销区级建制，全县并为34个乡镇，黄土梁村应在塔洼乡内。1958年1月，将34个乡镇合并为18个乡，黄土梁村应在黄松峪乡内。1958年9月，撤销乡建制，建立城5个人民公社，下设21个管理区，黄土梁村应在韩庄人民公社黄松峪管理区内。1961年6月，撤销管理区，将5个人民公社划为21个人民公社，黄土梁村应在黄松峪人民公社内。直至1984年4月，全县人民公社改为乡，大队改为村，黄松峪人民公社改为黄松峪乡，黄土梁村亦由大队改为村委会。1993年3月，黄土梁村并入黑豆峪村。

老书记崔连明说："我是1969年当村书记的，我前任是王凤明，再前边是于德海。我一直干到1993年，黄土梁搬到黑豆峪，就是我经手的，当时搬到黑豆峪村有多少人记不太准了，4个队加在一起，有四五十户，150人。黑豆峪书记是陈玉舒，找我商量着要在这儿搞旅游，要我们1993年3月25日前都搬下去，一个人不留。那边每家给宅基地，给口粮田。"

就此请教黑豆峪村老书记陈玉舒，当时搬迁时共有53户，有的户搬到其他村镇了，搬到黑豆峪的是105人。这也就意味着崔连明老书记说的150人，有些人是搬到其他村去了。

崔连明老人记得，黄土梁村大都搬下去了，有10多家不愿意搬，如张宝怀、王金祥、刘宝明等，还有在外面上班的像张生、张林、石宝华家等。这些没搬的家主要在一队，至今还在里边住着。

老人作为黄土梁搬迁的主事人，所记1993年黄土梁搬到黑豆峪，应该是准确的。而《北京市平谷县地名志》写作"1992年，黄土梁村迁至黑豆峪村"，相差了1年。

崔连明老人说，这里是十几里长的一道山沟，黄土梁村就分散在这道沟里。过去黄土梁村分4个生产队，在最北边沟上头，狗背岭下头，称狗背岭根，是一队。狗背岭是分界线，狗背岭上往北流水的属于兴隆，往南流水的属于黄土梁村。一队以王姓、张姓为主，张兴的张就是这个张，当然这里的张姓有两个张，王姓也不是一个王。此外还有刘姓、于姓、石姓等，刘姓起码有三个刘，而石宝华就是一队的。20世纪70年代，达到30多户，130多人。

《北京市平谷县地名志》记载：黄土梁村，“辖黄土梁、夹板石、王家台、狗背岭根、沙坡峪口5个自然村”。这与村人所谈不尽一致。地名志说王家台“清代成村，因王姓在沟口高台上落户建村，故得名王家台”。刘军看后，说沟口没有王家台，这里说的王家台应该不是一个自然村，在一队那儿，就是王家那一片，属于一队。

图125　原区文化委主任、黄土梁村人68岁张兴（摄于2022年10月）

张姓，68岁原文委主任张兴（图125）说：“我们这个张是从南独乐河镇张辛庄搬到遵化马兰峪，张辛庄的张从哪儿搬来的就不知道了。我老太爷的叔伯兄弟，叫啥记不住了。跟我老太爷说，你太穷了，黄松峪里边有条沟，我置了点地，你去那儿吧。我老太爷子就挑着挑子，到了黄土梁一队的下窝棚村的地方。老太爷子来的时候，王家都来了，王家在台上，台上有个水井子。

图126　张兴父亲张福春（摄于2022年）

“我父亲叫张福春（图126），父亲这辈儿哥儿四个，老大叫张福祥，老二叫张福贵，我父亲是老三，老四叫张福存。我爷爷叫张文，爷爷这辈儿哥儿仨，老大叫张项，我爷爷是老二，老三叫张武。太爷叫啥不知道了。

“我这辈儿哥儿仨，老大叫张永，我是老二，老三叫张明。姐儿四个，张玉芝、张玉芹、张玉伶、张玉莲。张玉芝是全国三八红旗手，受到华国锋的接见。我有俩女儿，大女儿张小静，有个外孙子叫李炙昊；二女儿张小倩，有俩外孙子，叫梁洛森、梁洛笙。

“张家满打满算有七辈儿人了，第七辈儿尚未成年不计，以六辈儿、每辈儿25年计，张家来此150年上下，约在清同治后期或光绪初期。”

张兴记得，张家有个张福贵，1947年参军，曾当过大兴庄公社党委书记。还有个张学军，1965年生人，首师大毕业，历任团中央少年部副部长、团中央常委、少年部部长、江西省九江市委副书记、省外事侨务办主任及新昌集团联席行政总裁等。至于张兴，与作者为同事，曾任塔洼中学校长、黄松峪中学校长、镇罗营乡党委书记、总经理、区成教局局长、区文化委主任及市级劳模等。

石姓，70岁退休教师石宝华（图127）一直住在黄土梁沟里，作者来黄土梁踏察时正巧遇见。石宝华说：“石家是从山东庄镇北寺村搬来的。是我爷爷那辈儿，家里穷，就搬到山里来了。爷爷叫石富，太爷叫啥不记得了。爷爷有5个儿子和4个女儿。5个儿子，老大叫石田发，老二叫石田启，老三叫石田河，老四、老五叫啥记不住了。老大是我父亲，那哥儿四个跟着爷爷搬到马兰峪那边去了，把奶奶和父亲留下了。我这辈儿哥儿仨，老大叫石宝元，老二叫石宝山，老二搬到黑豆峪后，又搬到顺义驻马庄了。我是老三，

图127　黄土梁70岁退休教师石宝华（摄于2022年10月）

我有个儿子叫石爱军，有俩孙女，叫石慧娟、石慧馨。”

至于王姓，没有访谈到王家人，只知王家有王仲元、王品元、王福元、王起元等名字，详情就不得而知了。

一队往下，叫沙坡峪沟口，是二队。崔连明老人说，从玻璃台上边流水，流下来的沙子聚在西沟这儿，就叫沙坡峪。而地名志记载为沙坡峪口，“因沟谷中土质多沙，故称沙坡峪。村建谷口，故名沙坡峪口”。对此，刘军特意说：“我们在这儿住着，平常就叫沙坡峪沟口。”地名志所记与村人所谈有异，应以村人所谈为准。

二队以于姓、刘姓为主。这里有于家台，就是现在百帝山庄那地方。台上5家，于士春、于士清、于士俊、于士文、于士臣。台下还有4家，也姓于。台上台下的人家都姓于，字是一个字，可他们的来处不是一个。二队还有陈姓、胡姓以及卢姓，还有一户姓史的，是北京的下放户，后来回城了。二队有20户，110来人。

于姓，已搬到黑豆峪的原黄土梁村二队85岁村民于水（图128）说：“过去听老人说于家是从山东大水泊搬来的，先到山东庄镇北寺，从北寺搬到了黄土梁这儿。我父亲叫于士臣，爷爷叫于顺，太爷叫啥不知道了。就从我爷爷那辈儿过来的，我爷爷是老大，老二叫于凯。我有个儿子，叫于永龙，还有个孙女。记得在黄土梁的于家当时有5家，十几个人。”

图128　今黑豆峪村、原黄土梁85岁村民于水（摄于2022年10月）

刘姓，63岁原人大主任刘军（图129）说：“刘家是金海湖镇东马各庄的根，从东马各庄搬到祖务。到了我太爷那辈儿，从祖务搬到小夹板石，住了3年。小夹板石在夹板石外边，跟梨树沟近，现在归梨树沟了。

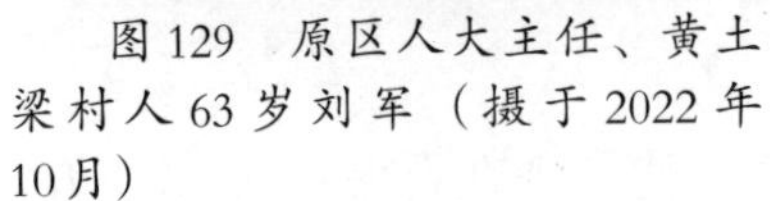

图129　原区人大主任、黄土梁村人63岁刘军（摄于2022年10月）

图130　刘瑞明（2022年10月摄于秦皇岛枫林大道）

从小夹板石又搬到镇罗营镇北水峪村，就住北山砬子上，得背水吃，开点荒地，在那儿住了13年。后来，才落到黄土梁沙坡峪。我家早在1984年就搬到了王辛庄镇的熊耳营。”刘军带着一份由老叔刘瑞明（图130）整理的刘氏家谱，简单整理如下：

第一辈儿刘万祥，生一子刘永和
第二辈儿刘永和，生三子三女，三子刘福田　刘福云　刘福贵
　　　　　　　　　　　　　　三女，一嫁峰台，两个嫁塔洼
第三辈儿刘福田，生三子一女，三子刘瑞启　刘瑞才　刘瑞金
　　　　　　　　　　　　　　一女嫁塔洼杨家
　　　　刘福云，生二子一女，二子刘瑞山　刘瑞明
　　　　　　　　　　　　　　一女嫁晏庄
　　　　刘福贵，生一子刘瑞林
第四辈儿刘瑞启，生四子三女，四子刘　海　刘　江　刘　英
　　　　　　　　　　　　　　　　刘　龙
　　　　刘瑞才，生二子一女，二子刘宝华　刘亚芹
　　　　　　　　　　　　　　一女刘亚玲
　　　　刘瑞金，生一子一女，一子刘　园
　　　　　　　　　　　　　　一女刘淑凤
　　　　刘瑞山，生二子一女，二子刘　军　刘　全

一女刘淑玲

刘瑞明，生一子一女，一子刘 玮

一女刘 瑾

刘瑞林，生二子一女，二子刘 生 刘 勇

一女刘淑艺

第五辈儿刘 海，生一子一女，一子刘继辉

一女刘在娜

刘 江，生二女，刘立立 刘丹丹

刘 英，生二子，刘继耀 刘继闯

刘 龙，生一子一女，一子刘大朋

一女刘薇芝

刘宝华，生一子，刘 强

刘亚芹，生一女，刘 阳

刘 军，生一女，刘纯子

刘 全，生一子，刘思文

刘 玮，生一女，刘芊瑶

刘 生，生一子，刘杰慧

刘 勇，生一子，刘智晶

家谱整理于2006年，只记载到第五辈儿，当时也许还没有第六辈儿。14年过去，如今应该是有了。比如，刘军说："父亲叫刘瑞山，是个农民，没念过书，只读过夜校。曾任多年村主管会计和村干部，后来任乡马钢厂主管会计和副厂长、乡经济联合总公司总会计等。爷爷叫刘福云，太爷叫刘永和，老太爷叫刘万祥。我的女儿叫刘纯子，有俩外孙子。这外孙子辈儿，就属于第七辈儿人了。"

刘军说："我爷爷那辈儿，有个老爷（ye）叫刘福贵，抗战的时候是黄土梁民兵组织的负责人之一，经常站岗放哨，给八路军送信，组织民兵配合八路军的活动，受到上面披红戴花的表彰。我父亲那辈儿连叔伯的哥儿六个，其中我二大爷（ye）刘瑞才、老叔刘瑞明和叔叔刘瑞金哥儿三个都参军了，像刘瑞明在部队干到县团级，转业到秦皇岛。”

至于刘军，北农大毕业，历任王辛庄乡副总经理、团县委书记、刘家店乡乡长、区农办主任、县委常委、常务副县长、区委常委、常务副区长、区委副书记和区人大主任等职。

当然，家谱记载第一辈儿还有两兄弟刘万和、刘万通，往下没有具体记述，详情也就不得而知了。而根据家谱所记，刘家从镇罗营北水峪搬到黄土梁沙坡峪，是在1925年。到1993年，在这里住了68年。

三队，就是黄土梁。崔连明老人说：“这应该是黄土梁村较好的位置，是我们崔家先来这儿的。三队主要有崔姓、许姓、陈姓，有二十来户，百十人。”

崔姓，崔连明老人记得：“我们崔家从山东庄镇北寺搬到这的，现在那里还有姓崔的。到这边儿的第一辈儿，是我太爷。太爷叫崔明，爷爷叫崔文贵，父亲叫崔春。我有一儿两女，儿子叫崔军，女儿叫崔慧玲、崔慧芝。有个孙女叫崔晨旭。就村里来说，我下边已有重孙子辈儿了。”

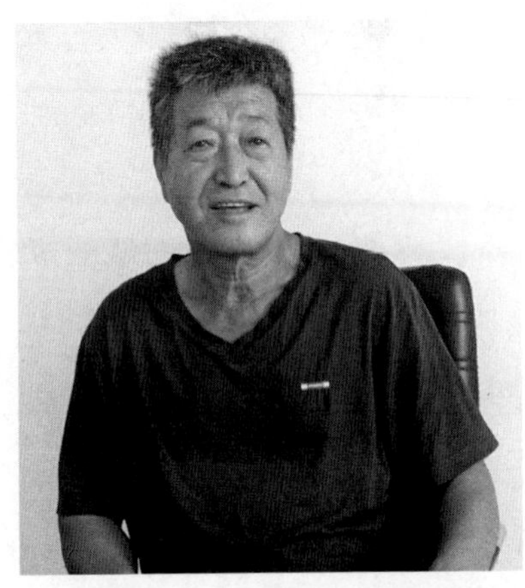

图131　今马坊镇新建队村、原黄土梁村67岁村民崔义（摄于2022年7月）

67岁村民崔义（图131）说：“我老家是黄土梁的。黄土梁主要有许、崔、陈、于四姓。我们崔家有家谱，我小时候看过，记得崔家与北寺的崔家是本家，当年祖上是从北寺挑挑子到刁窝的。我父亲叫崔文来，爷爷叫崔盛，再往上不知道了。在黄土梁那边我是队长。2007年前后，黄土梁搬到黑豆峪。我在1980

年就下来了，当时我25岁，招到马坊镇新建队村的赵家，我爱人赵桂芝。我们有俩儿子崔晓凯、崔晓璇。崔晓凯有俩女儿崔思佳、崔思冉，崔晓璇有俩女儿崔思淇、崔思研。”

图132　四队，路东是夹板石，四队在里边，陈玉书正在开发景区（摄于2022年10月）

这样看来，崔义爷爷崔盛，与崔连明太爷崔明，当是平辈儿了。崔家也见着七辈儿人了，第七辈儿尚未成年不计，以六辈儿、每辈儿25年计，崔家来此亦150年上下，约在清同治后期或光绪初期。

最南边，也是最下边，在黄土梁沟口，往东的一条沟里，叫夹板石（图132），是四队。崔连明老人说，有个地方特别窄，超不过1米宽，有两个大石头，两边是山，就叫夹板石，后来修路给炸了。四队，有王姓、于姓、吕姓、崔姓、杨姓、关姓，如王姓有3家，一般就一两家，四队总共就十三四户，50多人。

图133　黄关路“飞龙谷”刻石（摄于2006年10月）

为进一步了解黄土梁村，2022年10月，在访谈的基础上，老村书记崔连明和原人大主任刘军带着作者踏察了黄土梁村。

过了飞龙谷桥不远，路南侧，为“飞龙谷”标志碑（图133）。过去这里就是以黄土梁沟开发的飞龙谷景区，现在沟口处建了一座简易牌楼，写着“天云山景区”，并将当年评价飞龙谷的“北方的张家界”语，来评价天云山景区了。天云山景区是飞龙谷里边的一道沟谷，2006年，随着黄关路的打通，飞龙谷景区变成一道连通南北的重要公路了。所谓“黄关路”的“关”字，指的是镇罗营那边的关上村；而“黄”字，则代指黄土梁村，也是对因搬迁而消失村落的一种记忆了。作者那时在文委任副主任，张兴任主任。常务副区长王春辉叫作者过去，提出在黄关路做些摩崖石刻，有些利用了自然山石，有些根据地势立了新碑石，作者主持完成的此事。共刻了十几处刻石，“飞龙谷”标志碑就是其中之一。这时刘军指给作者看，说：“碑东边不远是小夹板石，我太爷那辈儿从祖务就先搬到这儿住了3年。”

往里不远，沟东侧，是四队夹板石，正进行景区开发。再往北走不远，西侧一道小山沟，刘军记得到五一了，这里的冰都不化，小时候上学过来过去的就抠冰吃。并随口说道，黄土梁沟里的水清泠，烧水的大壶从来不长渍（zhì）子。

继续前走，是三队黄土梁，过去崔家主要在这一片。如崔祥家的房子（图134）还在，虽说塌成房岔子了，但可以看出是座5间的房子，小青瓦覆顶，红砖垒砌前脸，石头砌筑窗下墙垛，粗些细些的用了6架柁，顶上为荆条编笆，屋内秫秸吊顶以及白灰抹墙，这在当时算是较为讲究的了。后面是崔福家，西边就是老书记崔连明的家。老书

图134　三队主要是老崔家，这是崔祥的房子，都塌了，还是荆条编的笆，秫秸吊屋顶（摄于2022年10月）

记感慨地说，一晃30年没来了（图135）。没来还记得一家家的名字，尤其站在自己家东侧南北向的不长的胡同那儿，随口说："我们全管这叫黄土梁大街。"散散落落的山里人家，能够聚集成一条胡同不容易。黄土梁村委会就设在这里，皮鞋厂也在这里，且皮鞋厂与村委会就在一个院内。现在这座房子还在，只不过当时走的是西门，后来黑豆峪接手后，给改成南门了。

图135　老书记崔连明站在过去自己家的门前（摄于2022年10月）

图136　这是当时老书记崔连明亲手建造的鞋厂，村委会也在这里，地点是在三队南部。1993年村子迁到黑豆峪后，这里就是黑豆峪村的了，改为他用，有所改造（摄于2022年10月）

老书记记得，1986年，村里搞了个"长松皮鞋厂"（图136），请的北京的师傅。生产的皮鞋也有自己的品牌，老人清楚记得商标的形象是个"孙猴"，做好的皮鞋也往外销售。皮鞋厂最多时达到50多人，从外省市招了十四五个女工。其实，搞皮鞋厂不为挣钱，就为养住人，为给村里的10多个光棍娶媳妇。

刘军接过话茬说，那时，村干部一心为村民着想，如何解决村里光棍儿的问题，一是推荐年轻小伙儿去当兵，二是推荐去当工人，三是办皮鞋厂。办皮鞋厂主要是安排妇女就业，让本村的妇女尽量留在本村，外来打工的妇女嫁到本村。像外来的姑娘，都是四川、贵州等偏远地区的，来的十四五个最后都落（lào）这儿了。

三队北边有个小场地，是过去的三队场（cháng）院。老书记说，有个80多岁的韩国老太太，在那儿住了几年。说有啥病，在这儿一住就没事。老伴儿也是中国人。后来这儿打通了黄关路，不那么肃静了，年龄也大了，老太太就回北京找闺女去了。

图137　在三队北边东侧，两山间梁岗，黄土梁村由此得名（摄于2022年10月）

在黄土梁三队往北瞧，老书记给作者指着东北的两山间一道梁岗（gàng）儿，特意说，过去就是那儿出黄土，这儿就叫黄土梁了，村也由这儿得的名（图137）。

图138　原区人大主任刘军在自己老家前留影（摄于2022年10月）

再往前走不远，就到了二队沙坡峪沟口。刘军老家就在路边西侧。1984年，刘军举家迁至王辛庄镇熊耳营村，把老房子卖给本队一人了，后来那人也搬走了，就把房子拆了。现在的房子，是后来黄关路修通后，外来人在老房基处重新盖的。在这里生，在这里长，从这里走出去的刘军找到自己老家的地方留影，以作纪念（图138）。

二队前边一个大空院，生了锈的铁栅栏围着，北侧一大排红砖红瓦的平房，这是当年黄土梁村的小学。

黄土梁村有三所小学，即一队、三队、四队各有一所，后来三队的小学搬到了二队，就是这所。原来小学没有护栏，是黑豆峪接收黄土梁后，搞旅游才安的（图139）。

图139　黄土梁小学校址（摄于2022年10月）

刘军记得，国家重视教育，一个黄土梁村就有三所小学，分别在一、三、四队。因为二队离三队较近，二队的孩子都到三队上学。后来随着实行计划生育，孩子越来越少，学校撤并成三队一所学校，再后来又把学校从三队搬到二队这个地方。刘军回忆说："我是在三队小学上的学，当时的校长叫闫庆林，是南独乐河镇峰台村的人。小学搬到二队以后，校长就是王国宝了。他后面是陈秀廷，陈秀廷个儿不高，被评为全国先进教师。尤其记得，我和张兴高中毕业后，都曾在村小学任过队派教师呢。"

小学南边西侧，山壁岩石间有个凹口，一到雨季，下大雨时，就从上面流出挺大的一道瀑布，看去里边像个水壶，村人管这叫石壶（图140）。刘军说着，看看四遭的群山，记起1976年7月28日唐山大地震，说那天凌晨地震的时候，眼瞅着四面山坡上被震落的大石头，都碰撞出火来，就像火球一样叽里咕噜地往下滚。村人不知道还会不会地震，会震成啥样，家里攒的那点白面，拿出来都赶紧吃了。

二队东北山顶上，有块大石头，特别像头石牛，头朝东，尾巴朝西。后来，一队几个小伙子从山上干活回来路过石牛，一使劲把石牛掀下山

图140　在刘家东南不远处，有道山缝，一到雨季，下大雨的时候，就从上面流出挺大的瀑布，老百姓管这叫石壶，看上去里边确实像个水壶（摄于2022年10月）

图141　这是二队东南角胡家的房子（摄于2022年10月）

去了。现在想来也感觉挺遗憾的，要不然是黄土梁一个标志性的景观。

二队东南方向有道沟，叫大子（zi）儿房，也有称大洞房，口小肚子大，里面的面积很大，就是后来开发的千佛崖景区。二队过去有两家姓胡的，其中一家就在大子儿房沟里面住，后来搬到大子儿房沟口，两家胡姓住在了一起（图141）。

作者边走边问老书记，黄土梁村人最多的时候有多少户多少人？老人想想，告诉作者，是在20世纪70年代中期，有百十户，400多人，包括北京知青。

山里缺粮，也没有啥正经（jǐng）地。说是山地200多亩，包括山坡地，一人半亩地，都是过去刨出的裹脚子条地。地都在半山腰上，驴都不好上去，送粪还得人往上背。上山割柴火也得背，种地后边一人连扶着带扛耠子，前边一人使劲拉，那时候人都顶驴使。地多种高粱、棒子、谷（gū）啥的，栽白薯水了吧唧的都不好吃。也想种麦子，山里缺水。在农业学大寨的时候，上级让黄土梁搞引水上山种小麦，因为沟深且窄，日照时间短，结果引水上山搞成了，小麦也种了，秧子长得挺高，也挺冲（chòng），就是不结麦子（不成熟）。所以，那时年年吃返销粮，每年一到10月1日，把人数一掐，10月1日以后出生的就掐到下年了。

在20世纪70年代，黄土梁村栽植桑树，发展养蚕，几乎家家养蚕，成了养蚕专业村。一张蚕子能出四五张席蚕，桑叶不够蚕吃，村人就上外面采去。产了蚕茧交供销社，一年能产蚕茧4000多斤。卖了钱归生产队，生产队给各户记工分。

刘军在村时亲手养过蚕，清楚记得，从蚕子—幼虫—成虫—做茧—蛹—蛾子—产子，一个周期。起初，蚕在炕席上吃桑叶，等该吐丝时，肚子是透明的，就啥也不吃了。等吐丝做茧的时候，就要搭好架子，叫栅戳（zhà chuǒ）。蚕一上戳（chuǒ），就在上面吐丝。做好了蚕茧，留点当种蚕，其他的蚕茧便用高温蒸了，一蒸蚕蛹就死了，要不蚕会把茧磕破了，磕破了就是废茧，不值钱了。茧是一根线，蒸了以后就捯丝，叫“框丝”。一个大木头轮子，像纺车子似的。捯好的丝卷一卷。开始个儿“框丝”，自己去北京卖。后来供销社收，交到供销社就行了，供销社设在塔洼。而蒸了的蚕蛹可以吃，挺好吃的。

边走边看边谈，两位面对曾经熟悉的一切，激发出多少如烟往事。而往事并不如烟，这是镌刻在骨子里的深深的记忆，是难以磨灭的浓浓的乡情与乡愁。

胡同水村

胡同水村，坐落乡域西北部。

胡同水得名，胡同水两边都是山砬子，中间是道，像个胡同似的，就叫胡同水了。87岁老村书记于文合如是说。

塔洼村70岁老村会计贾希旺记得，胡同水往上是大段洼村，过去胡同水就属于大段洼村。而历史上，大段洼村由密云县管辖。

查阅清光绪七年（1881年）《密云县志》，“卷二之八·舆地三·市里·村庄”“东南”，记载有“大铧山”“熊儿寨”等村，却没有“大段洼村”。民国三年（1914年）《密云县志》及民国二十七年（1938年）《密云县志》亦未见有记。

新编2001年版《平谷县志》“第一编·建置沿革·第三章·区划”记载：1950年5月，从密云划出35个行政村归平谷，其中有“段洼”。这“段洼”应该就是今天的大段洼村。这时全县合并为5个区，段洼属于第三区。

1953年6月，全县划分6个区，80个乡（镇），其中有镇罗营区土谷子乡。这是新编2001年版《平谷县志》所记。原土谷子村80岁老书记计泉记得，好像有个大段洼乡，乡长叫张德发，秘书叫白文林。张德发是大段洼人，就在大段洼村南边他家里办公，离土谷子不远，经常到土谷子来，村里人一见就说乡长来了。没记得也没听说有土谷子乡。计泉老人不仅记得有大段洼乡，而且记得乡长、秘书的名字，应该不会有误。而段洼当属于此乡无疑，村名亦应此时由原来的“段洼”改称“大段洼”了。

1956年撤销区级建制，将79个乡并为34个乡镇，其中有罗家沟乡，大段洼村应在罗家沟乡内。87岁老村书记于文合说：“我1957年当兵走时，胡同水还归大段洼村呢。”

1958年1月，将34个乡镇合并为18个乡，其中有熊儿寨乡，大段洼应在熊儿寨乡。同年9月，撤销乡建制，建立5个人民公社，下设21个管理区。大段洼应在大华山人民公社熊儿寨管理区内。

1961年6月，撤销管理区，将5个人民公社划为21个人民公社，其中有熊儿寨人民公社，大段洼在熊儿寨人民公社内。

1963年，胡同水独立成为行政村，应仍归熊儿寨公社管辖。于文合老人记得，是在一九六几年，村里于文远当书记时，觉得开会到熊儿寨那边太远，就归黄松峪这边了。也就是说，归黄松峪公社，应在胡同水独立成村以后。1976年，胡同水并入黑豆峪村，自此胡同水作为一个独立村不复存在。

于文合老人（图142）说："胡同水里有10多户人家，七八十人。主要有于、刘、秦、赵、许、白6个姓，其中于姓3家，我大爷（ye）于朝风、三叔于朝怀和我们，我们是一个太爷的；刘姓，就刘福清1家；秦姓2家，有秦宝元、秦宝友哥儿俩；赵姓，赵清海1家；许姓，有许贵起、许贵发等3家；白姓3家，有白继全、白继成、白继春。

图142 作者在南独乐河村街头访谈原胡同水老书记87岁于文合（潘军摄于2023年1月）

"胡同水这条沟，大的方位是东南至西北方向，再上面就与大段洼接着了。而这10多家，哩哩啦啦地散落在从龙潭往上到白水子的10多里的沟里。大致分为四片，从三娘洞往上，龙潭一片，那儿有个潭，潭水深不见底。这片主要住着刘家、秦家；再往上，大场子一片，主要住着于家、赵家；许家台一片，从大场子往西南六七里地，主要住着许家。这道沟也称许家沟，西南接着土谷子；从大场子再往西北，就是最上边的白水子，主要住着白家、于家（图143）。

"于家，其他那几个姓从哪儿来的我不知道，我们于家原来就是南独

图143　原来胡同水人家使用的一盘石碾（摄于2022年10月）

乐河村的老家，是那边种山地过去的。于家是从山东黄草坡大柳树根下先到南独乐河，啥时候过来的不知道了。再到胡同水，是我父亲那辈儿，我是在南独乐河这边生的，去胡同水时还不记事，是我三两岁的时候吧，1970年又搬回南独乐河了。

“我父亲叫于朝森，爷爷叫于春元，太爷叫啥不知道了。我是哥儿四个，大哥叫于文库，我是老二，三弟叫于文宽，四弟叫于文有。我还有个妹子，叫于淑云。大哥于文库没成家，也就没有儿女。我有3个儿子，大儿子叫于建国，二儿子叫于建华，三儿子叫于建民。建国有2个儿子，于越云、于越明。越云也有个儿子，叫于梓桥；建华有个儿子叫于越迎，孙子叫于朗潇。三弟文宽有个儿子叫于宏伟，有个女儿叫于宏静。宏伟有个女儿。

“大爷（ye）于朝凤有2个儿子，老大叫于文远，老二叫于文山；三叔于朝怀有3个儿子，老大叫于文生，老二叫于文革，老三叫于文刚。于朝凤、于朝怀都搬到了黑豆峪，于文远搬到了马坊新建队。”

秦姓，70岁村民秦满仓说：“秦家是我爷爷那辈儿从平谷镇下纸寨搬来的。我父亲叫秦宝元，爷爷叫秦起仁，太爷叫啥不知道了。我儿子叫秦付华，孙子叫秦梓宸。”

作者曾到下纸寨访谈，72岁退休干部秦章说，下纸寨的秦是从山东济南过来的，并说是随龙过来的。也就是秦家是明朝初年从山东过来的。

其他的刘、赵、许、白等未能访谈，具体情况不得而知了。就于家来看，过来的应该不是很早。而秦家从秦满仓爷爷算起，到秦满仓孙子，满打满算五辈儿了，最小一辈儿尚未成年不计，以四辈儿、每辈儿25年计，秦家来胡同水有百年上下。从其他姓都一两户、两三户人家来看，应该也不会来得太早。所以，胡同水有人家居住，大致在1920年前后，至早清末民初，而不会更早。

作者走进湖洞水景区，特意踏察了胡同水村落遗址。近50年过去，过去的十几户人家，隐约还可以看到一些房子的遗迹，在杂草与杂树之下，早已坍塌成了残垣断壁（图144），不刻意寻找都找不到了。

图144　胡同水村残存的旧房岔子（摄于2022年10月）

土谷子村

土谷子村，坐落乡域西北部。

土谷子村由土谷子和色（shǎi）木林子俩自然村组成。土谷子得名，原土谷子村75岁老村主任李永才（图145）说，过去听老人讲，土谷子是我们李家第一个上山的，日子混穷了，混不下去了，就上山来了，所谓“穷上山”的。这么说来，土谷子村是李家先来立庄的了。李家搬来以后，看到有几个黄土堆，一片一片的黄土很厚，最厚的有2米多。开始

图145　今兴谷街道中罗庄村、原土谷子村75岁老村主任李永才（摄于2022年10月）

图146　今王辛庄镇东古村、原土谷子村80岁老书记计泉（摄于2022年10月）

的时候叫土堆子，后来改叫土谷子了。所以，土谷子人盖房的砖瓦，都用这个儿黄土烧的。土谷子在一九六几年，书记贾起坤提出，家家都住瓦房。村里就自己烧砖瓦，盖房子。而且让大家先盖，他家的房子是1955年盖的。1989年前后，他家搬到后罗庄了。原土谷子村老书记80岁计泉（图146）也说，土谷子村委会以北，过去黄土比较多，且厚实，往东还有一片，其实就是土山，就由这儿叫的土谷子。并说到色木林子得名，是北坡有一片疙瘩色（shǎi），叶子像枫叶，树干上长着疙瘩，这种树长不好，砍了当镐把好使。

《北京市平谷县地名志》记载：土谷子村“辖土谷子、色木林子2个自然村”。地名志记载土谷子，“清代成村，因村周围有自然形成的小土丘，形似谷子堆，故村名土谷子”。记载色木林子，“清代成村，据传在100年前，这里有色木林子一片，村以此得名”。

地名志所记，与村人所谈不完全一样，仅作参考，还应以村人所谈为准。

历史上，土谷子村应属于密云管辖。查阅清光绪七年（1881年）《密云县志》“卷二之八·舆地三·市里·村庄”记载，没有土谷子村。民国三年（1914年）《密云县志》及民国二十七年（1938年）《密云县志》亦未见记述。抗战时期，这里相继属于冀东西部抗日根据地的蓟平密、平密兴、平三密、平三蓟联合县。1946年3月，取消联合县建制，这里仍属于密云。直至1950年5月，由密云划归平谷。这时，全县设5个区，土谷子村在第三区南独乐河区内。1953年6月，建立乡政权，全县划为6个区、80个乡（镇），土谷子村应该在镇罗营区土谷子乡内。

关于“土谷子乡”，为新编2001年版《平谷县志》所记。而计泉老人记得，好像有个大段洼乡，乡长叫张德发，秘书叫白文林。张德发是大段洼人，就在大段洼村南边他家里办公，离土谷子不远，经常到土谷子来，村里人一见就说乡长来了。没记得也没听说有土谷子乡。老人思维清晰，头脑灵活，所记其他事情一般很准确。刁窝村69岁老村书记何金义认识原土谷子村70多岁的贾树臣，打电话给贾树臣，贾树臣也说，土谷子村和大段洼村是一个乡，不叫土谷子乡，叫大段洼乡，乡长叫张德发，是大段洼村的，乡长在家办公。贾树臣所说与计泉老人所谈一致，应该可信。

1956年撤销区级建制，全县并为34个乡镇。计泉老人说，这时土谷子还有北寨的东石片都归大段洼村，和大段洼是一个高级社，1957年与大段洼分开。此时属于罗家沟乡，且老人记得罗家沟乡长叫王殿义，常到土谷子去。

1958年1月，将34个乡镇合并为18个乡，其中有熊儿寨乡，土谷子应在熊儿寨乡域内。

1958年9月，撤销乡建制，建立5个人民公社，下设21个管理区，土谷子应在大华山人民公社熊儿寨管理区内。

1960年，土谷子又和大段洼合并为一个村。这时，计泉老人认为大段洼村应该归黄松峪管理区管。记得当时大段洼村的分户会计是土谷子的，主管会计是大段洼的。村干部和主管会计到黄松峪这边会计常看见。至1961年三四月再次分开，以后再没合并。

1961年6月，撤销管理区，将5个人民公社划为21个人民公社，土谷子村应在黄松峪人民公社内。直至1984年4月，全县人民公社改为乡，大队改为村，黄松峪人民公社改为黄松峪乡，土谷子村亦由大队改为村委会。

1992年春，土谷子村搬至王辛庄镇中罗庄村至今。李永才老人记得：“那时村书记是卢洪旺，我是村主任。当时的县长是张德江，提出山区的贫困村人家可以投亲靠友找出路。黑豆峪是个大村，书记陈玉舒想让我们村搬到黑豆峪去，答应每家给4分宅基地，并码上磉，乡里包括乡党委书记曹来成也支持搬到黑豆峪。后来，县长张德江说，也可以考虑搬到罗庄。当时县里也是急着开会。乡里说，如果要去，我们也支持，但也是精神支持。后来，在王辛庄镇财政所开的协调会。中罗庄村书记韩凤发商量说，一家给二分六的宅基地，整体搬。当时搬过来的20来户、60多人，有的户自己找地方就先搬了，大约有一半以上。平谷区内得有20个村有土谷子的人，如东古、西古、中罗庄、后罗庄、放光、杜辛庄、天井、吉卧、韩庄、王都庄、齐各庄，等等。

“土谷子村西边是北寨，东边是胡同水和刁窝，北边是大段洼。土谷子由俩自然村组成，北边的土谷子和南边的色木林子，并以此分俩生产队，土谷子是第一生产队，又称北队，色木林子是第二生产队，又称南队，这俩队哩哩啦啦分散在十来里地长的东南至西北的多半山上，有的人家甚至快建到了山顶上。村委会建在俩队中间，那地方是一队的地面。

“在村委会北边的道口，有个小水库。过了小水库一分岔，小水库南坡有房子，前边是村委会，后边是学校。村委会是1970年前后盖的，6间，有医务室，还有个小卖部和村委会办公室。后边是村小学校，大方向是坐北朝南，正房5间，有2个教室，每个教室2间，中间一间是办公室。右边有两小间南厢房，是学校的厨房。我上小学的时候不是这样，是三间草房，后来学校就地翻盖了。”

计泉老人记得，村委会在西边，坐西朝东，小学校在北边，坐北朝南，村委会就像学校的西厢房。

李永才老人说："我记得土谷子人最多的时候，是在1976年前后，有50多户、280多人，包括北京来的上山下乡的40多个知青。记得当时还以知青的名义，知青办给村里一辆'130'，村里就拿'130'跟西安某部换个'解放'车，后来又配个挂斗。当时村里还有4台手扶拖拉机，4个猪场，400只左右山羊，骡、马、驴四五十头。村里3名赤脚医生、两名兽医，不仅有村小学，还有一个土高中。"

说到"知青"，是知识青年的简称。80岁老书记计泉记得："知青是1974年4月从北京74中下来的，知青组长许贯斌，谢劲红去美国了，入了美国籍。那时我是书记，直接管知青的事。"李永才说，当时知青分在俩队，俩队都盖了房子，现存的知青房子是一队的。二队的知青房子在山下面。

土谷子知青工作为全市先进典型，后来这些知青返城后，还常来看望山里的乡亲。

一队，也叫北队，土谷子。

李姓，原土谷子村75岁老村主任李永才说："我们这个李，是从南独乐河镇南独乐河村搬来的，当时是老哥儿俩，背着背篓，一个来了土谷子，一个上山海关奔马兰峪，在马兰峪那边生活了。爷爷那时还靠烧炭为生，过去这里全是树，背着烧好的炭到平谷县城去卖。我看到过烧炭的窑坑。烧完炭的地方土厚，就用来种地。记得李家坟地在土谷子自然村南一队中心的位置，在我家门口不到100米。我家就在小水库不远的地方，现在那房子还在。坟地上有一棵松树、一棵柏树，松树放了锯成7段，做了7副棺材的板材。山区道不平。柏树也有小房梁那么粗，使这个盖房子，家人老是闹毛病，就扒出来了。坟地有二三十个坟头，1967年前后平的，没有石碑啥的。看那坟地有五辈儿，我爷爷就埋那儿了。

“我父亲叫李子峰，爷爷叫李胜芝，太爷叫李生庭。我爷爷辈儿哥儿六个，爷爷是老大，老二年轻时就去世了，老三叫李胜武，老四在古北口外背煤死外地了。老五不知道叫啥，搬到马兰峪那边去了，那边人丁挺旺的。老六叫李胜全。父亲这辈儿哥儿仨，老大叫李子彬，老二叫李子安，我父亲是老三。我这辈儿哥儿俩，我是老大，我有俩儿子，老大叫李刚，有个女儿叫李新慧；老二叫李强，有个儿子叫李成祥，有个孙女李沐遥。老二叫李永革（先叫李永富，“文革”中改的），有俩女儿叫李娜、李雪。

“李家到我这儿是七辈儿，全算上十辈儿人了。”

这样看来，最小一辈儿尚未成年不计，以九辈儿、每辈儿25年计，230年上下，李家大致在清嘉庆初期过来的了，也就意味着土谷子大致在此时立庄了。

计姓，原土谷子村老书记80岁计泉说：“我们计家是从王辛庄镇东古搬到土谷子的，计姓从哪儿搬到东古的就不知道了。过去东古叫西胡家府，又叫西胡家务，后来分开叫东古、西古的，大概是土改以前改的。还有中胡家务，过去北屯叫东胡家务。”

实际上，东古得名，是在抗战之时。《北京市平谷县地名志》记载，东古村“明代成村，永乐年间，在村东设中营防胡府，该村为驻军屯粮(边储仓)、育马、牧马之所，时称西胡家府，后称西胡家务。抗日战争时期，抗日政府以村中小河为界，将西胡家务划分东西两个村。该村在东，化名东古”。西古村，“该村在西，化名西古，后沿用下来”。也就是说，东古是抗战时所起的化名了。

计泉老人记得：“计家到东古是老哥儿仨，一个叫计得，一个叫计全，另一个忘了。来了就置房子置地，由前大街到后街。家里有一张置宅基地的文书，写着乾隆三十二年（1767年）。就是这年计家搬到东古的。

“我当村书记是在1973年4月至1983年10月，共10年半。之后，是卢洪旺接手，开始是代书记。我之前，书记是周起，干了7年左右，从1967年至1973年4月。周起之前，是周起发，再以前有贾景月。土谷子建党是1941年或1942年的时候。第二任谁是书记，记不清楚了。后来，是贾起坤，贾景月的儿子。计家是我爷爷计永，先从东古搬到土谷子的，到这儿置点地，就在土谷子靠北边，那个地方叫北偏洼，到现在也就八九十年。而我在1986年10月，又从土谷子搬回了东谷。

“我父亲这辈儿老哥儿仨，老大叫计得山，搬到北寨去了；老二叫计秀山，留在了东古；我父亲是老三，叫计有山，就跟着我爷爷过来了。我这辈儿哥儿四个，老大叫计河，我是老二，老三叫计海，老四叫计平。我有个儿子叫计国进，有个孙女儿叫计艺。”

周姓，周起发，有4个儿子，老大叫周士云，老二叫周士林，老三叫周士金，老四叫周士祥。周士祥搬到金海湖镇滑子村去了。周起发哥俩，他是老大。老二叫周起友，儿子叫周士福。还有一支，叫周文才，儿子叫周起珍，有3个孙子，老大叫周士春，老二叫周士×，老三叫周士哲。周林才，儿子叫周伯珍，有俩孙子，这俩孙子一个搬到王辛庄镇小辛寨，一个搬到平谷镇赵各庄。

贾姓，贾洪宽，是从许家务搬来的。贾洪宽有4个儿子，老大叫贾树田，老二叫贾树林，老三叫贾树堂，老四叫贾树臣。贾树田有俩儿子，叫周怀庆、周怀成；老二贾树林，是光棍；老三贾树堂，有1个儿子，1个女儿；老四贾树臣，也是1儿1女。

贾姓还有放光的贾，老哥儿俩，叫贾景月、贾景朋。贾景月有6个儿子，老大叫贾起平，老二贾起德（光棍），老三叫贾起增（光棍），老四叫贾起坤（书记），老五叫贾起银，老六贾起铜。贾景朋有个儿子，叫贾起树。

卢姓，卢德普、卢德高，从金海湖镇耿井村搬过来的。卢德高有4

个儿子。老大叫卢洪印，光棍；老二叫卢洪贵，有1儿1女；老三叫卢洪明，1儿4女；老五叫卢洪旺，2儿1女。老四不知道叫啥，姐姐背着他跑反，日本鬼子一枪把姐儿俩都打死了。

王姓，从王辛庄镇西古村搬来的，王合，有5个儿子，老大19岁时去世了，老二叫王树新，老三叫王德新，老四叫王志新，老五叫王道新。

还有个王永，有2儿4女。

再有个王福新，有俩儿子，叫王君、王臣，还有3个女儿。

陈姓，中罗庄的陈，从中罗庄搬到土谷子的。陈士忠，有仨儿子，老大叫陈桂林，老二叫陈松林，老三叫陈青林。

二队，也叫南队，色木林子。

于姓，从南独乐河镇南独乐河村搬来的，老哥儿四个，老大叫于全忠，老二叫于全水，老三叫于全龙，老四叫于全永。其中，于全忠有1个儿子和1个孙子。

于姓还有一支，老哥儿俩，老大叫于全有，老二叫于全起。于全有有1儿6女。

王姓，王广之，从南独乐河镇南独乐河村搬来的。

陈姓，陈凤楼，搬到了王辛庄镇西古村，有4个儿子，3个女儿。

周姓，老哥儿俩，老大叫周旺，老二叫周起，搬到了大兴庄镇吉卧村。

方姓，方文发，有4个儿子，老大叫方连才，老二叫方连银，老三叫方连顺，老四叫方连革。方文启，有4个儿子，老大叫方连富，老二叫方连成，老三叫方连河，老四叫方连海。还有个方文田，有个儿子方连有，还有个孙子。方家是王辛庄镇小辛寨村搬到土谷子的。

宋姓，宋国明，从山东庄镇北屯搬来的，后来搬到了后罗庄。

张姓，从王辛庄镇西古村搬来的。张朝元，有4个儿子，老大叫张海，老二叫张河，老三叫张江，老四叫张泉。

徐家，不知道从哪儿搬来的。徐连弟，有4个儿子，老大叫徐洪普，老二叫徐洪路，老三叫徐洪珍，老四叫徐洪祥。

李永才记得，作为山村，没有像样的大庙。可小山神庙几乎家家都有，有的是一家一个，有的是一个小家族一个，就在家附近三块石头一搭。过年的时候也贴个挂签，也去烧香上供。有人去世了，也到那儿烧纸报庙。全村这样的小山神庙，有30来个。到了腊月，腊八粥熬熟了，会往碾子、磨甚至猪圈上、树上抹抹，以图一年顺顺利利、风调雨顺、吃喝不愁。正月十五还散灯花，纸捻的灯花，各家都散，保平安。逢年过节，小村也是挺热闹的。

这是访谈了解的土谷子的大致情况。为进一步深入了解土谷子，2023年1月，请75岁老村主任李永才领着作者及乡文化干部潘军、刁窝村老书记何金义，一起踏察土谷子。

从北寨附近的一个路口进去，这是土谷子村的西北部了，这里过去有周起发、周起有、贾洪宽、陈士忠等三四户人家。李永才老人边走边指点着告诉作者。从进口往东南走，是缓缓的下坡路。路不是很宽，但可以走车，应该是近些年修的了。走不远，北面是过去一队集合点的地方，生产队就在这里。那儿有个老房子，是陈士忠家（图147）。陈士忠家右上侧的南边有两家，周林才、周文才。北边的房子就是搬到东古的计泉家。这一小片，有计家及王全等几家。他们原来在北偏洼那边，是一九七几年搬过来的。还有一家姓唐，唐世发、唐世才。

图147　这里过去是一队的集合点，生产队就在这里。北边也就是集合点里边有一家，那个老房子是陈士忠家（摄于2023年1月）

再往前走，右侧一

图148　李永才老人指着这房子说，这是过去土谷子的库房（摄于2023年1月）

个朝东的9间大房子，是土谷子的库房（图148）。进去，顶上是过去常见的人字柁。南边一排房子是近年新盖的，与土谷子没关。库房东北的路边，有棵大梨树，在这里默默生长几十年了。

梨树附近有拉着电线的杆子，其中一根杆上有不少的方格，且早已不拉电线了。老人说，这是根花杆儿，当年我都跟着架的。老人想想，说是1970年架的，50多年了，杆子还在这儿立着。

往北走，偶尔露出的石头上，长着些苔藓，已是三九天，按说山里应该更冷，可苔藓还是绿的。今年是暖冬，预报这几日有雪，且要降温。但此时的温度，应该是零上几度的。

石头下面是土谷子水库，1974年修建的。水库不大，但水不少，冻了厚厚的冰，冰面上杂乱地裂着不规则的炸纹（图149）。

从水库坝上走过去，爬上不是很陡的山坡。老人指着说，上面一处房子，是唐世发孙子家近年盖的房子。这房子西边，是一排知识青年上山下乡时住的房子。老人记得，一队知青房子是前后两次盖的，共盖了10间，红砖的，坐北朝南。房子东边一棵梨树，有

图149　土谷子水库，1974年建的，水库不大，但水不少，冻了厚厚的冰，冰面上都是不规则的冰炸纹（摄于2023年1月）

图150 一队知青的房子，李老记得共10间，分两次盖的，东边一棵梨树。前边的石墙等都是后来垒的（摄于2023年1月）

多半搂粗，当年应该不大（图150）。房子前边有道石墙，老人说知青那时候没有，是后来垒的。知青房子北面的山坡上，一排猪圈。过去是王全、王永两家的房子，后来把房子拆了，在这儿盖了猪圈。

到了这里，就是土谷子的北头，也可以说是最上头了。老人手指着远处，说土谷子是个窄条，大致西北至东南走向，房子坐落在多半山腰。从东边看，土谷子就像在山顶上（图151）。东面下坡是刁窝、胡同水，西边是北寨。

图151 从石林峡山顶玻璃观景台西眺，可见山顶散落的人家，即是土谷子。尽管早已无人居住，却做了石林峡的借景（摄于2020年6月）

下来，往东南走，有一漫坡，都是半人高的草。老人说这叫黄毛草，可长一人高（图152）。过去山里盖茅草房用的就是这种草，铺房顶上当瓦，下雨不漏。这草冬天铡（zhá）碎了，可以喂驴。黄毛草中时不时会凸出一种粗大的别样的草，老人说是“把（bà）鞭”。这种草只能烧火，喂驴都不吃。

继续往前走，上一土坡。老人说：“这里过去都是黄土，看不见石头。我们这儿住着，家里没见过蝎子，没挨过蜇，在山顶住着的就有蝎子。”潘军说，过去家里的鸡就爱叨蝎子吃。

图152　李永才老人说是叫黄毛草，过去山里盖茅草房就是这草，铺房顶上当瓦，可长一人高。东边有一漫坡，都是这草。这草冬天轧了可以喂驴（摄于2023年1月）

再走不远，就到了老人自己家的房子（图153）。说是1980年盖的正房，1982年盖的厢房，顶上是那时正时兴的机器制作的大红瓦。正房5间，中间是堂屋，木门框，木门槛，门槛人天天迈来迈去，上面都被脚磨得有些凹了。对开的两扇木门，上有一扇盘茬的窗子，两边各有一扇竖着的小窗。进屋，东边一个灶台，西边一个灶台，北墙辟一对开的后门，门东侧一个垒砌的碗橱。灶台上面熏黑的墙上，竖写着5行白粉笔字，是个

图153　李永才老人家的房子，1980年盖的正房，1982年盖的厢房，正房5间，里边还有土炕，在使用燃气的时代，这样的土炕不多见了（摄于2023年1月）

字谜："头在东海喝水，尾在天空放光。要知他是何物，它与孔子同乡。打一字。"当时看几眼，没想出来，回来查查是个"鲁"字。问老人，说他们搬家时没有，当是后来人随手写的了。东屋内，南边是土坯搭的火炕。在已使用燃气的时代，这样的土炕不多见了。秫秸吊顶，糊着顶棚纸。西屋与东屋基本一样。东西屋前面，木头打的窗户，上面是方格带花状的窗棂，下面是玻璃，这在山中应该是很讲究的，也可以看出木工的心灵手巧了。

西厢房小五间，南屋存放杂物，中间北侧也有灶台，连着北屋的土炕。老人说："我俩儿子都在这儿结的婚。"当走进北屋，老人看到秫秸吊的顶子上面有些漏了，说，这房子看来也快塌了。老人亲手盖的房子，在这里住了12年，而房子经历了40多年风雨，眼瞅着要塌了。院东南角一棵杏树，有一搂来粗。老人说，杏树是盖房以后自个儿出来的。看着眼前一景一物，早已物是人非，老人言语间不由得流露出内心的别一番滋味。

老人自己家的东边是卢家现存的房子，近年盖的，前面还有石头砌的甬路。这房子东边的空地，才是卢家卢德普、卢德高这哥儿俩的老宅。

图154 下坡一座房子，西边二三间小房。一问李老，说就是我家老宅，我就出生在这儿，西边还是李家的房子（摄于2023年1月）

行车中，看到南边山上一层层、一片片的梯田，应该是土谷子一辈辈儿人一镐镐一锹锹开出来的，便去拍照片。沿小路往下走，见右侧一水窖，左侧一座房子，房子西边还有两三间低矮的小房（图154）。后来到南面北

图155　从南面可见梯田全景及北面李永才老人家的老宅（摄于2023年1月）

望，可见梯田全景及李家的老宅（图155）。

回到车上，问老人，说：“这房子就是我们李家老宅，我就出生在这儿。这个房子给我弟弟了，1980年我家就上面盖去了。房西南约100米那片树桩子，就是李家祖坟的地方，过去还有大松树。老房西边还有李家的房子，共有4家，我大爷（ye）李子彬，二大爷李子安。还有我四爷的儿子李子元，六爷的儿子李子英、李子林、李子杰。”

李家房子前面有个比较大些的水库，老人说是1996年修的，是租赁山场的公司修的。北边还有个渡槽，把北山的水引到水库里。

图156　小学校东边一棵大核桃树，李老说得有100多年了（摄于2023年1月）

水库大坝在水库东面，南北向。走过大坝不远，上缓缓的土坡，就见北边一片空地，老人说这就是原来村里人取黄土烧砖瓦的地方，南边就是小学校。学校东侧路边一棵大核桃树（图156），老人说起码有100多年了。后边是一排房子，前面与后排并着又盖了一排房子，这是

图157　这里是村委会、小学校的地方，房子早已不是原来的了（摄于2023年1月）

村人搬走后，近年承包的人在原地新盖的，不是学校与村委会原来的房子了。实际上，小学校是在原地方盖的，西边坐西朝东的村委会没有了，盖成了小学校前边、坐北朝南的房子（图157）。

村委会院外的半山上有棵灌木，灌木上攀缘着一条藤蔓，因是冬天叶子早已干枯了。藤蔓上悬挂着两三个铃铛一样的干果，已然炸裂几瓣，瓣里的籽儿都蹦落地上了。老书记何金义说，这叫马兜铃，一种中药，有清肺降气、止咳平喘等功效。

图158　在这里往东可以眺望石林峡景区，尤其玻璃飞碟清晰可见。而石林峡当初修七彩池就从这儿运的料，缆车还在，一些东西也在（摄于2023年1月）

继续东南走，不想竟可平视东面石林峡的玻璃飞碟（图158）。而石林峡当初修七彩池，就从这儿往下用缆车运的料。缆车还在，一些没用了（liǎo）的东西也丢弃这儿了。作者曾站在石林峡玻璃飞碟上向西眺望，见悬崖峭壁上，是南北向平缓的漫坡，散落着几处屋舍，是石林峡恰到好处的借景了。随口问当地人，告说那里是土谷子。当置身于土谷子，想起西望的情景，才与这边对上号。

图159　野杜鹃（摄于2023年1月）

看完石林峡飞碟，往回走时，发现树木间有不少野杜鹃（图159）。老书记何金义管这叫蓝金子，说也叫冻金子。李永才老人说，现在这个时候，蓝金子有些绿了，羊吃了就会中毒。过去放羊的随身往往会带着中药甘草，就是一节一节的那种，瞅着羊一打蔫，就知道羊吃了蓝金子中毒了，赶紧把甘草砸碎了，弄点水灌下去，一会儿就好了。

坐上车，沿原路返回时，车窗外出现了不止一棵的手腕子粗细的白桦树。李永才老人说，过去下边有两棵大的白桦树，现在没了。何金义打开手机，测出这里海拔638.7米。老人说，土谷子高的地方800多米海拔。并说，土谷子有棵大麻梨，高约20米，两搂多粗。秋后12个人摘梨一天没摘完，共摘了48条筐，一条筐能装七八十斤。也就是说，这棵大梨树可以结三四千斤梨了，可惜树早不在了。

路上，何金义随口谈到犯“千斤煞”的事。比如羊要是闹炭疽病，一个个地死，就是犯“千斤煞”。这是一种病菌，这种病菌飘飞得低，羊低头能够闻到。李永才老人说，犯“千斤煞”，多犯的是动物。过去，人们就在羊闻过的地方放块猪肉，往往很快就好了。一般认为，可能是比如动土日子不对等，惹了神明所致。这时主人就会拿个秤，不挂秤砣。

把肉挂在秤钩子上，一提拎，秤杆在肉的坠压下就会高高扬起。意思是让神明看看，高高的够一千斤了，就别再找上其他的动物了。老人所谈，其实也是一种民俗文化。作者在平原生活20多年，似乎没听说过这样的事。

走了大半天，也只走了土谷子村的一半，南边的色木林子还没到。好在2022年10月，刁窝村老书记何金义曾带着作者从石林峡南边的桃木峡走上去，桃木峡尽头，就是色木林子的最上边了。上了山顶北走不远，就见一两处院落，早坍塌了（图160），附近还有一眼大口井（图161）。这就是色木林子的人家了。一棵棵的山楂树，挂着不少红红的山楂，树下也散落了一地，连石头下、草丛里都是掉落的山楂。多年鲜有人迹，山果自是无人采摘，任其自生自落了。何金义至今记得，土谷子有个村干部叫方连才，从外面回来，就把自行车放我们家，然后再从桃木峡走着回土谷子。我家当时就住在桃木峡沟口。

图160　二队色木林子残存的院落（摄于2022年10月）

图161　一家院落的西边不远处有个大口井，当初这里散落的几户人家，都应吃这儿的水了（摄于2022年10月）

西涝洼村

西涝洼村，坐落乡域中南部，在黄松峪村北二三里地的一道山沟里，东与东涝洼仅一道山梁之隔。

过去西涝洼与东涝洼是一个村，就叫涝洼，归密云管辖。

图162　乡文化干部、原西涝洼人潘军（摄于2010年11月）

新编2001年版《平谷县志》“第一编·建置沿革·第三章·区划”记载：1950年5月，从密云县划出35个行政村归平谷，其中有涝洼。当时全县分5个区，其中第三区，政府驻地南独乐河，下辖47个行政村中有涝洼。1961年6月，全县分为21个人民公社，其中有靠山集人民公社和黄松峪人民公社。靠山集人民公社下辖12个大队，有东涝洼；黄松峪人民公社下辖10个大队，有西涝洼。原西涝洼人、乡文化干部、60岁潘军（图162）说，当时之所以分为俩村，是东涝洼离靠山集近，西涝洼离黄松峪近，就分别归这俩公社了。东涝洼这个村子现在还有，《北京市平谷县地名志》记载东涝洼时，还写“前涝洼”“后涝洼”，其实都是东涝洼的一部分，与西涝洼无关。

西涝洼村因地处山沟低洼易涝，人都住在一小沟一小沟的山圈儿里，故而得名。潘军记得：“过去就我们家和老付家住在阳坡，其他人家都住在山圈儿一小沟一小沟的地方。这儿的地都是一小块儿一小块儿的山坡地，是过去人们搬来后一点点儿刨出来的。”

潘军说：“我与老人打听，西涝洼应该是老李家先来，李家住在村最北边、又严实的地方，而且李家那片坟也多。抗战的时候有个神枪手李满，就是这个李。西涝洼过去出来进去的都走二道沟北坡，也就二三里地，全是羊肠小道，得使驴驮东西。后来在三道沟又修一条山路，就可以走车了。奶奶说过，抗战的时候，黄松峪村里有炮楼，东山上也有一座岗楼。站西涝洼的山梁上，就能看到日本鬼子在东山岗楼上来下去。那时候鬼子扫荡说来就来，村人老是跑反。奶奶有个干姐妹在镇罗营关上，干脆就躲到那边去了，直到炮楼里的鬼子撤走了才回来。

“西涝洼人最多的时候是18户，20世纪60年代“文化大革命”中，张自福及叔伯兄弟张自平两家，又搬回了王辛庄村。王贵一家，有5个儿子、仨闺女，来的时间应该不是很长，这边连祖坟都没有，觉（jiǎo）着这边还没下庄好呢，也就在张自福前后脚的时候，搬回王辛庄镇西古村了。还有谢老四，也搬回西古了。有个李家，一个儿子在北京上班，没回来，仨闺女出嫁了，等老人一去世，这个李家也就没人了。这样，西涝洼就剩下了13家，70人。其中，李姓3家，李有旺、李有成、李忠，是亲哥儿俩和一个堂叔兄弟；杨姓1家，杨学明；谢姓2家，是亲哥儿俩，谢云海、谢云河，是谢老大的俩儿子；张姓2家，张国太、张国安，也是亲哥儿俩；付姓3家，付宽、付永、付洪来，是老哥儿仨；我们潘家2家，潘财、潘革。西涝洼这小村，家不多，几乎都串着是亲戚。”

2022年12月，为编写《黄松峪史话》，作者来到黄松峪村，访谈原西涝洼村72岁村民付洪久（图163）。付洪久老人说：“我是西涝洼的，听说我们付家是从鲁各庄搬到陡子峪，又从陡子峪搬到了西涝洼。我父亲叫付永，爷爷叫付连才，再往上不知道了。爷爷就是在西涝洼没的。我儿子叫付玉山，女儿叫付玉清；孙子叫付建祥，孙女叫付若盈。记得父亲那辈儿是老哥儿四个，搬到了西涝洼。大爷（ye）叫付宽，我父亲是老

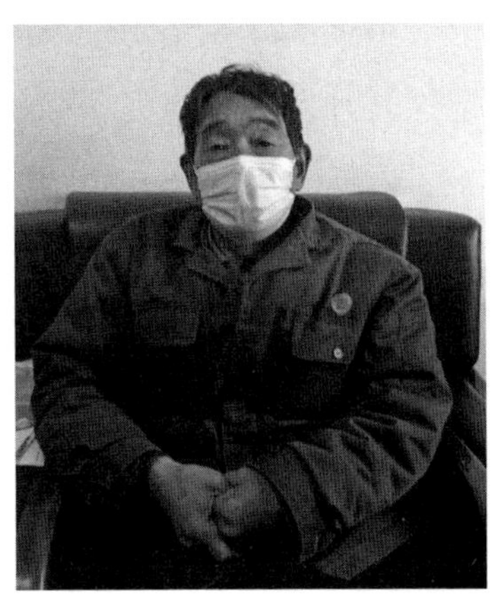

图163 黄松峪村原西涝洼村72岁村民付洪久（摄于2022年12月）

二，三叔叫付兰清，老叔叫付林。付宽有仨儿子，叫付洪福、付洪春、付洪革；付兰清有四个儿子，老大叫付宝珍，老二去世早不知道名字了，老三叫付宝柱，老四叫付宝国。付林有5个儿子，叫付洪旺、付洪来、付洪才、付洪发、付洪义。”

图164　大兴庄镇鲁各庄村89岁老队长付久安（摄于2017年5月）

作者编写《大兴庄史话》时，曾到鲁各庄访谈。89岁老队长付久安（图164）只记得，付姓是鲁各庄的坐山户，也就是立庄户了，从哪儿搬来的记不得了。特意说，黄松峪还有不少姓付的，也是从这儿搬去的。

潘军说，咋着西涝洼这儿也是一道穷山沟子，吃水困难，交通不便。当时公社为解决生活中的这些问题，就在1976年3月6日，将西涝洼下迁，并入了黄松峪村。与此同时，还将胡同水并入了黑豆峪村。后来开发景区，才把胡同水改为了湖洞水。黄松峪乡先后4个村搬迁了，除这俩村外，还有土谷子，大概在20世纪80年代末90年代初搬下去了，一部分好像搬到了贾各庄；黄土梁，是在20世纪90年代，搬到了黑豆峪村，把这儿开发成了飞龙谷景区，就是现在打通的黄关路那儿。

西涝洼搬下来，13家就这儿一家、那两家地分散在黄松峪村的8个生产队了，西涝洼村自此不复存在。这13户人家具体分在黄松峪村的情况：一队，付宽、张国太；二队，李忠；三队，谢云海、付永；四队，潘财、张国安；五队，谢云河；六队，杨学明；七队，潘革、李有旺；八队付红来、李有成。

2014年5月，潘军带着作者走进西涝洼村旧址。

这是一道不起眼的山沟，抬眼望去，东侧山顶形如轿顶，故称轿顶子山（图165）。村人从这里搬走已经38年了，留下了一处处搬不走的旧

图165 西涝洼东侧山顶，看上去形如圆香炉，而黄松峪村人称之为轿顶子山，形如轿顶子（摄于2014年5月）

房岔子。

潘军指着沟里半山上的一处房岔子，说过去这就是张自福家（图166）。大概是清末民初的时候，张自福父亲从王辛庄村搬来的。在20世纪60年代，一家人又搬回王辛庄村。张自福现在已经90多岁了，住在当地养老院里。当初张家落户时，在自家房前西南栽了两棵侧柏，在房后东北栽了两棵侧柏。西南两棵略粗些，约一搂粗；东北两棵略细些，直径二十四五厘米。四棵侧柏长势良好，成为一个小山村曾经存在的见证。

图166 西涝洼张自福家旧房岔子处（摄于2014年5月）

张自福家一搬走，这里后来就变成了饲养场，养驴、骡子，垒了一圈院墙。西边盖一小间看牲口住，东边当时有三间房是村小学，就一个老师，叫王秀云，是男的，黄松峪村的人，教复式班，这人现在还活着，也90多岁了。

张自福家西南角有棵大核桃树，一搂多粗了。张自福家东边十来米处，有两盘石碾，碾轱辘早滚落到了地上的杂草丛中。这石碾一盘是碾

图167 张自福家东十来米处有两盘石碾，一盘碾粮食的，一盘轧金子的，这里人有淘金的（摄于2014年5月）

图168 西涝洼至今保存完好的房子（摄于2014年5月）

粮食的，一盘是轧金子的，小村人也淘金子（图167）。

一处处旧房岔子旁边，随处可见砘轱辘子等散落的农具。

还有一处老房子，小三间，石头垒墙，红瓦覆顶，门窗俱在，就是张自福叔伯兄弟张自平家的房子。近40年了，这里还能有这样完整的一座房子，实属少见（图168）。门上挂着一把铁锁，人都搬走了，锁又防谁呢？

张家东边百十米处，待全村搬下山后，栽了几棵小柏树，长了近40年，不过10厘米，也就胳膊粗细，柏树确实生长很慢，由此可见一斑。

往回走，在张家西边，隔一道山沟，半山上，为西涝洼村大队部所在地，北面为8间正房，连大队部及库房都在这儿。前边一个大院子，兼做场院。也只是看到这大致的地方，几乎看不到啥了。

大队部东边半山上是村小学，是由沟里搬到这儿的。就三间房子，一个老师。在这里还能看到尚存的残墙一角（图169）。当时有十七八个孩子，也分一至六年级，复式班。潘军记得：“等到我上五年级时，小学就改为五年制了。所以，我没上过六年级，小学5年就毕业了。

“我在这儿上学时，记得这边的第一个老师叫李明，李老师胆小，有时候下课晚了，就让五六年级的大孩子送他到黄松峪水库大坝那儿，看见坝下面他自个儿的家就行了。

图169　这是大队部东边半山上村小学，由东边搬到这儿，就三间房子，现存残墙一角（摄于2014年5月）

“第二个老师叫刘士珍，好像是城里人，下放下来的，说的是普通话，待的时间不长就走了。教我们的正是这个刘老师。

“第三个老师叫孙福生，是白云寺村的。

“学校就一个老师，语文也教，算数也教，有时候也上音乐课，就看这个老师都会啥、会的多少了。”

西涝洼已久无人迹，而山上山下生长着好多刺槐，正开着一串一串的白花，漾着一缕一缕的浓香。也许没人知道了，这里过去曾有过一个炊烟缭绕、鸡犬相闻、仅有10多户人家的小山村。

2022年2月，联系潘军，就让潘军说说潘家的来龙去脉，也算是西涝洼的一个代表与缩影了。

潘军记得：“过去听老人说，潘家是从山东庄西边有个叫啥“碑宫”的地方搬来的，具体也说不清楚，就是我太爷一挑子挑过来的。经了解，山东庄西边有大、小北关村，过去称为“北管”。“碑宫”与“北管”多少有些音近。其中，大北关村有姓潘的，不知是否为其本家。

“太爷从“碑宫”先到镇罗营关上，太爷年岁不大就死关上了。太太在那儿混不下去了，就带着孩子到了兴隆陡子峪。陡子峪是太太娘家，太太死在陡子峪了。爷爷带着一个妹妹，就来到了西涝洼。所以，我们潘家坟最早的，就是我爷爷的坟和大爷（ye）、二大爷（ye）的坟。好像西涝洼的坟，最早都是爷爷辈儿的，这也说明西涝洼这儿有人早不了，也就七八十年。我1963年生人，1976年搬下来时我13岁，与我平辈儿的也有20多岁的。这样看来，满打满算也就三辈儿人，要从1976年往前推七八十年，西涝洼立庄至多清朝末年。

“我父亲叫潘长存，父亲这辈儿哥儿仨，父亲是老三，大爷（ye）叫潘长海，二大爷（ye）叫潘长江。爷爷叫潘义山，爷爷这辈儿哥儿俩，爷爷是老二，大爷叫啥不知道，没娶上媳妇，没儿女，也不知道落（lào）哪儿了，这边也没有他的坟。我是亲哥仨，我是老三，大哥潘友，二哥潘革；我大爷（ye）生1个儿子，潘林；二大爷（ye）生4个儿子，老大潘财，老二潘起，老三潘发，老四潘勤。全算上，潘家我们这辈儿是哥儿八个。”

随后，请潘军将潘家情况进行整理：

爷爷潘义山，奶奶潘陈氏，生有三子，六女都夭折了，其中老大随媳妇去东涝洼了，去世后又葬回这边我爷爷脚下了。

大门，潘长海、张连英，生有一子二女。儿子潘林，女儿潘桂芝、潘桂荣。潘林、修桂珍生有三子，长子潘福利、锁娜生子潘锁新，次子潘福春生女潘奕阳，三子潘福金生子潘宇航。

二门，潘长江、李秀兰，生有四子二女。长女潘桂莲，次女潘桂琴。长子潘财、陈玉芹，生一女一子，女儿潘晓燕，儿子潘晓雨。潘晓雨儿子潘承希，女儿潘靖希。次子潘起、李敏，生有二女，长女潘晓乐，次女潘晓园。三子潘发、李桂莲，生有二女，长女潘海楠，次女潘海丽。四子潘勤、耿金革，儿子潘晓星。

三门，潘长存、张桂英，生有四女三子。长女张淑华，次女潘桂香，三女潘桂花，四女潘桂凤。长子潘有、卢桂银，生有二子。长子潘晓伟、儿媳王丽娜。次子潘晓璇、王慧生有一女潘思彤。次子潘革、胡淑珍，生有二子，长子潘晓岩，未婚。次子潘晓琪、毕艳丽，生有一子潘砚希。三子潘军、孙秀梅，生有二子。长子潘小凯、王丹生有一子潘睿希。次子潘晓政还未成家。

如果没有潘军的回忆与整理，在小山村生活了的几辈人，也许就真的说不清了，甚至西涝洼有一天就被彻底遗忘了。

寺 庙

黄松峪乡，辖7个行政村，旧有大小庙宇83座，分为纪念性祠庙3座，主要是关公庙、太公庙；道教庙宇约71座，主要是玉皇庙、真武庙、龙王庙、山神庙、土地庙、五道庙等；佛教庙宇9座，主要是佛祖庙、菩萨庙等。

另外，搬迁消失的4个村落，共有大小庙宇75座。

历史上，黄松峪地区共有大小庙宇158座。

现在，黄松峪村西山银杏树下观音庙、梨树沟村土地庙等为近年所复建。

这些庙宇规模大小不一，既有前后两进大殿甚至三进大殿的，也有一进大殿的。更多的则是一间，甚至一小间，有的五道庙还在中间砌一堵隔断墙，前面供奉五道等，后面供奉观音菩萨。甚至还有不少三五块石头一搭的小山神庙。

庙宇中供奉的神像，多为泥塑像，也有木雕像或铜铸像，还有仅供奉个牌位的。那些规模较小的庙宇，尤其是五道庙，多为画像。每座庙宇供奉的神像常以一种为主，兼及其他神像。全乡大致说来，纪念性祠庙供奉关公、姜太公等，道教庙宇供奉玉皇大帝、真武大帝、龙王、虫王、山神、土地、五道等，佛教庙宇供奉佛祖释迦牟尼、观音菩萨等。这一切，充分体现了民间的多神信仰。

随着寺庙的建造，一些村落逐渐形成自己的庙会，如黄松峪村农历二月十九庙会，这天是观音菩萨生日，庙会一般前后3天。梨树沟6个自然村，在尉家台上边，王家台下边，有个大“界么石”，过去界么石下边的沟口、尉家台归蓟县管，兴四月十八庙会；界么石上边的王家台、牛角沟、太平庄、黄榆沟归密云管，兴五单五庙会。具体与什么庙有关联，不得而知。

祠 庙

黄松峪地区有纪念性祠庙3座，主要是关公庙2座，即刁窝村老爷庙、黄松峪村老爷庙；太公庙1座，即黄松峪村太公庙。

关公庙

关公庙，又称关帝庙，俗称老爷庙，主要供奉关羽的庙宇。

关羽，三国蜀将，俗称关公，山西省运城市解州东南10公里常平村，为关羽故里。关羽少时以打铁为生，后到涿郡，与刘备、张飞结为兄弟，跟从刘备起军。建安五年（200年），被曹操所俘，委任为偏将军，封汉寿亭侯。之后，关羽脱离曹操，仍归刘备。建安十九年（214年），关羽驻守荆州，率兵大破曹军。后大意失荆州，被东吴将领吕蒙杀害。关羽生前官至“前将军”，封爵“汉寿亭侯”，以忠义闻名于世。死后，历代帝王对其多有加封，由“壮缪侯”“忠惠公”“武安王”，直至封为“三界伏魔大帝神威远镇天尊关圣帝君”“忠义神武关圣大帝”及“忠义神武灵佑仁勇威显关圣大帝”等。由于历代统治者大力推崇，尤其清雍正三年（1725年），命天下直省郡邑皆得立庙，春秋祭以太牢，再有描写刘、关、张故事的长篇小说《三国演义》广泛传播，使关羽社会影响不断扩大，祭祀的祠庙也在全国广为修建。而关羽就有了“武圣人”之称，与“文圣人”孔子齐名，关公庙故又称武庙。

关羽是“忠义神武灵佑仁勇威显关圣大帝”，“神武”“仁勇”自是守城作战所不可或缺；关公还“司命禄，庇护商贾，招财进宝”，且忠义，故被奉为财神，所以，祈求财神保佑，甚至祈求自己发财，为民众普遍信念；关羽被封为“三界伏魔大帝神威远镇天尊关圣帝君”，“伏魔大帝，神威远镇”，“祛病除灾，驱邪辟恶，诛罚叛逆，巡察冥司”，因此，民间又将关公庙也作为一种“镇物”，建在街头或河边等地，祈求一方平安。

黄松峪地区的关公庙，从关公塑像或画像来看，没有关羽头戴冕旒、手持圭板、一副帝王装束的关圣帝君形象，也就是说没有关帝庙了。主要是形如武将的关羽形象，且周仓、关平在前侍立的关公庙。

黄松峪地区有关公庙2座。

刁窝村老爷庙

老爷庙，位于刁窝村南山下边，坐北朝南，仅半间大小，2米来高，2米来宽，以石头砌筑，顶上铺薄石板作瓦。庙中间横砌一道墙，南面画有关公等像，故称老爷庙；北面画有观音菩萨等像，故又称此庙为菩萨庙。

老爷庙大约建于民国时期。庙前有联语：“庙小神灵大，保佑我一方”，表达了人们的朴素愿望。

据说，当初建老爷庙是为镇“王八脖子”，也就是庙前边的一座小山，说是对着村这边不好。抗战时期，日军改名“黄土岭”，那里出黄土，并用纸牌写着“黄松峪口外黄土岭，谁要说他是王八脖子，他就是王八种”，贴在道西边的道口处。自己国土上的地名都不许叫，这是一种强盗逻辑，更是对中国人民的侮辱！

刁窝村老爷庙现已无存。

黄松峪村老爷庙

老爷庙，位于现在黄松峪村委会院内。

老爷庙坐北朝南，南为山门，修建得比较精致。山门前有一尊石马。

院内北为正殿，面阔五间，殿内筑有神台，高约1米，长约2.5米，宽约1.5米。神台上供奉关公彩色泥塑坐像，红脸，大胡子。周仓和关平侍立左右，其中周仓手拿那把青龙偃月刀。神台前有个石香炉，高约60厘米，40厘米粗细。院内有一通石碑。

过去每到正月初，村里庙门全开，小孩子可以随便进去。到秋后村里唱戏、唱影戏、说大鼓书，都住在老爷庙里（图170）。

黄松峪村老爷庙今已无存。

图170　左起黄松峪村70岁退休教师杨宝山、76岁村民郝金友、74岁老生产队会计翟长生谈寺庙情况（摄于2006年12月）

太公庙

太公庙，主要供奉姜太公的庙宇。

姜太公，我国商末周初的政治家、军事家和谋略家。其本名姜尚，字子牙，曾被封于吕地，故又称吕尚，被尊称为太公望，后人多称其为姜子牙、姜太公。

黄松峪地区有太公庙1座，全平谷区也仅此1座。

黄松峪村太公庙

太公庙，位于黄松峪村北玉皇庙址前。

那地方原有一座玉皇庙，拆了后，黄松峪村里不安宁，人们觉得对村不好，于是就在玉皇庙南边的地方，又盖一座太公庙，因为姜太公封神，能镇邪恶。

太公庙坐北朝南，小三间，前有五六尺的小院。殿内供奉姜子牙画像，墙上还有上山打柴等其他画像，为南独乐河村乔仲文所画。

1944年前后，日军怕庙里藏八路军，就把太公庙拆毁了。

宫观

黄松峪地区有道教宫观约71座，主要是玉皇庙1座，即黄松峪村玉皇庙；真武庙2座，即黑豆峪村真武庙、黄松峪村真武庙；龙王庙1座，即黄松峪村龙王庙；虫王庙1座，即黄松峪村虫王庙；山神庙60座，即黄松峪山神庙1座，梨树沟大小山神庙约36座，刁窝村小山神庙23座；土地庙2座，即白云寺村土地庙、梨树沟村土祠；五道庙2座，即黑豆峪村五道庙、黄松峪村五道庙。另外，还有其他庙宇2座，即刁窝村老道洞、石林峡旧庙岔子。

玉皇庙

玉皇庙，主要供奉玉皇大帝的庙宇。

玉皇大帝，简称玉帝，全称为昊天金阙玉皇大帝、玄穹高上玉皇大帝，是道教中最高级的神明之一，源于上古的天帝崇拜。道教里，其地位在三清之下，总管三界、十方、四生、六道等。在民间百姓心中，玉皇大帝就是最大的神，简直是众神之王。所以，玉皇大帝被称为民间（汉族为主）崇拜的最高神。玉皇大帝的形象，一般是身穿九章法服，头戴十二行珠冠冕旒，有的手持玉笏，旁侍金童玉女，完全是秦汉帝王的装扮。

黄松峪地区有玉皇庙1座。

黄松峪村玉皇庙

玉皇庙，位于黄松峪村北，黄松峪水库管理处的那个地方。

玉皇庙坐北朝南，面阔三间，前有一小院，庙内供奉玉皇大帝画像。

后来把玉皇庙拆了，黄松峪水库东山坡那个地方，现在还叫“玉皇坡”。

玉皇庙院外东侧，建一高大的建筑物，村里人称作“槁”，以砖砌筑，外抹白灰，三四丈高，圆形，实心。建造时里面放了几本书，作为镇物。村里人说，“槁”正对黄松峪村南北向那条大街，当初建此当有镇物之意，以免村里出恶人恶事。

现在看来，这“槁”应该是一座较为高大的圆形砖塔，因为塔在脱离了佛教的安放佛祖舍利的本义后，也具有了装点及镇物的作用了。

这是2007年调查寺庙时所记。2022年12月，88岁老村书记秦瑞清带着作者踏察黄松谷关城遗址时，谈及此塔，进一步说，玉皇庙院外东侧，有一三四丈高的圆“槁”，即一座以砖砌筑的实心圆塔，上面是圆顶，往上越来越细。上边有个小门，1尺来高，下面一个略大的门，有1米多高，60厘米宽。两个门都在塔的南面。由于外面抹着白灰，人们看不出塔有几层了。塔在“文革”中被拆毁，拆出6个铜佛，大的有60厘米高，小的也有30厘米高，早不知下落了。

这些大小庙宇及圆“槁”，正对着南面这条主街。

玉皇庙与太公庙被先后拆毁。

真武庙

真武庙，主要供奉北方之神真武大帝的庙宇。

相传古净乐国王子生而威猛，越东海来游，遇天神授宝剑，入湖北武当山修炼。功成飞升，威镇北方，号玄武君，后为避讳而改真武。宋代以来屡有加封：翌盛将军、翌圣保德真君、镇天武侯灵应佑圣帝君、元圣仁威玄天上帝等。明成祖崇奉真武，御用的监、局、司、厂、库等衙门中，都建有真武庙。由于宋、元以来诸代倡导，真武庙几乎遍及天下。人祈求延生长寿，都要奉祀真武大帝。农历三月初三，为真武大帝神诞之日，各地真武庙均有奉祀祝诞祭典。

黄松峪地区有真武庙2座。

黑豆峪村真武庙

真武庙，位于黑豆峪村南一座高台上，现在为村中心。

真武庙坐北朝南，南北长十一二米，东西宽十四五米，周围一遭石头院墙。南为山门，一座小门楼，两扇对开木门，门前有11步青石台阶。当年日军抓住村里百姓，问真武庙多少步台阶，说不出来就打。

北为正殿，面阔三间，神台上供奉着真武大帝泥塑坐像，2米多高。真武帝两边有雷公、闪公、电母、风婆婆、龟、蛇等塑像，一边4位，都是站像。周公和桃花女站在真武帝像前，当地人有两种说法，或说两人是夫妻，或说桃花女是周公儿媳。周公有3支箭、火盆等物，桃花女有照妖镜，两人在下面总是斗法。

图171　黑豆峪村75岁老村干部李宽谈寺庙情况（摄于2006年12月）

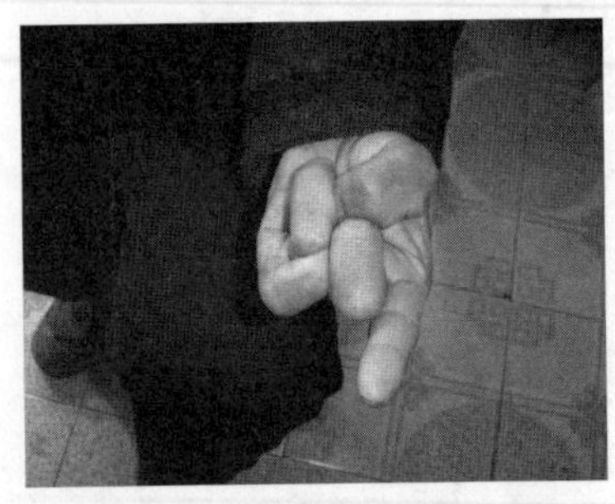

图172　黑豆峪村村民李宽在模仿真武塑像手掐真武诀的手势（摄于2006年12月）

真武帝端坐神台，手掐“真武诀”，镇着两人。75岁村民李宽（图171）曾做过糊裱匠，手指很巧，学着真武帝坐姿，且伸出左手，食指伸直，其余四指捏在手心，不露指尖（图172）。并说真武帝是空肚神，修行时肚子饿了，咕咕叫唤，老是闹，便将肠肚（dǔ）掏出扔进了河里，肚（dǔ）子变成了龟，肠子变成了蛇，来保护真武帝。

大殿檐下悬一方大匾，上写“万古流芳”4个大字，下面写着好多人名，当为捐钱修庙的功德匾。其中有“谭秃子”的名字，外号“秃亮三”，没有头发。据说过去村里打豹有他。早年村里曾来了两只豹，刘家河哥儿俩打死一只。秃亮三手拿一破枪刀，村里人在大槐树下集群。这时秃亮三把破枪刀往槐树上一扎，有1寸多深，说："见着豹我就捅死它。"不承想，一上北山，豹就真朝他扑来了，秃亮三把枪刀往前一顶，穿透了，秃亮三也摔到坝阶下边去了。脑袋没头发，满是血。豹跑一段，卧地下死了。卖了豹，买纱灯，正月十五村里挂纱灯。村里人说，这事儿有200多年了。

真武庙院内没有碑刻，东南角一棵大柏树，朝东南斜楞着，一搂粗细。庙东有台子，过去曾在此演影戏。村里人说真武庙一立庄就建了，后来当过学校。1968年前后，拆庙盖了村里的粮食加工房，现已盖满村民住宅了。

图173　近年复建的真武庙（摄于2022年10月）

近年，在那里复建了真武庙（图173）。

黄松峪村真武庙

真武庙，位于黄松峪村大街西边，纸箱厂北部。黄松峪明代成村，真武庙最早应建于明代。

真武庙坐北朝南，南北长约50米，东西宽约30米。院东南角辟山门，朝东开，为砖砌圆拱门楼，对开红色木门。进山门往北有一胡同，不远处有棵松树，栽在院内，斜长着从墙上探出，大概朝胡同的树枝碍事被砍去了，朝院里的枝杈继续生长，天长日久，便长得离拉歪斜，很是古怪。村里以此打一谜语："生在墙里，长在墙外，往东一伸，朝西一拜。"谜底就是这棵松树。真武庙有两进大殿，沿胡同北走10多米，也就是前殿东山墙后，后殿东厢房南侧，有一角门，一座小木头门，由此进入后院。

前殿为真武殿，面阔小五间（不足5丈宽），前有走廊。殿内神台供奉真武帝泥塑坐像，两边一边4尊泥塑站像，全是鸡嘴、鸡爪等形象，有雷公、闪公等，两山墙有壁画。殿内一只石香炉。殿前东侧一通石碑，螭首，龟趺座，通高约3米。碑上镌刻“万古流芳”字样，是一通功德碑。据说这通石碑就埋在地下。殿前东侧靠墙就是伸向墙外的那棵大松树，有一搂多粗。前殿辟有后门，从角门进来后，就由后门进入前殿及前院。

后殿面阔三间，前有走廊。后殿前西侧有一棵柏树。村里人多认为后殿为三皇殿，有三尊泥塑坐像，并说有个塑像是长犄角的，两山墙全为壁画。所谓三皇，即天皇、地皇、人皇，也就是伏羲、神农和黄帝，当地人称“三皇之氏”，并说他们都穿着树叶衣裳，是开天辟地的远古之神。尤其村人说“一个塑像是长犄角的”，在一些伏羲塑像或画像中，头上是有两个小犄角的，也证明三尊塑像当为三皇了。

当然，也有说这后殿为药王殿，供奉药王塑像。其实并不矛盾，三皇中的神农尝百草，黄帝有《黄帝内经》。所以，称神农等为药王，称供奉神农等的殿堂为药王殿，实属正常。

后殿有东西耳房各一间，东耳房为火神殿，神台上供奉火神爷泥塑坐像，红脸，红胡须，红头发长长的向上呈火苗状，身披红色霞衣。火神像两边一边一尊站像，一个是青脸，一个是红脸。过去村里有不干好事的，常说“押火神庙去！”西耳房供奉送子娘娘，两尊泥塑坐像，一男一女，女的抱一小孩，两边一边两尊站像。殿前有东西厢房各三间，西厢房住看庙的和尚。真武庙看庙人一般为本村老人，有个赵明贵，村里人都叫他“赵老”，村里几座庙都由他管。新中国成立后赵明贵死了，由郑理广看。郑理广是唐山人，曾当过老道，原来在朝阳洞修行。

真武庙毁于20世纪80年代，因盖村纸箱厂而拆毁。

龙王庙

龙王庙，主要供奉龙王的庙宇。

龙王，源于古代龙神崇拜和海神信仰。认为龙掌管海洋中的生灵，司管人间风雨，因此水灾旱灾多的地区常被崇拜。大龙王有4位，掌管四方之海，称四海龙王。小龙王可以存在于一切水域中。民间为祈求风调雨顺，建庙以供奉龙王。龙王形象多是龙头人身。

黄松峪地区有龙王庙1座。

黄松峪村龙王庙

龙王庙，位于黄松峪村西街，南井北边。

龙王庙坐北朝南，没有院墙山门，只有正殿，面阔一间。殿内只有彩色画像，没有塑像，龙王居中，还有风神、雨神、雷神、闪神、雹神等。像前一个石香炉。

旧时，荒旱之年，村民便来此求雨，男女老少，头戴柳条圈儿，在庙前磕头烧香，并喃喃祷告："龙王龙王快下雨吧，我们这儿太旱了！"往往求雨后，不过几日，没多有少地天也会下些雨的。

龙王庙今已无存。

虫王庙

虫王庙，主要供奉虫王的庙宇。

平谷地区虫王庙仅有5座，3座名虫王庙，2座名八蜡（读乍）庙。

八蜡，我国上古时代人们在腊月举行农事祭祀活动的名称。说到底，八蜡就是与农事有关的8种人事，包括神农、后稷、田间房舍小道、水庸（水沟）、昆虫等。后来民间将八蜡供奉为专门驱除虫害、捍御灾荒的神明——虫王。清代袁枚在《新齐谐·鬼多变苍蝇》中写道："虫鱼皆八蜡神所管，只需向刘猛将军处烧香求祝祷，便可无恙。"这即是说，刘猛将军就是虫王了。

当然，对于虫王民间有几种说法。一说虫王是鹙（qiū），一种水鸟。金代时，有一年华中一带眼看要秋收了，不料发生蝗灾，蝗虫铺天盖地而来，百姓焦急万分。这时，天边飞来成千上万只鹙，很快把蝗虫消灭殆尽。朝廷闻悉此事，即封鹙为“护国大将军”。由于鹙是蝗虫天敌，功劳卓著，所以受到人们崇拜。每当蝗虫灾起，农民就祈祷“虫王爷”赶快飞来，救护庄稼。而更多人认为虫王爷是一位勇猛武将，即刘猛将军。刘猛，一位姓刘的猛将军，到底是谁，说法不一，其中以刘锜影响最大。刘锜，甘肃静宁人，南宋抗金名将，后来受奸相秦桧排挤，做了地方官。任上整顿田亩，治理水患，为百姓做了不少好事。因驱蝗有功，被宋理宗封为扬威侯、天曹猛将。古人认为刘将军“生则敌忾效忠，死而捍灾御患，其世祀也固宜”，说他死后做了虫王爷。

黄松峪地区有虫王庙1座。

黄松峪村虫王庙

虫王庙，又叫三里庙，位于黄松峪村南3里，在乡政府北高台上。

图174　黄松峪村90岁村民郭尊荣谈寺庙情况（摄于2007年6月）

虫王庙坐北朝南，只有一座大殿，面阔三间，东西长约8米，南北进深5米，没有院墙，没有耳房，中间辟正门，门两边开两扇圆窗，1米直径，“卍”（万）字似的盘茬窗棂。殿内没有塑像，北墙壁都是画像，正中间为虫王爷，很善良的一个模样。两边还有苗神、药王等，共7尊画像，东西山墙画有壁画。故村里人又称虫王庙为七神庙。

虫王庙毁于20世纪五六十年代（图174）。

山神庙

山神庙，主要供奉山神的庙宇。

山神，是古人对山的神化而加以崇拜。护国佑民，是一种地方的保护神。

黄松峪地区过去黄松峪村有1座山神庙，梨树沟村有大小山神庙约36座，刁窝村也有小山神庙23座，搬迁消失的4个村落共有74个，全乡共大小山神庙按约134座计。

黄松峪山神庙

山神庙，位于黄松峪村西北，马路东侧，现在翟景兴家那个地方。

黄松峪村山神庙，坐北朝南，面阔一间，墙为石头垒砌，四角以城砖砌筑，顶覆小青瓦，前有门窗。北墙绘有山神坐像。

过去，冬天村里人上山割柴，往往要到庙里烧个香，求山神爷保护别出事。

山神庙毁于20世纪40年代。

梨树沟山神庙

山神庙，梨树沟村有6个自然村，过去划分为6个生产队，依次为一队沟口，二队尉家台，三队王家台，四队牛角沟，五队太平庄，六队黄榆沟。村人习惯上说1个队有1个小山神庙，共6个这样的山神庙，都是新中国成立前所建，建在附近坝沿上，以石头垒砌，一人多高，摆上香炉，逢年过节也烧香，实际上连山神、土地一起供奉了。

小山神庙，过去山里人家住得分散，为了方便，也有一家或三两家就近盖个小庙的，1米多高，石头垒砌，很简陋，习惯称为小山神庙，有30来个，到春节时也贴春联和山神像，烧香供奉。

这些山神庙均在“文革”中被拆毁了。

刁窝村小山神庙

小山神庙，过去一些人家常以三五块石头一搭，称为小山神庙，逢年过节也烧香，到春节时也贴16开纸那么大的神灵画像，俗称纸码。有的也贴对联，如“山神在此位，土地保平安”。

图175　刁窝村85岁老村主任陈香元谈寺庙情况（摄于2007年5月）

那时刁窝全村有40多户，2007年来村访谈时，认为起码有40多个这样的小山神庙（图175）。为编写《黄松峪史话》，谈及刁窝的小山神庙，69岁老村书记何金义记得应该没有那么多，像何家在西山根住，有五六户，就一个几块石头搭的小山神庙。并与村里老人细细回想，认为大致有23个家族，应该是一个家族一个小山神庙。

据此，刁窝村有23个小山神庙，现已无存。

63岁老村干部魏德珍说，我家房子在上山的山坡边上，以前在房子西南角垒过一个小山神庙，1米多高，1米多宽，也就半人来高（图176）。后来，我这房子卖了，北京的人来住，人家就在原来小山神庙的北边一丈来远的地方，大概是2004年，重新盖了一个小山神庙。

图176　魏德珍指着现在小庙西南一丈来远的地方，说这儿是原来魏家小庙所在的地方（摄于2022年12月）

这座山神庙，高2.4米，宽1.7米，进深2.2米。庙下部为石头垒砌的

图177　在旧址旁2004年新建的山神庙（摄于2022年12月）

基础，庙以青砖垒砌，卷棚顶，上为合瓦垄。前后檐下有方形戗檐砖，雕饰莲花。为托住戗檐砖，下面叠涩出檐；东西山墙墙角为博缝头，饰以花草。庙前无门窗，下为一步石阶（图177）。庙内为画像，北墙画有两尊主神，东为紧身装束、双手拿着一棵带根树木的山神，西为宽袍打扮、手拄拐杖的白须老人土地（图178）。东山墙画有两棵粗大松树及一只梅花鹿（图179），西山墙画有三只仙鹤（图180）。

图178　山神庙内北墙所绘山神、土地像（摄于2022年12月）

图179　山神庙内东墙所绘的松树与鹿（摄于2022年12月）

图180　山神庙内西墙所绘的仙鹤（摄于2022年12月）

山神庙两山壁画，或有“鹿鹤同春”之意了。而“鹿鹤同春”，又名“六合同春”。“六合”指“天地四方”，即天、地和东、西、南、北，亦指天下。“六合同春”便是天下皆春，万物欣欣向荣之意了。

土地庙

土地庙，主要供奉土地神的庙宇。

土地，俗称土地公、土地爷，为阴官冥吏。土地神源于远古人的土地崇拜。随着社会发展，统一王朝的出现，抽象化的大地之神被尊为“后土皇地祇”，后土与天帝对应，总司土地的国家级大神，为道教“四御”之一，由国家祭祀。而地方和乡里村社则供奉地区性土地神。阴间也有一套“行政系统”，县城隍手下就是村里的土地，土地为阴间最基层小吏，类似于阳间地保。土地庙一般都很小，多是一间。庙中供奉的土地爷多为画像，也有泥塑像。其形象为一穿长袍戴乌纱帽、慈眉善目、银须飘洒的白发老翁，旁边老妇人即是土地奶奶。

黄松峪地区过去有两座土地庙，即白云寺村土地庙、梨树沟村土祠。

白云寺村土地庙

图181　白云寺村75岁老村干部石长才谈寺庙情况（摄于2006年12月）

土地庙，位于白云寺村北一山梁盖儿上，梁盖儿下面是人家。

土地庙坐北朝南，有半间屋大小，以石头垒砌。没有院，也没有树和石碑。庙内画有土地等神像。

过去村里养牲口的，就到庙里对土地爷“叮嘱叮嘱”，希望得到保佑。逢年过节，村里一些人家也到这儿敬香。

抗战时期，日军将这里划为“无人区”，土地庙就毁于那时（图181）。

梨树沟村土祠

土祠，位于梨树沟村北崖根底下。

土祠坐西朝东，仅一小间，2米来高，有门。祠内有座神台，供奉两尊泥塑坐像，1米来高，手里拿着龙头拐杖。村里人说好像是山神、土地，也有说是龙王爷，天大旱时人们抬着猪头等到那儿去求雨。

土祠现已无存。

在原飞龙谷景区入口处、今黄关路边，在土祠基础上重新修建一庙（图182），改为坐北朝南，小三间，木门窗，檐檩施彩绘，上覆小青瓦。门两边悬挂对联，上联为“青黄赤白黑”，下联为“二四六八十”，横批“灵山圣土”。殿内神台上，供奉着山神、土地泥塑坐像。

图182 飞龙谷口内重建的土祠（摄于2007年3月）

2007年来村调查寺庙时，村人未曾谈及土祠东面的戏台。2022年10月踏察黄土梁时，83岁黄土梁老书记崔连明记得，土祠坐西朝东（图183），土祠东边有座戏台，八九平方米，1米

图183 飞龙谷沟口土祠原来坐西朝东，土祠东边石头垒砌一座戏台，四遭以石头垒砌，八九平方米，1米多高，是梨树沟和黄土梁俩村建的

多高，四遭石头垒砌。这么看来，戏台应该是朝着土祠，即朝西的，是为神唱戏。崔连顺老人记得，土祠在黄土梁和梨树沟两村中间，所以两村就共同搞个戏台。土祠有戏台，但没有庙会。一般都是在每年正月十五的时候，黄土梁和梨树沟俩村一块儿请戏班子唱唱戏，旁边也卖点小商品啥的。往往是戏台朝北，俩村人坐在北面朝南看。老人说，这个土祠据说早就有，平原的人和山里的人早就上山砍柴火，大伙儿上山前先到土祠里祷告祷告，祈求平安。

五道庙

五道庙，主要供奉五道将军的庙宇。

五道将军，民间称作“五道老爷”。按道教说法，五道将军是东岳大帝属神，且是重要助手，掌管世人生死荣禄，为阴间大神，地位高于阎罗王前的判官。古典小说中的五道将军似乎可以代阎罗王决定世人寿限，但与阎罗王不同，五道将军更具同情心，能帮助、成全弱者实现自己的理想，是位具有正义感的冥神。

黄松峪地区过去有2座五道庙，不像平原地区的村落，一般每村都会有1座五道庙，多者如南张岱、赵家务竟有3座。一般五道庙规模都是一间，多是画像，有的五道庙也有泥塑像的。

黑豆峪村五道庙

五道庙，位于黑豆峪村南菩萨庙东边十七八米的台下边，小河西岸边。

五道庙坐北朝南，面阔一间，庙内画有五道阎君，旁为牛头马面、大小二鬼。村里人给故去的人送纸。人一去世，家人就开始来五道庙烧纸报庙，称“倒头纸”。随后早午晚饭口时各烧一遍。如果哪位故去的人能够赶上7遍纸，村里人就认为那人活着时没罪，言外之意是个大好人。

五道庙前有道影壁，石头垒的，有二三米宽，2米来高，在南面遮挡着五道庙。五道庙东边二三米是棵大槐树，直径有1.5米，起码两搂多粗，半边都空了。

1966年小河发水，把五道庙冲走了。

黄松峪村五道庙

五道庙，位于真武庙东边，称为道东，当时属于黄松峪村中心，现在因村庄向南发展，五道庙的地方便属于村北部了。

五道庙面阔一间，供奉五道泥塑坐像。塑像没有耳朵，过去老说“五道老爷没耳朵”。一边两个站像，长得龇牙咧嘴，有拿大棒子的，有拿锁链子的，都是听五道老爷差遣的勾魂鬼。庙前有小廊子，廊里一边一画像，为判官等。东西山墙都有画像，画的是平时不学好，打爹骂娘、坑人等做坏事，遭到报应的情景。

五道庙现已不存。

当地流传一出戏，名《三疑记》，说某朝唐英是一位将军，有个儿子唐子奇。唐将军看一位王先生文化好，就请来教自己的儿子。将军外出打仗去了。一天王先生病了，唐子奇母亲李月英好心，让儿子将被子给先生送去，没注意把自己的鞋带去了。唐将军回来，发现鞋起了疑心。后来弄清事情，误会解除。李月英唱道：

书房内好比座阎罗宝殿，唐将军好比作五道阎君。

小翠花（李月英丫鬟）好比作勾魂的鬼，李月英好比作屈死冤魂。

最后唐将军对着王先生：“王先生你是个好人！”这出戏旧时评剧和河北梆子都唱。

一般村里人去世了，要到五道庙来送纸、送魂。交给五道老爷，并对五道老爷说：“我家人老了，把魂给您送来了，请您收下！”所以，老人刚一咽气，即去五道庙烧纸，称为倒头纸，是第一遍纸，随后在早、午、晚时烧，一般烧六七遍，最多能烧8遍纸。黄松峪村形成一句骂人的话：“你等赶八遍纸呢咋着！”往往是村人见前面一人急急火火地赶过来了，才会这么说，意思是你等着赶死呢咋着！现在，随着五道庙的消失，这句戏谑的话也少有人“骂”了。旧社会，有许多要饭花子，没地方住，黑夜就住五道庙里。常常是要完饭，看天不早了，就说：“入庙去啦！”这也是过去的一种特殊社会现象。

黄松峪村五道庙，毁于20世纪50年代。

其　他

刁窝村老道洞

老道洞，位于刁窝村西山上。

老道洞坐西朝东，洞前一棵五六寸粗细的小树，一座小院，垒着石墙。洞约一间进深，前有门窗。洞顶滴水，过去放一水缸，每天接的水够人吃了。洞里住着两个老道，在此修行，其中一个是峨嵋山的陈兆怀。

刁窝村69岁老村书记何金义记得，老道洞在“文革”中曾改名朝阳洞，里边住着老道叫陈兆怀，老家是峨嵋山村的。我小时候看见过他，那时60来岁，留着小胡子，尖下颏，背个小篓子回洞里。大概在1967年，就回老家了。

老道洞里供奉着牌位，上写“奉祖龙门派”5个大字。

龙门派，道教全真道主流支派，承袭全真教法，开派祖师为丘处机。

丘处机，字通密，道号长春子，山东栖霞人。自幼失去双亲，尝遍人间辛苦。金大定六年（1166年），19岁的他弃家学道。次年，得知王重阳在山东宁海创全真庵，便前往拜师求道，后至龙门（今陕西省宝鸡陇县龙门洞）修道，创立了龙门派。龙门派继承了传统道家思想，并将科仪、戒律、符箓、丹药等道家文化重新整理。明、清之时，全国各地广为传播。

此洞至今尚存（图184）。

石林峡旧庙岔（chǎ）子

石林峡景区里有一片台地，当地人过去干活时，时常发现城砖大瓦。那地方叫二道场子，有座庙岔子，不知道叫啥名了，早已毁弃，村里老辈儿人都没见过。此为刁窝村人所谈，故列入刁窝村。

图184　刁窝村西山上老道洞（摄于2007年12月）

相传为唐朝时所修，与罗通扫北有关，故又有此处为“山寨”之说，或说旧时有人在此占山为王。后来，据说将这座庙拆毁，去修塔洼庙了。

这座旧庙岔子，究竟是属于佛教寺院还是道教宫观抑或纪念性祠庙，已不得而知。为不至于遗漏，将此一并列入道教的“其他”中了。

寺 院

佛教寺院，主要有佛祖庙和菩萨庙，黄松峪地区共有佛教寺院9座。

佛祖庙

佛祖庙为佛教庙宇，主要供奉佛祖释迦牟尼以及药师佛、弥勒佛等。

佛教起源于印度，距今3000多年前由古印度迦毗罗卫国王子乔达摩·悉达多所创，一般认为是在东汉初年佛教传入我国。而佛教中最高的就是佛，佛祖是释迦牟尼，也称释迦佛，最流行的称呼是如来佛，还有药师佛、阿弥陀佛、燃灯佛、弥勒佛等。这些佛是寺院中所供奉的本尊，有时也有菩萨、十八罗汉等陪祀。

黄松峪地区有3座寺庙姑且列为佛祖庙。

大东沟村槁寺

大东沟村由大东沟、小东沟和槁寺3个自然村组成。大小东沟2个自然村过去分别为黄松峪和黑水湾一部分，没有庙。槁寺村即因槁寺而得名。

槁寺，位于大东沟村南，现为矿山管理处、原晏庄金矿所在地。

图185　大东沟村86岁老村干部张宝贤谈寺庙情况（摄于2006年12月）

槁寺坐北朝南，南北长100多米，东西宽100多米，四周护以围墙。南为山门，砖砌门楼，对开木门，宽约3米。门楣上镶嵌着砖雕匾额，村里人已不知匾额上的字迹了（图185）。

院内有四五通石碑，三进大殿，三进殿前都建有东西配殿。其中前殿前有两通石碑，中殿前东侧一棵大树下有一口铁钟，扣在地上，约一人半高，一人搂抱不过来，上铸铭文。庙北外边，建有一当地人称作“槁”的建筑物，比房子要高许多，方形砖砌，三四平方米，一节一节的，顶子小，高十四五米，内部实心，拆一遭里边还是砖。四周画有骡马牲口等图案，还有拉马的。

据说到秋天，黑夜这些骡马把周围的谷子、高粱都给吃了，人们把骡马肚子刨开，里边真有粮食。刨了，以后就不吃了，而刨下的砖上面都有5个手指印。相传槁为一夜所修，村里有姐儿俩，姐姐修上半截，妹妹修下半截，姐俩一直修到鸡叫了，还没有修完，就好歹收口了，所以上部看去似没有修完。根据村里人所述，所谓“槁”或是佛教的砖塔，从其方形来看，是否有唐塔的风格特点呢？只是建筑早已不存，难以看出其形制了。

村里人说，槁寺过去有不少庙产，光地就有100多亩，所谓“一顷多地”。

槁寺，根据所起名字，当是一座佛教庙宇，志书没有记载。建于何时，又毁于何时，因何所毁，一切都不得而知。村里八九十岁老人小时所见，已经就是个庙岔子了（图186）。抗战时期，郭家屯日本守备队把槁等建筑物能够拆的，都拆去盖了日军炮楼。

图186　大东沟村槁寺遗址所存石刻遗物（摄于2007年12月）

至于槁寺供奉的是佛祖还是菩萨，更无从知晓了。根据其三进大殿的宏大规模，或有天王殿、大雄宝殿等，姑且写在佛祖庙中。

黄松峪村弥勒庵

弥勒庵，位于黄松峪村北部，现在那棵大槐树北边。

弥勒庵坐北朝南，规模较大。南为山门，砖砌圆拱形门楼，上有砖雕花。门额上书有“弥勒庵”三字。门内两边有四大金刚画像，四大金刚踩着“八怪”，掌管一方风调雨顺。山门约有4米宽，过去门道两边存放寿材（棺材），中间走人。有个小伙子躺寿材上睡觉，因受风而罗锅了，一辈子都头扎着地走道。

山门前面五六米的地方，建一道大影壁，东西宽约10米，高约4米，以砖砌筑，两面抹白灰，有画像，“文革”中拆毁。过去村里有“不管你新媳妇掉蛋不掉蛋，先给你影壁转一转”之说。

进入山门，前一空院，西为男厕所，东为女厕所。中有一道东西向隔墙，中间辟一平门。进入平门，有东西配殿各三间（图187）。

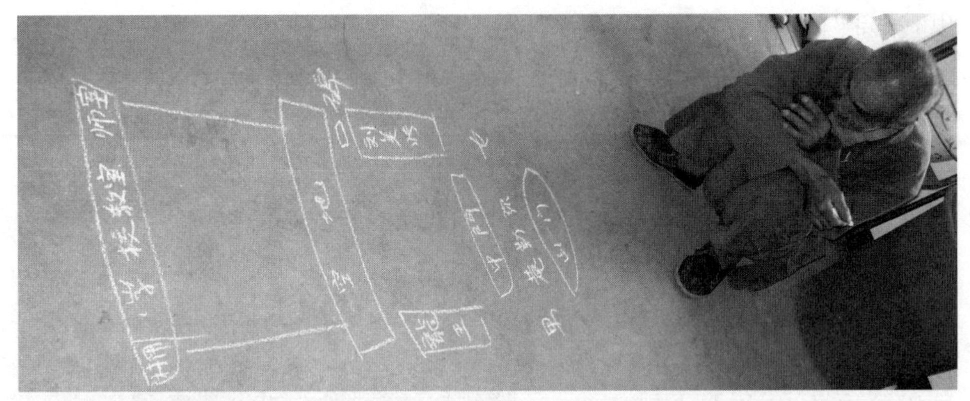

图187　黄松峪村75岁老人翟长生在村委会地上以白粉笔所画弥勒庵示意图（摄于2007年6月）

东配殿为三义殿，神台上供奉着刘备、关羽、张飞泥塑坐像，刘备在中间，关羽在北边，张飞在南边，南侧为关平手持青龙偃月刀立像。门有一副对联，上联为“三人三姓三结义”，下联为“一君一臣一圣人”，横批“三义神圣”。

西配殿为龙王殿，神台上供奉着龙王泥塑坐像，龙王手持笏板。两边有风婆、雷公、闪公、眼光娘娘等泥塑站像，其中那个风婆是一妇女形象，背一口袋，正手攥着口袋嘴，如果一松手人间就会刮风；雷公手里拿着一个圆物；眼光娘娘手里拿一牌子，上面画一只眼睛。在东西配殿北侧，操场南边，东西一边一通石碑，东边碑略高，二通碑上边都有盘龙，即螭首。

东西配殿廊子里各有一通1米多高的小石碑。

北为一片空地，由于弥勒庵旧为村小学，这里便作为学校操场。操场北边有大殿五间，前有走廊。中间三间很早就作为教室了，东间为老师用房，西间为村里所用，存放走会的大杠等杂物。村里的七八十岁老人对此殿过去供奉什么，已经说不清了，尽管有人曾说是供奉三皇，但多数人不这么认为，因为他们小时就没见过这里的神像。正殿东有跨院，称为僧房，为尼姑住房。有人说与大殿对着有僧房4间，跨院前还有四间跨院。弥勒庵毁于新中国成立后，现在已是一片民房。

应该说，在大殿与配殿之间，有6丈左右长的操场，当地人说没有庙宇。而山门内有四大金刚画像，相当于佛教中的“天王殿”了，即前殿。既然山门上有“弥勒庵”匾额，那说明这或是供奉弥勒佛的庙宇。弥勒佛也称未来佛，是我国民间普遍信奉、广为流行的一尊佛。应该在东西配殿北侧，操场南部，有一座大殿，供奉弥勒佛。这应是中殿大雄宝殿，为主殿。操场北边的五间大殿，当为后殿了。后来访谈村里81岁老人陈河，说过去有一中殿，不知是啥殿，也不知供奉着啥，更不知啥时候拆毁的。陈河老人说，人们叫这个庙为姑子庙，与村西边银杏树下的西洞是一式。

塔洼村塔洼庙

塔洼村旧有一座佛教庙宇，称塔洼庙。

塔洼庙，位于村东北山腰，村里人也没瞅见过，现仅存一个庙岔子。

塔洼庙大致坐北朝南，南北长十二三米，东西宽约20米，西有配殿。此庙不知叫啥名儿，也不知啥时候建的、啥时候毁的和为啥毁的。寺旁二三百米的地方，过去有一座塔，如今一点儿痕迹都没了（图188）。

图188　塔洼村79岁老村干部王山谈寺庙情况（摄于2006年12月）

1942年村第一任支部书记、88岁刘满说，他小时候看到的就是庙岔子了，没见过庙啥样，塔也没见过（图189）。

图189　左起塔洼村76岁老生产队长刘宝国、88岁村第一任支部书记（1942年）刘满谈寺庙情况（摄于2006年12月）

相传，过去半山崖上有炮台，是占山为王、抢男霸女的地方。现在还有一块立着的石板（图190），1米多高，上一豁拉，说是放炮筒子的。又说，庙附近有一地窨子，通东山那边河北兴隆的陡子峪。后来，来一“南蛮子”，把洞里的宝给憋走了。还说，庙岔子旁边有一十来米长的大石头，相传石下一洞，当年穆桂英打仗在洞里藏兵器，是兵器库。村里一贾姓地主偷偷钻进去，取走两把铜锤。后来洞口塌陷，便谁也找不着了。“文革”中斗那贾姓地主，他始终也没承认。

图190　塔洼村东北半山崖上立着的石板（摄于2006年12月）

《北京市平谷县地名志》记载塔洼：“清代成村，据传300年前，该村东北山顶有座寺庙，建有雷峰塔，村四周环山，中间洼，故称塔洼。”

对于塔洼庙，未见其他志书有记，地名志所写不知所依何据。

韩牧苹先生所著《洵阳杂录》，收录《金山记景》一文，写道：

塔洼村贾家台正北三里高崖上，旧有古庙，当地人呼为小寺。尚不知寺建何时。寺旁有塔，寺塔古砖已被人拆走。寺西绝壁崖盖内，有石刻莲花，花径二尺，造型甚美，以水漭湿方较明显。再向上爬半里，右侧悬崖棚内，有很多香客墨迹。也是漭湿后方显。

墨迹中有一处这样写的：

师傅坐塔谁人伴
定心岩畔存踪迹
□智题写无正言
黑了石头坏了笔
楼烟观玉等乱谈
……八年三月十有五日

又一处写的是：

……四条杨教谕
烧香至此
六日荣观

上述此类题写甚多（图191），只是年深日久不易都看清楚，此崖棚自西而东逶迤七八丈。西部虽险峻，尚可登临观赏。东部则崖陡谷深，崖台宽不盈尺，非有特大胆量者，不敢登上。山上留言，大部分为至元年间（元世祖忽必烈，公元1264—1294年）香客所书，且留言者多是山东、河南、山西等地的人。它向我们提出一

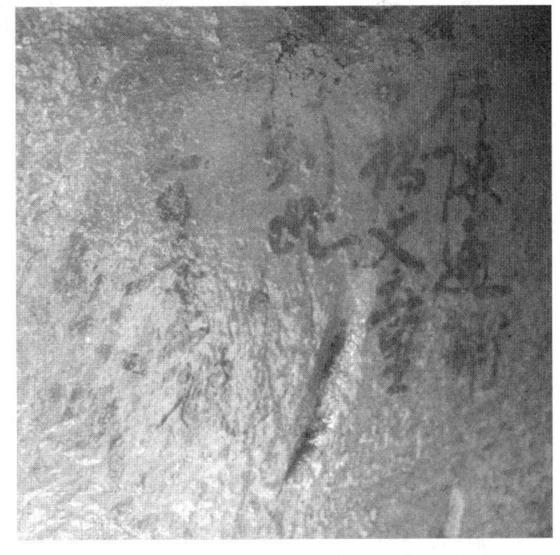

图191 塔洼半山崖石壁墨迹（摄于2006年12月）

个问题，像这样的深山小寺，何以能在八九百年前吸引那么多千里以外的香客，来此朝山呢？

韩牧苹先生的文章，写于20世纪80年代，时已过了近30年，当时崖棚的字迹都已看不甚清，待作者2007年前去调查寺庙时（图192），就更难以看清了，用水一洇再洇，看出有字，但很难一字字完全读出。有些尚可勉强辨识出一行半句，如“岚光浓翠峰”“松映夕阳风景处”等，显然是一首诗或词，还写得较有文采。有一处题词下面有年号“至元二年四”。“四”当是四月了。“至元二年”，为元世祖忽必烈年号，时间为公元1265年。这是元朝初年，有没有比这更早的题字？一是很难看清，二是连这一个崖棚都没有看完，东边的崖棚根本无法过去，也就不得而知了。这些题字，一定是来寺进香者或游览的文人雅士所题写，时间不会晚于元初。而村里人指给作者所看庙址的地方，是较为平坦的一片山地，都已栽了树木，种了庄稼，坝阶上，堆着一些瓦砾，从中看到有带沟纹的残砖，当为辽代遗物了。而辽代相当于北宋。由此推断，此庙或为辽时所建，距今千年左右了。不过，在元代，最后一个皇帝元顺帝，先后用了“至顺”“元统”“至元”“至正”4个年号，此“至元”史称“（后）至

图192　塔洼村人领着作者上到崖棚观看崖石题字（摄于2005年12月）

元”，以示与忽必烈“至元”的区别，且仅用了6年，即公元1335年至1340年，时间很短。而忽必烈“至元”则用了31年，即公元1264年至1294年。既然题字多是“至元年间”，极可能如韩牧苹先生所言当是“元世祖忽必烈年号”了。

韩牧苹先生在文中说，当地人把此庙呼为小寺。这次走访中，村里人也这么说。小寺应是一种俗称，说明寺庙或不大。究竟原名叫什么，时过境迁，庙已无存，也就很难考证了。

在整理资料中，与收藏家李润波先生交流，他肯定地说，那庙叫双塔寺，并说看到过有关志书的简单记述。是不是叫“雷峰塔”，就不知道了。庙不远处就是这一带山的最高峰，名二朵盖儿，上有一片平坦的地方，细看有残砖，似是有建筑。李先生说，附近近年曾出土一根铁质禅杖及几枚铜钱，为北宋年间的。只是不知哪部志书所记，作者一时未曾翻到，以后再行研究。

塔洼庙，即称小寺，当为佛教庙宇。不知寺里供奉的是佛祖还是菩萨，姑且写在佛祖庙中。

既然庙宇早已无存，就将踏察的遗址及访谈的相关资料等一并录此，以供世人研究。

就在踏察完崖棚字迹，下山途中回望半山崖棚处，山石凸出与凹进，形成图案，极似一圆乎乎的虎头（图193），不失为山中一景。

图193 塔洼半山崖棚似一虎头（摄于2006年12月）

菩萨庙

菩萨庙，主要供奉菩萨的庙宇。

汉传佛教中，一般认为有四大菩萨，即观音、文殊、普贤、地藏，因而就有了我国四大佛教名山，即浙江普陀山、山西五台山、四川峨眉山及安徽九华山，是这4位菩萨的道场。应该说，菩萨在佛教中不止这4位，菩萨在佛国里的地位仅次于佛，又叫“大士”。观音又叫观世音、观自在、观音大士。唐代因避太宗李世民讳，略去“世”字，简称观音。观音菩萨大慈大悲，神通无边。观音为佛国众菩萨的首席菩萨，在世俗中知名度和影响不低于如来佛，特别在妇女信徒心中，地位甚至超过了如来佛。

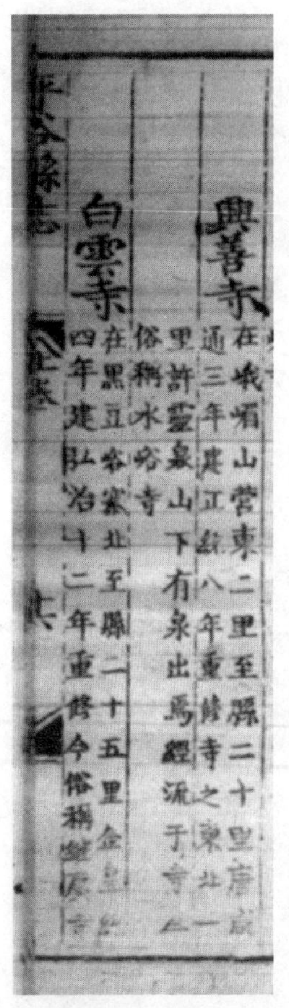
興善寺 在峨嵋山營東二里至縣二十里唐咸
通三年建正統八年重修寺之東北一
里許靈泉山下有泉出焉經流于寺
俗稱水峪寺
白雲寺 在黑豆峪寨北至縣二十五里金皇統
四年建弘治十二年重修今俗稱繼廣寺
平谷縣志

图194 清康熙六年（1667年）《平谷县志》“地理志·寺观”记载白云寺

黄松峪地区有6座菩萨庙。

白云寺村白云寺

白云寺，位于现在白云寺村委会所在地。

《光绪顺天府志》记载：“白云寺，在县北黑豆峪寨，金皇统四年建，明弘治十二年重修，俗称继广寺。”

清康熙六年（1667年）《平谷县志》“地理志·寺观”亦记：“白云寺，在黑豆峪寨北，至县二十五里。金皇统四年建，弘治十二年重修，今俗称继广寺。”（图194）民国二十三年（1934年）《平谷县志》“卷一·地理志·古迹·坛庙”所记与康熙志一样。

民国二十三年（1934年）《平谷县志》“卷一·地理志·名胜”又记载：“白云寺，距城三十里，居众山之间。南五里至黑豆峪寨，邻蓟县界，东至东岭，北界长城，西连山谷，奇峰迭耸，高者岈然，低者洼然，望之皆深秀而蔚然。寺中有古柏五株，苍翠参天。寺前有泉，咽而不流，取之不竭。山四围草木丛茂，春夏间山鸟争鸣，野芳竞秀。入寺中，其幽僻清静之趣，令人心神冥合，万虑皆空，诚异境也。寺创自金皇统四年，重修于明弘治十二年，清初亦加修补云。”文笔典雅，似对古文如欧阳修《醉翁亭记》等有所借鉴。

1942年前后，日本侵略者实行所谓“治安强化”运动，在长城内外制造“无人区”，搞“集家并村”，反复进行大扫荡。这期间，日军烧毁了白云寺。村里人记得，当时来有千八的日本鬼子，还有抓来的民工两三千人。大殿烧了3天，同时还烧了百十来户民房，满山沟里乌烟瘴气。

白云寺建在一山圈（quàn）儿里，背靠神仙坡，西倚王八盖儿山，东依松树梁子，梁子上有5棵大松树。据说寺内有大柏树，瞅不见天，寺上面老有云罩着，便初名云罩寺，后来改为白云寺。

白云寺坐北朝南，南北长约50米，东西宽约25米。南为山门，一座砖砌的大门楼，宽约8尺，对开木门。门上边有砖雕花草、山水景物等。门前东西有两个方台，南北、东西各约6米。山门前东西各有1棵大柏树。

进山门后，北为大殿，面阔三间，前有走廊，宽六七尺，五六根红色廊柱，每根粗约50厘米，上画金龙形象，殿两边各有一两间耳房。屋顶为灰瓦，顶四角各有小神兽五六个。大殿南北宽约10米，殿内砌筑神台，高约1.6米。神台上，中间供奉观音菩萨泥塑坐像，坐鳌鱼上，传说鳌鱼一翻身就要地震，4个大力士顶着鳌鱼座；菩萨东侧有六七个铜佛像，四五十厘米高；菩萨西侧供奉老爷像，即关公像，当地人说关公脸前垂着穗子，应供奉的是关帝了。村里人一直说这里是老爷庙，大概由此而来。大殿墙上没有壁画，檐下施彩绘。

前廊东西各悬挂一口大铁钟，高约1米，60厘米粗，上有纹饰，一敲余音袅袅。大殿前，有东西配殿各三间，东厢房存放杂物，西厢房学生念书。

村里人记得，白云寺住持和尚叫龙顺，是齐各庄人，寺里还有其他的和尚。

山门外西侧有一通功德碑，碑文由明代金纯撰写，民国二十三年(1934年)《平谷县志》“卷六·艺文志·文类”存录。

1994年，黑豆峪村将那通功德碑运至飞龙谷百帝山庄上面的太清宫，那里原来没有庙，太清宫为近年所新建。山门外东侧，还有个八棱碑，“文革”中也被黑豆峪村人运走，不知下落了。所谓八棱碑，即经幢。1984年，黑豆峪村出土了一个经幢，当为此八棱碑。

黑豆峪村菩萨庙

菩萨庙，俗称庵庙，位于黑豆峪村南、真武庙北100多米处。

菩萨庙建在4米多高的台上，坐北朝南，南北长20多米，东西宽20米，前有砌筑的石头院墙。院墙南部中间为一座家二门子那样的门楼，对开木门，2米来宽。院北有正殿三间，殿内有雕刻的莲台，高约50厘米。莲台上供奉菩萨木雕坐像，高五六十厘米，雕像饰以金粉。旁有很多小像，多为进香者所捐献。正殿西有耳房两间，耳房南边有西配殿三间，后来改为学校。

院内有一通石碑，两棵古柏。石碑连座高2米多点，宽60厘米，立在正殿前东侧。

2014年4月，作者来村看到一碑散落街头，旁边一长方形碑座，村人说是庵庙的碑。碑是普通料子石刻的，碑首身一体，下为须弥座。碑方首抹角，饰以祥云图案。碑身框饰卷草纹饰。或是碑曾铺垫在哪里，多年人走车轧，字迹几乎磨平，难以辨识了。但在落款处，可见“大清同治十一年岁次壬申”字样，可知此碑当立于同治十一年（1872年），距今150年了。细看有“不朽”的字迹，或是一通新建或重修菩萨庙的功德碑。

菩萨庙毁于20世纪50年代初期。

黄松峪村菩萨庙

菩萨庙，位于黄松峪村委会北100多米处，村里人称大街东边。

菩萨庙坐南朝北，面阔三间，约8米（图195，图196）。菩萨庙在街中间东侧一个三角地带，北面没有院及山门。殿内满壁为彩色画像，中为观音坐像，两边为善财童子和龙女侍立像。殿内一个石香炉。

图195　黄松峪村菩萨庙，坐南朝北，在街中间一个三角地带（摄于2022年10月）

图196　黄松峪村菩萨庙南面（摄于2022年10月）

对于这座菩萨庙，村里人称“倒坐观音”。过去正月十五村里走会，有大鼓、高跷、十不闲、小车会、五虎棍，号称“五档会”。到时要搭灯笼棚，放烟火。村里人现在还记得，新中国成立前有一年放烟火，竟将附近一家草房烧着了。

农历二月十九日为观音菩萨诞辰日，村民纷纷来庙里烧香。尤其庙里有一盏大海灯，玻璃的，上面吊着。那时往往前后3天庙会，村里人往海灯里添香油。一般去的都是老太太，连烧香带添油，多是一二两，3天里就有三四斤了。村里有老道，就靠着海灯里的油吃。

现存的菩萨庙，已经残破，为个人所有，并已圈上院墙，形成北面的一个三角形小院，中部西侧辟一小便门（图197，图198）。平日门锁着，看上去青砖小瓦，形同普通民居。

图197　黄松峪村菩萨庙（摄于2006年12月）

图198　黄松峪村菩萨庙（摄于2022年10月）

黄松峪村吉祥庵

吉祥庵，位于黄松峪村大街西边，真武庙前面。

2007年6月，90岁村民郭尊荣谈及村里寺庙情况，说最早在真武庙前边有个小庙，后来搬到村北的位置，称为北庵。老人说的“北庵”，就是在黄松峪村北部、大槐树北边的弥勒庵。这座小庙的名字、格局、供奉的神像，因老人也没见过，详情便不得而知了。

2010年，在村原真武庙院内施工盖房时，出土了一通石碑，尽管右下角残缺，且碑阳字迹已无法识别，但碑阴写着“吉祥庵”，这应该不是真武庙碑，或是老人说的小庙碑了。

由此可知，这座小庙名吉祥庵。碑阴除“题名”外，还有简略的“吉祥庵记”，写着“买山坡地一处”及“本庵四至”等字迹。尤其从“大明万历岁次戊戌”可知，吉祥庵当建于明万历二十六年（1598年），同时划定了吉祥庵四至，并置了些山坡地作为庙产。

黄松峪村观音庙

观音庙，又称菩萨庙，位于黄松峪村西山脚。

1961年所拍古建照片中，有一张朝阳洞观音庙照片（图199），并简略记述：黄松峪朝阳洞观音庙，朝阳洞——建于明成化十年（1474年），至今仍完整存在（观音庙里面）。观音庙——据说与朝阳洞同时创建，但清嘉庆九年（1804年）已经重修，至今仍完整存在。

图199 黄松峪村朝阳洞观音庙（摄于1961年）

图200 区文物所所长龚顺宝（左）、老所长杨学林（右）为观音庙碑拓片（摄于2008年10月）

观音庙坐西朝东。因庙依洞穴而建，庙里为一幽深的山洞，又在村西，故俗称西洞，供奉观音菩萨泥塑坐像，手拿净瓶和杨柳枝，有3米多高。洞里小像不知有多少。洞前为小院，建东厢房三间，没有塑像。南为山门，门前为16步台阶，台阶下边有一台碾子。

洞前一棵老银杏树，树身早生出树乳及树瘤，现在依然枝繁叶茂，每年结不少“白果”，为区内最高大古老粗壮的银杏树。银杏树下有一通近年立此的石碑（图200），或说

图201　黄松峪村西洞银杏树下的石香炉（摄于2006年12月）

图202　黄松峪村近年复建的朝阳洞观音庙（摄于2008年10月）

不是这儿的，为附近朝阳洞的；或说原来就是这儿的碑，运到别处的。从碑文看，所写应该就是这儿的“朝阳洞”。银杏树前有个石香炉，八角形口沿，下为鼓形，雕有莲花瓣（图201）。据说是别的庙中之物，直径约80厘米。

观音庙在1969年修黄松峪水库干渠时拆毁。近年村里人在此建农家院，将洞建于院内，并在洞口修了三开间的庙门（图202），上写“观音洞”三字，下书小字“白衣大士”。左右一副对联：“芙蓉粉面春风暖，杨柳枝头甘露香。”门两旁画像四大天王。洞内两边泥塑十八罗汉，最里边供奉观音菩萨泥塑坐像，像已不完整，看洞的人说准备重塑。观音菩萨左右为善财童子和龙女侍立像。

“文革”前洞里住老尼姑，是从弥勒庵赶到这儿的，据说有4个尼姑。“文革”时讲“破四旧，立四新”，“扫除一切牛鬼蛇神”，在1966年农历七月十五，“红卫兵”把最后一个老尼姑打死了，老尼姑已80多岁了。

梨树沟“前后大殿”

“前后大殿”，位于梨树沟村西。

这是一方巨石，石上垒一道墙，形如影壁，坐北朝南，前后画像，号称“前后大殿”。过去天旱时，人们也来此求雨。影壁已毁，影壁下巨石尚存（图203）。这是根据2007年3月作者访谈67岁尉清江老人（图204）时所记整理，也是尉清江老人领着作者拍摄的“前后大殿”照片。

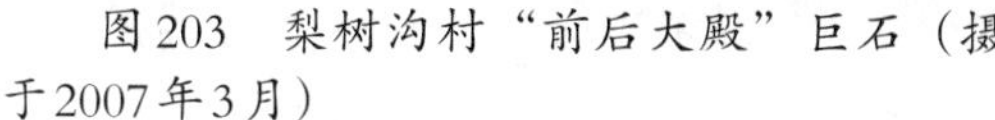

图203 梨树沟村“前后大殿”巨石（摄于2007年3月）

图204 梨树沟村67岁村民尉清江谈寺庙情况（摄于2007年3月）

修改《平谷寺庙志》书稿至此，再看笔记，发现下面有一处又写着“村南”二字，是整个村村南，还是某一自然村村南？整体上究竟是村西还是村南？也是作者当年匆忙随手所记有些不清，便于2020年5月再来访谈踏察，村人告说“前后大殿”在村南石河河道中间，也就是梨树沟与塔洼交界的地方。塔洼近年修路，把那大石头凿了拉走修路了。感觉作为庙宇，尽管不是严格的建筑，似乎也不应该建在河道里。

至2020年底，寺庙志整理将近完稿时，再来梨树沟，62岁村主任宋宝起记得，过去听父亲说过，“南北大殿”就是块大石头，上面垒个小墙儿，画着神像，是北面还是南面画着观音。父亲要活着105岁了。据此，将其列入菩萨庙内。作者访谈调查区内寺庙时，一般北面画的神像多是观音，所谓“倒座观音”。如“南北大殿”画着观音，作者觉得亦应在北面。而米主任看着当年拍摄的照片，带着作者来到村南一核桃树旁的大石头前，比对感觉又有些不完全像。

为搞清楚究竟在哪儿，作者随之又三来梨树沟，找到当年访谈的今已80岁的老生产队长尉清江及76岁老村会计王德海、73岁村民张福德，告说“前后大殿”在村南三四百米的地方，河道西边。过去河西边有条奔塔洼、黄松峪的道，这“前后大殿”在道东边。老人们记得，那块大石头五六尺长，四五尺宽，一人多高。石头上垒个像影壁似的，也就1米多高，上面有个两边出檐的墙帽子，影壁两边画的啥神像老人们说不出来了。尉清江老人记得，他10多岁的时候，还和村里人一块儿来这儿求雨。那回有二三十人，都在大石头北边朝南跪着。“文革”中，村人把这影壁给拆了。

图205　左起梨树沟村76岁老村会计王德海、80岁老生产队长尉清江及73岁村民张福德在“前后大殿”的巨石前（摄于2020年12月）

作者拿出当年拍摄的石头照片，尉清江老人等看看有些含糊，说那大石头还在。便一起坐车，往村南开不远，下来，老人指着一块大石头，说这就是（图205）；并指着南边100多米的石砬，说石砬南边是塔洼村的地面，北边是梨树沟村的地面。

作者仔细比对照片，当年应该是站这附近往南拍的，尽管近年修路以及整治河道，可大的地形地貌没有改变，石砬也没有改变，大致是这一带无疑。照片上的巨石南边靠西一点有棵核桃树，而眼前这大石头西侧四五米处有棵核桃树（图206）。照片上的巨石较为方正平整，一看就多年未曾移动，石上是黑乎乎的颜色及遍布干枯的苔藓。若上面垒个影壁建筑，应该没问题。眼前这块石头，没这般方正平整，且有些斜楞，西侧有些悬空，垫着两块小石（图207），南面全没黑乎乎颜色及苔藓，似是较新的石碴。

图206 梨树沟“前后大殿”巨石（摄于2020年12月）

图207 巨石有些斜楞，西侧有些悬空，垫着两块小石（摄于2020年12月）

看来这座所谓“前后大殿”，应在村南三四百米处了，河西道东，说在河道中间应该是不准确的。作者相信当年67岁的尉清江老人带着作者拍摄的照片，应该不至于有误。而今3位老人一起指认，肯定地说就是现在看到的这块石头，亦应不差。之所以有些不一样，或为近年修路或整治河道，将石头向东翻动，使石头不在原位，也不是原来那样摆放之故了。而且翻动时，由于石头体量过大，一时难以移动，不排除先行凿掉一部分。所以，石头南面为较新石碴亦属正常了。

附　消失的4个村落的庙宇

搬迁消失的黄土梁、胡同水、土谷子、西涝洼4个村落，旧有大小庙宇75座，主要是三五块石搭的小山神庙74座；其他一座——三娘洞。

山神庙

黄土梁村山神庙

83岁老村书记崔连明说："在黄土梁村和梨树沟村中间，就那么一个土祠。村里没有正式的庙，都是一个家族有个石头搭的小山神庙，里边也摆个小香炉，逢年过节也烧香上供。我们老崔家的小山神庙，就在崔家房子的前边几十米的地方。至于有多少这样的小山神庙，说不准了，黄土梁村4个队有多少主要姓，加一起就有多少个小山神庙。"

老书记回忆，一队有张姓、王姓、刘姓、于姓、石姓等。其中起码张姓是2个，刘姓是3个，一队小山神庙就有八九个；二队于姓、刘姓、陈姓、胡姓等，台上台下有2个于，二队应该有5个小山神庙；三队主要有崔姓、许姓、陈姓，共3个小山神庙；四队有王姓、于姓、吕姓、崔姓、杨姓、关姓，共6个小山神庙。

63岁原区人大主任刘军记得："我们二队老刘家，居住在沙坡峪沟口南边，西山根下的平台上，东边坎下是南北向的马路，路东边就是常年流水河道。我们刘家的山神庙，就在我家房子的东南侧，距院墙一丈左右的地方。小山神庙是用石头垒的，有半人多高，下边是石台，石台上边用几块石头搭成一个小房子状。逢年过节或者有必要时，在这里烧香、上供、磕头，祈祷出去平安，风调雨顺。"

这样看来，黄土梁村的小山神庙，一队以8个计，那么，4个队总算起来，应为22个小山神庙。

胡同水村山神庙

87岁老村书记于文合说，过去胡同水三五块石头搭的小山神庙，一片一个。胡同水过去就10多家，哩哩啦啦散落在从龙潭往上到白水子的10多里的沟里。大致分为四片，从三娘洞往上，龙潭一片，那儿有个潭，潭水深不见底。这片主要住着刘家、秦家；再往上，大场子一片，主要住着于家、赵家；许家台一片，从大场子往西南六七里地，主要住着许家，这道沟也称许家沟，西南接着土谷子；从大场子再往西北，就是最上边的白水子，主要住着白家、于家。所以，胡同水就4个小山神庙。

土谷子村山神庙

75岁老村主任李永才说，三五块石头一搭的小山神庙，土谷子几乎家家都有，至少也会一个姓有一个。过去过年也贴个挂签，去烧香上供。有人去世了，也到那儿去烧纸报庙。全村这样的小山神庙有30来个。

西涝洼村山神庙

乡文化干部、原西涝洼人潘军，经向家里大哥69岁潘才打听，说过去西涝洼差不多家家都有个小庙，只是不全一样。有的弄几块石头在家附近搭个小石头庙，有的在家不远的坝墙上垒个凹进去一块，有的在家堂屋的后墙上垒一小窑窑。大多是几块石头一搭，且都离家不远，方便到时候烧香上供。

西涝洼村72岁村民付洪久记得：“我家西边100多米的地方，就有个三五块石头搭的小山神庙，过去初一、十五、逢年过节，都来这儿上供烧香。”

西涝洼最多时18户，大约就有18个小庙，一般随口就叫小山神庙。

其 他

胡同水村三娘洞

三娘洞，位于湖洞水景区里边北崖上。

原胡同水村87岁老书记于文合谈及庙宇，说过去胡同水就有一个三娘洞，娘仨过去在那儿住着，里边也没啥神像。

以前访谈中，也有说，夏各庄镇陈太务有个陈三，好要钱，后来要穷了，就来这儿修行。媳妇带着闺女、儿媳找到这儿，陈三不见，又躲到塔洼那去边了。后来，这娘仨就在这儿住下来修行了，这地方便称为三娘洞。

2007年作者来刁窝访谈时，村人谈及三娘洞，故列入了刁窝村中。村人说，三娘洞洞朝西南，2米多高，六七米宽，可容纳四五十人。前有门窗，门西侧里边搭有土炕，里边还修有佛堂，为石头所砌。此洞现存，且近年进行了修复。

图208　近年复建的胡同水村三娘庙（摄于2007年12月）

上三娘洞，须登700多级石阶，石崖上写着“三娘洞”三字。而修复的三娘庙，面阔三间，倚洞穴而建（图208）。洞内北部，尚存过去砌墙等痕迹。洞内大约有三间屋宽，两间屋进深。站洞前南眺群山，悬崖峭壁极为壮观。

墓 葬

黄松峪地区地处山区，有山有水，并有明代长城及黄松谷关，历史上这一地区应该是人类活动较为频繁且较为悠久，所以留下了不少墓葬（包括平民墓），只是多已无存。这里只重点记述黑豆峪金代萧氏家族墓及大东沟“石坟圈子”。

黑豆峪金代萧氏家族墓

金代萧氏家族墓，俗称“鞑子坟”，位于黑豆峪村西部。

2005年出版的《平谷文物志》“第四章·古墓葬·第二节·墓葬区”记载：

黑豆峪墓葬区，位于黄松峪乡黑豆峪村西，太黄公路西侧台地上的居民区内。占地面积5000平方米。

1984年10月，第二次文物普查中发现，为金代墓葬区。墓葬布局不规则，多南向，为砖室墓，上有封土堆。其中一座墓的主墓道长100米，墓室高4米，长3.5米，券顶。内壁抹白灰，有彩绘。墓早年被盗，村民掘墓取砖时，曾出土墓志2盒。

1998年，第三次文物普查中发现一扇石墓门和一通墓碑（残）。

墓志一为耶律氏墓志铭（残），字迹清晰；一为萧资茂墓志铭，志盖已失，志文模糊不清。

墓区现为居民区。

过去黑豆峪这一带中间是洼的，从北往南流水，北边就是黑豆峪北沟白云寺。东西两边都高，“鞑子坟”在西边，那地方称作“村西坡”，如今都成为村落一部分了。

图209 黑豆峪村84岁村民王玉臣（摄于2018年5月）

为进一步了解金代萧氏家族墓葬情况，作者一再来黑豆峪村访谈。84岁村民王玉臣（图209）记得，这里应该不止一座墓葬，具体多少不清楚。就所见到的三队的那座，砖室墓墓穴直径约3米，高约3米，过去地上应该有坟头，不知啥时候没人管理大概都平了，地上基本看不出来了。砖室墙码着三块半砖，一块砖一尺二，有一米多厚。1967年前后，拆了砖盖三队的库房，墓里有一块方碑，字朝上铺在库房门下面，当过门石了。那时王玉臣当了3年保管员，天天从方碑上走过。砖室上面有个一尺粗细的圆洞，看来墓早年应该就被盗了。

抗战时期，黑豆峪是抗日堡垒村，墓里曾藏着八路军的物资。王玉臣那时很小，恍惚记得藏有黄豆、火硝等物。就目前知道的这一带，应该有4座墓：方碑做过门石的这座，在墓区的西北位置。此墓东南约20米处一座，这座墓南边约20米处还有一座。20世纪90年代末，在刘家河村东边二三里的地方，路北半山坡，距离北边沟里的“鞑子坟”也就百十米，大概是施工，也挖出一座墓葬，有石墓门等。那里过去有坟头，约2米高，3米多直径。作者当时在文物局管文物，是到现场看了的，应该与“鞑子坟”是一起的。

王玉臣老人记得，1968年夏天，因为拆南面那座属于四队的坟的砖，拆薄（báo）了，天又下着小雨，结果墓室塌了，把四队一个人砸死了。传说墓里边没有棺材，盗墓的人进去一看，墓主人就像活着的人一样坐着看书，说是嘴里含着珠子。盗墓的人把珠子抠出来，那人就瘫了。老人一再强调，这也只是听人说，没亲眼看见。

1984年文物普查中，发现两方金代墓志，一为“金漆水郡夫人耶律氏墓志”，一为“金故达撒山行军谋克、孛谨萧公（资茂）墓志”。经研究，耶律氏当为萧资茂祖母。具体志文等见“碑刻”，在此不作记述。

这里仅就发现的金代萧氏家族墓葬情况进行了整理，作为一个显赫的家族墓地，不会仅有这4座墓。如萧资茂墓志中就有“皇考讳谦”语，意味着其父萧谦已先他去世了，按理也应在这墓地下葬的。所以，这一地区以后如有施工等，还可能有重要发现，平时应注意加强保护为好。

大东沟“石坟圈子”

石坟圈（quàn）子，位于大东沟村槁寺西边二三百米的地方（图210）。

图210　槁寺西边不远处，就是石坟圈子，村人以上边垒着石墙儿而随口称为石坟圈子（摄于2022年12月）

88岁村民徐凤如说，石坟圈子，有五六个坟头，垒着一圈石头墙，一人多高，圆的。79岁老村书记李景祥接过话茬说，没都垒石墙，连上带下有10多米。

当然，村人也有称作“鞑子坟”的。访谈中，85岁老村书记陈秀峰说，据说这坟是金兀术那时候的坟，开始想放别处，说方圆80里不能有人。还说滑子村有个倪尚书，一看，就在凤凰山上盖了一座天王庙，周边人家就都不搬了。

老人所谈，金兀术是金代的，而滑子村倪尚书则是明代的，工部尚书倪光荐，凤凰山上有座药王庙。大概这是附会的传说了，金兀术与倪尚书本不是一个朝代的人。

90岁老村干部张广成说，过去说三队要出皇上，刘伯温在尖山那儿铲了三道沟，铲断了龙脉，皇上就没出来。并说过去有“南修边墙挡海水、北修边墙挡鞑兵”的老话儿。鞑子坟，过去一家养一个鞑子，通知五月初五吃粽子的时候杀鞑子，没通知好，说成八月十五吃月饼的时候杀鞑子了。

看来，这一带是流传着关于“鞑子坟”和杀鞑子的传说的。

乡文化干部潘军以前搜集过一些民间资料，曾对作者说，大东沟“鞑子坟”，又称“石坟圈子”，当地人说是金代的坟。其中，一片有三四座大坟，据说葬的是带兵的将领；一片全是小坟，据说葬的是仆人。新中国成立前后，是密云还是顺义那边还有人来上坟。这些坟扒了以后，坟里那些衣裳还挺好的，都撕不动。

79岁老村书记李景祥带着作者实地踏察“石坟圈子”，这地方在槁寺西边不远的地方，是一片山洼，由西向东愈来愈低。大的方位，应该是有些坐西北朝东南。老人随口说，这应该是一片家族墓。并指着上边，说那是最大祖坟的地方（图211）。

李景祥老人记得，在最大的祖坟下面南侧，那儿也有一座墓。大概是1965年，当时他是三队的生产队长。平整土地的时候扒出来一座坟，就见有半棺材水，里边是个女尸，没腐烂，看去也就20多岁，黄衣裳。

尸体是他拽出来的，不是干尸，是软的，就像活人一样。两边一边还有一个棺材，相距也就一尺远。里边跟屋一样，也有券拱，地上是石灰。老人特意说，衣服都没腐烂，公安局来人把东西都弄走了。

图211 大东沟村79岁老村书记李景祥指着石坟圈子上边最大的祖坟所在的地方（摄于2022年12月）

这样看来，大东沟的“鞑子坟”，又称“石坟圈子”，是在坟地上面垒着半圆的石墙，形如一道坟圈子，村人随口就称为“石坟圈子”了。民间一般把北方少数民族包括元人、清人等，都称为“鞑子”。既然密云或顺义那边的人还过来上坟，且墓里的衣裳都撕不动，说明这片墓葬应该不是金代的。金代距今800多年，那些衣物一般保存不下来的。也就是说，这片墓地应该比金代要晚，甚至极可能是清人墓葬。清人墓葬如果封闭得好，衣物甚至尸骨是不会腐烂的，平谷地区发现过清代这样未腐烂的墓葬。而且这片墓地应该与皇家无关，如果与皇家有关，相关志书等一定会有记载，且墓地一般都会有碑刻以及石人石马等。根据村人所谈及实地踏察，这里应该是一片家族墓，只是是什么家族不得而知了。人家且是有后人的，所以清明了才不忘过来给先祖上坟。

古 建

古建，是指历史上遗留下来的建筑，比如寺庙、牌坊、亭、台、楼、阁等都是。黄松峪地区历史上庙宇不少，可大多没有保存下来。一些重要的老民居，随着这些年的改造翻盖，也基本消失了。明代长城经过黄松峪乡，这是仅存的重要的古建筑了。

黄松峪长城

长城，是我国古代人民留下的一项保障安定与和平的伟大的军事防御工程，横亘于崇山峻岭、河流峡谷及沙漠高原间，绵延数万里。最早修筑长城的是楚国以及齐国，约在公元前7世纪。随后，秦、燕、赵等国亦相继修筑。秦统一六国后，将秦、燕、赵三国的北方长城连为一起，形成西起临洮、东至辽东的万里长城。之后，汉、北魏、北齐、东魏、北周、隋、辽、金、明各代多有修筑，前后延续两千余年。

图212　金海湖镇红石门大松木顶三省界碑，为北京段长城起点（摄于2006年5月）

平谷境内长城为明代在北齐长城基础上所修建，属蓟镇长城的一部分。平谷长城长53.67公里，自金海湖镇大松木顶“一脚踏三省”的那座敌楼（图212），沿区界向西北延伸至黄松峪乡，经南独乐河镇，向北经山东庄镇、熊儿寨乡、镇罗营镇等6个乡镇19个村，至镇罗营镇北水峪村北山挂弓顶（图213），出平谷区境，进入密云区、兴隆县境内。

平谷境内长城大致为东南至西北走向，城墙依山势而建，由于年代久远，墙体损毁严重，一般高3米至5米、宽1米至4米。墙体、墩台、垛口均呈梯形结构，上小下大，收分明显，增加了长城的坚固性。关隘、敌台以条石做基础，大城砖垒砌。城墙皆以当地山石垒筑而成，所谓“石长城”（图214）。

图213　北水谷关挂弓顶，俗称跨儿岭，村里人说是杨六郎在此挂张弓，以镇守关口。平谷段长城由挂弓顶而出境，进入密云、兴隆境内（摄于2016年12月）

图214　平谷境内明代长城（摄于2009年5月）

图215　右起长城保护员韩建光、李梦奇、张明超、杨淑君（摄于2021年5月）

图216　黄松峪水库东侧长城（摄于2022年10月）

图217　黄松峪水库西侧长城（摄于2022年10月）

长城上建有107座敌台，彰作里关、将军关、黄松谷关、南水谷关、北水谷关5座关隘，将军石营、峨嵋山营、熊儿谷营、镇虏营、黑水湾寨、峨嵋山寨、鱼子山寨、熊儿谷寨8座营寨。

黄松峪长城属平谷明代长城的一部分，分为黄松峪段长城和梨树沟段长城，共7500多米。这是根据区文物部门所编《平谷长城——北京市平谷区长城资源调查资料汇编》统计整理。

黄松峪段长城。据长城保护员韩建光（图215）说，从金海湖镇与黄松峪乡交界的尖山峪上部48号敌台起，往西经黄松峪水库大坝，再往西北经康石岭长城，至61号敌台段长城，直至白云寺大西山长尾（yǐ）沟上部山脊处，与南独乐河镇北寨长城交界处止。全长6500多米（图216，图217），包括420米山险，其中有敌台14座，马面5座。

黄松峪段长城位于乡域南部，黄松峪村北，由东向西横贯全乡。2013年进行抢险修缮。

梨树沟段长城。长城保护员张建华（图218）说，从熊儿寨乡四座楼山往东，经83号敌台，东为山险660米，而后为长城墙体，至84号敌台。再东仅20多米，且在一座小山包上，是85号敌台。这段墙体长120多米，梨树沟段长城（图219）即由此起，从85号敌台继续往东，经86号敌台，至87号敌台，三座敌台之间为880米山险。梨树沟段长城至87号敌台止，全长1000米，有三座敌台。

图218 长城保护员张建华（摄于2023年2月）

梨树沟段长城位于乡域北端，南面为梨树沟村，北边属于镇罗营镇，可见张家台水库。《平谷长城——北京市平谷区长城资源调查资料汇编》将此段长城列入镇罗营玻璃台段，因现在由梨树沟长城保护员日常巡查管理，故以“梨树沟段长城”列入黄松峪长城。

图219 梨树沟长城及敌楼（摄于2020年5月）

墙体。黄松峪长城墙体总长

图220　黄松峪长城（摄于1961年）

图221　黄松峪段长城（摄于2022年10月）

6200多米，主要是石长城。由于年代久远，墙体损毁严重（图220，图221）。其大体形状，与平谷境内石长城基本一致。墙体为自然基础，墙身就地取材，以当地山石垒筑而成，人称“干碴边”。而以石头垒砌的墙体石灰抹缝，墙芯以碎石块和黄土夯筑，上面以石片铺平。马道以石块砌平，缓处为慢坡，陡处以条石砌筑台阶，在墙体内侧较陡处用大石块垒成梯阶，以便士卒马匹行走。

图222　作者柴福善踏察黄松峪石长城（摄于2014年1月）

2013年11月，作者踏察（图222）黄松峪水库东面长城时，在墙体南侧，看到散落着一些大石块，与城墙所垒石块相差不多，且石质一样，感觉应为当年修长城时开采使用剩下的石头。也就是说，这里或

图223 黄松峪水库东侧长城南面一些散落的大石块，极可能为当时的采石场（摄于2013年11月）

为当年的采石场（图223），充分体现了古代修筑长城就地取材的重要特点。

从黄松峪水库东坝头不远的一处敌台向东南又延伸出一段墙体，多已坍塌。连着这座敌台的一小段墙体进行了修缮。

保护员韩建光说，这是从55号敌台起，向东南延伸至52号敌台，并与52号敌台西南角连接，长约1000米，呈一道“弓”形，且有1个马面，是黄松峪段长城的5个马面之一，村里人一直管这叫“二道城子”。2013年在对黄松峪段长城抢险修缮时，对二道城子也修缮了10多米一段。

图224 从长城的主墙往东南延伸的附墙（摄于2013年11月）

翻阅《平谷长城——北京市平谷区长城资源调查资料汇编》，对此有记，称作“附墙”：“墙体出现主墙和附墙，交替出现，此段也是平谷区出现的唯一一处附墙（图224）。”

请教市文研所研究长城的尚珩先生，说附墙就是从主墙上伸出去的一段。其作用有的时候是为了提高主墙防御能力，有的时候（如明朝）是中早期长城的一部分，中后期长城改线而废弃，形成附墙，这种附墙顺着走可以走很远很远。附墙有的时候也叫“稍城”，是与关口的“正城”相配套使用的，即从正城的侧翼护卫正城。

既然这段附墙建在主墙内侧，且与两座敌台连接，因此，这段附墙或是为提高主墙防御能力所建造的。

图225　黄松峪水库西段长城的山险（摄于2022年10月）

图226　梨树沟段长城山险（摄于2020年5月）

山险。在长城修造中，面对着高山峻岭，往往依山势而建，所谓“因地形，用险制塞”，故多处以险为障，以崖代墙，甚至还会以山体代墙体，这是修造长城的又一个重要特点。在黄松峪长城中，黄松峪段长城有两段山险420米（图225），梨树沟段长城有一段山险880米（图226），山险共长1300米。

偏坡。在黄松峪段长城墙体外侧，地势稍缓的位置，将平缓的坡面人工铲削，在直立陡峭的立面再包一层石墙，或利用石壁在上面再加筑墙体，称其为“铲偏坡”，亦为山险墙的一种，简称“偏坡”。其目的，是在长城主墙体之前增设一道障碍，加大敌人直接攻击长城难度，减缓敌人进攻速度。

戚继光称“偏坡实墙垣之障蔽，有偏坡，则虏虽众不敢仰窥于上，马虽强不得骤驰于下，钩竿不能到，云梯不能安”。这种偏坡，并非连续段落分布，而是与主墙体距离不等。

图227　黄松峪长城外侧偏坡（摄于2021年1月）

2021年1月，经市文研所尚珩先生考察，长城保护员韩建光巡查中看到的黄松峪长城外侧石头垒砌的这些坡体，被确认为偏坡（图227）。最近的偏坡离墙体约5米，最远的近百米，具体建造年代待进一步考证。据文献记载计算，蓟镇境内的偏坡总长度约750公里，黄松峪长城偏坡长500多米。平谷境内其他长城段应该也有这样的偏坡，尚需进一步调查。

敌台。黄松峪长城共有18座敌台，其中黄松峪段长城14座，梨树沟段长城4座。这些敌台几乎都已坍塌，一些敌台还有残墙保存，有些甚至坍塌为一堆碎石了。据《平谷长城——北京市平谷区长城资源调查资料汇编》统计，平谷段明长城有普通敌台和空心敌台（敌楼）107座，其中黄松峪乡14座。这里所记，应该不包括梨树沟段长城上的4座，这4座是列入了镇罗营镇玻璃台段。

就敌台而言，一般分为普通敌台和空心敌台。

普通敌台建于城墙上，相隔不远就有一向外凸出的台子，大部分是骑墙向墙两侧凸出，称敌台。其台面高度与城墙顶差不多，外侧砌有垛口，在敌人逼近城墙时，便于御敌。同时，也是巡逻放哨的地方。这种

图228 黄松峪水库东侧圆形敌台（摄于2014年1月）

敌台以石砌筑，一般6至10平方米，高2至3米。这种普通敌台，在黄松峪段长城上有，尤其黄松峪水库东侧，还有一座圆形敌台（图228），已残，直径8.5米，残高2.5米。圆形敌台不多，在平谷地区仅此一座。

空心敌台为16世纪后半叶明代蓟镇总兵戚继光所创建，其高出城墙，有两层、三层之分，可供守城士兵居住、储存粮食和武器，习惯称敌楼。平谷境内敌楼，一般基础为大块条石抹以白灰垒砌，上为砖筑，每侧3个瞭望窗口，一侧有门。多建于城墙上，也有建于城墙外侧或内侧。根据不同地理位置，所设敌楼距离几十米至1000米。《四镇三关志》记载："将军营下……边城六十九里，……空心敌台一十八座。""镇虏营下，……边城一百四十五里，……空心敌台十座。"镇虏营下的边墙应包括现在密云的一部分。四座楼山顶3座空心敌楼保存较为完整。四座楼山敌楼（图229），建于海拔1062米的四座楼山上，现存3座，最东端一座，于20世纪60年代末因建造通

图229 四座楼山敌楼（摄于1982年8月）

讯工程而拆毁。敌楼东西排列，敌楼间以石筑城墙相连，相隔一二百米，形制基本相同，均为方形。如西部敌楼（图230），通高约10米，上口边长约11米，底边长约12米，条石基础，青砖台体，白灰勾缝。建筑为“井”字形格局，由3个砖券筒拱组成（图231），中心室两侧隔墙，各辟3个门洞。整体建筑南、西、北三面各辟3个箭窗，唯独东面辟左右二窗，中间一门，与中心室相对，以便上下出入。

图230　正在修缮中的熊儿寨乡四座楼山西部敌楼（摄于2008年6月）

图231　熊儿寨乡四座楼山西部敌楼内景（摄于2008年6月）

梨树沟段长城的4座敌台，都是空心敌台（图232），且西接四座楼敌台，应该大致为同时建造，且形制也大体相同。黄松峪段长城的14座敌台（图233），大多也是这样的空心敌台。

图232　梨树沟段敌楼，为三眼楼（摄于2020年5月）

马面，又称墙台，黄

图233　黄松峪长城敌楼（摄于1961年）

图234　黄松峪段长城马面（摄于2020年10月）

松峪长城有5个马面，主要在黄松峪段长城的城墙上（图234）。

长城专家罗哲文先生所著《长城》一书中“长城的用途和构造”部分写到：墙台，“在长城城墙上，隔不多远有一个突出墙外的台子，叫做墙台。墙台的台面与城墙顶部高低差不多，只是凸出一部分于墙外，外侧砌有垛口。这种突出城墙以外的墙台（也叫马面），在作战功能上起很大的作用。假如没有突出的墙台，在敌人逼近城下登城的时候，城上守兵就不便瞄准，也不便射击。有了凸出的墙台，若遇敌人登城就可从侧面射击，使登城者受到城上和左右两方的射击。这种墙台，是平时守城士卒巡逻放哨的地方”。

关隘。为便于防御，在长城沿线的两山之间、山河之间或山海之间等，修筑了诸多关口，并派重兵把守。平时是长城线上进出的通道，战时则是进攻和防守的重点。平谷段明长城沿线，共建彰作里关、将军关、黄松谷关、南水谷关、北水谷关5座关隘，今多毁弃，甚至已遗迹无存。

黄松谷关，位于黄松峪乡黄松峪村北，今黄松峪水库大坝处（图235，图236）。

图235　黄松谷关旧址，现已建为黄松峪水库大坝（摄于2011年3月）

图236　今黄松峪水库大坝即明黄松谷关口处，以及关口东侧长城（摄于1976年，选自《档案见证美丽平谷》）

黄松峪得名，访谈88岁老村书记秦瑞清，说村东边有个尖山峪，上面有几棵松树，就从那儿叫的黄松峪。

《四镇三关志》写作“黄松谷”，而“谷”同“峪”，今称黄松峪。应该是先有黄松峪之称，而明时在此建关便以之名关。后因关而成村，又以关名而名村了。

《四镇三关志》记载：黄松谷关“永乐年建正城，河口平漫。通众骑，极冲，馀通步，缓。”关口坐落在两山之间，宽约百米，地势较为平缓。两侧建有敌楼，修黄松峪水库时拆毁。关口东南300米处原有关城一座，东西长约300米，南北约500米，设南、西、北三门，内有钟鼓楼等建筑，现已无存。

烟墩。又称烽火台、烽堠等，罗哲文先生所著《长城》一书中记载：汉代称作亭、燧，或亭燧并称；唐宋称作烽台；明朝称作烟墩、墩台等。而烟墩是用以传递军情的建筑，一般建于高山之巅，长城两侧和营寨附近，是一个独立的建筑。平谷区明代长城发现烟墩6座，其中金海湖镇3座，镇罗营镇3座。黄松峪长城目前尚未发现烟墩。

长城为国家级文物保护单位，且被联合国教科文组织世界遗产中心列入世界文化遗产名录，成为全人类共同的宝贵财富。黄松峪长城作为明代长城的一部分，应很好保护才是。且在保护好的前提下，如条件具备再科学利用。

古 树

黄松峪地区历史上的古树，主要分布于庙宇、街头、墓地及山野，与寺庙建造、村人立庄、百年寿地及生产劳作有关。当然，这些几百年甚至上千年间长成的古树，历经战火、动乱等，大多今已无存。

现在，仅存古树13棵。其中，古柏8棵，古槐3棵，银杏树1棵，老栗树1棵。

园林好建，古木难求。这些仅存的古树，是黄松峪地区历史的见证，是生长着的活文物。而古树一旦消失，便不可再生，应予很好保护才是。

黄松峪村太公庙古柏

黄松峪村北太公庙，供奉姜子牙画像，1944年前后拆毁。庙西侧十来米处，有4棵古柏（图237，图238），为侧柏，长势良好。

据《北京郊区古树名木志》记载，黄松峪村北古太公庙，有古柏4株，树姿优美，枝叶茂密。因边材黄色，纹理美观，人称“金丝柏”。至今，4株古柏高耸在黄松峪水库大坝坡道旁。1992年，垒起高2.3米、长25米石坝。古树恢复生机（图239）。

据区园林绿化局《古树名木档案》记录：黄松峪水库旁4棵侧柏（图240，图241），树龄300年，胸径分别为47.1厘米、46.3厘米、46.1厘米和49.5厘米，树高分别为11米、9米、8米和10米，冠幅东西分别

图237 黄松峪村太公庙古柏（摄于2014年4月）

图238 黄松峪村太公庙古柏（摄于1988年）

图239 黄松峪村太公庙古柏（摄于1992年）

图240 黄松峪村太公庙古柏（摄于2001年8月）

图241 黄松峪村太公庙古柏之一（摄于2014年4月）

为6.5米、8.4米、5.4米和6.4米，南北分别为7.2米、7.2米、8.5米和8.3米，长势正常。初为二级保护古树，现为一级保护古树。

西涝洼村古柏

西涝洼，原为一个独立的行政村，20来户人家。1976年，公社为解决吃水困难及交通不便等问题，将西涝洼并入黄松峪村。西涝洼是一道山沟，沟里半山上有一户人家叫张自福，是其父亲清末从王辛庄村搬迁而来。在20世纪60年代“文革”中，一家人又迁回王辛庄村。张自福今已90多岁了，住在当地养老院里。当初张家落户时，在自家房前西南栽植两棵侧柏，在房后东北栽植两棵侧柏。西南两棵略粗些，约一搂粗（图242）；东北两棵略细些，胸径二十四五厘米（图243）。4棵侧柏已百余年了，长势良好。

据区园林绿化局《古树名木档案》记录：黄松峪村西涝洼有两棵侧柏（图244），树龄约为200年，树高分别为11米、13.7米，胸径分别为34.2厘米、32厘米，冠幅东西分别为6.5米、3.6米，南北分别为7.2米、6.4米，长势正常，为二级保护古树。2007年，建水泥围栏。这里所记，为张家院前西南两棵侧柏。

图242　黄松峪村西涝洼张自福家院前西南两棵侧柏（摄于2014年5月）

图243　黄松峪村西涝洼张自福家院后东北两棵侧柏（摄于2014年5月）

图244　黄松峪村西涝洼张自福家院前西南两棵侧柏（摄于2007年5月）

黄松峪村弥勒庵古槐

黄松峪村北部过去有座弥勒庵，山门前有棵大槐树，为国槐（图

图245　黄松峪村弥勒庵前古槐（摄于2007年6月）

图246　黄松峪村弥勒庵前古槐树干局部（摄于2007年6月）

245），约二搂来粗，树干半边已糟朽（图246），至今长势繁茂（图247）。

图247　黄松峪村弥勒庵前古槐（摄于2022年10月）

得知编写《黄松峪史话》，69岁退休干部村人秦瑞文发来一张照片，上面拍的是黄松峪村南北向的这条主街，是从南边向北拍摄的，可见街东侧3棵几乎一般粗大的老槐树。

秦瑞文记得，他1972年在村当赤脚医生。黄松峪村的医疗站是全国先进典型，连当时的卫生部部长刘湘平都曾来村考察。1974年前后，是新华社还是哪个单位的一个姓李的记者，连写稿带拍照，这张照片应该就是那时候拍的（图248）。

图248　黄松峪村街景及3棵古槐（摄于1974年前后）

88岁村书记秦瑞清记得，黄松峪村南北向大街有7棵大槐树，都在街东边，二三十米远一棵。日本鬼子给放了两棵，新中国成立以后村里放了4棵。其中两棵大概是1976年前后修街道时放的，当时为大街拓宽铺油，黄松峪村在全县是第一个街道铺油的。现在，就剩最北边这棵了。

黄松峪村陈氏家族墓地龙爪槐

黄松峪村有棵龙爪槐（图249），原在村西南100多米处的陈氏家族墓地，现在已是村里了。

图249　黄松峪村陈氏家族墓地龙爪槐（摄于2023年2月）

据村里陈姓老人回忆，陈氏家族为黄松峪村立庄户，由中桥村迁来。而中桥村陈氏，据中桥陈姓人说是由江西颍川县来的，所祭祀的始祖叫陈德新。黄松峪村陈姓人已不知来这儿多少辈儿了，过去陈姓人多时有四五十户，现在还有30多户。那片坟地有十来亩，五六十座坟头，有石碑，一米二三高。十几棵大松树，是油松，一搂多粗，长得很高大。柏树有三四棵，略细些。

陈家坟由北往南排列，龙爪槐在坟地东边，离那座祖坟东南五六米的地方。约在20世纪六七十年代平掉坟头，70年代中后期有人家陆续在这里盖房子。原为高汉福家，后转让给赵宝忠家。这棵龙爪槐就在赵家院内，约一搂粗细，大枝杈如虬龙一般（图250）。有些枝杈被砍掉，可见枝杈中间已成空洞。这样的龙爪槐在区内仅此一棵。

图250　黄松峪村陈氏家族墓地龙爪槐枝杈遒劲，一大杈近年被锯去，可见中间已空（摄于2014年4月）

据《北京郊区古树名木志》记载：平谷现有龙爪槐1株，生长在黄松峪村一农户院中，陈族坟遗址。树龄约300年，胸径65厘米，树高5米，粗枝扭转弯曲，树形美观清俊（图251）。1990年以后，砸掉树下不透气水泥地面，垒上65厘米高圆形花砖墙（图252）。环境改善，树势增强。

据区园林绿化局《古树名木档案》记录：此槐冠幅东西4米，南北3米，树势正

图251　黄松峪村陈氏家族墓地龙爪槐（摄于1988年）

图252　黄松峪村陈氏家族墓地龙爪槐（摄于1992年）

图253　黄松峪村陈氏家族墓地龙爪槐（摄于2003年5月）

图254　黄松峪村陈氏家族墓地龙爪槐（摄于2014年4月）

常。此槐初为二级保护古树，现为一级保护古树（图253，图254）。

黑豆峪村古槐

黑豆峪村南北向大街中心西侧，有棵老槐树（图255）。

这里过去是村南，高台上有座菩萨庙，菩萨庙东边十七八米的台下边，有座五道庙。五道庙东边两三米的地方，就是这棵老槐树（图256）。

图255　黑豆峪村古槐（摄于2014年4月）

图256　黑豆峪村古槐（摄于2022年10月）

老槐树直径有1.5米，两搂多粗，半边都糟朽了（图257），起码有几百年了。问村里老人，不知道槐树啥时候栽的，也不知道是否与立庄有关。

老槐树南侧1米多处，还生长一棵小槐树，也有一搂来粗了。

图257　黑豆峪村古槐半边都糟朽了（摄于2022年10月）

黄松峪村观音庙（朝阳洞）银杏树

图258　黄松峪村观音庙前银杏树（摄于2006年12月）

黄松峪村西山脚观音庙，又称菩萨庙，依洞穴而建，称朝阳洞，俗称西洞，供奉观音菩萨等泥塑像。现存1961年所拍朝阳洞观音庙照片，并简略记述：黄松峪朝阳洞观音庙，朝阳洞——建于明成化十年（1474年），至今仍完整存在（观音庙里面）。

庙前有棵银杏树（图258），树身早生出树乳（图259），现在依然枝繁叶茂，每年结不少“白果”，为区内最

图259 黄松峪村观音庙前银杏树树乳（摄于2014年4月）

高大古老粗壮的银杏树。老照片中拍摄了银杏树树干局部。村人没人能说清这棵银杏树啥时候栽的，只一再说应该不止几百年了。

其实，树应该也跟人一样，人老生斑，树老生瘤。如果一棵大树干上长了很多的树瘤，甚至这棵银杏树树乳都生出来了，真的应该有几百年甚至更久了。当然，究竟如何，科学测定更为准确，这只是一种直观的感觉而已。

据《北京郊区古树名木志》记载：生长在黄松峪观音庙遗址的银杏，叶茂荫浓，树姿优美。1990年7月，大风刮折树杈一根。现树下萌蘖丛生，长势旺盛。为一级保护古树（图260，图261，图262）。

图260 黄松峪村观音庙前银杏树（摄于1983年）

图261 黄松峪村观音庙前银杏树（摄于1988年9月）

图262 黄松峪村观音庙前银杏树（摄于2001年8月）

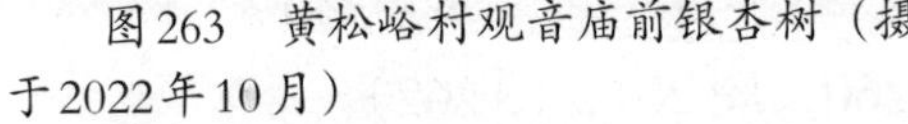

图263　黄松峪村观音庙前银杏树（摄于2022年10月）

图264　黄松峪村观音庙前银杏树粗大的树干（摄于2022年10月）

据区园林绿化局《古树名木档案》记录：银杏树龄约549年，树高19米，胸径146.5厘米。冠幅东西24.5米，南北25米，树势正常（图263，图264）。2008年，置铁艺围栏。2011年，拆除地面水泥，扩建围栏。

梨树沟古栗树

梨树沟有条“栗树谷”，生长着十几棵大栗树，或一两搂粗，或两三搂粗。其中一棵大栗树，竟四五搂粗，起码有几百上千年了（图265，图266）。

图265　梨树沟古栗树（摄于2020年9月）

梨树沟人也不知道这老栗树是谁栽的，只记得他们小时候老栗树就这样。现在依然枝繁叶茂，秋后结出满树的栗子。

图266　粗大的古栗树树干四五个人才能搂抱过来（摄于2019年4月）

历经沧桑，是棵名副其实的“古栗树”了。

碑　刻

黄松峪地区过去一些村庄所建造的重要庙宇，无论创建或重修一般都会勒石立碑；一些重要的官宦家族墓地，也会竖立墓碑或镌刻墓志；还有修筑长城及敌楼的碑。从现在所存碑刻来看，主要是这三方面。这对研究黄松峪地区以及平谷地区乃至北京地区的历史文化，都具有重要价值。

金漆水郡夫人耶律氏墓志

金漆水郡夫人耶律氏墓志，1984年8月在黑豆峪村出土。

墓志志盖、志底均断为两块，应是人为凿断，致使中部残缺（图267，图268）。

图267　金漆水郡夫人耶律氏墓志盖（摄于2008年12月）

墓志残长94厘米，宽99厘米，厚20厘米。盖文3行，满行4字，篆书。志文37行，满行40字左右，楷书。

承直郎、行台右司郎中刘长言撰，即由刘长言撰写的墓志铭文。“行台”，《中国历代职官知识手册》写道：“在地方代表朝廷行尚书省事的机构称行台。”具体“行台右司郎中”是什么职务，做什么事的，作者对古代官职没有研究，也就不清楚了。但从“承直郎”来看，这个文官的文散官官阶，金代时为正七品下，刘长言撰写墓志铭时级别应该不是很高，比七品知县还低半级。

图268 金漆水郡夫人耶律氏墓志底（摄于2008年12月）

《北京辽金史迹图志》及《新日下访碑录（房山卷）》两书中，同时收录了《大金故慧聚寺严行大德闲公塔铭》，严行大德灵塔在今房山区长沟镇西甘池村。塔幢六角七级密檐式，其塔铭并序即为刘长言所撰。时为金贞元元年（1153年），比撰写耶律氏墓志的皇统元年（1141年）晚了12年，刘长言已官至银青光禄大夫、翰林院学士承旨。“翰林院学士承旨”，金时为翰林学士长官，正三品。至金宣宗贞祐三年（1215年），升格为从二品。也就意味着，在这12年间，刘长言从正七品下升至正三品了，所以文散官才被授予“银青光禄大夫”。

从仕郎、滨州司法参军□世泽书，由□世泽书写墓志铭，常说的“书丹”。“从仕郎”，文散官名，金始置，从八品下。“滨州”，应该在今山东东北部，现在还有滨州市。“司法参军”，大致是掌议法断刑之事。

儒林郎、前知济南□□□龢（hé）篆盖。由□□□龢篆书墓志盖。“儒林郎”，金时为从七品下。具体任什么官职，“前知济南□□”短缺两字，也就不得而知了。

金漆水郡夫人耶律氏墓志现收藏在上宅文化陈列馆。

盖文

大金漆水郡夫人耶律氏墓铭

按常规，应是“墓志铭”，少个“志”字，或是刊刻时由于志盖只可以刻12个字，便略去一字了。

志文

大金漆水郡夫人耶律氏墓志铭

承直郎、行台右司郎中刘长言撰

从仕郎、滨州司法参军□世泽书

儒林郎、前知济南□□□銶篆盖

皇统元年十二月乙酉，金紫光禄大夫、同知西京留守事萧公命子谦，卜葬其正室故漆水郡夫人耶律氏于蓟州渔阳县□□□乐山之原礼也。前期，以门人徐庚所状夫人家世封寿治行之实。抵汴京，请铭于行台右司郎中刘长言，将勒诸圹（kuàng）石，用图不朽。先是，金紫公尹济南，长言家山东，以所闻公之耆旧□□积累深厚，内助之美，所以来久。且夫人之葬，法应得铭。顾如鄙文腆（tiǎn）涊（niǎn）弗振，惧无以称。□□□辞，乃据而论次，谨按：

夫人耶律氏，曾门而上，累叶通显，号为世家。祖父蓄德，□□□以□□，而父更历藩翰，至平州节度使。母曰兰陵郡夫人萧氏，名讳具载别文。夫人□□淑灵，长益明悟，柔懿贞顺，奉亲笃孝。女工之事，不待姆诲，皆过绝人。及归夫家，以所事父母□□之尊章而能祗敬，夙夜勤劳匪懈。膳服温清，先意从事。岁时伏腊烝尝宾燕，率循仪法。肃□□□，中表称效之。平居以礼，承上以仁，接下乐善，周急无间疏戚。视人穷厄如己，致之至诚。恻□□□颜色，拯援调护，辍衣□食，无所吝啬，雅不妒忌，尤恶奢靡。皆得之自然，非如它人强勉为之。□□金紫公初受命治齐，与夫人谋，以属累众大，不可偕行。□□□有限，不足分赡。念有负郭之田，独可竭力以殖恒产。于是夫人留居，颛董家事。环堵之□□□风雨，然而规摹严整，其起居应□，皆有常度。服用简约而均节，区处必中条理。自亲戚故旧□□臧获僮隶，怀戴恩遇，感激劝向。事罔不治，讫无一人辄异言者。盖金紫公仕繇小官，登□□□心，公家闺门之政，唯夫人是任。内外两得，协□□□，物论归美，时鲜俪焉。夫人少好学问，□□典教，藏书万卷，部居分别，各有伦次。每早起□□□诵佛经，日旰方食。已而，杂阅诸书，涉猎传记。或时评议古今得失，切当事理，闻者叹息，玩□□□，得所趣入。无何，被疾，迨属纩，神情不乱。以天眷二年冬十二月丙子薨（hōng）于寝，寿六十有五。□□□躬履全德，来嫔右族，飨封受祉，安荣终身。惠爱浃于乡党，风猷蔼于士论。故殁之日，远近□□□彻行路，其贤智所立，不出壸（kǔn）阃（niè）。而动人如此，可不谓难能也哉！子男二人：谦，蚤（zǎo）服义训，今□□□将军，知滨州军州事。粘汉，未仕。谦娶刘氏，故节度使昉之女。孙男三人：建孙、公孙、昌孙，孙□□□尚幼，公孙幼而敏慧，夫人钟爱，殆为己子。维金紫志义许国，遽失宜家之助；明威干蛊，襄事方衔恤□□□匪著遗范，何以慰其夫、子？既备叙之，乃复系为铭诗，以伸敬仰之意，告后之人。其辞曰：

有来夫人，高明令淑。
嫔于庆门，膺此多福。
兰陵侃侃，位以德隆。
繇有佽（cì）助，致我匪躬。
温柔懿恭，内禀纯固。
夫人之德，睟（suì）然天赋。
文约简正，既利孔时。
夫人之言，可复不欺。

周旋中礼，俨其庄静。

夫人之容，孰敢弗敬？

上承下字，翼家之兴。

夫人之功，展也其成。

漆水之封，夫贵受祉。

上寿不究，胡尼之止？

有郁新阡，纳幽斯莫。

猗（yī）嗟夫人，后则不亡。

耿著刊

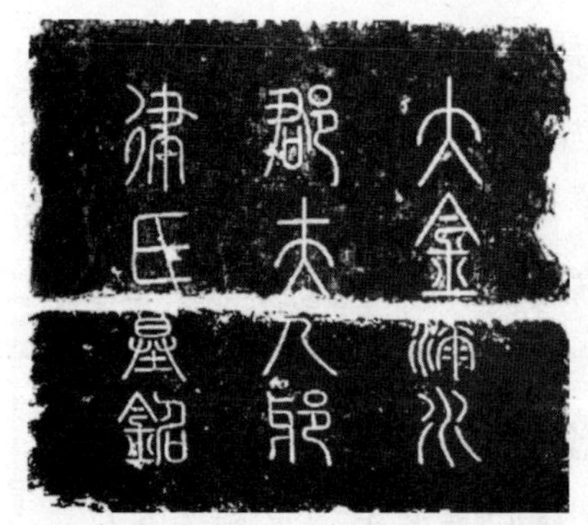

图269　金漆水郡夫人耶律氏墓志盖拓本

据耶律氏墓志（图269，图270）所记，耶律氏为金紫光禄大夫、同知西京留守事萧公之妻，萧公即萧公建，其子名谦。而萧资茂墓志记载，萧资茂父名谦。由此看来，萧公建即萧资茂祖父，耶律氏则是其祖母了。这正说明，黑豆峪金代墓葬，为萧氏家族墓无疑。耶律氏生于辽道宗大康元年（1075年），去世于金天眷二年（1139年）冬十二月，享年虚岁65岁，皇统元年（1141年）十二月安葬。

耶律氏知书达理，精通女红（gōng）。嫁至萧家，孝顺公婆，主持家务，内外和睦。

耶律氏应该是出身于契丹化的汉族权贵之家。墓志铭载其“曾门而上，累叶通显，号为世家。祖父蓄德，□□□以□□，而父更历藩翰，至平州节度使”。耶律家族当是辽代名门望族，其父官至平州节度使，平州（今河北卢龙县）军号称辽兴军，而《辽史》所载平州节度使没有其

图270　金漆水郡夫人耶律氏墓志铭拓本

父的名字。在唐朝末期，韩德让祖父韩知古被契丹人俘虏至辽为奴，韩德让父亲韩匡嗣（sì）能征惯战，是辽国一员不可多得的战将。韩德让从小受父熏陶，有勇有谋，为辽国立下战功。萧太后更是赏识他，后来成了辽国“摄政王”。由于韩德让有辅佐辽圣宗之功，且与圣宗之母承天皇太后萧绰有夫妻之实，因而被赐姓名耶律隆运，列为皇族。在萧资茂墓志铭里有“皇曾祖”“皇祖”“皇考”之说，是否与此有关呢？而韩匡嗣后人多改姓耶律，逐渐契丹化。看来，墓志所记的耶律氏，当为韩匡嗣之后了。

由墓志铭可知，萧公建之妻先去世，萧公建让儿子萧谦来进行“卜（bǔ）葬”。“卜葬”，指古代安葬死者，先占卜以择吉祥之葬日与葬地。或许萧氏家族金初随之南迁至蓟州渔阳县，至迟在天眷二年（1139年）耶律氏去世时，黑豆峪这个地方已经成为萧氏家族的墓地了。不知萧氏家族世居何地，是在今平谷境内还是其他地方，一时无从查考。

大金故达撒山行军谋克、孛谨萧公（资茂）墓志

大金故达撒山行军谋克、孛谨萧公（资茂）墓志，1984年8月在黑豆峪村出土。

志残，盖佚。残志长82厘米，宽82厘米，厚14厘米。志文20行，满行21字，楷书（图271，图272）。墓志正面很平滑，志文多有不清。根据黑豆峪王玉臣老人所谈，这方墓志，应该是铺在三队库房门下当过门石的所谓“方碑”。这平滑当是天长日久，人们从库房出来进去踩踏所

图271　金故达撒山行军谋克、孛谨萧公(资茂)墓志（摄于2008年12月）

图272　金故达撒山行军谋克、孛谨萧公(资茂)墓志拓片

致了。

墓志由归德将军、尚书礼部员外郎兼翰林修撰、同知制诰、国史院编修官、骁骑尉耶律履撰文并书丹。“员外郎”，金时大概为从六品。

墓主人金大定二十五年（1185年）安葬。

大金故达撒山行军谋克、孛谨萧公（资茂）墓志现收藏在上宅文化陈列馆。

志文

大金故达撒山行军谋克、孛谨萧公墓志铭并序

归德将军、尚书礼部员外郎兼翰林修撰、同知制诰、国史院编修官、骁骑尉耶律履撰并书丹

公讳资茂，姓萧氏，奚五帐族人也。皇曾祖讳勖，辽西京留守。皇祖讳公建，仕圣朝，以京兆□□□□管致仕，参官金紫光禄大夫。皇考讳谦，以□□军度使致仕，参官荣禄大夫。妣刘氏，封□□□夫人。兄弟三人，公最长，体貌魁伟，□□□□□□□□□氏谢世，弟妹皆幼，公抚□□□□□□□□□□□，朝廷以金紫府君有功，授谋克□□□□□□□□，公平廉慎，人赖其德。正隆时，海陵□□□□□以公领行军谋克。五年，盗据东□□□□□□□□致讨，公与弟资义、资艾偕行。既舟坏，与资义同溺而卒。无子，资□□□□□□□□权厝（cuò）于容城之三台乡，以大定廿五年□□□□日，葬于渔阳醴（lǐ）泉乡先茔。铭曰：

聪明友爱，惟公之□。
人怀其惠，惟公之□。
龟玉之毁，抑天之命。
盘山蓊蔚，神之所□。

萧公墓志记载，萧氏家族为“奚五帐族人”。奚族分为遥里、伯德、

奥里、梅只、楚里五部，也就是五帐族。由于奚族“世与辽人为婚，因附姓述律氏中”，述律氏即辽代的后族萧氏。而奚人大多姓萧，就与契丹的后族萧氏往往难以区分，萧公建家族就是奚族。萧资茂“皇曾祖讳勖（xù），辽西京留守”。“辽西京”，在今山西大同。也就是说，其曾祖父萧勖官至辽西京留守，可能是最后一任西京留守萧察剌，萧勖或为萧察剌汉名。《金史》记载，“西京已降，复叛。（完颜）杲（gǎo）使招之，不从，遂攻之，留守萧察剌逾城降。四月，复取西京”。即是说，萧察剌是在西京已降复叛之后再投降。萧勖降金有功，后代在金仕途顺利。萧勖为萧资茂曾祖父。萧公建，即耶律氏丈夫，为萧资茂祖父，“以京兆□□□□管致仕，参官金紫光禄大夫”，也就是京兆府兵马都总管，即京兆府（今西安）府尹。金代官制，府设府尹一名，正三品，兼本路兵马都总管。耶律氏墓志记载萧公建于金熙宗皇统元年（1141年）任同知西京留守事，金代诸京留守为正三品，兼本府府尹及本路兵马都总管。萧公建官阶为金紫光禄大夫，为正二品上阶，高于实际官职。萧氏墓志记载，“朝廷以金紫府君有功，授谋克”，“金紫府君”即萧公建。而萧资茂为“达撒山行军谋克、孛谨”，金代猛安谋克为世袭官职，萧资茂的谋克当为承袭自萧公建。“达撒山”，未见《金史》记载，不详在今何地，或在奚族地区了。“行军”二字加在“谋克”之前，表明是在战争时期。“孛谨”，即“勃堇”，女真语，最初为女真氏族部落首领之意，后来发展为长官之意，并授予女真族之外的其他民族。由此可知，勃堇一职，至迟在海陵王完颜亮正隆年间（1156—1160年）还存在。萧谦，为萧资茂父亲，“皇考讳谦，以□□军度使致仕，参官荣禄大夫”，耶律氏墓志还记载其曾任“□□□将军，知滨州军州事”。“荣禄大夫”，金始置，从二品下。萧谦不见《金史》记载。

这是萧氏家族的大致情况。墓志对萧资茂生平记载很简略，曾抚养年幼的弟妹，为人“公平廉慎，人赖其德”。可是所记萧资茂之死，却值得研究：海陵王正隆五年（1160年），“盗据东□□□□□□□致讨，公与弟资义、资艾偕行。既舟坏，与资义同溺而卒”。萧资茂死于海陵王完颜亮时期一次较大的“讨”“盗”，即所谓“东海之乱”，萧资茂与弟萧资义征讨中所乘的船坏了，一起溺水而亡。所谓“盗”，应是当时为侵宋需要，海陵王完颜亮残酷掠夺、压榨百姓，激起反抗。根据相关资料，“盗据东”之“东”，当是山东海州东海县。东海旧为宋地，人心向宋。因而正隆五年爆发了大规模的起义，后被镇压，“斩首五千余级”。

萧资茂死后，墓志说“权厝于容城之三台乡”，三台乡即今河北省雄安新区安新县三台镇。所谓“权厝”，权有暂且之意，应该就是暂厝，把棺材浅埋以待改葬。还有一种停柩，把棺材停放待葬，在这里应该不是这种。至金大定二十五年（1185年），才“葬于渔阳醴泉乡先茔”，也就是耶律氏墓志记载的“蓟州渔阳县□□□乐山之原礼”。也就意味着，当时这个地方属于渔阳县醴泉乡，这是过去所不曾闻说的。

查阅新编《蓟县志》“第一编·建置区划·第三章·区划·第三节·明清时期区划”记载，明“弘治五年（1492年），归并为十五里”，其中有“上醴泉乡”“下醴泉乡”，说明“醴泉”这个名字到明清时还在使用。

这里写作渔阳县，金代的渔阳县应该就是现在的蓟县，平谷地区那时归渔阳县管辖。自唐代至此时，一直叫大王镇。两年后，也就是金大定二十七年（1187年），由大王镇升为平峪县，即平谷县。当然，那时黄松峪一带，包括黑豆峪村，还属于渔阳县。就是后来平谷再次独立成县以后，这一带仍属于蓟县管辖。直到抗战胜利以后，1946年3月，取消联合县，恢复平谷县独立建制，将蓟县所属的14个行政村划归平谷，其中包括黑豆峪村。

这两方金代墓志，所记史实可补《金史》之缺，同时对研究辽金民族关系史具有重要价值。当然，对研究平谷的历史地理亦具重要价值。

白云寺经幢

《平谷石刻》一书中收录了这通经幢，名为“金泰和八年经幢”，是以经幢时间而名了。

经幢于1984年黑豆峪村出土（图273），幢身高约70厘米，汉白玉石质。经幢三面题记，其余五面镌刻佛教经文，一般为《陀罗尼经》。所以，《平谷文物志》记载此幢，便称为“陀罗尼经幢”了。

图273　黄松峪乡黑豆峪村出土的金泰和八年经幢拓本

其年款为“金泰和八年四月”，“泰和”是金章宗完颜璟（jǐng）年号，泰和八年为公元1208年。

1984年出土于平谷区黄松峪乡黑豆峪村，现存于上宅文化陈列馆。

金泰和八年经幢

幢身高约70厘米，汉白玉石质八角直棱幢。三面题记，其余五面镌刻经文。年款“金泰和八年四月”。

录文

□福禅院僧□年二十五□□出家

岁修习□闲，经卷无不通解。泰和八年四月，建石塔一座

僧道义徒弟兴严妈寺□□

幢身字迹多有漫漶，一些字迹尚可辨识。题记有“□福禅院僧，□年二十五□

□出家，岁修习□闲，经卷无不通解。泰和八年四月，建石塔一座。僧道义徒弟兴严妈寺□□”字迹。看来，当时这一带建有一座佛教寺院□福禅院，一位僧人25岁出家，对佛教经卷深有研究，其徒弟等特意为其建造了一座石塔，即经幢。这座庙宇称作禅院，或有相当规模了。

作者在白云寺村访谈中，村里老人谈及白云寺山门外东侧有八棱碑和山门外西侧一通“重修白云寺记”碑，“文革”中被黑豆峪村人一起运走，“重修白云寺记”碑现在飞龙谷百帝山庄上面近年所建的太清宫前，八棱碑或许就是这个金泰和时的经幢了。

白云寺建于金皇统四年（1144年），经幢为金泰和八年（1208年），经幢当晚于建寺64年。

既然经幢为白云寺遗物，故称白云寺经幢了。而根据经幢所记，可能初建时名为“□福禅院”。从时间上，金代□福禅院与萧氏家族墓为同时建造，且禅院在墓地北四五里，建造□福禅院是否与萧氏家族墓的守护甚至做道场有关，没有资料明确谈及，在此不作更多探究。

重修白云寺记碑

重修白云寺记碑，据白云寺村人所言，此碑立于白云寺山门外西侧。碑为龟趺座，俗称王八驮石碑。碑首圆形，饰以云纹，额题“重修白云寺记”（图274）6个大字，阴刻篆书。

图274　白云寺村白云寺前重修白云寺记碑（摄于2007年10月）

碑阴额题“十方檀越施主”，碑阴为功德施者名录。碑文由明代金纯撰写，民国二十三年（1934年）《平谷县志》“卷六·艺文志·文类”存录。

白云寺记

明弘治十二年九月　　邑人 金　纯

白云寺，距平谷县迤东北约二十里。有山曰峨嵋，其眷以东又十里，为黑豆谷。峰峦还匝，草木畅繁，实古幽栖之所。胡元一统，边幅不尘。大德初，有僧名继广者，集石为垣，采山栋而始构焉，元末荡为灰烬。

入我皇明六十余年，无有因旧丽兴之者。正统乙丑春，济南继广禅师北游诸刹，卓锡于斯。仰观山形，俯察地脉，有泉有田，遂有油然而不忍去之意。乃叹曰：地僻山幽，道在此矣。盍结庐以休？

居无何，戒律之严，闻于远近。居人怀其德，宾旅识其诚。佥谓曰：兴废举坠，吾师事也。师居此，而法像不修，是不足以弘慈教。盍谋所以为之已乎？师曰：吾意也。遂募于檀那，而勤于己力。阅而如来殿成，苟美苟完，百废粗作。

迨景泰甲戌秋，钦差御马监左监丞黄帽，以上命之边。偶经于寺，一接广师，参乘竟日。扣其中，含弘定止，无量无边。即相与握手曰：吾师居此，得无隘且陋乎？乃出钱若干万缗，增其三世殿为三间，创左之堂为伽蓝，右之堂为祖师，承堂而构为居僧之所。虡钟有楼，鸣鼓有枹，黝垩丹漆，举以法。入其门，大殿翚飞，金碧相照，俨然一大祝厘地也。

黄公不以为德，广师不以为功。垂四十年，卒无发心纪其事者。今年，师且殁，其徒名滤礼者，乃曰：吾师殁矣，而其功不纪，则岁远必湮。遂征予文以纪之。

予为佛，西方圣人也。生刹利王家，放大智光明，照十分世界。至汉明帝，梦金人飞至殿庭，始入中国。历晋、宋、齐、梁、魏、隋之间，其教寝盛。世之供奉者，丹砂、黄金、文珉、香木，穷极侈丽，葩华绚饬，然后为快。苟有疑而辟之者，乃外道魔障，佛之罪人，集千有年于兹矣。

予尝考究其说，大率以念物为宗，以观心为法，以恚逆凶吉为因缘。欲俾蠢动含灵，同登正觉。其利人也，亦周且溥矣。传曰：欲生恶死，利害私情。况恐之以果报轮回之说，有不崇而信之者乎？是宜法之繁昌，而说之得行也。矧其间传灯若广师辈者，又从而辟荆棘，畚瓦砾，鼓舞而振作之耶？是固不可泯也。

虽然，广师此举，上祝皇龄，下祈民佑，功德大矣。然有作幻也，有相亦幻也。其如成坏之数何哉！予曰：有形有幻，理固宜然。惟能即幻法而证实相，则天地一厦，万象一身也。若是，则虽历尘劫，妙运无涯，尚何成坏之足云乎？后之继已完之业，享不为之功，有房榻以自安，无规级以相持，举前人劳苦之所办者，适以便私，曾市肆贯区之不若。由之而致坏者，必斯人也，可不切监而痛革乎？

若溏礼者，不忘师功而勒之坚石，固此之反而不群者，予因之而有所感矣。

殿始于景泰乙亥之三月，而落成于明年丙子五月。若工兴费经营，常事也，则不必书。

碑文中，迤（yǐ），向。“黑豆谷”之“谷”，同“峪”。“盍”（hé），何不。“佥”（qiān），全，都。“檀那”，梵语音译，施主，或布施。这里“遂募于檀那”，应该意为施主。“迨”（dài），等到。“若干万缗”（mín）的缗，古代穿铜钱用的绳子可称作缗。作为古代计量单位，1缗即是古时说的1贯钱，或者说1吊钱就是1000文。1文制钱，就是1枚标准的方孔铜钱。所以，1缗等于1000文，就是1000枚标准的方孔铜钱。古代大致算来，1两黄金等于10两银子，1两银子等于1贯铜钱。这里“出钱若干万缗”，也就是若干万贯。复建一座庙宇应该花费不了这么多，或是个概数，意为出了不少钱的。“伽”（qié）蓝，梵语“僧伽蓝摩”简称，一般指僧众所住的园林，后又指佛寺。“虡”（jù），古代挂钟或磬的架子两旁的柱子。“枹”（fú），鼓槌。“矧”（shěn），况且。“祝厘”（lí，一说读xī），即祈求福佑，有祝福之意。“垂”，接近，快要。

这里，有三点值得研究：

一是寺内所供奉的佛像，村里人说以供奉观音菩萨为主，为亲眼所见，相信人们记忆不会有错，这就与明金纯所记有出入，金文说“阅而如来殿成，……增其三世殿为三间”。毕竟白云寺已历经400多年风雨，或许明代那次重修后，又多有重修或修葺，在某次重修中，将主要供奉的如来佛改为观音菩萨，也未可知。

二是志书所记重修于“明弘治十二年（1499年）”，与金纯所记有出入。金纯《重修白云寺记》中“明弘治十二年九月”，这不是重修庙宇时间，应是撰文立石时间。碑文最后明确写道：“殿始于景泰乙亥之三月，而落成于明年丙子五月”，即始于景泰六年（1455年），落成于景泰七年（1456年）。金纯距此仅40余年，所记应该有所本。

三是府志、县志均明确记载白云寺建于金皇统四年（1144年），而碑文有“大德初，有僧名继广者，集石为垣，采山栋而始构焉，元末荡为灰烬”语，“大德”为元成宗铁穆耳一个年号，在公元1297年至1307年间。僧人继广在大德初年，采集石头垒成墙垣，采伐山里树木构筑殿堂。这里用了“始构”，是否意为初建？如旧址重修，当言“重构”为宜。记此，存疑。这里，未记建于金皇统四年事。不过，现存金泰和八年经幢，记载那时已有□福禅院，而不称白云寺。是否白云寺之称始于“大德初”呢？

另外，看碑记，元大德时修建寺庙者，为僧继广。而至明正统乙丑，即明正统十年（1445年），重修白云寺者，为济南继广禅师。又名继广，真的是巧合了。故白云寺俗称继广寺，实出之有因了。

撰写《重修白云寺记》的金纯，所称“邑人”，即平谷人。金纯为营州中屯卫军籍，江南松江府上海县人，景泰甲戌进士，除南京刑部主事，继升郎中。后升山西参政、本司右布政使，阶通奉大夫，从二品。其子金濂为正德辛未进士。一门父子两进士，可谓书香门第、官宦之家了。

吉祥庵碑

吉祥庵碑，2010年在黄松峪村原真武庙院内施工盖房时出土。

碑为青石质，圆首，下部及右下角残缺。

碑阳

或许是碑放在走道处（如门道或道路），年深日久，碑阳被磨得较为平滑，字迹隐约可看出些笔痕，什么字大多已经看不出了。

碑首，约略可以看出两边缠枝纹饰。额题“万古流芳”四字，简单勾勒字边，中间凸出字体，大体上可称为阳文篆书。

碑身，大致可看出左边边框缠枝纹饰，碑文约略可辨识是阴文楷书。一般碑阳当为碑记，这里或主要记述吉祥庵建造之事。若为置地事，碑阳如记述了，就不会在碑阴再记述了。

看左侧落款，有“大明万历岁次”字迹，再往下约略可看出为“岁次戊戌”字迹。故此判断，应为明万历戊戌年，即明万历二十六年（1598年）。结合碑阴文字，或是吉祥庵建于明万历二十六年，同时划定了吉祥庵四至，并置了些山坡地作为庙产。

碑阴（图275）

碑首，线刻祥云纹饰及缠枝纹饰。额题“碑阴题名”四字，此四字

图275 在黄松峪村真武庙院内，2010年施工盖房时发现一通残碑，上有“吉祥庵”字迹。这是碑阴，为功德名录（摄于2011年3月）

只是简单勾勒字边，中间凸出字体，大体上可称为阳文篆书。

碑身，两边边框饰缠枝纹。右侧大部为题名，阴文楷书：

本关文登李九思 高氏 朝士郭玺 勇士郭宗 信士郭绶 胡尚勋 胡文昌 胡□□……

台烽百总项栱臣 项世显 王仲坚 项克纲 丁尚仁 王氏 郭仲金 姜氏 刘仲金 常氏……

李敬臣 刘氏 陈良荣 陈氏 毛仲义 张氏 张汗才 何氏 刘仲才 张氏 王大银 毛氏 吴焕 杨氏 秦□福 孙氏……

郭进 陈氏 狄江 李氏 赵仲稳 李氏 赵应科 文氏 赵景方 闫氏 任仲合 栾氏 李尚才 胡氏 张方金 贾氏……

会首 文大忠 关氏 常江 崔氏 史加彬 闫氏 位汝新 张氏 王一魁 关氏 史仲科 赵氏 尉景荣 陈氏 柴……

赵文聪 赵氏 尉友敖 李氏 宇文昌 绪氏 文大禄 赵氏 李顺卿 郭氏 李尚惠 杨氏 李应科 张氏 □仲仁 邢氏 毛仲……

申自然 梁氏 赵文峰 胡氏 尉门朱氏 尉门曹氏 聂门尉氏 毛门尉氏 王门史氏 文相李氏 柴门……

赵门姚氏 赵门李氏抬碣　刘应科 赵朝段 一科 赵乾 赵礼 赵定 李天祐 王五□ 丁尚□ 赵友 王顺安……

胡尚功 常大臣 王守乾 张天寿 刘文科 张进孝 张□乾 张□ 柴景

时 聂文科 贾廷福 李氏 毛仲仁 常氏 逯自安 刘……

本庵住持 真瀛 弟子如存

就碑额“碑阴题名”来看，上面的碑文应该就是其题名的主要内容。录文是按左起每行文字照录，因碑已残，缺多少字不清楚，故以“……”代替。至于一些辨识不了的字，则以“□”代替。下同。

或许碑身右侧还有些地方，便又接着刻了“吉祥庵记”。这是另一部分内容，与“碑阴题名”无关了。

“吉祥庵记”四个大字，为阳文楷书。下面三行小字，为阴文楷书。

吉祥庵记

□窑西，用价银叁两，买山坡地一处。税粮……

本庵四至：东至史仲科 南至秦□福……

倒回沟用价壹两五钱……

这里写作“吉祥庵记”，可并未记述吉祥庵建造的始末缘由、时间等，这些应该在碑阳的碑文中记述了。其实，“吉祥庵记”作为碑阳的碑文首题是很贴切恰当的。而在这里，称作“吉祥庵记”，也只简略记载了置一些山坡地及费用，还有吉祥庵坐落四至等事。大概是刻完“碑阴题名”，一看下面还有些地方，便又补刻了这三行字。

作者是2011年3月来村踏察拍摄的照片，当时匆忙，未及时测量残碑尺寸。现在看碑的照片，感觉碑身大概也就1米多高，且显得有些简陋，不是很有规格和档次。

2006年12月及2007年6月，作者两次来村调查寺庙情况。记得真武庙是在黄松峪村大街西边，纸箱厂北部。这里原为明时黄松谷关关城，真武庙大致在关城主街中北部西侧。真武庙坐北朝南，南北长约50米，东西宽约30米，有前后两进大殿，前殿为真武殿，面阔小五间（不足5丈宽），前有走廊，供奉真武大帝；后殿为三皇殿，面阔三间，前有走廊，供奉三皇，即天皇、地皇、人皇，也就是伏羲、神农和黄帝。大概在20世纪80年代，真武庙因盖村纸箱厂而拆毁。这是当时村人所谈，尤其谈到，前殿的殿前东侧有一通石碑，说是碑上面盘着龙，碑下面是王八驮石碑，通高约3米。村人依稀记得，碑上有“万古流芳”的字样。这样看来，这应是一通螭首、龟趺座的碑。使用螭首、龟趺座，且较为高大，极可能撰写碑文或书写碑文的人有一定的品级，过去应该是有相应规定的，不会是想咋刻碑就咋刻碑。比如现存的白云寺的碑，就是螭首、龟趺座，撰写碑文的人是明代金纯，官至山西右布政使，为从二品。真武庙前殿前面的这通碑，是一通功德碑，据说就掩埋在了地下。

2010年出土的这通小碑，作者初以为就是真武庙前殿的碑了。经仔细辨识文字，是为“吉祥庵”而立，尤其碑首未有盘龙雕刻，且没有那么高大，应该不是真武庙前殿的碑。访谈中，村人未曾谈及其他碑刻。倒是2007年6月，访谈90岁村民郭尊荣时，老人说道，最早在真武庙前边有一个小庙，后来搬到村北的位置重建，称为北庵。这个“北庵”，应该就是关城北门外的弥勒庵。即是如此，这个“吉祥庵”的残碑，或是这个小庙的碑了。因将其迁至村北，且重建弥勒庵，这个小碑大概就被掩埋地下了。

访谈中，郭尊荣老人还随口说道：是万历的时候修的边墙，建的庙。在边墙上，就是水库大坝的口子那儿，墙上有一小石碑，上面写着“万历年修”的字。老人说的也许是有道理的，因为这个吉祥庵碑就是明万历二十六年（1598年）的，也就是说，吉祥庵极可能是这年建造的。老人说的大坝口子，就是黄松谷关口，村人习惯称为口子。尽管目前尚未发现老人说的大坝口子墙上的小石碑，但2020年5月，作者在梨树沟段长城84号敌台西部，山顶垭口附近长城墙体内侧，发现了一方万历三十六年（1608年）修边城工题名碑，是当年为修梨树沟段长城墙体而刻的碑。从这两个都是万历年间的石碑来看，老人说的应该大致不差。

郭尊荣老人谈及黄松峪村的人，说村里人是明代随龙过来的，就是燕王扫北，村里人跟着军队过来了。黄松峪村过去主要有高、沈、张、郭、胡、盛、常七姓，现在这七姓也有。看这小碑的“碑阴题名”，确是有很多姓，当然比七姓要多。比如毛仲仁、毛仲义；刘仲金、刘仲才；赵文聪、赵文峰；胡尚功、胡尚勋、胡文昌；郭玺、郭宗、郭绶等等，或许就是一家一家的人，在这里戍守黄松谷关。过去军人是带着家属的，屯田戍边，称为“军籍”。如民国二十三年（1934年）《平谷县志》记载金纯，“营州中屯卫，军籍”，就是例证。大致数数，“碑阴题名”的，共有李、高、郭、胡、项、王、丁、刘、常、陈、毛、张、何、吴、杨、秦、孙、狄、赵、文、闫、任、栾、贾、关、崔、史、位、尉、柴、宇文、绪、邢、申、梁、聂、姚、逯38个姓。是这些姓的人，为了建造吉祥庵及置一些庙产而捐资了的。

如果不是从全国各地来到这儿戍守边关，一般形成的一个村落，往往会以一两个姓或三五个姓为主，而不会同时有这么多姓的。也就是说，这些姓的人，应该是在这里戍守边关的将士。如碑文写着“台烽百总”，百总为明代边军（营兵）中军职，正八品，下有百名战兵，为把总（正七品）的下级军官。写在前边的几个名字，应该比百总略高些，不排除有把总级别的，但不会有更大的官。郭尊荣老人说：“我们这里住的是‘把总’。”应该是对的，据记载，如将军关等地关口守关的都是把总，这里大概也如老人所言，是不会例外的。

这个“吉祥庵碑”，对研究明代戍守边关、研究黄松峪村的形成及人口源流、演变等，具有重要价值。

万历三十六年修边城工题名碑

万历三十六年修边城工题名碑，2020年5月，发现于梨树沟段长城84号敌台西部，山顶垭口附近长城墙体内侧。

图276　梨树沟明万历三十六年长城修城题名碑（摄于2020年5月）

请市文研所研究长城的尚珩先生来看，并拓片。认为此碑应为修这段长城墙体的城工碑（图276，图277）。碑为砂岩质，已残，左上角缺失，不可复原，长70.5—71厘米，宽54.5—55厘米，厚11厘米。石碑表面

图277　梨树沟明万历三十六年长城修城题名碑拓本

局部脱落，文字漫漶，四周饰祥云纹边框。碑右半部为“题名”部分，左半部为“城工”部分，与正常石碑正好相反，较为特殊。碑文如下：

> 万历三十六年春防」
> 钦差总督蓟辽保定等处军务兼理粮饷经略御倭太子太保兵部尚」
> 书兼都察院右副都御史重庆蹇达」
> 钦差整饬蓟州等处边备兼巡抚顺天等府地方都察院右都御史」
> 兼兵部右侍郎泾（jīng）阳刘四科」
> 巡按直隶监察御史桐城方大美」
> 钦差巡按直隶监察御史内黄黄□士」
> 钦差镇守蓟州、永平、山海等处地方兼备倭总兵官右军都督府……」
> 钦差总理密云粮饷户部郎中……」
> 钦差整饬密云等处兵备兼管屯田驿传……张□」
> 钦差协守蓟镇西路等处地方分理练兵事务……承恩」
> 钦差分守蓟州墙子岭等处地方……」
> 提调镇虏等关以都指挥体统行事……」
> ……镇虏奇兵营坐营千总官……督工」
> ……于万历三十六年春防……主……拾」
> ……修工军四百四……名修完……□□」
> ……一丈五尺，底阔□丈二尺，收顶……砌」
> ……顶……自本……月初」
> ……

录文按原碑每行刻字抄写，看不清者，能够看清字数的，以“□”符号代替；看不清多少字的，以“……”代替。万历三十六年，为公元1608年。碑文谈及蓟镇总兵，往往会想到戚继光。戚继光从明隆庆元年

(1567年)至万历十一年(1583年),任蓟镇总兵16年。后遭弹劾罢免回乡,且于万历十六年(1588年)去世了。

从题名碑来看,首名为“钦差总督蓟辽保定等处军务兼理粮饷经略御倭太子太保兵部尚书兼都察院右副都御史重庆蹇达”,蹇达是太子太保、兵部尚书,总督蓟辽保定等处军务,官居从一品了。刘四科,都察院右都御史兼兵部右侍郎,为正二品。还有“钦差总理密云粮饷户部郎中”“钦差整饬密云等处兵备兼管屯田驿传……”“钦差协守蓟镇西路等处地方分理练兵事务”“钦差分守蓟州墙子岭等处地方”“提调镇虏等关以都指挥体统行事”等,大多名字看不出了。而所列名字应该是与负责修建这一带长城有关事宜的官,如“户部郎中”为正五品。“镇虏奇兵营坐营千总官……督工”,“千总”为正六品,“督工”,是否由这位千总负责在此监督或督查这段长城的施工呢?“修工军四百四”,连修这段城墙用多少工军都写了。这一切,对研究蓟镇长城无疑具有重要价值。

另外,结合黄松峪、镇罗营这一带发现的其他类似碑刻,可以看出,当时修造长城不仅就地取材,还实行分段包修,多少丈一段,啥时开始修建,啥时竣工,千总或把总名字,乃至工匠等,都要写上。往往七八十丈、百八十丈的一段城墙,大致需要数千官军,还会有诸多民夫,完了要刻碑铭,镶嵌在城墙上。就是修造一座敌台,也要刻碑铭以记。如“补修榆树岭敌台”刻石,高38.5厘米,宽43.5厘米,厚10厘米。青石质。此刻石所记敌台,当在南、北水谷两关口附近长城墙体之上,而刻石则砌筑于这座敌台中。碑文为:“真定民兵营,奉文秋防补修。本年春防,原派墙子路镇虏关地方榆树岭二等敌台一座。底阔周围一十四丈,收顶一十三丈,高连垛口三丈五尺,俱用行凿细石坐基,纯用砖灰垒砌,灰浆灌满,抿抹如法。方砖墁顶,上盖望房三间,券门一座,门窗俱全。督率兵士,于本年七月二十六日兴工起,至十月初六日止,遵依合式修完,坚固堪垂□义。管垒砌把总李大器,管工旗牌杜峰,石匠赵崇德,泥水匠孟□祯。万历四十四年（1616年）十月初六日立。”就这样一座敌台，由把总“管垒砌”，而把总为正七品，下约有战兵440人。且不说是否有民夫，就这样一座敌台，就由400多人修造了两个多月才修完，可见施工之艰辛。

所刻碑铭，大概不仅为建造者留存后世，更主要的是要为此段工程负责了。“万历三十六年修边城工题名碑”亦当如是。

重修朝阳洞碑

朝阳洞观音庙，位于黄松峪村西山脚。

洞前银杏树下有一通近年立此的石碑（图278），有说不是这里的，是附近朝阳洞的；有说原来就是这里的碑，被运到别处的。从碑文所写内容看，应该就是这个“朝阳洞”的碑，《平谷石刻》一书有录。

图278　黄松峪村重修朝阳洞碑拓本

重修朝阳洞碑

碑高125厘米，宽58厘米，厚22厘米。青石质，方首圆角。碑阳，碑首刻二龙戏珠图案，四框饰以缠枝菊。额题“万古流芳”四字，双勾楷书。年款“大清嘉庆九年岁次甲子季秋月下旬穀旦日合会立”。碑文14行，满行26字，楷书。王云骞撰，陈万宝题，石匠崔□全。碑阴，碑首线刻云纹，四框饰以缠枝莲。

额题“碑阴题名”四字，双勾楷书。

该碑立于黄松峪乡朝阳洞外。

碑阳录文

盖闻山不在高，有仙则名。仙者，一方之默佑也。而其所居之室，则为□□□。

此洞建自天顺七年，名为朝阳洞。至万历二十四年重修，盖□百年于兹矣。风雨摧残，难饰壮丽。游此地者□不叹，西蔽之无屏也。

□僧有意重修，未获抒志。于岁次癸亥年春，邀施主以相商，施主莫不欣然乐从。故择良匠，选梓材，不数月，而洞室以成焉。因以塑观音之圣体，罗汉亦见其休光；复童子之遗踪，韦驮亦形其辉耀。佛像增新，墙垣生色。

离乡村其未远，祈祷有灵；去山谷而匪遥，鉴观有赫。而况庙之前后，有松果为之苍苍；庙之左右，有山水为之茫茫。所以人爱盘桓，客瞻凭眺，总非胜景名区，亦可谓此地之巨观矣！

僧于落成之后，求撰牌文，以表扬众善之功德千载不没云。是以为记。

原籍平谷县廪膳生王云骞撰

本庄庠生陈万宝沐手敬心题

住持僧淮普

大清嘉庆九年岁次甲子季秋月下旬榖旦日合会立　石匠崔□全

碑阴录文

山东济南府德平县人氏穆岱山　密云县巨德纯　王成相　王大用　于务本　尚　元

平谷县永兴号　郭大治　郭大通　隆兴号　牛志贤　胡士魁　贾

鑑　耿守谦　张　斌　胡士芳　胡士伦　胡士道　马怀贤　庐文桢　丁勤　董得祥　董门陈氏　蓟州黑豆峪

谭　耀　陈宋文　陈　杰　高　亮　郭　端　郭　正　沈克纪　高仕进　王大悦　杨基培　张　春　赵　典　陈万厥　高　仕　李　升　李　惠　□门田氏　陈门朱氏　陈门张氏　郭门丁氏　杨门张氏　杨门满氏　翟门王氏　任门陈氏　丁门孙氏　陈门贾氏

合会众善人等开列于右

碑文记载“此洞建自天顺七年，名为朝阳洞。至万历二十四年重修”。元代有“天顺”，但仅1年，为公元1328年，应该不是元代“天顺”；明代“天顺”，为明英宗朱祁镇第二次称帝时年号，天顺七年即公元1463年，应是明代的这个“天顺”。距万历二十四年（1596年）重修，已133年了，故碑文才有“盖□百年于兹矣”语。此次重修为清嘉庆九年（1804年），又过去200多年了。“求撰牌文”之“牌文”，一般写作“碑文”，区内碑碣中，未见如此书写者。

文　物

文物，是人类在历史发展过程中留存下来的遗物、遗迹，分为不可移动文物和可移动文物。不可移动文物主要指先民在历史、文化、建筑、艺术上的具体遗产或遗址，包含古建筑物、传统聚落、考古遗址及其他历史文化遗迹。可移动文物，主要指可收藏文物，即历史上各时代艺术品、文献、代表性实物等，这里主要记载较为重要的可移动文物。

黄松峪地区在修水库时，据说大坝附近曾挖出月牙弯刀等物，但没保存下来。黑豆峪村两座金代墓葬也只两方墓志保存下来，墓里还出土了其他什么，不得而知。现在，黄松峪地区重要的可移动文物，以明代守护长城的两门铜炮为代表。同时，将不属于可移动文物的黄松峪村北山间的莲花壁画以及一些地契等一并记述于此。

这些文物，对研究黄松峪地区的军事、历史、经济、文化及艺术、民俗等具有重要价值。

铜　炮

在黄松峪旧关城里，曾出土过两门明代火炮（图279）。《平谷文物志》“第八章·重点文物介绍·第二节·青铜器”记载：

铜炮，明代。1982年黄松峪关南出土，2门，铜铸，器物完整，器

图279 黄松谷关出土的铜炮，现为区博物馆收藏

身呈竹节状。

其一通长49厘米，外径12厘米，药膛径6厘米。器身部有阴文：马兰副总兵都督金恢获第八号铜炮，天启丁卯年（1627年）造安边神炮。

另一件通长44.5厘米，外径11.5厘米，药膛径3.5厘米。器身部有阴文：马兰副总兵都督金恢获第十号铜炮，天启丙寅年（1626年）造□□神炮。

这两门炮均为天启年间造，且在器物上统一编号，当是长城防务重要兵器。

现为文物管理所收藏。

近年，随着区博物馆的建成，两门铜炮移交博物馆收藏且展出：

铜炮一，明，1982年黄松峪村征集。长49厘米，口径5厘米。

炮用铜合金铸造，炮身由前膛、药室、尾底、火门等几部分构成，上有七道凸起的圆箍，把炮身分为六节。药室粗短，上有一圆形小孔，作装捻点火之用，上刻有铭文。

铭文：

马兰副总兵、都督金　恢获第八号铜炮

天启丁卯年造安边神炮

铜炮二，明，1982年黄松峪村征集。长44.5厘米，口径4厘米。

炮由铜合金铸造，炮身由前膛、药室、尾底、火门等几部分构成，上有六道凸起的圆箍，将炮身分为五节。药室粗短，上有一圆形小孔，作装捻点火之用，上刻有铭文。

铭文：

马兰副总兵、都督金　恢获第十号铜炮

天启丙寅年造虎蹲神炮

博物馆展出的解说文字，经专家整理，更为翔实具体，且把《平谷文物志》空缺二字做了补充。

“安边神炮”与“虎蹲神炮”，应该是当时守卫长城所用的两种火炮。在使用刀枪剑戟的冷兵器的明代，火炮可算得先进的重器。

天启丙寅年，为明天启六年（1626年）；天启丁卯年，为天启七年（1627年）。

明《四镇三关志》记载黄松谷关，为蓟镇马兰路所辖。“马兰副总兵、都督金”，应该是金日观。《明史》有传，记载金日观：崇祯初年以副总兵镇守马兰峪，崇祯三年（1630年）正月因功加都督同知，崇祯三年四月再进左都督。

石 砲

石砲，民间俗称石雷，或雷石，明《四镇三关志》中，有绘图，写作“石砲”，守护长城的防御武器。

石砲，2010年，长城保护员韩建光在黄松峪村一家翻盖民房时发现（图280）。

图280 长城保护员韩建光在黄松峪村一家翻盖民房时发现的石砲（摄于2011年3月）

石砲经打凿而成，大致呈圆柱体，下部略细些。高30厘米，上部直径20厘米，下部直径17厘米。上部中间有圆锥形孔，孔径8厘米，孔深21厘米，为装火药处。

石砲现为区博物馆收藏。

莲花与题字

莲花与题字，在黄松峪村北、水库东侧、三道沟沟口北坡砬棚上。

砬棚在半山崖壁间，砬棚不是很深，有3米多高，棚顶向外探出（图281），这朵莲花就画在棚顶上。棚顶沾满了浮尘，不细看几乎看不出莲花。经一再擦拭，莲花才清晰地显现出来。

莲花直径40多厘米，中间一深红色的花心，围绕花心是6片略带粉红的花瓣，花瓣下是一个土色的花瓣般大的圆，圆下面是6片托着花瓣的硕大的深红色花萼。花瓣与花萼错开来，也就是每片花瓣的尖正伸展在两片花萼间。花萼下，是一片略大花萼一圈儿的与花瓣一样颜色的圆底。莲花上边与左边似有抹的圆底一样颜色的一片（图282）。

画有莲花的砬棚在西边，故称西砬棚。由此往东，便是题字的砬棚，因在东边，便称东砬棚了。

东砬棚西侧石壁上方，有一处刻石，刻有“两十年前住人处”7个字。字分上下两行，“两十年前”为上行，“住人处”为下行，且是方正的楷体。没有落款，也就不知谁人、何时所刻了。

东砬棚顶上墨笔题写着四五处字迹，也须擦拭才隐约看出些字迹，但大多难以辨识了。如一片题字中，有“真君雨”“寿命一千”“身□伴处”“无上”“天子”“我都有无”“半山”“修”等字，很难读出一个完整的句子（图283）。从这些零碎的题记看，有可能是在这里修行的人

图281　黄松峪村北三道沟沟口北坡半山崖壁间的莲花洞（摄于2022年10月）

图282　黄松峪村北三道沟沟口北坡半山崖壁间莲花洞顶上莲花图案（摄于2022年10月）

图283　黄松峪村北三道沟沟口北坡半山崖壁的东砬棚顶上墨笔题写的字迹（摄于2022年10月）

所题写。

东砬棚顶部有一片字的下面，竖写着落款“至大四年”。“至大四年”为元武宗时，是公元1311年。这片文字包括落款大致9行，可看出有“天”“乱语明言故正南”“道龙”“安丙顺”“李□双”“京君王圣禹”等字。有可能是题写了一首七绝，像是有“安丙顺”“李□双”“京君王圣禹”等几人的名字；或是京城等处的几个文人雅士聚此，随手题写的，类似今人所写的“到此一游”。

“至大四年”应为元早期，塔洼小寺遗址的半山砬棚题字，有“至元二年”的落款，为公元1265年。这是元世祖忽必烈的年号，为元朝初年。二者前后仅差46年，基本为同时了。西砬棚顶上那朵莲花，或亦为元至大四年前后所画了。

计家地契

原土谷子80岁村书记计泉，保存着计家12张地契及分单。

老人记得，计家是从王辛庄镇东古搬到土谷子的，计姓从哪儿搬到东古的就不知道了。过去东古叫西胡家府，又叫西胡家务，后来分开叫东古、西古的。计家到东古是老哥儿仨，一个叫计全，一个叫计明，一个叫计德。来到东古就置房子置地，由前大街到后街。家里有一张乾隆三十二年（1767年）置宅基地的地契，计家就是这年搬到东古的。

现存最早一张计家地契，是清乾隆三十六年（1771年）的（图284），老哥儿仨搬过来不久，陆续置房子置地。契文：

立卖……文契人王自询、王自新，因为度日不过，……房产一处，□□北……南……街东……西至□□□官界墙，草房六间，过梁檩木石砖瓦块，保有双扇门……二合窗户三合，土木相连，四至开□，立契□

图284　清乾隆三十六年（1771年）计家地契（摄于2023年1月）

卖与计□、计……、计……□，永远为业，同众言明。□□卖价小数钱一百六十□千整。其钱笔下交足，□□□少。自卖之后，听从买主管业，□□过割。此系二家情愿，并非逼□□□亦□债折准等□如有亲族人争竞者，俱在除□卖主与中保说合人二面承管，不干买主之事。言过，各不许反悔。如先悔者，愿□罚内卖价一半入□公用。恐后无凭，立卖房屋宅院文契，永远为业存照。

堂 兄 王 印 王辅公 王柱臣 王辅臣

□□□ 王 拱 王 发

立卖…… 王自询 王自新

中保说合人 □修己

中见人 朱□平 屈自富

书字人 陈景□

乾隆三十六年□□月二十四日

卖 契 文 约

时间久远，地契已有些破烂，短缺些字迹，尤其计家人的名字几乎看不出了，只看出有不止一个“计”字。对于看不清楚或短缺的地方，以“……”及“□”替代。在地契左侧空白处，竖写着“卖契文约”四个大字。或是为填充这半页的空白，并说明这半页没有其他文字。其他地契中，左侧还有如“永远为业”“永远开种”“永远刨种”等，亦为此意了。

第二张，是清咸丰三年（1853年）九月初九日的计家分地单（图285）。契文：

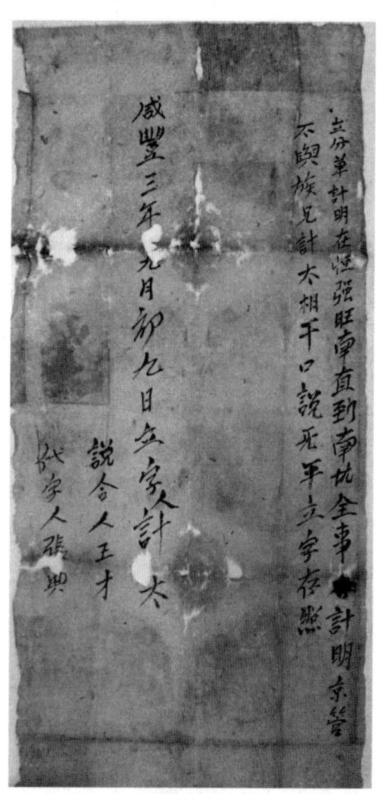

图285 清咸丰三年（1853年）计家分地单

立分单，计明在恒强旺南，直到南坑，全事计明京管，不与族兄计太相干。口说无平，立字存照。

立字人 计 太

说合人　王　才

代字人　张　典

咸丰三年（1853年）九月初九日

计泉老人说，这张分地单中的计明、计太，不知道是否为亲哥儿俩。“恒强”是横墙，“旺南”是往南，“京管”是经管，“无平”是无凭。一方面说明代字人文化水平也许不是很高，另一方面也说明民间所写往往较为随意，只要是这个字音，表达明白了基本字义，至于是哪个字大概以为是无关紧要的。

第三张，咸丰七年（1857年）正月初十日，立指地借钱文契（图286）。契文：

立指地借钱文契人计泰，因无钱使□□□□地一段三亩，坐落老鼠坑，系东西畛，四至不开。自烦说合，情愿将此地立契，借到计明名下，时借东钱一百二十吊，钱契两交。自借之后，每年交粮一石五斗为利。倘交□不到□钱□种地为利。此系两厢情愿，□□反悔，恐口无凭，立字为证。

说合人　王　才

立指地借钱人　计　泰

代字人　孙焕文

咸丰七年（1857年）正月初十日

契文所写“计泰”，应是第二张中的“立字人计太”，只是“太”字所写不同而已，实指一人。这两张地契说合人都是“王才”，亦可旁证。或是计泰手头紧张，情愿将一块地抵押给计明，以借120吊钱，并每年交粮一石五斗以为利息。

立指地借錢文契人計泰因無錢使不[illegible]祖[illegible]段叁畝坐落老鼠坑係東西畛四至不開自煩說合
情願將此地立契借到計明名下時借京錢壹佰貳拾吊錢契兩交[illegible]借之後每年交粮壹石伍斗為利[illegible]
[illegible]十錢立種地為利共係兩相情愿 反悔恐口無憑立字為証

咸豐七年正月初十日立指地借錢人計泰
說合人王才
代字人孫煥文

图286　清咸丰七年立指地借钱文契

“老鼠坑”，计泉老人记得，后来叫捞鱼坑（kèng），就在东古北边，红绿灯往北路西那地方。

第四张，宣统三年（1911年）十一月二十三日，立退山坡文契（图287）。契文：

立退山坡文契人卢德元，因手乏，自烦中人愿将自置荒山一处，坐

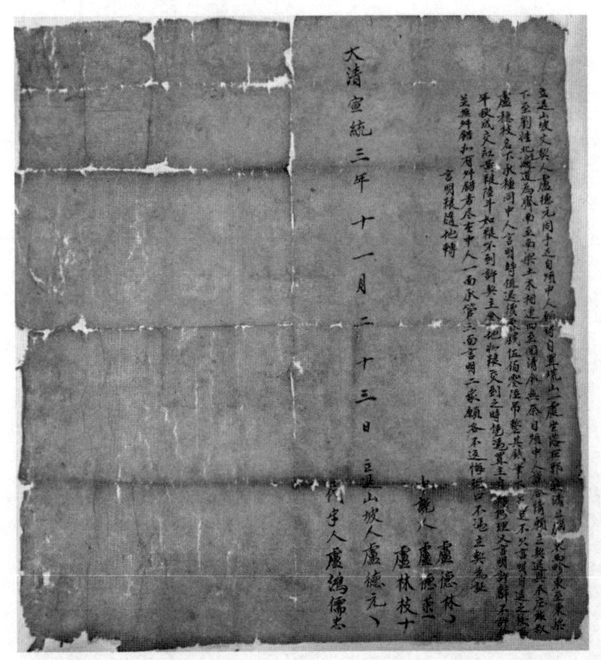

言明粮隨地轉

大清宣統三年十一月二十三日

立退山坡人盧德元

中說人盧德林

盧德榮

盧林枝

代字人盧鴻儒

图287　清宣统三年（1911年）立退山坡文契

落邪崴沟脑，东西畛(zhěn)，东至东梁，下至刘姓，北至遍道为齐，南至南梁，土木相连，四至开清。今无奈自烦中人说合，情愿立契，退与本庄族叔卢稳枝名下承种。同中人言明，时值退价东钱五百零六吊整。其钱笔下交足不欠。言明自退之后，每年秋成交红黄粮六斗。如粮不到，许契主拿地。如粮交到之时，凭置主自种修理。又言明，许辞不许捻，并无舛错。如有舛错者，尽在中人一面承管。三面言明，二家愿，各不反悔。恐口不凭，立契为证。

言明粮随地转。

中说人　卢德林　卢德荣　卢林枝

立退山坡人　卢德元

代字人　卢鸿儒

大清宣统三年（1911年）十一月二十三日

计泉老人说："卢家是土谷子的，我母亲的姥姥家就是土谷子的。"这里大概是说卢德元手头吃紧，将过去从卢稳枝手里买的一片荒山，再退给卢稳枝，但还是卢德元租种，每年给卢稳枝红黄粮6斗。

这里的"红黄粮"，当指高粱、小米。一般高粱长熟了，是红色的，所以称为红高粱；小米长熟了，是黄色的。

第五张，民国二年（1913年）十二月十五日，立地契（图288）。契文：

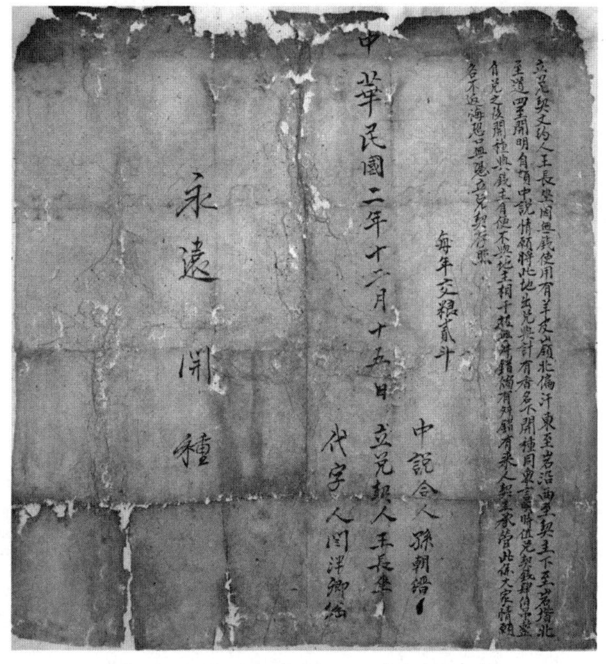
中華民國二年十二月十五日
永遠開種
每年交粮貳斗
中說合人 孫朝缙
立兑契人 王長坐
代字人 闫泮卿

图288　民国二年（1913年）立地契

立兑契文约人王长坐，因无钱使用，有羊皮岭北偏汗，东至岩沿，西至契主，下至岩阶，北至道，四至开明。自烦中说，情愿将此地出兑计有香名下开种。同众言明，时值兑契钱四百吊整。自兑之后开种，与钱主自便，不与地主相干，并无舛错。倘有舛错，有来人契主承管。此系大家情愿，各不反悔。恐口无凭，立兑契存照。

每年交粮二斗。

中说合人　孙朝缙

立兑契人　王长坐

代字人　闫泮卿

中华民国二年（1913年）十二月十五日

永　　远　　开　　种

这里有个“北偏汗”，计泉老人说，就是北偏洼，他们计家在土谷子一直就住在这个地方。

第六张，民国二年（1913年）十二月十五日，立地契（图289）。契文：

图289　民国二年（1913年）立地契

立兑契文约人王长坐，因无钱使用，有桃旁峡一段，东至岩阶，西至西凉，南至南凉上，北至石壶，四至开清。自烦中说，情愿将此处出兑与计有香名下刨种。同众言明，时值兑契钱二百吊整。自兑之后开种，与钱主自便，不与地主相干，并无舛错。倘有舛错，有来人契主两面承管。此系大家情愿，各不反悔。恐口无凭，立兑契存照。

每年交粮二斗。

中说合人　孙朝缙

立兑契人　王长坐

代字人　闫泮卿

中华民国二年（1913年）十二月十五日

永　远　刨　种

这是两块儿地，都是王长坐出兑给计有香。

计泉老人说，“羊皮岭”，在北寨往北，就像一个羊似的，屁股朝南。“北偏汗”，就是北偏洼，在羊皮岭东边。“计有香”，是他父亲的平辈儿。“西凉”，即西梁。

“桃旁峡”，就是这么个音儿，没有一个准字，平常就说“桃么（me）峡”，也写成“桃木峡”，就在土谷子西北，从北偏洼那儿上去，到208公路过去，由后偏道，再往西，下面，东西两坡连那道沟，就叫桃么峡，习惯上管这地方叫大桃么峡。大桃么峡在土谷子一队西面，下面是北寨。大桃么峡北头，就是石壶。“石壶”，也有写“石湖”的，一个地方。那里有个砬棚，往前奔棱（leng）着，一下雨就往下滴水，不下雨就干着，人们就管这儿叫石壶。北偏洼下边还有桃么峡，叫小桃么峡。小桃么峡在土谷子一队北偏洼下面，往下也是北寨。刁窝西沟，直通土谷子，就叫桃么峡，这个桃么峡在土谷子二队东面。

这里有个词“出兑”，即出售、转让之意。意思是王长坐将北偏洼的一块地、桃旁峡的一块地，出卖给计有香。

第七张，民国七年（1918年）十二月二日，立地契（图290）。契文：

立退山地契文约人周进之，因法手，自烦中说合，情愿将自置山地一段，坐落后偏道。东至分水梁，西至桃木匣，北至置主，南置王姓，四至开清。今将此地出退与计永名下承种，言明东钱一百吊整，其钱笔下交足不欠。自退之后，并无舛错。如有舛错者，有中人

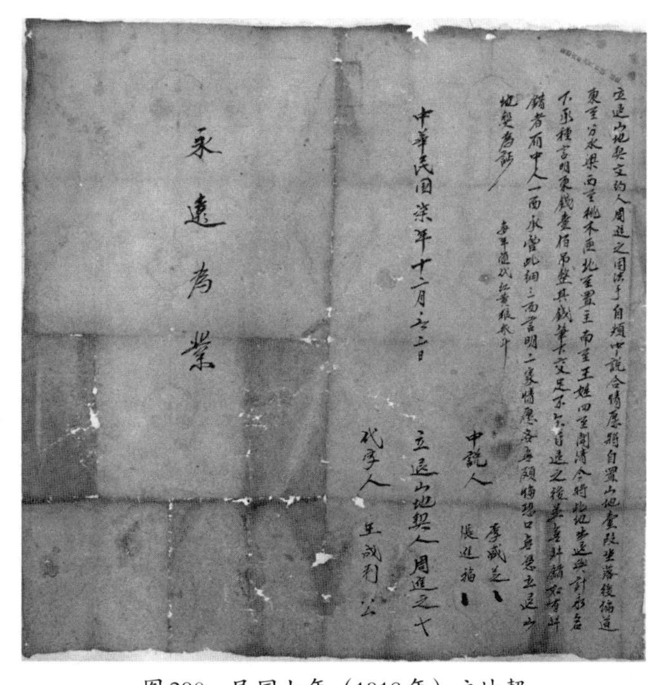
永遠為業

图290　民国七年（1918年）立地契

一面承管。此系三面言明，二家情愿，各无反悔。恐口无凭，立退山地契为证。

每年随代红黄粮三斗。

中说人　李盛芝　张进福

立退山地契人　周进之

代字人　王成利

中华民国七年（1918年）十二月二日

永　远　为　业

计泉老人说："我姥姥家就在土谷子，我姥爷叫李盛武，"李盛芝"是李盛武的叔伯哥们儿，也就是我当（dàng）家子姥爷。"后偏道"，在上208道，土谷子西边三四里地。这片地连同桃么峡的地，入社以前一直都是我们家种的。"

立賣粮契文约人周進芝以滿州打地起粮不变者粮归本業作為錢價每[illegible]粮拾壹元退去地畝捐款每畝壹毛叁粮租归與地户自便任佃交租按粮户退價每畝[illegible]毛[illegible]分退租四毛粮租賣與地户計永名下红黄粮合大洋叁元叁毛其錢筆下交足不欠粮租归與地户自便不與起粮户相干此係两家情愿各無返悔恐口無憑立字為証

周進芝老租壹畝六分 生先捌畝叁分

康德贰年拾月廿五日立賣粮契人　周進芝十

中説人　于文海

中保人　王成利

代筆人　韓國順

图291　伪满洲国康德二年（1935年）立卖粮契

第八张，伪康德二年（1935年）十月二十五日，立卖粮契（图291）。契文：

立卖粮契文约人周进芝，以满洲打地起粮不变者，粮归本业。作为钱价，每□粮十一元。退去地亩捐款每亩一毛三，粮租归与地户自便。任佃交租，按粮户退价，每亩三毛，二年退租四毛。粮租卖与地户计永名下，红黄粮三斗，合大洋三元三毛。其钱笔下交足不欠。粮租归与地户自便，不与起粮户相干。此系两家情愿，各无反悔。恐口无凭，立字为证。

周进芝老租一亩七分，生克八亩三分。

中说人　于文海

中保人　王成利

立卖粮契人　周进芝

代笔人　韩国顺

康德二年（1935年）十月二十五日

第九张，伪康德二年（1935年）十月二十六日，立卖粮契（图292）。契文：

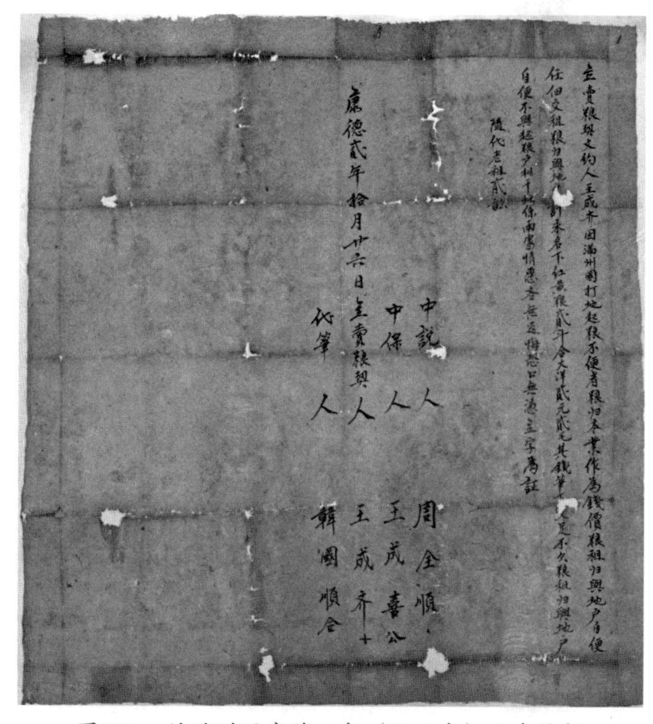

图292　伪满洲国康德二年（1935年）立卖粮契

立卖粮契文约人王成齐，因满洲国打地起粮不便者，粮归本业。作为钱价，粮租归与地户自便。任佃交租，粮归与地户计永名下。红黄粮二斗，合大洋二元二毛。其钱笔下交足不欠，粮租归与地户自便，不与起粮户相干。此系两家情愿，各无反悔。恐口无凭，立字为证。

随代老租二亩。

中说人　周全顺

中保人　王成喜

立卖粮契人　王成齐

代笔人　韩国顺

康德二年（1935年）十月二十六日

这是两张立卖粮契，计泉老人说，原来是计家的地，别人买了，交粮租。后来把地又归计家了。“周全顺”，在土谷子种过地，老根也是东古的。“王成喜”“王成齐”，是西古的。“韩国顺”，是东古的。当然，所说东古、西古，当初都是西胡家务。

第十张，伪康德三年（1936年）二月三日，立卖地契（图293）。契文：

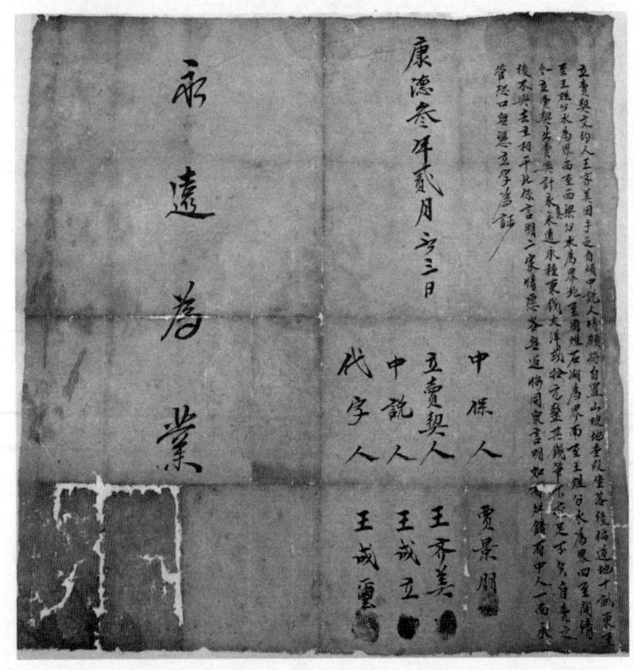
永遠為業

康德叁年貳月三日

中保人　賈景朋

立賣契人　王齊美

中說人　王成立

代字人　王成重

图293　伪满洲国康德三年（1936年）立卖地契

立卖契文约人王齐美，因手乏，自烦中说人情愿将自置山坡地一段，坐落后偏道，地十亩，东至王姓，分水为界；西至西梁，分水为界；北至周姓，石湖为界；南至王姓，分水为界。四至开清。今立卖契，出卖与计永名下，永远承种。东钱大洋二十元整，其钱笔下交足不欠。自卖之后，不与去主相干，此系言明。二家情愿，各无反悔，同众言明。如有舛错，有中人一面承管。此系三面言明，二家情愿，各无反悔。恐口无凭，立兑契文约为证。

中保人　贾景朋

立卖契人　王齐美

中说人　王成立

代字人　王成玺

康德三年（1936年）二月三日

永　　远　　为　　业

第十一张，伪康德五年（1938年）十一月八日，立卖地契（图294）。契文：

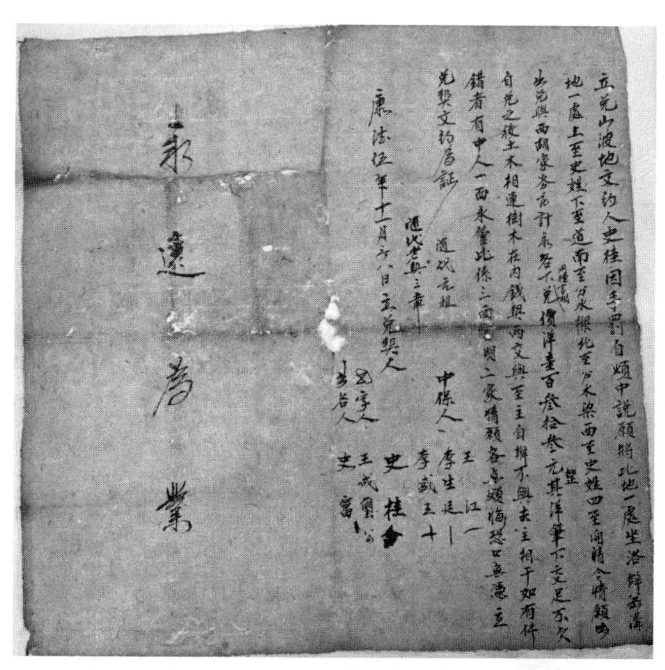

图294　伪满洲国康德五年（1938年）立卖地契

立兑山波地文约人史桂，因手罚，自烦中说，愿将此地一处，坐落薛岔沟地一处，上至史姓，下至道，南至分水梁，北至分水梁，西至史姓。四至开清。今情愿出兑与西胡家务庄计永名下，同众言明，兑价洋一百三十三元整，其洋笔下交足不欠。自兑之后，土木相连，树木在内，钱契两交，与至主自辨，不与去主相干。如有舛错者，有中人一面承管。此系三面言明，二家情愿，各无反悔。恐口无凭，立兑契文约为证。

随代无租。

随代老契三章。

中保人　王　江　李生廷　李盛五

立兑契人　史　桂

书字人　王成玺

出名人　史　富

康德五年（1938年）十一月八日

永　　远　　为　　业

计泉老人说："'薛岔沟'，应是斜岔沟，在现在的北寨四队，我大爷（ye）计德山就在北寨。"

第十二张，伪康德五年（1938年）十一月八日，立卖地契（图295）。契文：

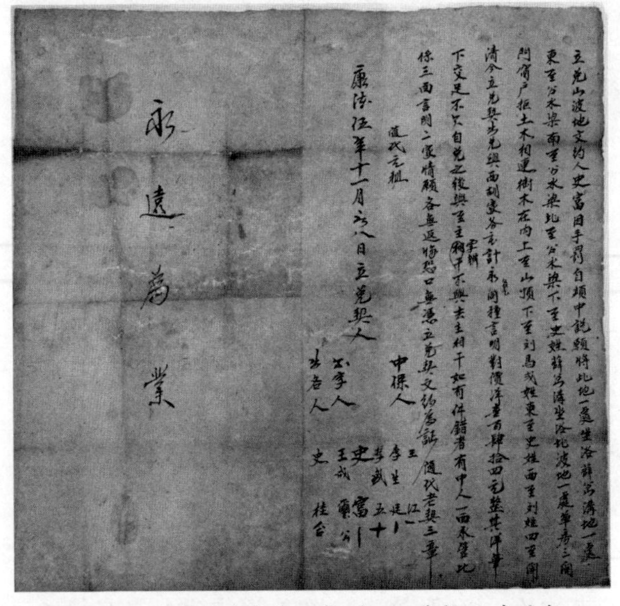

图295　伪满洲国康德五年（1938年）立卖地契

立兑山波地文约人史富，因手罚，自烦中说，愿将此地一处，坐落薛岔沟地一处，东至分水梁，南至分水梁，北至分水梁，下至史姓。薛岔沟坐落此波地一处，草房三间，门、窗户拒土木相连，树木在内。上至山顶，下至刘马二姓，东至史姓，西至刘姓，四至开清。今立兑契，兑与西胡家务庄计永名下，同种言明。对价洋一百四十四元整，其洋笔下交足不欠。自兑之后，与至主□辨，不与去主相干。如有舛错者，有中人一面承管。此系三面言明，二家情愿，各无反悔。恐口无凭，立兑契文约为证。

随代老契三章。

随代无租。

中保人 王 江 李生廷 李盛五

立兑契人 史 富

书字人 王成玺

出名人 史 桂

康德五年（1938年）十一月八日

永 远 为 业

第八张至第十二张地契，为伪满洲国康德二年至康德五年所签，两张卖粮契，三张卖地契，均为计永名下。计泉老人说，计永是他爷爷，就是爷爷从东古搬到土谷子的，到这儿置点地，就在土谷子靠北边，那个地方叫北偏洼。

从地契来看，计永最早置地是在1935年，到2023年已88年了。而在1986年10月，计泉又从土谷子搬回了东古。

这里的“康德”，为爱新觉罗·溥仪在伪满洲国的年号，时间为1934—1945年，康德元年即1934年。“周进芝”，与上张地契的“周进之”应为一人，“芝”“之”当是代字人随手所写而已。“不变”，根据上下语句，都应是“不便”的意思。“□辨”“自辨”之“辨”字，亦应是“便”的意思。“手乏”“手罚”甚至“法手”，都应是说手头紧张、没钱的意思。“门、窗户拒土木相连”之“拒”，应是“俱”的意思。“三章”，应是“三张”。计泉老人的姥爷叫李盛武，说大概是文武的武，而地契中两次出现“李盛五”，应该是同一人。尽管这些字随手所写，多是同音不同字，而联系上下语义，基本可以理解大致的意思。尤其后三张以及第七张地契的落款时间，在月字后面，写画了一个似字非字的符号，像“廿”，又觉不是。请教京城书法家翟德年先生，仔细辨识认为，可理解为月与日之间的分号。这就是了，如“康德五年（1938年）十一月□八日”，即“十一月八日”。大概与过去手写发票时，总会在钱款数额前写个“￥”的人民币符号类似，表示前面没有其他数字了。这是民间习以为常的书写，理解着读好了。

这12张地契及分单，从清乾隆年间直至民国年间以及伪满洲国康德年间，反映了计家从外面搬到东古，从东古搬到土谷子，再联系到计泉老人又搬回东古，这就是200多年间计氏家族迁徙的历史。

另外，从五张“康德”地契来看，签于1935年至1938年间。原唐山党史办主任陈平在《千里“无人区”》一书中写道：1933年5月31日，中日签订了丧权辱国的《塘沽协定》，日本侵略者沿着长城，从山海关到独石口一线，为伪满洲国划定的“西南国境线”，把新占领的热河省正式划入伪满洲国版图，而且“顺手牵羊”，将长城外侧原来归属华北的兴隆、青龙两县及密云、怀柔、延庆、赤城各县部分地区，一股脑儿地划入伪满洲国。而土谷子一带当时属于密云，无疑被划入了伪满洲国，五张“康德”地契就证明了这点。

因此，这12张地契及分地单，对研究平谷地区的人口源流、经济以及历史具有重要的价值。

群英大会表彰英雄模范李满的奖状

2007年5月，乡文化干部、原西涝洼村人潘军来找作者，说西涝洼村有个李满，抗战时期是民兵联防队中队长，曾受到表彰。家人记得，当时是奖励了1支钢枪、1匹战马，还颁发了奖状。在战争时期，这是重奖了。

潘军带来了奖状，但见奖状底写“模范”两个空心大字，竖写状文（图296）：

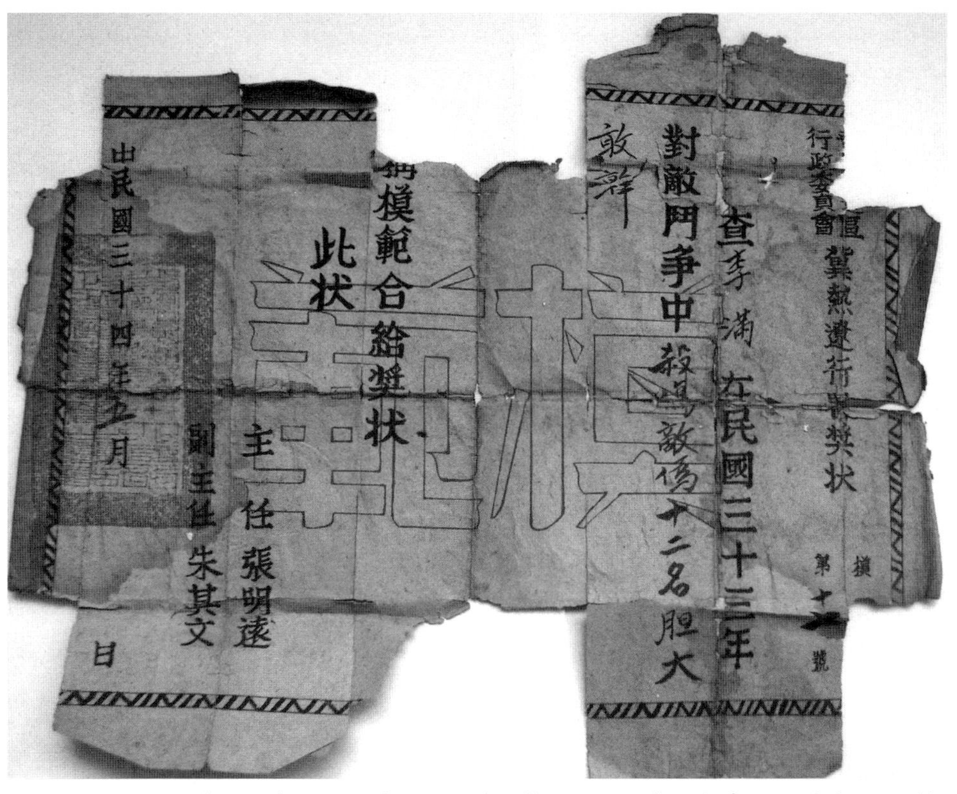

图296　1945年5月冀热辽行署颁发西涝洼村民兵联防中队长李满的模范奖状（摄于2007年5月）

冀热辽区　　冀热辽行署奖状　　模　范
行政委员会　　　　　　　　　　第十一号

查李满在民国三十三年
对敌斗争中杀伤敌伪十二名胆大
敢干

□ 称 模 范 合 给 奖 状

此　状

主　任　张明远

副主任　朱其文

中 华 民 国 三 十 四 年 五月　　日

奖状下面时间处，钤盖长方形竖印一方。

奖状写李满在对敌斗争中，打死打伤12个日伪军。潘军记得，家人说李满是1958年3月去世，属猴的，才51岁。他一米八多的大个子，据说一个鬼子追上来，从后面把他搂住了。他一个大背跨，就把鬼子摔倒了，接着一枪打死了鬼子。更多的事迹家人也说不出来了。

这里的“敌”，当指日军；“伪”，当指为日军做事的伪军。“主任张明远”，当是冀热辽行署主任。《冀东革命史》记载：1945年“1月，冀热辽区党委、军区、行署机关先后正式成立。李运昌因军务繁忙，晋察冀边区政府明令照准其辞去行署主任职务，由原晋察冀边区政府秘书长张明远任行署主任”，并有“副主任朱其文”的记载，证明奖状所写为实。

同时，还有冀热辽军区政治部、晋察冀画报分社向战斗英雄与模范工作者刊发的一封致敬信（图297），信底上部为“光荣”两个行书大字，下部漫画一八路军愤怒地端枪一刺刀刺进鬼子胸膛，另一鬼子吓得抱头鼠窜，地上扔着一把机枪。致敬信全文如下：

光荣的战斗英雄与模范工作者们：

在六百万广大群众中间，和敌后残酷的抗日斗争中，当选为英雄模范，这是值得多么自豪和可忻的事情呵！

军区开大会表扬你们，党政军民各首长赠给你们英雄模范的光荣称号，全体军民赞美你们、钦羡你们、要向你们看齐，这又是多么光荣与令人兴奋的创举呢！

这只有在共产党领导下的军队和人民，才会产生我们新时代的群众英雄和模范，也只有这样的英雄模范才能在激烈的斗争中，发挥英勇善战，坚决顽强的战斗精神，才会在紧张的环境中坚定不移、舍己为人、誓死不屈，为民族解放事业而奋斗到底。

图297　1945年5月，冀热辽军区政治部、晋察冀画报分社向战斗英雄与模范工作者的致敬信（摄于2007年5月）

在这里我们除了向你们致以崇高的敬礼外，并敬赠本报专刊一份，献作纪念，并希同志今后在战斗、生产、练兵和解放东北的斗争中，加倍努力，把新时代群众英雄模范的光荣称号，保持下去，发扬光大，以帮助群众，鼓励群众，创造更多新的战斗英雄和模范工作者，给日寇更大的打击，争取最后胜利早日到来！

此致

民族解放敬礼

冀热辽军区政治部

晋察冀画报分社

一九四五年五月

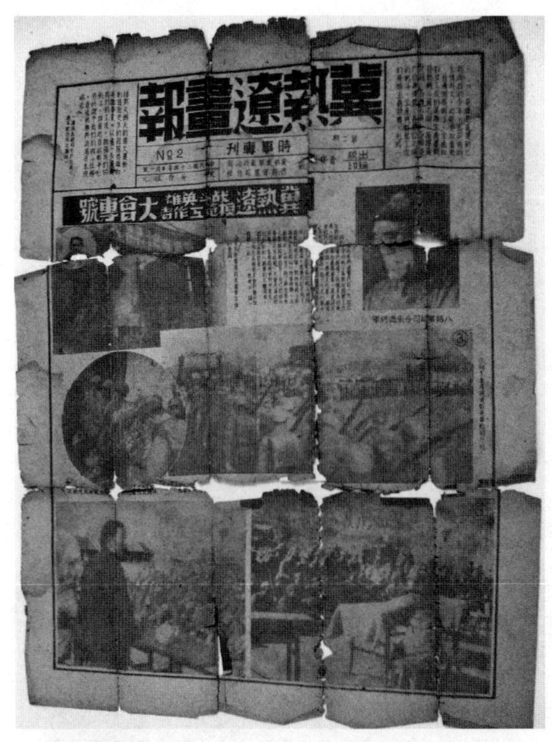
冀熱遼畫報

時事專刊

№2

冀熱遼戰鬥英雄模範工作者大會專號

图298　1945年5月，《冀热辽画报·冀热辽战斗英雄、模范工作者大会专号》正面（摄于2007年5月）

致敬信虽言语简短，可热情洋溢，充满激情，具有很强的号召与鼓舞力量。

《冀热辽画报·时事专刊》出版《冀热辽战斗英雄、模范工作者大会专号》，以图文的形式，展示了表彰大会的场景，并重点介绍了部分英雄模范的主要事迹（图298）。右下部有一张较大的照片，旁边题写着“15　全体英雄模范与行署、军区首长合影”。在上部中间还有一则消息，简略记述了表彰大会的主要情况：

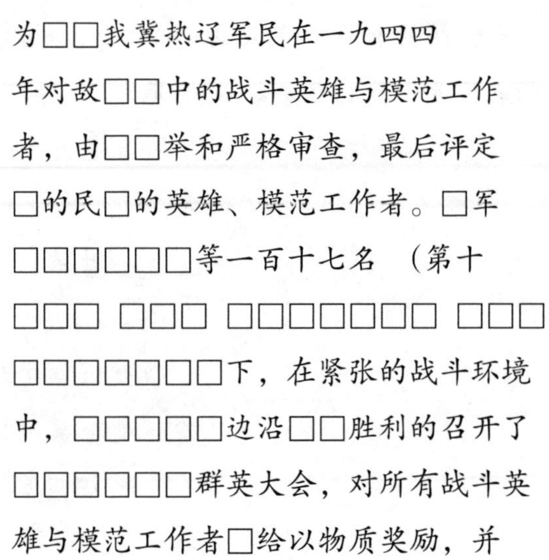
为□□我冀热辽军民在一九四四年对敌□□中的战斗英雄与模范工作者，由□□举和严格审查，最后评定□的民□的英雄、模范工作者。□军□□□□□□等一百十七名（第十□□□ □□□ □□□□□□□ □□□□□□□□□□□下，在紧张的战斗环境中，□□□□□边沿□□胜利的召开了□□□□□□群英大会，对所有战斗英雄与模范工作者□给以物质奖励，并

□□□□□奖状，又□□召开了□□□□
大会□□□□□□□□报告了自己的胜利
事迹，□□□□交流□□，大会充满欢欣
鼓舞□□□□□，各英雄模范对共产党、
抗日□□□□□府和八路军的正确领导
都□□□□□□高的致意。

录文按每行的文字抄写，有些字已残缺，便以“□”代替。但大致可以看出，这次群英大会，表彰的是冀热辽军民在1944年对敌斗争中的战斗英雄与模范工作者。这些战斗英雄与模范工作者经过推举、审查，最后评定出117名。大会上，冀热辽行署不仅为他们颁发了奖状，还给予了物质奖励。这也印证了李满家人说的奖励了李满1支钢枪、1匹战马，应该是实情。大会上，还请他们报告了自己的先进事迹，使大家深受鼓舞。

现在，冀热辽行署颁发的这个奖状及致敬信、画报专号，李满家人还悉心地保留着。

翻阅《平谷革命史》，对刘家河群英大会有简略记载：

1945年5月26日至29日（农历四月十五日至十八日），十四分区在刘家河召开群英大会。第十四地委、专署和军分区负责同志，八路军主力部队和战斗英雄、民兵英雄及拥军模范连同各村群众代表共1000余人参加了大会，会上表彰了英雄模范。受表彰的平三蓟联合县的英雄模范，有盘山砖瓦窑的“八路军母亲杨妈妈”，盘山的民兵班长丁福顺，南山村的民兵英雄刘文生，西涝洼的民兵英雄、神枪手李明山，东沟的民兵英雄胡广才，大段洼的拥军模范许大妈，梨树沟的民兵队长张俊荣，塔洼的村干部郭朝发，栲栳山的民兵英雄姚成宝，女战斗英雄陈杰英，还有许多部队及地方上的战斗英雄和模范。

可以看出，在冀热辽十四分区召开的刘家河群英大会上，黄松峪地区不仅有西涝洼民兵英雄、神枪手李明山，还有梨树沟民兵队队长张俊荣、塔洼村干部郭朝发，共三位英雄模范受到表彰。这正从另一个角度说明黄松峪地区在抗战中做出的贡献。

革命史记载西涝洼的人叫“李明山”，而奖状写的却是“李满”。西涝洼受表彰的应该没有第二人，“李满”与“李明山”当是一个人，“李明山”或是其别名，方便时再行了解。

再有，奖状上写着颁发奖状的是冀热辽行署，下面并有行署主任张明远、行署副主任朱其文的署名。而革命史写的群英大会，则是“十四分区”召开。实际上，1945年1月，冀热辽区党委、军区、行署机关正式成立，将原第一至第五地委、专署，改为第十四至第十八地委、专署，各地区均建立军分区。查阅《蓟县革命史》，对此所记写作“冀热辽十四分区党委”“召开了抗日群英表彰大会”。再看《三河革命史》“大事年表”记载，1945年5月，“冀热辽军区在平谷县刘家河村召开有1000多人参加的表彰大会”。所写不一。

作者手里没有群英大会的原始档案，故不知具体如何记述。既然《蓟县革命史》及《平谷革命史》都写作“十四分区”，编写者应该有所本。那时冀热辽区所属5个地区、20多个联合县，而所表彰的仅117人，黄松峪这儿的几个村就有3人，所以，应该是十四分区的部队战斗英雄、地方的各方面模范等。若是整个冀热辽区的，《冀东革命史》记载冀热辽军区有5个军分区，共10个团、22个县支队。别的不说，就这些八路军部队和地方武装，又会有多少战斗英雄呢？

当然，《三河革命史》写的“冀热辽军区”，也不会随手写来。毕竟李满的奖状上写着的是“冀热辽行署”，尤其那封致敬信中有“军区开大会表扬你们”，落款为“冀热辽军区政治部”，并且《冀热辽画报》专刊上部通栏标题就是“冀热辽战斗英雄、模范工作者大会专号”，左上部一幅大照片好像是大会主席台，挂着的横幅影影绰绰写的也是“冀热辽战斗英雄、模范工作者大会”字样。大照片左上角一个圆形小照片，有个上半身头像。大照片右侧说明文字有些缺失，但可看到“军区政治部李主任……词”。《冀东革命史》“冀东革命根据地军事组织及武装部队序列沿革”记载冀热辽军区，“政治部主任李中权”。这“李主任”当是李中权了，是否在表彰大会上，军区政治部李中权主任还致辞了呢？

有没有这种可能？表彰的这些人是十四分区的，名义却是冀热辽区的。这样，李满奖状及画报专刊所写与《平谷革命史》所记就统一了。另外，如果是冀热辽区举行的表彰，这样的大事，《冀东革命史》《冀东革命史大事记》《冀东子弟兵》等都应该有记，可现在却未见有记载。因此，这里且依《平谷革命史》所记，以后如发现新的资料再行研究。

战　事

抗日战争时期，黄松峪地区为共产党领导下的抗日根据地，党政机关干部、八路军及各村民兵，坚持开展抗日活动。而日伪军大搞所谓“无人区”“治安强化”，经常“扫荡”，惨无人道。在解放战争及抗美援朝战争中，黄松峪地区的人民踊跃参军，支援前线。

根据民政局所记烈士，包括搬迁而不存在的村落，黄松峪地区共有革命烈士29人，其中抗日战争时期烈士10人，解放战争时期烈士18人，抗美援朝时期烈士1人。

在抗日战争、解放战争及抗美援朝战争中，黄松峪地区人民都做出了重要贡献。

黄松峪地区的抗日活动

梨树沟村的抗日斗争

题记：《平谷文史选辑》第三辑收录王山民、王仲林、李永田《战斗在“无人区”——忆平谷北山的抗日斗争》的回忆文章，作者对此进行了整理，改名《梨树沟村的抗日斗争》。

抗日战争时期，日本侵略者为实现其确保满洲、永久霸占我东三省的野心，阻止共产党八路军向东北挺进，公然划定所谓“大满洲国西南国境线”，并在长城沿线制造了千里封锁区，又称“无住禁作地带”，这就是惨绝人寰的“无人区”。

梨树沟村，位于平谷县东北长城隘口黄松峪关外，山高谷深，地势险要。这里的群众世代与山相依，勤劳朴实。1938年秋后，挺进冀东的八路军曾从这里经过。他们纪律严明，说话和气，还帮助群众挑水扫院子，在这深山沟里播下了抗日救国的火种。

不久，冀东暴动失利，抗联队伍西撤，日伪的魔爪立即伸向这里，推行保甲制，并将这一带划为“匪区”。当时，梨树沟村与黄土梁、大段洼村为一个甲，称黄榆沟甲，共有800多户，2000多人，与西边的南大地甲、南面的塔洼甲、刁窝甲统称“西四甲”，属兴隆县日伪管辖。1941年，日伪又在梨树沟口的塔洼村设立据点和警察分驻所，以加强对“西四甲”的控制，切断这一带向南的通道。警察所有几十个伪警，据点里有两个日本鬼子，一个叫香原，一个叫河本。他们不但要钱要粮要民工，还要各村每天给他们送“情报”，经常到各村搜查八路军和抗日干部。

然而，抗日火种是扑不灭的。冀东暴动后，赵立业、单德贵的八路军三支队一直坚持在平谷北部山区。1939年，林远等同志来这一带开辟地区，动员群众组织起来，抗日救国，号召各村成立青年报国会、抗日自卫军，秘密开展抗日工作。1941年春天，林远、石山及平密兴三区区长李文忠、区助理宋玉林等来到梨树沟村，召集群众在甲长张德春家里开会。会上，石山同志讲了组织青年报国会、自卫军，成立抗日村政权的事，推举王山民（化名久祥）、张克君（化名黄山）为报国会正副主任，张贵荣为自卫军大队长，齐长旺为办事员。当时的村政权是明里支应敌人，暗中搞抗日工作的两面政权。就拿送情报来说吧，由于敌人十分害怕我八路军和民兵的活动，于是，强迫各村每天都要给他们送关于八路军活动的“情报”。村里的甲长也是每天派人到据点去照送不误，可敌人从来就没有得到过真实的情报，因为这些“情报”都是村里瞎编的。那会儿，八路军里最出名的要数包森和单德贵，所以情报里总是说包森如何如何，单德贵到了哪里，八路军大部队有什么行动等等，弄得敌人五迷三道。敌人如果追问情报的来源，送情报的人就说：“是听放牛的说的。”使敌人全然无法查对。而敌人的活动情况，却能通过我们的秘密交通线，准确无误地传送出去。那时，就连许多保甲长都在暗中为抗日工作。1942年春天的一个夜晚，塔洼村的甲长刘满到西沟胡殿臣家里，参加了区委书记项一同志主持的群众大会。会上，由胡殿臣带头唱起了抗日歌曲，几乎人人都跟着唱起来，深深打动着每一个人的心。从那以后，刘满利用甲长身份积极为抗日工作，抗日政府要粮给粮，要鞋袜给鞋袜，还不断向我方提供敌人内部的情报，后经王山民、胡殿臣介绍入了党。刘满的妹夫贾富林在黄松峪据点充当伪自卫团长的秘书，暗中为我方搜集敌人活动的情报，开展地下斗争，后来也入了党。

那时，抗日歌曲在群众中起了很好的宣传作用。这些歌曲语言朴素，短小易学，在北山几乎人人都会唱，如：

满洲

满洲，满洲，
日本到处游，
打下粮食他往组合收；
吃穿他配给，
人民发了愁。
打倒日本实现民主，
人民得自由！

八路军

有朱德，毛泽东，
二人组织八路兵。
人马发到北平城，
大炮响咕咚！

卢沟桥

宋哲元，大刀兵，
卢沟桥上打冲锋，
打死鬼子往下扔，
河水血染红。
……

这一带，1940年就有了党组织，由福吉卧村的任久林同志负责，通过胡春元在梨树沟开展建党活动。胡在梨树沟有亲戚，又常到村里说大鼓书，便于秘密工作。1942年的正月十三，王山民和张克君、张连魁光荣地加入了中国共产党，建立了村里的第一个党支部，王山民任支部书记。党支部成立后，对村里的抗日组织进行了整顿，加强了领导。报国会改为农会，自卫军改为民兵，由张贵荣任中队长，各自然村设班长。村里增加了张克君和于清齐（化名九江）两名办事员。党支部的成立，使这里的抗日工作有了坚强的领导。随着斗争的深入，党组织也不断发展、壮大。梨树沟党支部后来又发展到了包括黄土梁、陡子峪、夹板石的共十几名党员。

当时，民兵的主要任务是站岗放哨，监视敌情，传送情报，也经常夜间出动破坏敌人的交通和通讯联络。梨树沟和周围几个村的民兵联合起来，一夜就将敌塔洼据点附近的电话线全部割掉，扔进山涧里。一次，王山民、李永田到将军关接送情报的路上，连砍了敌人的三根电线杆子。

这年夏天，敌人要在这一带征“国兵”，凡20岁左右的青年小伙子都得“应征”，有病的也不放过。保长按户口册子要人。梨树沟有12个青年够岁数。为了抵制敌人的“征兵”计划，梨树沟和段洼的村干部请示区委书记项一同志后，派十几个民兵夜间烧了敌人的村公所，毁掉了户口册子，“国兵”也就没法再征了。

图299　河北张家口赤城县碾子沟部落

1942年，日军沿长城大搞集家并村，将长城之外划为“无人区”，把村庄烧光，强迫群众进入“人圈”，实行惨无人道的法西斯统治(图299)。

这年秋天，敌人将塔洼据点撤至黄松峪，强迫罗家沟村到南大地，土谷子、胡同水到刁窝，福吉卧、梨树沟村到梨树沟口集家并村。他们划定了集家地点，用石块做了标记，由保长指定了各家的地方，并扬言，谁敢不去，“皇军”见房就烧，见人就杀，寸草不留！

这时，八路军十三团刘芝龙连及二区队正在这一带活动，他们召集各村干部开会。大家一致表示，决不能叫敌人的“集家并村”图谋得逞。梨树沟村的群众听说鬼子要逼他们进“人圈”，个个恨得咬牙根。群众会上，村干部讲形势，谈利害，一致表示，死也不进“人圈”，决不当任人宰割的羔羊。

起初，为了应付敌人，白天也有人去集家点盖房，可夜里，八路军又领着民兵和群众去拆。就这样，盖了拆，拆了盖，盖的人白天也是磨洋工。一两个月过去，“集家点”还是一片空地。到后来，各村干脆和敌人对着干。他们不再给敌人钱、粮、柴草，不再给敌人派民工，不再给敌人送“情报”，不再承认敌人的保甲制，这叫和敌人“断关系”。敌人来了就上山躲避，敌人走了再回村种地。敌人烧了房子，就住窝棚，住石砬，住山洞，就在这大山里和敌人周旋。

恼羞成怒的敌人，对北山人民进行了灭绝人性的报复。一是烧。从1942年起，到各村“讨伐”的日伪军就开始烧房。1943年春天，开始大规模烧、反复烧。敌人所到之处，见房就烧。梨树沟村前后被烧十几次，村里不但片瓦无存，就连残垣断壁、茅棚草等啥都不留。人们没了房住，加上缺衣少食，瘟疫很快流行起来。仅梨树沟村，1943年的一次瘟疫中就死了许多人。

二是杀。在“无人区”里，敌人见人就杀。凡敌人“讨伐”时，来不及外逃躲避的群众，多被敌人残杀。梨树沟村王山民家16口人，在抗日战争中死了9口。他大爷是在梨树沟口的柿子树下被鬼子活活打死的，三哥是在自家房前被鬼子用刺刀挑死的，大嫂和侄儿也死在敌人的屠刀下……最后，剩下80多岁的老奶奶，靠王山民背着跑敌情。这样的悲剧，几乎家家都有。梨树沟口老张家的张三、张四，王足、尉发等人，是在鬼子飞机的扫射下丧的命。

三是抢。为了断绝北山人民的活路，日寇一面加紧对山区的经济封锁，一面在“讨伐”中一次又一次地抢掠山区人民仅有的一点点粮食、衣物、生活用品，砸碎锅、碗、瓢、盆，杀死猪、鸡、牛、羊，抢走牲畜，这还不算，还要派“割青队”毁掉地里的庄稼，砍掉山上的果树，真是无所不用其极。

敌人的血腥暴行之下，“无人区”的群众在共产党和抗日政府领导下，坚持与敌人巧妙周旋，不仅有效地保存了自己，更以劣势的武器装备打击敌人。北山西四甲地区的民兵队伍，是从罗家沟、段洼、土谷子、胡同水、梨树沟、黄土梁、东涝洼子由东到西先后建立起来的。塔洼和刁窝则是和敌人“断关系”后开始成立民兵组织。民兵的枪支少，力量弱，很少与敌人正面交锋，多以麻雀战、地雷战骚扰、牵制和杀伤敌人。

在和敌人“断关系”之后，为了抵抗敌人的清剿和讨伐，梨树沟的民兵从区里要来几条枪和一些地雷。开始，他们把地雷埋在敌人“扫荡”时必经的路口、村口。后来，埋的办法越来越多，越来越巧妙，凡是敌人可能出没的地方都布上雷，有拉弦的，有踏弦的；有埋的，有挂的；有铁质的，还有自造的石雷。布雷之后，还要故意在一些地方写上“小心地雷!”“此处有地雷!”等字样，用以迷惑敌人。每次敌人来村里“扫荡”，都要被地雷炸得血肉横飞，抱头鼠窜。由于民兵熟悉地形，行动灵活，敌人来犯时，他们在这个山头打一枪，又跑到那个山头上打一枪，敌人也不知道我们有多少兵力，故不敢轻举妄动。碰到小股敌人，民兵就把他们“吃”掉。碰到大批敌人，麻雀战不仅可以骚扰敌人，还可以迷惑和消耗敌人。1943年的春天，敌人对北山根据地大举进攻，十三团的老号长正在罗家沟训练号兵。一天，大批敌人蹿进村里，民兵一阵排子枪，号兵们吹起了冲锋号，敌人以为是中了大部队埋伏，慌忙逃跑了。还有一次，敌人从河口出来，经花岭要去段洼“扫荡”，民兵们埋伏在萝卜窖口子西山上，待敌人刚到花岭山梁上时，一阵排子枪，吓得敌人就地卧倒，无目的地乱放机枪，又在山上趴了一夜，第二天天亮了才敢向我民兵埋伏的阵地运动，可我们的民兵早无影无踪了。

经过战斗的锻炼，民兵不但取得了战斗经验，也不断地壮大了自己。梨树沟的民兵很快就发展到了20多条枪，不但可以跟敌人打地雷战、麻雀战，还可以伏击大股敌人，以至长途奔袭敌人。至今，人们还没有忘记梨树沟的民兵用“大抬杆”痛击日寇的故事。“大抬杆”是一门自制的土炮，七八尺长，得两个人抬。民兵们把它架在村东山梁上，用大石头压住，装足了火药，再填入破铁锅碎片。一天，日寇进行“扫荡”，刚走近村南门小庙时，民兵们点着了“大抬杆”。一声巨响，“大抬杆”喷出了长长的火舌，碎铁打出一大片，吓得鬼子直往小庙墙根下躲，正巧踏上了地雷。结果是死的死，伤的伤，没死的仓皇逃命。从此，民兵的“扫帚炮”打出了威风，敌人再也不敢大摇大摆地进村作恶了。

1943年秋天，区民兵队长丁连介带领段洼民兵夜袭将军关据点，捣毁了汉奸翻译官的窝，极大地震慑了敌人。这年冬天，西四甲地区划归承兴密抗日联合县一区，区长胜斋带领这一带的民兵，在大华山北梁和牛角峪两次堵截敌人往密云方向的运粮队，一次得手，缴粮20驮。民兵的力量在斗争中不断壮大。1943年秋，这一带的部分民兵曾在关上村东接受专署武装科同志的检阅，人数达150多人。1944年，敌人更加疯狂地进攻我根据地。在平谷北山，敌人不仅轮番烧杀，还大规模地“割青”，毁坏庄稼。但是，无论敌人怎样疯狂，民兵从来都是人不离枪，一直坚持斗争。1945年，在抗日大反攻中，西四甲的民兵主动出击，围攻陡子峪日寇据点，迫敌仓皇出逃。我民兵奋勇追击至兴隆茅山，敌寇丢盔弃甲，辎重大车都翻进了山沟。

一盏不灭的明灯

陈洪义

1944年深秋的一天，在黄松峪关外胡同水的峡谷中，响起了一阵阵凄厉的枪声。成帮结队的日伪军正在追击我十三团卫生处未能转移的伤员，伤员就在那高高的崖洞上。“投降吧，你们跑不了啦！”伪军和汉奸号叫着。而回答他们的，只是一颗颗仇恨的子弹。仗着人多势众，他们朝着崖洞疯狂射击，直到上面不再有枪声。又过了好一阵子，日伪军才壮着胆子爬上山崖。他们惊呆了：洞里倒在血泊中的，只有两个八路！再仔细一看，其中一个，就是早已叫他们闻风丧胆的贺明登！在平谷、在密云、在蓟县、在兴隆……谁不知晓八路军的贺明登贺连长呢？

惊魂未定的敌人忽然间歇斯底里了，狂呼："八路军完了，八路军的一盏灯灭了！"

这天是11月19日。整整50年过去，贺连长一直活在我心中，我永远也忘不了跟随贺连长征战的岁月。

我的家乡是峨嵋山东沟，千年古刹水峪寺就坐落在那里。1942年农历二月二十六，日本鬼子放火烧毁了水峪寺，又烧毁了村庄，把我们带到刘家河审问，逼我们交出八路军，我还挨了他们重重的一镐把。我大叔陈兆奇和四叔陈兆瑞被押到南独乐河据点，大叔当天就被活活打死，四叔被鬼子毒打后活埋，埋后挖出来再打，反复折磨了5次！一个多月后，我父亲好不容易才花钱托人把奄奄一息的四叔保回来。为报这血海深仇，我当年就投奔了八路军，在冀东十四分区十三团当了战士，连长就是贺明登。

贺连长中等个，络腮胡子，言语不多，小噘噘嘴，透着倔强。他要是发起脾气来，谁都得怕。但是，他的脾气也不是随便冲人发的。他最恨的是敌人，也恨那些惧怕敌人的孬种。谁要是打好了仗，多杀了鬼子，他都会投以赞许的目光。他不仅英勇善战，更足智多谋。

1942年12月，部队驻在密云县西葫芦峪村。一天夜里，贺连长决定奔袭顺义县杨镇的敌人。因为相距近40里，又是夜间，敌人是万万想不到八路军会来的。可杨镇是京东大镇，设有伪警察署，日伪重兵把守，戒备森严。一到夜间，四门紧闭，岗哨日夜监守，很难进入，一旦惊动了敌人，袭击就很难得手。但贺连长早已胸有成竹，夜间10点左右，部队急行军至杨镇北门外隐蔽待命。贺连长派两个侦察员，一个将满头满脸洒上鸡血，二人到敌门下故作厮打，相互破口大骂，惊动了守门的伪军。他们从门上向下一看，夜色中只见两个人扭打在一起，一个头破血流，一个不依不饶，便骂道："你们找死呀，快滚开！"那头破血流的央求着："长官，他无缘无故把我打成这样，我要找警察署评评理。您行行好，快放我进去吧！”另一个说：“进去就进去，警察署算个屁！到哪儿我也不怕！”打架的越打越凶，简直就要闹出人命了，两个守门的伪军才不耐烦地开了大门，打架的人刚入门里，便分头麻利地用短枪顶住了门岗，低声喝道：“不许动！我们是贺连长的人，敢动就崩了你！”说话间，我们的战士迅速由北门鱼贯而入，神不知鬼不觉地冲到伪警署，割断电话线，一阵猛冲猛打，伪警察们还不知发生了什么事，便乖乖地交了枪。我们得手后立即撤离，天亮时已返回了葫芦峪。这一仗，缴获长枪10多支，我无一伤亡。

同月，攻打密云北庄据点。这是鬼子的一个大据点，北依大山，东踞山口，把守着咽喉要地，是我们通向大小黄峪一带根据地的一大障碍，贺连长早就对它恨之入骨，决心要教训一下敌人。贺连长叫我们在北庄南的苇子峪小山上设下埋伏，派出了他最为得力的侦察员付明山和赵明业到敌炮楼前300米处打枪，以将敌引出。骄横的鬼子果然上钩，为了抓住两个活的八路，不惜派出大半个小队追了出来。我们的两个侦察员艺高人胆大，经验丰富，敌近则跑，敌停则打，如此三回，将敌诱入了我埋伏圈内。只听贺连长一声哨响，全连长短枪支一齐开火，鬼子立刻慌了神。贺连长又叫司号员吹起冲锋号，我们如猛虎下山，直扑山沟，打死了7个鬼子，有个鬼子负伤后仍不交枪，也被我们消灭。我们继续追击，又活捉了两个鬼子，其余几个鬼子拼命跑回了炮楼。这一仗，我们不仅狠狠地挫了北庄敌人锐气，还缴获了一门小钢炮和几条长枪。

1943年秋天，我们又在北庄附近的东庄伏击北庄据点的鬼子。贺连长同样用了“引蛇出洞”的战术，但这回是派出了四五个战士，把鬼子的小队长都引出来了。敌人追到东庄时，贺连长指挥我们伏击、冲锋。鬼子小队长带着一挺歪把子机枪，短兵相接之中，全无用武之地，跑也跑不掉了，便磕响一颗甜瓜式手榴弹，想来个人亡枪毁，以“效忠天皇”。不想偏偏枪没炸坏，人也只受了点轻伤，我们人枪俱获，贺连长是最痛恨鬼子的，若是在战场上，一个也不会轻饶。但是对待俘虏，他十分注意政策，叫我们给那小队长治伤，好吃好喝地养着他。我们的战士吃小米、棒子面，喝菜汤，却想法给那小队长弄大米饭吃，还给他炖小鸡。一个多月后，我们放那小队长回去，他哭着不肯走，说："回去，死了死了的有。"最后，经请示团领导，我们派两个侦察员将他送到白河西离密云县城不远的地方，叫他自己回去了。这个日军小队长回去后被撤了职，在密云县城站岗。他没有忘记八路军对他的宽大处理，每当他站岗时，我们的侦察员便可安全出入。他还帮助我们买过子弹，偷运过武器。在他身上，体现了我军俘虏政策的威力。

最使我难忘的，还是1943年我们随贺连长坚持"无人区"的斗争。在极其艰难困苦的环境中，贺连长以他的坚韧不拔和机智果敢带领我们与敌周旋，终于以弱制强，杀出困境，站住了脚跟。敌五次"治安强化"运动后，冀东平原地区受敌重兵"围剿"，十三团跳到长城外线作战以牵制敌人。1943年2月，我五连奉命到兴隆县雾灵山区开辟地区，那一带属日寇制造的"无人区"。刚到那里，我们看到所有的村庄都被毁坏，所有的百姓都被鬼子赶进了"人圈"。我们连队开到雾灵山下的大、小坷垃木地区，十来个村庄，见不到一个人，连一个吃饭的家什都找不到。到了春夏之交，战士们还穿着棉衣，破了，就用绑腿补，绑腿用完了，就用棉衣里子补，身上落满了一块块的白补丁。军鞋补给不上，战士们都光着脚满山转，只在打仗的时候，才舍得穿上鞋。其实，那鞋也早已破得不成样子了……面对这种情景，贺连长紧锁双眉，他甚至暗地里掉泪！他在琢磨着，一定要狠狠地揍敌人几下子，打开这里的局面。

4月，我们侦察到伪满洲军一个连要路过青灰岭。这里便于伏击，且敌人正在得意忘形之际，戒备松懈，贺连长决心拿下它。当时我已在连队的机枪班当射手，进入阵地后我就在连长身边。果然，时候不大，伪满洲军大摇大摆地过来了。他们一个个倒扛着枪，嘴里唱着"青是山，绿是水……”的《五家坡》小调，好不悠然自得！贺连长放过敌尖兵后，一声令下，机枪步枪一齐开了火。伪满洲军大乱。紧接着，贺连长率先冲了下去，战士们更是勇猛无比。一场厮杀，我们缴获了20多支步枪，还得了1挺捷克式机枪。重创敌人之后，我们立即撤回雾灵山，敌不敢再追。这一仗，在兴隆打出了我们五连的威风。

5月，我连三排到关里来背手榴弹，剩下的两排又在窄道子梁打了一场漂亮仗。我们侦察到日本鬼子的汽车队要从窄道子梁下的公路经过，便在梁上埋伏。敌三辆汽车过来了，我们放过第一辆后便开火出击，打死了车上的鬼子。一个长着长胡子的老鬼子躲在汽车下，抱着一挺机枪不松手，我们的战士好不容易才把那机枪夺过来，原来还是用黄蜡封着的新家伙！我们还缴获了2000发子弹。贺连长烧毁了两辆汽车，立即指挥撤离战场。我们刚刚爬上南山，敌援军就赶到了，但也只能望山兴叹、无可奈何了。

6月底，伪满洲军押运数十辆大车粮食到承德，我们又在柳河打了一个漂亮的伏击战，缴获2挺机枪，40多支“七九”式步枪，20多匹骡马也都被我们拉回。我记得有一匹漂亮的枣红马，后来给了十三团政委兼平三蓟联合县委书记的李子光同志。这三仗之后，我们五连在雾灵山威震敌胆，莫说成连成排的敌人，就是三二百敌人也不敢碰我们了。

我们五连的威风，就是在贺连长带领下东拼西杀打出来的，他是连队不倒的军魂。1944年秋天，在兴隆大黄峪战斗中，他身负重伤，被送往平谷大段洼十三团卫生处养伤。因叛徒的出卖，日伪以千余兵力“围剿”，贺连长因不能转移被困于胡同水。

在万分危急的情况下，重伤未愈的贺连长镇定自若。他身边只有一名通讯员，一支“三八”马步枪，自己有一支盒子枪。敌人蜂拥而上，贺连长沉着应战，打完了所有的步枪子弹之后，命通讯员将步枪砸毁，又用盒子枪奋力回击，子弹一颗颗地射向敌人。在最后面临绝境的时候，我们的贺连长岂能当敌人的俘虏?他横下一条心，将最后两粒子弹留给了自己和他心爱的通讯员。

听到连长牺牲的消息，我哭了，连里的战士们哭了，我们的舒团长也哭了！我只知道贺连长是陕北来的红军，为抗日救国，千里迢迢来到冀东。他是我心中一盏不灭的明灯！

整理　文史办

选自《平谷文史选辑》第四辑，有删节

从秘密交通员开始一辈子跟党走

王仲林

“无人区”里秘密送信，敌人刺刀下遭遇惊险

1926年我出生在梨树沟村。1940年，刚满14岁的我在村里任秘密交通员，主要任务是秘密与各村联系，传送党的信件或口信。

那时日本侵略者在冀东长城沿线制造千里“无人区”，平谷北部山区就是“无人区”的一部分，包括梨树沟、刁窝、玻璃台等村的大片地区。就是在这种恶劣环境下，盘山至平谷北山建立了秘密交通线，我们秘密交通员专送党内机密信件。所送的急件要插火柴或鸡毛，有时一夜可送出一二百里地，风雨无阻。送信时，为避开敌人，要钻山沟，翻山过梁，拣没人的地方走。我们交通员有三条纪律：一是接信绝对保密；二是保证送到；三是遇到敌情及时处理，来不及时将信毁掉。交通员随时可能遭遇生命危险，我知道一个叫陈毓秀的交通员，就在井儿峪当站长时不幸牺牲了。

有一次，我去刁窝村送信，因为塔洼村有鬼子据点，就意味着随时可能遇到敌人发生险情。果然，出村不久，远处一伙儿鬼子走来。我赶紧钻进路旁的一个棒子秸垛里。鬼子经过时，不知是有意还是无意，居然用刺刀向我躲藏的棒子秸垛乱捅一气，其中一刀的刀尖眼看就到了面

前，就在离我仅仅三五厘米远时突然停下了，在万分惊险中我屏住呼吸，没有动弹。我想，即使被刺伤了也不能暴露。估摸着鬼子走远了，我才小心地爬出来，瞅瞅四周没人，便飞一般向刁窝村奔去，在生死边缘完成了这次送信任务。

和我一样，方圆十几个村都有秘密交通员，至今我还记得一些交通员的名字：塔洼村刘满、刁窝村魏云恒、玻璃台村王明善、大段洼村胡春元、南水峪村张金堂、上营村张品一、关上村张守仁等等。

图300　梨树沟村纪仲林，化名王仲林，曾任县委副书记、县人大主任等（摄于2009年1月）

1942年，我在村党支部书记王山民、区干部任久林的介绍下，光荣入党。就在一棵核桃树下，我对党宣誓，下定决心一辈子跟党走（图300）。

克服困难以弱胜强，与日寇奋战到底

就在敌人的“三光”政策和严密封锁下，我们战胜了缺粮少盐没衣穿等难以想象的困难。没有粮食，我们就吃野菜、树叶；没有火柴，就用敌人电线杆上瓷瓶里的硫黄加麻秸秆制成“大取灯”，把烧着的树疙瘩埋在灰堆里当火种。我们心里只有一个念头：“坚决抗日”。军民一条心，坚持和敌人进行斗争。在有限的条件下，主要通过“麻雀战”“地雷战”等方式对抗敌人。

“麻雀战”，一般是在敌人大规模来抢粮、抢牲畜、“割青”时进行的。记得一次收秋时，从陡子峪下来几百个日伪军，我们村民兵提前知道情况，就做好了准备，分布在靠近山口的几个山头。因为敌我双方兵力相差悬殊，我们的人员有限、枪支弹药有限，就分散开来，这山头几个人、那山头几个人，眼瞅着敌人走近了，就接连放枪。只见这山头打几枪，紧接着那山头又来几枪。这边扔出几个手榴弹，那边又放起土炮。敌人见到这种情景，一下子就蒙了，也不知我们究竟有多少人，不敢贸然前进。一天下来，敌人不但粮食没抢着，反而留下几具尸体，惊慌失措地跑了。

“地雷战”，也是我们克敌制胜的好办法。当时，挂甲峪村山上有一座兵工厂，以制造地雷为主。我曾去取过地雷，走一天，取一两个地雷。我们在鬼子必经之路上“下雷”，靠着为数不多的地雷，鬼子吃了大亏。在兵工厂的指导下，我们还自制了一种2米多长的“大抬杆”，就像长枪一样的小火炮，内装火药和碎锅片，威力很大。

另外，有时我们也主动袭扰敌人。一般在晚上，我们专门到黄松峪、陡子峪、祖务、将军关等鬼子据点周围，突然地袭击骚扰日本鬼子，就是打几枪、扔几个手榴弹，虚张声势一下，随后安全撤退。就这么一吓唬，鬼子一宿都不得安宁，吓得他们又是打枪，又是放炮，白白地消耗大量子弹。

坚强勇敢生死无畏，始终不渝跟党走

1948年，我到密云县巨各庄担任区长。当时，“伙会儿”组织在密云地区十分猖獗，他们依靠国民党的支持，有武装有组织，不但阻挠我们的土改工作，还一次次杀害我们的农会主任，甚至打垮了小分队。在这种严峻形势下，我被组织派往密云工作。我们和“伙会儿”的斗争激烈而残酷，小战天天有，大仗常常打。在一次战斗中，子弹从我的右腹穿出，身负重伤的我被组织转移到平谷红石坎疗伤。说是疗伤，只有盐水消毒，没有任何药。当晚见到我的人叹惜地说：“最晚活到明天早上。”我真是大难不死，不仅活到了第二天早上，而且又参加了打击“伙会儿”的斗争，眼看着“伙会儿”组织被消灭，眼看着新中国成立，更难忘的是作为华北局党校的学生，我还有幸参加了隆重的开国大典。

1949年华北解放后，我到华北人民革命大学学习，后在通县地委组织部工作，1953年回到平谷，先后担任组织部长、县委副书记、县人大主任等领导职务。

口述 王仲林 整理 张一阳 周彩伶

选自《老党员见证》

难忘那战争岁月

卢瑞明

埋下仇恨的种子

我是塔洼村人，在家里是老大，下边有俩弟弟、俩妹妹。家里穷，10多岁我就开始帮父亲养家（图301）。

图301 塔洼村卢瑞明（摄于2017年4月）

1941年，我14岁。这年日本鬼子进了村，并在村北边修起了炮楼。从此，我们老百姓整天东藏西躲地“跑反”，有家不能回。

日本鬼子为修炮楼，强迫每户出一个劳力去干活，家里除了父亲再没有别的劳力，为了能让父亲不耽误地里活儿，我就顶替父亲去了工地。我们的任务就是从河套里搬石头，周围有鬼子和伪军站高处端枪监督着，气势汹汹的，谁要是停下歇会儿，上去就连踢带打。我个头小，生怕被他们揪出来，挨打事儿小，不能替父亲出工就麻烦了。

一天，我正混在人群里搬石头，一个当官模样的人叫住我，我吓得心怦怦直跳，硬着头皮走过去。那人上下打量我一番，问我多大了，我没敢说实话，壮着胆子说：“十八了。”他又打量我一番，抬抬手让我回去了。我一连气给鬼子出工俩多月，每天累得腰酸腿疼，到家连饭都不想吃。

让人解恨的是，没等鬼子把炮楼修完，就来了八路军。我亲眼看见八路军围攻鬼子炮楼，把炮楼给炸开一个大洞，打得鬼子不敢出来。

后来，鬼子实行了惨无人道的“三光”政策，把塔洼和其他几个村划为“无人区”，烧光了老百姓的房子，抢走了家里的粮食和所有值钱的东西，毁掉了地里的青苗，还看到人就抓。

鬼子共烧了三次房子，可老百姓并没被鬼子吓倒。后来，鬼子不得不把据点撤到兴隆陡子峪。据点撤走了，可鬼子还是三天两头来“扫荡”。鬼子从北边来，我们就往南边跑；鬼子从西边来，我们就往东边跑。鬼子走了，我们就回家该干啥干啥。

一年的腊月二十三，鬼子又来“扫荡”，我和邻居张永正在放羊，没来得及跑，被鬼子发现了。几个鬼子和一群“警备队”张牙舞爪地奔我们来了，一个鬼子“嗖”地抽出大洋刀架我脖子上，阴阳怪气地问我：八路哪里的有？我一点儿也没害怕，心想大不了是个死，问啥就说不知道。

一个“警备队”抬头看看山崖，用枪指着我说：“你领道，我们上去看看。”我说：“我爬不上去，没有道。”“警备队”不信，继续拿枪指着我，让我往上爬。我知道，村里的民兵就藏在上边，鬼子真的上去就麻烦了。我只好找地方往上爬，边爬边想办法。我是在这山沟里长大的，爬崖根本不算啥。那个“警备队”后边跟着，我爬一段后，故意把脚窝弄活，那个“警备队”站不稳，十分害怕，我还故意踩他手，弄得他再不敢往前爬了。我爬到山崖上边，看到村里一个民兵正端着枪瞄准下边，我轻轻走过去，把枪往下按了按，又把他的头往下按了按。意思是告诉他没事，注意别暴露了。然后，我回头冲下边喊：“这里没有人。”

鬼子和“警备队”爬不上去，就拿我和张永出气，抓我们俩去陡子峪据点。一同被抓走的还有白云寺的王宝义，他比我还小，半路就给放了。我和张永被带到了据点，他们还赶走了我们的羊、我家的驴。走到黄土梁北边的时候，山路陡峭，我家的驴不敢往前走，鬼子和“警备队”就使劲打。驴被打疼了就试探着走，我就悄悄地推它，驴又不敢走了。鬼子和“警备队”没办法，就把驴放回来了。可怜那80多只羊（有我家30多只），被鬼子赶到据点就宰了。看着鬼子们宰羊、吃肉，我心里恨透了。暗暗地发誓，长大了非把你们也宰了不可！

三天后，鬼子才放我和张永回家。到家后我才知道，鬼子这次“扫荡”，在我们村祸害了三条人命。

走上革命的道路

1945年，我虚岁十八了，虽然个头仍然不高，却多了一些力气。没能参军打鬼子，成为心里的最大遗憾，心里一直想着有个机会走出大山，当兵打仗去。

机会终于来了，这年11月，村里动员当兵，我没和家人商量就报了名。我是家里老大，下边有俩弟弟、俩妹妹，都还小。我妈心疼我，一个劲地抹眼泪，住在耿井村的爷爷奶奶听说我要去当兵，专门跑来劝我，只有爸爸不说话。当时我是铁了心要走，他们也就不再拦我。后来我才知道，爸爸就是在这一年入的党。

和我一起走的还有一个白云寺村的人。11月15日那天我离开的家，早上村里管了我们一顿饱饭，然后找人把我们送到了镇罗营。在镇罗营住一宿，又把我们送到密云，见到了部队。

这时候我才知道，部队是冀东十四分区，我被分在警卫二团七连。到了连队先发军装，我穿上就像穿大褂一样，袖子长、裤腿也长，翻了半天才找到一套比较合身的。接着是发枪，又遇到了麻烦，我背上“三八大盖”，走道碰脚后跟，后来连长找来一杆比较短的给了我，啥型号记不清了，反正全连的长枪中我的最短。

有了军装、有了枪，第二天就开始训练，练了简单的队列就开始练打枪、练刺杀，也开会，领导讲纪律、讲革命道理。经过21天的训练，我们投入了第一场战斗。

第一仗是打古北口。我跟在老兵的后边，他往前冲我也冲，他瞄准射击我也瞄准射击，就这样战斗持续了三天三夜。虽然身边不时有人受伤，但我顾不得害怕，也不知道饿，三天三夜中，我只吃了一个冻饭。

这次战斗很惨烈，我们连新分的10个新兵，没了6个。但我一点儿也不后悔，反而更坚定了消灭敌人的信念。

战斗中迅速成长

打完古北口，部队开始转移，在河北、天津一带来回穿插。先后在武清、三河、香河、南仓等地开展战斗。其中也攻打过平谷县城。

那是1946年春天，夜里10点多发起进攻，我所在的三营担任主力，与敌人正面交锋。为了冲过敌人的封锁线，我们班划分成几个突击组，三人一组往里冲锋。我担任组长，带领另外两名战友。我在前边打头，他们紧跟在后边，刚穿过一个胡同，敌人的机枪就响了起来，我回头一看，一名战友倒下了。和班长会合后，我把枪往班长手里一塞就往回跑，班长一把拽住我说："你干啥去！"我说："我要把他抢回来。"班长说："不行，太危险了，看样子他肯定是光荣了，不能再做无谓的牺牲。"我说："那也要把枪拿回来。"班长看看我，说一句："多加小心。"我打着滚儿爬到那位战友身边，拉他一把没有动静，又试图把他背在背上，却因为他那大块头，试了几次没挪动，只好放弃了，只把枪捡了回来。我刚离开，一梭子子弹又打了过来。由于敌人援兵及时赶到，我们不得不提前撤出战斗，部队向三河方向转移。

这次战斗后，我被任命为班长。一天，指导员派人找我，让我到连部去。指导员问了几句工作上的事，然后问我愿不愿意入党。我说我还不是团员呢。指导员说："你已经达到了入党的年龄，可以直接申请入党。"我当然愿意啦，做梦都想成为一名党员，当一名真正的共产主义战士。

没过多久，我成为一名正式党员。入了党，我打仗更勇敢了。印象最深的一次战斗是攻打香河县城，那时我是副排长，只要有作战任务，我就打头阵，带领一个班冲在最前边。战斗是从晚上开始的，由于香河县城有护城河，敌人把守很严，又在城墙下边设了暗堡，我们组织7次进攻都被卷了回来。眼看着天快亮了，连队清点了人数，发现损失了一半，140多人的连队，剩下不到70人。领导决定撤到一片小树林里进行一下调整。

部队撤下来后，我和一名姓杨的战士趴在坟头上观察敌情，突然一声呼啸响起，紧接着一颗炮弹落在不足2米远的地方，冒着火星子在地上滴溜溜乱转。等我反应过来，本能地推了老杨一把，自己也顺势倒下去。没等落地，炮弹就爆炸了，老杨块头大，弹片把他的屁股划开一个大口子。我虽然没有负伤，却由于倒地匆忙，忘了张开嘴巴，耳朵被震聋了，半个多月听不到声音。

就在暂时调整的间隙，营部调来一门迫击炮，几发炮弹过去，把城墙轰开一个豁口。我们趁势发起冲锋，终于拿下了香河县城。

几十年矢志不渝

1948年，部队奉命挺进东北，在参加攻打朝阳镇战斗后，我被调入兵团机关，担任首长警卫员。到了新岗位，我处处尽职尽责，保卫好首长的安全。

后来，部队入关，解放天津后又一路南下，直至广西，参加广西剿匪。当时，广西匪患严重，土匪化装成老百姓，表面看是手里拿着镰刀在干活，转眼就对部队进行突然袭击。在复杂的环境下，我们警卫员面临着许多危险，责任也更大了。那些日子，我精神高度集中，没睡过一个安稳觉，夜里没脱过衣服，保护着首长没出任何问题。

广西剿匪结束后，部队派我到军校学习一年。小时候没上过学，不认识几个字，这一年学到了不少的知识。学习结束后随部队到广东驻防，我们就驻在宝安县，也就是现在的深圳，那时候我是代理指导员。解放战争中，我获得过“解放东北”“解放天津”“淮海战役”和“解放海南岛”4枚纪念章，可惜现在都找不到了。

1955年，我复员回乡，先后又当了村支部书记、大队长等。

口述　卢瑞明　整理　孙景权

选自《老党员见证》，有删节

塔洼村的秘密斗争

刘　满

图302　塔洼村刘满（摄于2011年6月）

我是塔洼村人，记得1940年，塔洼村有140户，500多人。那时，我是个普通百姓，看到日本鬼子欺负咱中国人，就想和鬼子斗。后来，认识了共产党组织干事任久林，他介绍我加入了共产党（图302）。

抗战那会儿，八路军供给很少，没有粮食，吃野菜是常事。野菜吃光了，吃树叶；麻子叶、椴叶、臭椿叶都吃过，山坡被吃得光秃秃的。八路军穿的也是难题，有人上边缺衣服，下边没鞋。我就秘密地筹集布匹，然后做鞋和衣服。在家里不敢做，就带着布到山里。八路军上衣做得很长，像大衣，到膝盖以下，白天穿着，晚上睡觉还能当被子用。衣料都是棉花纺的家织布，鞋和袜子都是用这种布做成的。

当时花的钱是联合票，上面印有“中国联合”字样，是日本人印发的，一直使用到鬼子撤退。当时群众都很困难，吃穿都没有，哪里有钱花？因此筹集起来很难。也不敢公开活动，我遇到关系不错的私下一说，就十块、二十块的往一块儿凑，每次能筹集三五十块。由于鬼子封锁，八路军连写字的钢笔水都没有，买不到墨水，就用紫靛代替。紫靛也是鬼子控制的物品，我设法去县城买，鬼子在城门盘查，一旦被发现，就得掉脑袋。当时我姐姐住县城，外甥七八岁，每次就带着他作掩护，买来紫靛叫他攥在手心，因为鬼子对孩子不检查，他带出城门再交给我，然后送到福吉卧村的八路军驻地。

1942年，塔洼村成立党支部，组织任命我为党支部书记。党支部由三人组成，主要任务是组织民兵开展对敌斗争。下地干活也把锅放在篓子里背着，遇有敌情才能周旋。第二年正月初五，驻扎在村里的鬼子和伪军烧了全村的房子，便撤走了。

此后，伪军经常烧杀抢掠。1944年11月的一天夜里，陡子峪据点伪军从东山梁过来，利用黑夜偷袭塔洼村。伪军偷袭的那个地方叫天桥，居住的都是男人。夜里刘福海出来小便，发现有动静，就大声喊：有人！他往山下跑，没跑多远就被打死了。枪一响，人们被惊醒，开始往外跑，敌人就开枪射击，一部分人跑出去了，但有人中弹倒下，这次袭击，我村牺牲了10人。那天我没在家，躲过了一难。

敌人的屠杀，更激发了大伙儿对敌斗争的决心。不久，我村组建民兵大队，大队长叫张望，我任指导员。我们采取游击战，和敌人斗智。把民兵分成几个点，占据有利地形，专等敌人从梁上往下走时，选好时机打他们的尾部。有一次，陡子峪据点的伪军又来我村“清剿”，他们在村里转了一大圈，什么也没发现，就顺着东山梁回去。下梁没多远，民兵就从梁上向敌人开火，有枪的用枪打，没枪的掀起大石头往山下滚。枪打、石头砸，打得伪军连头都没回，跑回了据点。

在对敌斗争中，人人都参加，你埋地雷，我站岗。我们就地取材，在大石头上打上眼，装上炸药，研究出“石雷”，对付敌人。使用的枪有老套筒、七九步枪。尽管武器不好，也能给敌人沉重打击。那几年民兵打死了鬼子、伪军十几个。我的枪法还行，不超过半里地，只要看见敌人迈步就能击毙。我记得打死了三四个。我们就是这样利用游击战术，打完枪就跑。

就这样我带领民兵与鬼子、伪军周旋，直到1947年解放家乡、平分土地时，我才公开身份。后来，我在平谷区粮食部门工作，直至1980年退休。

口述 刘 满 整理 潘 军

选自《老党员见证》

黄松峪村干部的抗日

陈翠丰

我是黄松峪村人，9岁那年，父亲送我上了小学。1938年，一闹日本我就不念了，正好八路军进驻我们村，我被选为儿童团长。儿童团的主要任务就是站岗放哨，检查路条。当时，人们过来过去，从村里过都要开路条，不然就不让过。1939年，我因为年龄的原因退出了儿童团。

我还记得八路军四纵队第一次进驻村里的情景。当时是晚上，因为以前没人见过八路军，村里人半夜听到动静也不敢动，都以为是西边的“伙会儿”或土匪来了。第二天一大早，村里几个岁数大的人起来转了一圈儿，发现所谓的“土匪”都住在了村南边的大庙里，一户老百姓家都没进。他们自己背着被子、大铁锅，等老百姓都起来了，才挨家挨户借粮食，并在村里做宣传。

那时，我们村住着的是八路军的卫生所和供给处，还有一大部分住在更北部的山区里。

1940年，日本鬼子进驻到村里了。1944年2月，鬼子终于撤退了。

当时鲁夫是平谷老二区的区委书记，来我们村选干部，我有幸被选上了。

当干部，主要负责“粮秣”，也就是给八路军找粮食，还有就是组织老百姓给八路军做衣裳、鞋。那时候，大家把做好的衣服、鞋都交给我，我收集好后转交给八路军。

当干部就得有风险，日本鬼子的走狗和伪军把我们的名字上交，鬼子就时不时来村里“扫荡”，抓我们这些为八路军干事的村干部。我连自己的名字都不能用，是区里给我起的名字，叫“立华”。我们村4个主要干部分别叫“立中”“立华”“立民”和“立族”，连起来就是“中华民族”。我们给八路军写信送信都用这个化名，别说老百姓，连家里人都不知道。

那时候，村子四周的山上都有站岗放哨的民兵，一看到哪儿的鬼子出发了，就相互喊话。山顶上还会立一棵小树，不方便喊话的时候，就放树。鬼子往西去就让树往西倒，往东去树就往东倒，这是大家都知道的暗号。我们差不多天天“跑反”（岗哨赶紧通知村里人，村里人赶紧上山躲避，人们把这叫“跑反”），有一回我跑到了上宅，躲进了八路军的卫生所里。

还有一回，鬼子来得特别突然，都快进村了我们才发现。没办法，我就使劲往东跑，跑到东山上的一处荆棘后面，赶紧啃手指头。因为手指头上有给人家开信蹭上的钢笔水，要是被逮住了，肯定暴露。就是那次，组织上给我的印章“华”丢在那儿了，怎么找也没找到。

讨伐队也经常来村里抢东西，有一回，我们把粮食藏到了地窖里，讨伐队在屋里转了一圈儿后啥都没找到，不知怎么发现了那个地窖，把地窖里的粮食都倒在地上，把口袋给拿走了，糟蹋了不少粮食。

那时候多苦啊，但没人觉得苦，打日本就是奔头，有奔头了日子就不苦了。

口述　陈翠丰　整理　李　囡

选自《老党员见证》，有删节

我在黄土梁任妇救会主任

张凤芝

我17岁从北寺村嫁到黄土梁崔家，19岁担任了村妇救会主任。我没啥文化，在村党支部副书记刘学忠的影响下，一面积极参加八路军文化培训课，一面积极组织村里妇女站岗放哨、做军鞋、掩护八路军转移等。

1943年冬的一天，天刚亮，这是我上任妇救会主任的第一天，高兴地走出家门，去找副书记刘学忠，一起去熊儿寨参加八路军文化培训课。熊儿寨距黄土梁村40多里，而且都是山路，还要翻过几道山梁。我们二人临出家门时，用藤条缠在鞋上，防止打滑。我们拄着棍子，一步一滑走了近3个小时才到学习的地方。经过学习，我了解到抗战的大好形势，认识了八路军干部朱任启，学会了给妇女姐妹起名字。我没自个儿的名字，嫁到崔家，就叫崔张氏。张凤芝这个名字，是这次文化课上朱任启同志给起的。我们的午饭，就是从家带来的冻得硬邦邦的棒子面饽饽就凉水。那饽饽挂在小树上，还被老鼠啃过。傍晚时分，我们又蹚着没过脚面子的大雪回到家。

第二天，我用了一整天时间，顶着雪花走了20多里山路，完成了4个自然村妇救会小组成立的任务。第三天，我和姐妹们一起开始了上山站岗放哨、帮助八路军传递情报等任务。

1944年春天的一个早晨，有7个八路军战士在我家刚吃完早饭，我正收拾院子，就听见南山尖上传来岗哨喊话声，知道兴隆陡子峪据点的鬼子来了，急忙背上4岁的小姑子、领着眼神不好的婆婆，带着7个八路军战士，向玻璃台村沙漠峪方向转移。跑到半路上，就听见后面有枪声，我见人多目标大，就让7个八路军战士先走，把婆婆藏在一个柴火垛里，自己背着小姑子向大道房（现在的千佛崖景区）的山沟里跑去，故意把追击的鬼子引开。5个鬼子远远地看见了我，边追边喊边放枪。我跑累了，就藏在一个山崖根下。鬼子发现后，用刺刀指着，问我是干什么的，为什么跑？边说边用刺刀“唰”地一下挑开了我头上的发髻。顷刻间，发髻散落下来，鬼子见我是长头发，又听我说是村民，就放过了我，大概鬼子以为短头发才是女八路军。

我家不仅是八路军的接待站，还是八路军伤员的病房。在平谷将军关、小官庄等战斗中，先后有20多名伤员在我家护理下重返抗日前线。一次，一名八路军重伤员从胡同水抬到我家里，伤员胳膊血流不止，家里又没有止血药，我急中生智找来一个铁夹子，把血管给夹住，才止住血。怕伤处感染，就用盐水擦洗。7天后，这名伤员好了些，待久了又怕被鬼子发现，就又转移到狗背岭下的刘满家了。

还有，我带着村里姐妹，给八路军做了三年军鞋。每到冬天，做军鞋任务下来后，我和村里几位姐妹走上十几里地，去刁窝把做军鞋的布料背回来，再逐一发放给村里的各妇救会组长，由组长再发到各家各户的姐妹手里。100多双军鞋，一夜间全部做好。军鞋的底儿都是用破旧的衣服黏合而成，有的鞋底里甚至还含着扣子，但不影响走路。姐妹们纳鞋底时，手常常被扎流血。

口述　张凤芝　整理　刘建军

选自《老党员见证》，有删节、修改

关于贺明登、周绍荣牺牲经过的记载与回忆

《平谷革命史》写道：

在抗战捷报频传、形势好转的时候，第一专署武装科长单德贵于1944年4月8日，逃入三河投降日军当了汉奸，被委任为伪保安队长，1945年代理伪平谷县长。

单德贵投敌以后，曾带领敌人到土谷子、大段洼一带，搜剿十三团卫生处和供给处的物资。在土谷子附近山上，从山洞里搜走供给处贮藏的大量军装、布匹和物资。小米运不走，被撒满山坡。

1944年11月19日深夜，敌人纠集平谷、兴隆等县的1000多日伪军，带着刚刚被捕的十三团卫生处炊事班长周绍荣，分五路从罗家沟、歪脖山、南顶、花峪、土谷子，向大段洼合击。一路上，敌人冒充八路军十三团，骗过一道道民兵岗哨。到大段洼后，冲进村里抓捕拷打群众。敌人逼问周绍荣，卫生处伤员躲在什么地方。周绍荣紧咬牙关，带着敌人绕过一个个隐藏伤员的山洞，到了胡同水的一个陡峭绝壁上，趁敌人不备，用脚将一个老鬼子军官踢下悬崖，又从一个惊呆的日本兵手里夺过枪，一刺刀把另一个伪军挑下山去。然后，自己也毅然跳下悬崖，壮烈牺牲。

在这次围攻中，大段洼村干部边指挥群众隐蔽，边转移伤员，还派出民兵许贵有，通知正在养伤的十三团连长贺明登。但敌人来得太快，还没有转移就被敌人包围了。贺明登带伤沉着地指挥通讯员孙秀海和民兵许贵有开枪阻击敌人。许贵有中弹牺牲，孙秀海背起贺连长突围，也中弹牺牲。这时贺明登一咬牙挺起身来，拿过通讯员的手枪向敌人开枪射击。最后，子弹打光，我们的英雄连长贺明登也中弹牺牲。贺明登，陕西省人，原在刘志丹部队工作，1938年随八路军第四纵队来到冀东，战斗在平谷、密云、兴隆、蓟县一带。他英勇善战，打过很多胜仗，在平谷一带老幼皆知。

在这次大围攻中，卫生所康毅和4个卫生员不幸被捕，被敌人带到陡子峪据点毒打审讯。康毅大义凛然，说："我就是共产党员，就是八路军！"并痛斥毒打他们的汉奸："你们这些汉奸走狗，中国人民总有一天要和你们算账的！"第二天，康毅等5位同志被押到将军关杀害。刑场上，康毅等同志高呼"中国共产党万岁！""祖国万岁！"等口号，英勇牺牲。

图303　20世纪80年代，蓟县原档案馆馆长王雪松（右）、平三密、平三蓟联合县委书记李越之（左）在将军关村与蔡兴斋（中）合影

对于周绍荣的事迹，县政协所编《平谷文史选辑》第一辑收录了王雪松（图303）撰写的《战火中成长的滦西影社》的文章，介绍了影社韩怀清创作的《周绍荣殉国》剧本后，写道：

《周绍荣殉国》是根据1944年11月19日深夜，我第一军分区卫生处炊事班长周绍荣为保护伤病员，将鬼子和伪军引到胡同水的悬崖绝壁上，又与敌同归于尽的悲壮事迹创作的，曾流传冀东各地。

县委党史办所编的《洵水长流》收录原十三团宣传队队员王渔回忆文章《记冀东十三团宣传队》，写道：

大官庄战斗时，宣传队副队长孙式礼和毕登仕二同志……24日，奉命去平谷东北大山区的憨虎沟，了解荣军周绍荣的英雄事迹。在憨虎沟询访事毕，为进一步了解周绍荣同志的生平，25日又赶往盘山周绍荣同志生前所在单位十三团卫生队。完成任务后，27日黄昏他俩离开盘山，启程回原团部驻地平谷县兴隆庄。当夜他们住宿的那个村子，就正好在敌人合击圈的边缘。第二天拂晓，他俩请老大娘做饭准备继续赶路时，战斗的枪炮就打响了，接着敌人的骑兵就出现在前村头，于是他俩又赶紧折回盘山，脱险跳出敌人的合击圈。

王渔在文后作有小注，其中对周绍荣注释道：

荣军周绍荣同志在1944年敌冬季“扫荡”中被俘，敌人要他招出我卫生队伤员住地，他坚说不知，敌人对他用尽酷刑。他突然变口气说：“好吧！我引你们去找！”他把敌人引至憋虎沟的悬崖陡壁上，指着下面对鬼子小队长说：“队长！你来看，伤员就隐蔽在下面。”鬼子信以为真，探身下望，周绍荣顺势一掌将鬼子推下崖去，同时自己也跳崖殉难。

这里写到周绍荣跳崖的“憋虎沟”，刁窝村69岁老村书记何金义向大段洼村崔占平打听，说没听说有憋虎沟的地名，在大段洼村与胡同水村交界处，有叫大北沟、二北沟的。何金义又询问原胡同水村80多岁的秦满林，也说胡同水与大段洼村交界处，有叫大憋沟的。何金义认为，“大北沟”“大憋沟”，是不是人们口口相传的不同叫法，其实是一个地方呢？不得而知。访谈原胡同水村87岁老书记于文合，记得胡同水的许家南沟沟口就是大场子，大场子南边六七里地，在老许家南坡有个大砬，得有好几十丈深。鬼子把周绍荣带到那儿，问他八路军藏在哪儿，他一把把鬼子推下砬去，自己也跳砬了。于文合老人说出了准确的位置，看来周绍荣跳崖应该是这里了。

综而观之，抗战时期，胡同水及土谷子、大段洼一带，是八路军十三团经常活动以及卫生处、供给处存贮物资、伤病员养伤病的地方，日伪军常来“扫荡”。1944年11月19日深夜，敌人纠集平谷、兴隆等县的1000多日伪军，带着刚被捕的十三团卫生处炊事班长周绍荣，分五路从罗家沟、歪脖山、南顶、花峪、土谷子，向大段洼合击。在胡同水许家沟许家南坡大砬上，周绍荣将一鬼子推下崖去，自己也跳崖殉难。周绍荣的英雄事迹，被当时的滦西影社创作成《周绍荣殉国》影戏，流传冀东各地。而正在养伤没来得及转移的十三团连长贺明登及通讯员孙秀海和大段洼民兵许贵有，在战斗中也壮烈牺牲了。卫生所康毅和4个卫生员被敌抓住带到陡子峪据点，第二天被押到将军关杀害。

各村民兵及八路军的抗日活动

白云寺村

75岁老村书记胡长顺说："记得我老丈人赵文福说过，我们这一带，抗战的时候常有八路军活动，当时4个人最有名，称单、包、赖、杨。有一天，杨司令带一拨人来，住我老丈人家。有个刚当兵不久的战士，对我老丈人的父亲说，有没有油啊放点。那时生活确实很苦，老丈人的父亲就拿出平常舍不得吃的香油，又切点葱花，放锅里炒了小米干饭。杨司令知道了，批评了那个战士。住了几天，黄松峪炮楼的鬼子知道了，就奔这边来了。儿童团拿着木棍，在康石岭站岗，黄松峪炮楼在康石岭东边。鬼子从炮楼一出来，这边就能看见。站岗的看见了就敲木棍，一直敲到我老丈人家。杨司令带着八路军，在老丈人家那边的西山插旗岭北边的战马壕设伏，有俩八路军战士把鬼子引到战马壕，咱们打了一个胜仗。我听村里石金生老人说过，杨司令是个俊把子，30多岁，穿着打脚面的大褂，打起仗来豪横着呢。石金生老人不在了，要活着98岁了。"

83岁老村会计陈凤全（图304）说："黑豆峪谭山林写党史，说鬼子来'扫荡'，我父亲要别人先走，为掩护老百姓，在后边被鬼子打死了。"

图304　白云寺村83岁老村会计陈凤全（摄于2022年10月）

北京市民政局《北京市革命烈士英名录（平谷县分册）》记载，白云寺村

图305　大东沟村79岁老村书记李景祥（摄于2022年10月）

图306　刁窝村69岁老村书记何金义（摄于2022年10月）

烈士有：

马顺龙，男，1917年3月出生，1946年5月参加革命，1946年12月牺牲于平谷县洙水。牺牲时任平谷县支队战士。

大东沟村

79岁老村书记李景祥（图305）说："抗战那时候，村干部有耿存元、张广会。村公所设在小学校，抓到的坏人都弄到那儿。为了抗战，村里人给八路军做鞋、送粮，哪怕自个儿不吃，也要给八路军送去，要不八路军咋打仗呢？"

刁窝村

69岁老村书记何金义（图306）记得，过去老人说，抗战那时候，村里成立民兵组织，在西山上设立了3个岗哨，每天夜间有民兵岗哨值班，保护村民们的生命财产安全。每当鬼子从黄松峪炮楼出来了，黄松峪岗哨喊来消息，告诉刁窝的岗哨："日本鬼子出发了！"

北京市民政局《北京市革命烈士英名录（平谷县分册）》记载，刁窝村烈士有：

郝来，男，1905年4月出生，1939年9月参加革命，1940年1月牺牲于河北省兴隆县倾南沟。牺牲时任平谷县支队战士。

康武，男，1917年2月出生，1945年10月参加革命，1946年4月牺牲于辽宁省朝阳。牺牲时任三十四团一连战士。

黑豆峪村

图307　黑豆峪村90岁村民卢香奎（摄于2022年10月）

90岁村民卢香奎（图307）说："抗战的时候，八路军侦察员打扮成要饭花子，二斤半的盒子枪怀里揣着，整天在咱村住着，侦察敌情。那时候，峨嵋山、黄松峪、胡庄都有日本炮楼，住着日本鬼子。塔洼也有日本鬼子。南独乐河有炮楼，住着伪警备队。咱黑豆峪没有日本鬼子。

"谭维平组织民兵基干队去胡庄填井，是八月十五前后，大伙儿挑着大粪往井里一倒，回来就跑。

"村里的民兵黑夜把鬼子的电线杆砍了，把电线掴了，记得我哥哥把电线搬到家，还弄柴火盖起来。完事了，我去鬼子那儿报告，说八路军四纵队过来了。白天，鬼子让人放树再立电线杆。

"我家有正房三间，南倒座三间，东边一间，共7间房子。抗战那时候，八路军、干部来了都住我家，我家是抗日堡垒户。

"我哥哥叫卢柏树，1942年参加八路军基干队，1944年打官庄的时候牺牲了。"

88岁老村会计王玉臣说："抗战那时候，日本鬼子让看电线杆子，一人一根看着。八路军来了掴电线，等八路军走了，看着的人再去报告。村里有个谭德忠，还有谭振海，俩人都给八路军办事，后来被鬼子抓住，在峨嵋山水峪寺被挑死了。"

北京市民政局《北京市革命烈士英名录（平谷县分册）》记载，黑豆峪村烈士有：

陈国春，男，1918年出生，1938年6月6日参加革命，1945年牺牲于河北省安平县。牺牲时任冀东十四军分区十六团战士。

杨春发，男，1919年6月出生，1942年6月参加革命，1944年10月牺牲于平谷县南张岱。牺牲时任冀东十四军分区十六团一营二连战士。

谭连树，男，1921年7月出生，1940年11月参加革命，1942年牺牲于平谷县牛子峪。牺牲时任冀东十四军分区十三团二营战士。

卢柏树，男，1917年2月出生，1944年6月参加革命，1944年9月牺牲于平谷县大官庄。牺牲时任平谷县义勇大队战士。

陈国英，男，1911年出生，1938年参加革命，1942年牺牲于昌平县南口北山后七村。牺牲时任晋察冀军区十团副官。

王玉祥，男，1926年8月出生，1944年5月参加革命。牺牲时任三十六团战士。

陈桂有，曾用名陈桂芳，男，1927年4月出生，1945年4月参加革命，1949年8月20日牺牲于湖南省安仁县。牺牲时任四十六军一三六师四〇八团一营二连副排长。

狄满常，男，1919年11月出生，1946年10月参加革命，1949年8月11日牺牲于湖南省攸县中铺。牺牲时任四十六军一三六师四〇八团一营三连战士。

谭长贵，男，1927年6月出生，1946年7月参加革命，中共党员，1948年12月牺牲于河北省天津。牺牲时任六十三军一五八师战士。

赵金荣，曾用名赵根子，男，1922年8月出生，1946年5月参加革命，中共党员，1946年8月牺牲于密云县。牺牲时任冀东十四军分区五十三团三营九连班长。

赵金生，男，1927年5月出生，1946年10月参加革命，1947年8月牺牲于河北省山海关。牺牲时任野战军第十旅战士。

陈守丰，曾用名陈石头，男，1927年4月出生，1946年8月16日参加革命，1946年8月26日牺牲于平谷县。牺牲时任三十六团三营九连战士。

谭维善，男，1923年11月出生，1943年8月参加革命，1949年3月6日牺牲于河北省天津胜房。牺牲时任六十三军一五八师政治部联络干事。

张才，男，1920年2月出生，1947年10月8日参加革命，1948年8月25日牺牲于辽宁省锦州。牺牲时任四野九纵队二十七师战士。

黄松峪村

乡文化干部潘军，曾谈及史德胜一镰刀把掉队的鬼子搂死的事。史德胜那年30来岁，一天在地里干活，见日本鬼子成队地去附近的土谷子村“清乡”。有个鬼子掉队了，史德胜看见，等鬼子一上坝沿，挥起镰刀一下就把鬼子搂死了，连人带枪就地埋了。为这个鬼子，据点里找了好几天，也没找着。

这件事史德胜一直压在心底，等日本投降了，才敢说出来。

88岁老村书记秦瑞清说，在解放战争的时候，解放军卫生院就设在咱村纸箱厂那地方，当时是真武庙，有伤员转这儿来。

北京市民政局《北京市革命烈士英名录（平谷县分册）》记载，黄松峪村烈士有：

李俭，男，1919年出生，1939年4月参加革命，1940年7月牺牲于密云县古北口南大黄沿。牺牲时任独立营战士。

赵旺，男，1914年7月出生，1938年4月参加革命，1944年牺牲于河北省遵化县双称子。牺牲时任冀东十四军分区十三团连长。

王立荣，男，1927年10月出生，1944年2月参加革命，1944年9月牺牲于平谷县大官庄。牺牲时任平谷县支队战士。

胡连俊，男，1910年4月出生，1947年4月参加革命，中共党员，1948年9月牺牲于平谷县黑水湾口外白草洼。牺牲时任平谷县三区区公所生产助理。

陈彦山，男，1925年11月出生，1944年5月15日参加革命，1946年10月10日牺牲于密云县古北口。牺牲时任十七团战士。

高玉宽，男，1922年4月出生，1947年2月8日参加革命，1947年2月19日牺牲于河北省蓟县下营。牺牲时任冀东十四军分区供给处战士。

张保田，男，1915年8月出生，1946年10月参加革命，1947年牺牲于河北省遵化县马兰峪。牺牲时任三十四团二营六连战士。

任玉芳，男，1925年6月出生，1948年3月参加革命，1948年5月11日牺牲于河北省三河县小杨庄。牺牲时任平谷县大队二连五班战士。

梨树沟村

百岁老村书记纪仲元（图308）说："在抗日战争中，我当村干部，几乎长期在外。当时梨树沟有八路军供给处，就在村东北的老虎洞。伤病员也经常住那儿，多的时候有二三百人。日本鬼子来了，得赶紧转移伤病员，同时还得保护村民。老虎洞下边建有兵工厂，铸造八路军需要的手榴弹、地雷等。

图308　已搬至黑豆峪村的原梨树沟村老书记、百岁老人纪仲元（摄于2010年3月）

"一年夏季的一天，我正在家里干活，突然听到有人喊'鬼子来啦！'我急忙找来两个布口袋，每个口袋装一个地雷，俩口袋一系，往肩上一搭，拿把铁锨就往外跑，直奔梨树沟与黄土梁村交叉路口的地方，在一块大石旁选好位置，迅速埋好两个地雷，再拿树枝把地面扫平。过了大约半个钟头，鬼子扛着枪、排着队'咔咔'地走了过来。'地雷可别不响啊！'我藏在崖缝紧盯着，心也一直吊着。这时，三四个鬼子已经走过了。我正着急，就听"咣咣"两声巨响，地雷爆炸了。眼瞅着几个鬼子炸上了天，其余的全吓得趴在地上，胡乱地向两边山上打一阵枪，逃回了据点。我和民兵打扫战场，数数炸死7个鬼子，缴获了7条大枪！我们举着枪高兴地喊着：‘胜利喽！胜利喽！’

“从1943年开始，我在梨树沟村当了30多年干部，先后担任甲长、村长、大队长、村支部书记。现在我是上百岁的人了，做梦也没想到能有今天！”

76岁老村会计王德海说，他是三队王家台的。抗战时期，王家台有个王珍，化名王山民；梨树沟还有俩人，是尉家台的，一叫纪仲林，化名王仲林；一叫李士华，化名李永田。这三人抗战时就出去工作了。后来，王山民落在了承德，是粮食局长；王仲林在平谷，曾是县委副书记，后来是县人大主任；李永田落在了遵化，不清楚具体干啥。

北京市民政局《北京市革命烈士英名录（平谷县分册）》记载，梨树沟村烈士有：

齐凤荣，男，1928年4月出生，1944年参加革命，1947年8月牺牲于河北省滦平县五十家子。牺牲时任二〇一四部队二支队战士。

塔洼村

塔洼村70岁老村会计贾希旺（图309）说：“抗战那时候，我父亲是民兵队长，有天黑夜鬼子来了，在小寺西坡我父亲向鬼子打枪。后来藏在一荆条棵子底下，鬼子没找着。

“那时，塔洼东山西山都有民兵、儿童团站岗，一瞅见日本鬼子来了，就喊‘日本来了！’大家赶紧躲藏起来，不让鬼子找着。”

图309　塔洼村70岁老村会计贾希旺（摄于2022年10月）

63岁老村主任王志存说，民兵郭

朝发在塔洼西山，看到二队东南3里地远的地方有个鬼子，一枪就把鬼子打死了。

附　消失村落的抗日活动

黄土梁村

63岁原区人大主任刘军说："关于黄土梁抗战的一些事，我问了老村书记崔连明和在秦皇岛的老叔刘瑞明。他们说，八路军在黄土梁这边没有大的战事活动，主要是村里的民兵配合八路军的一些活动以及站岗放哨送信等。那时候，村里的青壮年基本都参加了民兵，敌人'扫荡'来了，民兵帮助老百姓转移，隐藏东西。

"在大子房沟里边、陡子峪梁岗下边，有个叫武装崖盘的地方，就是我们村民兵站岗放哨的主要地方。陡子峪那边的日伪军一有活动，站岗的民兵马上就发现了。我们二队西山上一个叫西磨磨沟的地方，也是个站岗的主要地方，只要发现日本鬼子和伪军一出来，站岗的民兵就一个个地喊过话来，村里马上就组织老百姓转移。"

刘军记得："我爷爷那辈儿，有个老爷（yé）叫刘福贵，抗战的时候是黄土梁民兵组织的负责人之一，经常站岗放哨，给八路军送信，组织民兵配合八路军的活动，受到上面披红戴花的表彰。"

68岁原文委主任张兴说："在黄土梁沙坡峪建有八路军后方医院，就在老百姓的茅草屋里，或石洞里做医疗室。那时缺医少药，我父亲张福春说，他照顾过一个江西长征过来的老红军，腿被打断了，没有消炎药，最后化脓而死。死后埋在沙坡峪门口，过去小学每年清明都去扫墓。

"黄土梁民兵不仅站岗放哨、伺候伤员，还被派出村去打游击、抬担架等，我父亲就参加过这些活动。父亲是2022年去世的，去世那天还跟我说和游击队在密云伏击鬼子的事。"

黄土梁83岁老书记崔连明说，刘福贵是民兵中队长，到陡子峪山上站岗值班。

北京市民政局《北京市革命烈士英名录（平谷县分册）》记载，黄土梁村烈士有：

张满生，男，1921年出生，1939年参加革命，1942年牺牲。

胡同水村

刁窝村72岁老书记符仲库说，抗战的时候，胡同水里边有八路军的后方医院，山洞里住着八路军的伤病员，连长贺明登住在胡同水村西大场子那儿。当时大段洼一拨鬼子从西边往下走，黄松峪炮楼的一拨鬼子从胡同水往上走，抓住了连长贺明登，被鬼子挑死了。有个八路军的炊事班长叫周绍荣，去大华山集上采买东西，被鬼子抓住，来到胡同水。到西崖上，他拽着一个鬼子小队长跳砬子了。

刁窝村69岁老村书记何金义记得："小时候听大人说，当时是有大华山的日本鬼子，有陡子峪的日本鬼子，还有黄松峪的日本鬼子，三拨鬼子来围的胡同水。当时西山都有民兵站岗，我父亲就是民兵，站过岗。往往是黄松峪炮楼里的鬼子一出来，山上的岗哨就往北一岗一岗地传。鬼子抓贺明登那天，是一早天不亮偷偷进来的。贺明登住在胡同水里边大场子那儿的于朝凤家，警卫员听到西边有动静，问话也不言声，就知道有敌人了。子弹打光了，在院里贺明登被鬼子挑死了。"

图310 已搬至南独乐河村、原胡同水村老书记87岁的于文合（摄于2023年1月）

胡同水村87岁老书记于文合（图310）说，胡同水的老许家南沟沟口就是大场子，大场子南边六七里地，在老许家南坡有个大砬，得有好几十丈深，鬼子把周绍荣带到那儿，问他八路军藏在哪儿，他把鬼子推下去，自己也跳崖了。

于文合老人记得，听说贺明登受了重伤，有警卫员跟着。鬼子上来了，警卫员背着。贺明登牺牲后，就埋在老许家南沟沟口下边的河槽南坡，墓南边有棵1尺多粗的栗子树。

于文合老人的大儿子于建国说："我听大爷于朝风说过，鬼子是从土谷子那边过来的，好像有俩警卫员，子弹打光了，警卫员也被打死了。最后，鬼子把贺明登挑死了。鬼子走了，是我大爷把贺明登掩埋的。后来移到盘山烈士陵园，也是我大爷给起的。大爷说，贺明登身上还有块儿怀表呢。我到盘山烈士陵园看过，包森墓在尽上面，包森墓下面不远就是贺明登的墓。我大爷说，八路军伤病员，住在扁棚子北山砬的半腰，现在成为将军洞。大场子在扁洞西边2里多地。周绍荣是去大华山那边采购药，被鬼子发现了。周绍荣是一个胳膊，他就用好胳膊拽着一个日本鬼子跳崖了。"

刁窝村老书记何金义说："于朝风就在大场子那儿住，小时候我们学生清明扫墓，就是于朝风给讲的。"

刁窝村85岁村民李如意说："我叔叔说，贺明登当时就被鬼子挑死了。还有俩警卫员，一个在院里牺牲了，另一个跑出院子被鬼子追上，也牺牲了。"

黄土梁村63岁原区人大主任刘军说，小时候听老人讲，抗战时，日本鬼子是南怕一条"龙"，北怕一盏"灯"。这"龙"就是刘芝龙，这"灯"就是贺明登，是八路军十三团两个连长，以打仗不怕死出名，打得鬼子一听这俩名字就害怕。在一次战斗中，贺明登及一些伤员从狗背岭撤下来，撤到胡同水养伤。那些八路军伤员住在胡同水北山的一个山洞里，贺明登在一家院里，在日伪军的"围剿"下都牺牲了。

土谷子村

原土谷子村80岁老书记计泉说，有一回，黄松峪的日本鬼子往北来。有个姓史的，拿镰刀搂死一个日本鬼子。后来，日本鬼子一瞅少了一个人，一再找人，搜查也没找到。

墙子路的一队鬼子在北山“扫荡”，有民兵配合八路军，从上午八九点钟一直打到天黑，八路军和民兵趁黑悄悄撤到梨树沟。

西涝洼村

西涝洼村有个李满，参加了民兵联防队，任中队长。对敌战斗中，打死打伤12个日伪军。1945年5月，被十四分区评为模范，奖励一支钢枪、一匹战马，冀热辽行署颁发奖状。同时，冀热辽军区政治部、晋察冀画报分社向战斗英雄与模范工作者刊发一封致敬信，《冀热辽画报》出版了“冀热辽战斗英雄、模范工作者大会专号”。

北京市民政局《北京市革命烈士英名录（平谷县分册）》记载，西涝洼村烈士有：

谢云生，男，1922年出生，1945年8月参加革命，1948年4月牺牲于顺义缩头村。牺牲时任冀东十四军分区独立五师十三团排长。

张进忠，男，1927年3月出生，1945年4月参加革命，1952年牺牲于朝鲜。牺牲时任六十六军班长。

黄松峪地区的日军暴行

黄松峪炮楼

闻说黄松峪还有炮楼

2007年四五月间，作者来黄松峪调查寺庙，见村东一山冈有残存建筑，问村里人，告说是日本炮楼。心里一惊，做文物工作多年，这山间也不止一次踏察，怎么就不曾发现呢？

在抗日战争中，平谷地区为冀东西部中心根据地。1941年至1943年，是平谷地区抗战最艰苦最残酷的时期，是日伪军重点“扫荡”的目标之一，且连续实行五次所谓“治安强化运动”（简称“治强”），反复“扫荡”清剿。尤其日军沿长城划一条“千里无人区”，称为“无住禁作地带”，进行集家并村，实行“三光”政策。黄松峪以北，即是“无人区”范围。黄松峪日军炮楼，应是在这个时候修建的。

村里人称作“东岗楼子”

图311　黄松峪村63岁退休职工李桂海（摄于2007年3月）

在村委会门口，遇见63岁退休职工李桂海（图311），在村委会北边开一家小卖部。老人从小在村里长大，无数次上山做活，对山上的一切了如指掌。

当问起日本炮楼事，老人用手一指：村里人全管那叫东岗楼子。一个方楼，南北四五丈宽，七八米高，四周石头垒的。北面一排房子，四间，住人。东边二三间厢房，伙房吃饭。炮楼上面是平台，围墙外面高，里面低，设有枪眼。日本鬼子在墙上站岗。墙上，东南一放机枪的位置，西北一放机枪的位置。楼子北面一条壕沟。

听老人简略一谈，作者对“东岗楼子”有了初步印象。

楼子四周铁丝网拴着罐头盒

随后作者走进村委会，杨维军（图312）和秦瑞清二位老人早已等候了。村干部介绍说，杨维军81岁，过去在炮楼里给日本人当“翻译”。秦瑞清73岁，老村书记。作者与二人慢慢聊起来。

杨维军看作者一眼，先解释：“村里人说我给日本人当翻译，我那时十四五岁，又没学过日语，翻译什么呢？村里有‘维持会’，日本人要个小孩侍候，我不念书了，就叫我去了。日本鬼子叫我‘杨沟’，日语‘沟’就是中国话的‘仆人’的意思。我在那里，就是给日本鬼子军官打饭、洗碗、擦皮鞋、叠被子、打水、打扫屋子等，纯粹给日本人当奴仆。”

图312 黄松峪村81岁村民杨维军（摄于2007年3月）

杨维军清楚记得，1939年，日本鬼子飞机轰炸黄松峪，炸死炸伤数十人。1941年，日本鬼子住进了黄松峪村，在大街上建一座炮楼，17层，当然没有现在17层楼那么高。里边是木板，外边是砖结构，四周都是枪眼。而鬼子的营房占用了好多民房，将村里百姓撵出去。那岗楼子，在东山包上，当时四遭都拉上了铁丝网，网上拴着好些罐头盒，一碰就哗哗乱响。杨维军在那儿一年，从没上去过，只待在营房里。

山上的炮楼，每天上去一个班站岗，天天换岗。

黄松峪住的是关东军

杨维军说，黄松峪住的是关东军，1个连的编制。有机枪班，3挺歪把子机枪以及小钢炮等；1个步兵班，1个警卫班。步兵班有30多人，当时还没有伪军。中国人在里边只有3个人，1个翻译，1个仆人，1个做饭的。

关东军里设一两个宪兵。抓住的“嫌疑人”到宪兵那边审讯，灌凉水、压杠子、洋狗咬等等，想办法摧残中国人。用凉水把人肚子灌满了，两个日本兵再在上面压杠子。还用电话线电人，好像一个小发电机，一摇人就受不了。

行刑最惨无人道。当时行刑在南院（杨维军说他住东院），一次，不知从哪里抓来一人，大冬天的，把那人扒个精光，一丝不挂，在大街上走一圈儿，从南边走到北边，又走回来。那人手有二分金子，悄悄塞给翻译，翻译告诉他："行刑时，你就趴下。"当时翻译踹了他一脚，就趴地上了，翻译又枪口朝上打了一枪，那人便侥幸没死。

杨维军在据点里，见到一些女人，都是"慰安妇"。

杨维军是那年八月去的，梨熟了。到第二年三月，关东军就调到兴隆茅山了，那边是伪满洲国。再来的，就是扶植汪精卫那部分的"守备队"，还有伪军，叫"警备队"。就几个日本鬼子，监督着"守备队"和"警备队"的行动。杨维军也随着关东军去了茅山，到八月就回来了，前后整一年。1947年，杨维军参加了中国人民解放军，在冀东军区供给处。新中国成立后，转业到银行部门，后退职回乡。

拆千年古刹盖炮楼

秦瑞清（图313）一直生活在村里，当年日军修建的据点，就占了他家半个院子。他说，东山的日本炮楼，四周全是石头墙，有三四米高，有一部分白灰，日本鬼子跟村里要，不给不行，村里人就把西山的白土子滤了，送去糊弄日本鬼子。

图313　黄松峪村73岁老书记秦瑞清（摄于2007年3月）

不过，日本鬼子若是跟哪村要东西或要人，不给立马就圈庄。一次，离黄松峪村不远的黑水湾村，来干活的人没到齐，日本鬼子集合就要烧庄去。来的人一见，赶紧把黄松峪下地干活的人都找来，凑够数，这才没烧，黑水湾村免了一难。

秦瑞清记得，当年日本鬼子盖村里17层的炮楼，就是拆的峨嵋山水峪寺的砖。水峪寺，又名兴善寺，位于南独乐河镇峨嵋山村东沟。唐咸通三年（862年）建，明正统八年重修。主要建筑有山门、金刚殿、钟楼、如来殿、卧佛殿、地藏菩萨殿、大悲阁及配殿、禅院、真武殿等，寺宇宏敞，楼殿崔巍，远近寺院没有超过者（图314）。1942年4月，水峪寺被日本鬼子烧毁，建筑夷为平地。

图314　民国二十三年（1934年）《平谷县志》所刊兴善寺山门照片（太和照相馆郝国基摄于20世纪30年代初）

日本鬼子在炮楼上一起杀死17人

秦瑞清不会忘记，长城以外就是“无人区”，黄松峪北山就在长城以外，日本鬼子连放羊也不许，见人就打。

1942年初秋，日本鬼子从北山“无人区”抓来18个人，有本地人，但多是外地挖金子的。这些人被绳子绑着，拉到东山炮楼北边的山坡上，日本鬼子在炮楼顶上用机枪扫射，把其中17人打死。一个叫秦宝元的，是胡同水的人，可巧绳子被打断，乘机沿着山跑了，死里逃生，捡一条命。秦瑞清说，当年日本鬼子杀那十几个人，就从他家当院拉过去的。

作者曾到刁窝村访谈85岁的陈香元老人，谈起当年日本鬼子杀人一事，他说与秦宝元很熟，秦宝元年轻时非常能干，就是在金山挖金时被鬼子抓去的。秦宝元后来亲口对他说，日本鬼子用草绳捆上他们的手脚，又用小连绳拴住胳膊，把他们串在一起。拉到炮楼北边的山坡那儿后，强迫大家倒在山坡上，在小连绳两边，一边钉一个楔子，拴住，不让他们动。秦宝元悄悄用牙嗑断胳膊上的绳索，褪去脚上的草绳，站起来就跑。随后炮楼上的机枪就响了，那17人都被打死了。秦宝元沿着树棵子往山下跑，钻进庄稼地，见到干活的人，让解开双手的草绳，一口气跑到六七里地远的晏庄亲戚家去了。鞋也丢了，脚全扎流血了。当时秦宝元20来岁，活了80多岁。

日本鬼子在那里杀了多次人。

随着抗日根据地越来越扩大，日本鬼子则越来越收缩。1944年春天，日本鬼子由黄松峪撤到祖务，后又撤到胡庄。日本鬼子一撤，北山民兵（当时叫“自卫军”）随后赶来，把日本炮楼包括17层高的楼子，一把火给烧了！

炮楼——日军在中国暴行的铁证

在村干部陪同下，作者登上村东那座山冈。

远远就看见一座石砌围墙高高矗立着，虽经几十年风雨，仍没有坍塌。上去，炮楼北部一排房基，村干部说，20世纪70年代，曾在此设立防雹点。东部，原有两间小房，现在还可以看出基础。而东部偏北，旧墙，应是炮楼门的地方，一堆瓦砾，上面已长出一棵榆树，有七八寸粗细了。这应该是炮楼被毁后长出的。应该说，这炮楼大致格局没变，尤其看西墙和南墙，仍可看出里低外高的情形（图315，图316）。

图315　黄松峪村东山东岗楼子遗址之一（摄于2007年3月）

站在这里，看东为高山，万里长城蜿蜒而过；北为石崖；西南为山口，可眺望至远远的南山。毕竟这是一座山冈，一个制高点，当年日本鬼子就是在这里为侵略中国而穷凶极恶地监视着冀东西部抗日根据地。当然，最终也没能逃脱失败的结局！

图316 黄松峪东山东岗楼子遗址之二（摄于2007年3月）

黄松峪村里的炮楼早已烧毁了，而山上的“东岗楼子”基础虽经几十年风风雨雨，有些已残蚀，终究还存在着，这是日本侵略中国的一个铁证，日军在中国暴行的一个铁证！保留着它，作为反面教材，以教育我们的后代子孙！

黑豆峪惨案

题记：2012年六七月间，作者两次来黑豆峪村，就1943年1月6日黑豆峪惨案访谈老村书记张福文及杨春芳、谭山林等老人，整理了这份资料。

黄松峪乡黑豆峪村，1942年2月成立党支部，是我区较早成立的党支部之一。在中国共产党的领导下，抗日战争中成为冀东西部重要的抗日堡垒村，因此遭到日伪军多次“围剿”，制造了大小十几起惨案，20多村民被杀害。其中，1943年1月6日（农历腊月十一）惨案，是日伪军在黑豆峪制造的最大的一起惨案。

6日那天天还没亮，日军就纠集黄松峪、胡庄、郭家屯、峨嵋山及平谷等据点的日军和伪警备队共500多人，偷偷包围了黑豆峪村。天一亮，随着一声枪响，日伪军闯进村子，挨家挨户地圈人，乡亲们谁也没能逃脱，被赶到村中间地主王印春家门外的大场上。好几百人站在场院里，日伪军在四周架着机枪，场中间还烧起一堆大火。那天刚下过大雪，气温零下十几度，还刮着四五级西北风，日军强迫村民们脱光身上的衣服在雪地里跪着，大家冻得哆嗦成一团。日军逼问村民："八路军的东西藏在哪里?不说死了死了的有！"问了半天没人吭声，日军火了，把村民一堆堆分开，一群日本兵从火堆里拽出燃烧的劈柴棒子，没头没脑地打向人们。连打带烫，挨打的人身上顿时红肿老高。同时，伪军到大槐树西边大庙的小学校里，叫来10多个孩子，让他们去家中水缸里抬水，把大桶凉水抬到王印春场院里。日军拎起大桶水，成桶成桶地往村民身上泼，还有的铲起地上的雪往后背上拍。村民红肿的身上满是水和雪，寒风一吹都结了冰，跪在雪地里的膝盖都冻在了地上，一些年迈体弱者当场冻死过去。

日军从人群中拉出70多岁的陈好荣老人，问他谁是八路军村干部，八路军的物资藏在哪里。陈好荣耳聋，连问几次都没吭声，日军上手就打。一旁的陈国文瞅不下去了，说："别打了，他这么大岁数知道啥呢?"日军一看陈国文替老人讲情，以为他是八路军的村干部，就放开陈好荣，问陈国文："他不知道，你知道？你说八路军在哪里？八路军的东西藏在哪里?"陈国文说："不知道！"气急败坏的日军狠狠打他，有两个日军拽着绳子拉锯式地勒他脖子，将他勒死过去又醒了，最后两个日军一边一个使劲抻着他胳膊，两个日军端着刺刀一齐刺向他的胸部，每人连刺两刺刀，刺刀都刺透后背了。当时抬水的学生张福文就在一旁，眼看着这情景，孩子们吓得直哭。

这时，日军将村民分成三拨儿，分别押到周云、巩士华、陈守印三家院里。周云家在村东北梁冈儿上，村民受尽严刑拷打折磨，谁都一言不发。日军将陈宝山、陈俊义、谭秉珍、瞎三头（李文龙，峰台村人，在黑豆峪村做活）四人拉出来，打个半死，扔到菜窖里，填进柴火，把他们活活烧死。日军又拉出周宝林进行拷打，没有问出什么，也把他推进菜窖。周宝林是共产党员，青年报国会小组长，年仅21岁。他在烟熏火燎的窖内猛一下跃起，冲出菜窖便跑，日军后面追赶，一直追到东北的北坡小曹峪的地方，把他抓住，用绳子捆着拉回周家菜窖边，连扎十几刺刀，尸首被踹进菜窖。在周云家，日军还拉出谭长林，跟他要八路军的东西。他说没有。日军又问八路军藏东西的洞子在哪里。他说不知道。日军一下扒去他的棉袄，摁在地上，一气打了42扁担，打一扁担泼一瓢凉水。打完再问，他还说没有。这时，有个日本兵过来，拿刺刀尖扎他刚被扁担打起的肿包。疼痛钻心，可他一声不吭。日军一看问不出什么，就准备杀掉他，拉他到菜窖口再次问他，他灵机一动，说："有，我藏着八路军东西呢！"日军就叫一伪军跟他去取。谭长林领着那伪军到一山包上，刨出些子弹皮子。这些是他平时捡的，随手埋这里了。刨出来交给日军，说："这就是我藏的八路军的东西。"日军大概以为他确实没藏过八路军的东西，就把他放了。

有50多村民被日军推搡着来到村北巩士华家院子，日军把张福瑞、谭秉和、朱长春、赵文奇等带到正房，绑板凳上灌凉水，问八路军的东西藏哪儿了，谁也不说。贺在勤乘机蹿过西墙，从院外场院西侧小胡同往北跑，没跑多远被日军逮住，用绳子拴着给拽回来，刺死扔到了院外的萝卜窖里。日军又将陈守义从人群中拉出来，用半生不熟的中国话问道："你的枪子子榴手弹的有？"他说："我是老百姓，枪子子榴手弹哪有呢？""没有？没有你是撒谎的！""太君，我说的是实话。我要说谎，可以砍头。"那个日军是个小队长，不怀好意地说："你愿意死了死了的？"说着几个日军上来就拽他出去，拉到萝卜窖前。那小队长指着窖口对他说："你的看看。"当他向前刚一猫腰，日军小队长"咔"一刀砍下，陈守义一头栽进萝卜窖里。这一刀多亏砍在肩膀上，脖子没被砍断，陈守义侥幸活下来，脖子上落下一条半尺多长的刀疤（图317）。接着日军

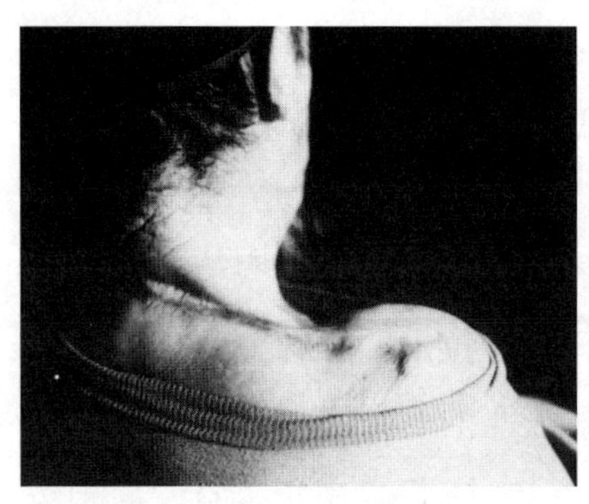
图317　黑豆峪村陈守义老人脖子上留下的日军砍的刀疤

在萝卜窖上，“噗噗噗”三刺刀又刺死了谭秉和。

陈守义家在村西边，日军杀死了王德福和大狗儿。大狗儿是东土门村人，黑豆峪老谭家外甥，也在黑豆峪给人做活，竟惨死在这里。

这一天，日军折腾到太阳快落山了才走。这天日军共杀害11名村民，打伤致残300余人。而这次日军没有问出谁是村干部和给八路军藏东西的地方，不甘心，在仅隔14天后，即腊月二十五，再次对黑豆峪村进行“围剿”。

这天清晨，日伪军包围了村庄，有些人想往村外跑，被日军截回来：“跑的，死了死了的有！”村民们被驱赶到村中间王印青家的场院，日军拽出王文奎，说他是八路军的探子，要他交出给八路军藏的东西。王文奎一口咬定“不知道！”日军气急败坏：“你的，八路军的干活！”一连扎他几刺刀，但没扎致命处，想逼他说实话。可王文奎还是说：“不知道！”日军同时把孙大有、张发两人拉出拷问，二人也说“不知道！”日军从三个人口中没有问出什么，就将他们衣服扒光，各自推进一个屋内。各屋都关着一个赤身裸体、受尽凌辱的女人，三人见此情景，知道日军是要看他们奸辱自己的同胞姐妹，以此开心取乐。王文奎等三人不失中国人的气节，破口大骂日军。日军见三人不从，便残忍地将他们杀害了。

黑豆峪村人民不畏强暴，没有屈服，在党的领导下继续坚持与侵略者进行斗争，直至抗战胜利。

日伪统治下的奴化教育

我叫翟长生（图318），1932年生人，9岁那年春天在村上小学，那时村里还没住日本鬼子呢。小学校设在村北边的大庙里，有正殿5间，西边一间存放村会里的杂物，东边一间作为老师办公的地方。我们当时主要学习《算术》《国语》《常识》《修身》4门课。记得《修身》第一课是："早睡早起，身体好"；《国语》第一课是："开学了，开学了，小学生到学校，看见老师行个礼，看见同学问声好"；《常识》第一课是："铃声响，大家来行开学礼"，还有"你拔草，我浇花，大家的事大家做"等内容；《算术》就是简单的加减法，"1+3""3+5"等，全是"算草"题。教课的老师是蓟县人，姓李，日本人一扔炸弹就跑了，再没回来。当时这边归蓟县管，是蓟县的八区。后来就找了个本村的老师，叫陈鲁东，还是教那些课。

图318　黄松峪村79岁村民翟长生（摄于2011年3月）

到了1941年1月17日，这天是腊月二十，小日本飞机来了扔炸弹，炸毁了不少民房，听老人说还炸死了10多个人。当时，我一瞅见飞机轰炸，赶紧跑到家里的萝卜窖里躲藏。到了1941年夏天，日本鬼子就驻进了黄松峪，在村东山上盖了炮楼，在村东部街里也盖了一个炮楼。村里的炮楼住着日本鬼子，山上的炮楼住着"警备队"，"警备队"是中国人，就是伪军。记得夏各庄那边的太务村有个姓秦的，是班长，挺胖的，都叫他秦胖子，他是狗仗人势，欺压百姓，后来让八路军给镇压了。

日本鬼子来了以后，不仅盖炮楼，实行日本军国主义统治，还实行奴化教育，也就是让学校里每天中午必须有一节日语课，向咱中国人灌输日本文化。不光是学校的学生，还有村里的大人，都要到小学校来学日语。教日语的不是日本人，是给日本干事的翻译官，一个叫李凤山，一个姓程，名字忘了，都说他是"宪捕"，叫他"李宪捕"。不知道他俩是啥地方人。开始时是李凤山教，在上日语课前，先在前面的黑板上竖着写三个繁体字:“李凤山”。李凤山红赤脸,上中等个,年龄30来岁。开始就从50多个日语字母学起,再学单词。那些字母,就跟中国的拼音有些类似。那真是强迫你学,不学不行,学不会就打。一次,李凤山问我“作文”叫啥,我没记住,答不上来,李凤山上来就打我三四个大嘴巴。打完了还得学,后来就记住了“作文”的日语是“哈忽包库”(音)。还有个杨维贤,问他“手”叫啥,他说不上来。李凤山就一会儿用日语,一会儿用汉语,来回问“手”咋说。他实在说不上来,李凤山就使劲打他嘴巴,起码打了有十来个,把他都打迷糊了,直到记住了“忒”(tei音)才罢手。那年他才13岁。还有一个丁宝旺,十六七岁,学啥都记不住,李凤山就叫他在当院里像狗似的爬。那李凤山真不是东西,想着法子整村里人,哪儿还像个中国人!李凤山教一阵子就走了,就换那个姓程的了。

每天上课前,要先唱日本歌,叫《皇军进行曲》,听说就是日本国歌。现在我也会唱,就是不知道词啥意思,当时也不给解释。唱完日本歌,再学日语。一般教一个小时左右。那时没有正式课本,就是跟着翻译官学。我记得在学习时,还看到一个小本子,油印的,全是汉字,就64开那么大,有二三十页,用线一订。记得里边有“恨恨恨,恨共匪”六个字。书里有文字,有图画,全是丑化八路军、共产党的。这是日本鬼子想方设法在做宣传,说八路军的不好,说共产党的不好,让老百姓反对八路军,反对共产党。那时候我虽说还小,可也知道是小日本侵略了咱们,打咱们家门口来了。共产党、八路军是抗日的,不赶走小日本鬼子,咱老百姓永远不得安生。

日语大概一直教了两三个月,就不教了。到1944年春天,在八路军的打击下,日本鬼子没法待了,就从我们村撤走了,那两个翻译官也跟着一块儿撤了。

口　述　翟长生

整　理　柴福善

黄松峪乡各村日军暴行

白云寺村

75岁老村书记胡长顺说："我二叔胡庆让日本鬼子给打死了，结婚了还没孩子呢。"

83岁老村会计陈凤全说："我父亲叫陈云，爷爷叫陈广银。记得是我4岁的时候，父亲被日本鬼子在黑豆峪村南打死，我爷爷在白云寺村北小学西边被鬼子打死了。听说鬼子在西山上，看着爷爷正'跑反'，一枪就给打死了。"

陈凤全老人说，八路军到我们村来住下，村干部给号房子。村北有座烈士墓，好像是个首长的勤务员，南方人，在金海湖镇滑子村被鬼子打死的，抬到这边掩埋的。听说他哥哥还来这儿看看，后来他哥哥也被鬼子打死了。

胡长顺老人说，村里民兵队长叫纪自修，还有个民兵副队长叫卢宝奎，日本鬼子起早来的，把俩人抓住了，用绳子绑着，走到白云寺庙前。那儿有两眼老井，纪自修一下就跳井了。卢宝奎也要跟着跳下去，被后面拽着绳子的鬼子拽住了。鬼子押着卢宝奎上康石岭，奔北大梁。当时有个东北人，在黄松峪炮楼给鬼子当翻译。走到一个叫窄道子的地方，翻译假装解手，让鬼子前头走。这时，翻译赶紧解开绳子，往西一指，说快跑！卢宝奎就奔西沟，穿过庄稼地回家了。当时鬼子往南走了，翻译等他一跑，也赶紧往南跑，并打两枪。追上鬼子，说这人让他给处决了。为啥知道得这么清楚？在"文革"后期，清理阶级队伍的时候，东北来人调查，说那个翻译在平谷白云寺救过一个民兵队长的命。卢宝奎当时正在生产队干活，找来一问，说有这码事。

79岁老生产队长孙思旺说，日本鬼子搞"无人区"，进行"集家并村"，把一、二队白云寺集到黑豆峪，把三队康石岭集到黄松峪。白云寺大多数房子都给烧了。胡长顺老人说，他家的房子也被烧了。

胡长顺老人说："有一回鬼子来了，别人都跑了，我二叔胡庆耳朵聋，没能及时跑，就藏到一个小棚子里了。本来鬼子要走了，这时候二叔起身想瞅瞅，一下叫鬼子发现了，就挑了他几刺刀，又打了几枪。"

孙思旺老人说，他家四爷孙瑞文，"跑反"跑到村北二道沟子，日本鬼子在东山梁子看到四爷后，一枪就给打死了。

胡长顺老人说，有个叫赵文海的，一听说鬼子来了，就从康石岭往西沟跑。鬼子在姚家沟东梁岗上，往西打到北水池里沟，赵文海正往上爬坝沿呢，子弹从胯骨外侧打到膝盖上边穿透了，流了不少血。没打死，后来出去工作了，是县电力局局长。

大东沟村

90岁老村支委张广成说："抗战那时候，日本鬼子到这边说来就来，烧房子，不拆就烧。我们成宿的不脱衣裳，鬼子一来就赶紧'跑反'。鬼子划无人区时我9岁，先搬到黑水湾，后又到耿井。靠山集南山住着伪警备队，祖务西庄头一个炮楼，挖一圈圆沟，有2丈多深，2丈多宽，四遭扎上指根。这个炮楼里也住着伪警备队。"

85岁老村书记陈秀峰说，村里有个王福生，上黄松峪炮楼送信去，让鬼子给杀了。这边在长城外头，也是无人区，村里的房子不拆就烧。那时候，西涝洼、白云寺都是无人区，都让"集家"并村。

刁窝村

72岁村书记符仲库说，在抗战的时候，长城外面是无人区，见人就杀，见庄稼就割，见房子就烧，这儿的房子都给烧了。

60岁老村书记符仲刚说："日本鬼子来了。魏宝全'跑反'，跑到小刁窝上边一个大石头底下，被鬼子发现，刺刀给挑死了，死的时候30多岁。我父亲符顺堂带着母亲'跑反'，挨了鬼子一枪，从后腰穿进去，从前边打出来，待（dāi）了一年才能干活。当时，我母亲也挨了一枪，打在左手的中指和无名指之间，将一个金戒指打飞了，人没伤着。”

69岁老村书记何金义说，一天，秦宝山的爸爸到倪家洼金矿去采金，回家来时在大刁窝转山子里边被鬼子抓到，鬼子让秦宝山爸爸扛着100多斤矿砂，返回倪家洼，从西涝洼带到黄松峪东坡鬼子炮楼北边，被鬼子打死。赵明媳妇“跑反”时被鬼子发现，在东山南石炕那儿，鬼子开枪打伤膝盖，她装死以后才没被打死，造成终身残疾。

黑豆峪村

88岁老村会计王玉臣说：“日本鬼子两次来村杀人，一次是腊月十一，被鬼子杀死11口，有陈国文（陈玉舒爷）、陈俊义、瞎三、张基头（tou）等。那天我父亲挑水去了，把水桶也扔了，藏在一个大棒子秸底下。等鬼子走了，父亲才爬出来。一次是腊月二十五，杀死5口。我三大爷（ye）王文奎，就在腊月二十五鬼子给挑死的。咱村这两次，被鬼子杀死16口。”

75岁老生产队长贺福旺记得：“听我父亲说，我三叔贺在勤是被鬼子挑死的，那年他21岁。就是腊月十一那天，我三叔被圈进巩士华家大院，鬼子要挑他，他跳墙跑了。跑到谭正家猪圈里藏着。鬼子要走了，这时猪一叫唤，鬼子又回来了，发现了我三叔，就把他挑死了。”

73岁老村书记谭永革说：“我爷爷叫谭炳合，在周云家让鬼子刺刀给挑死了。”

72岁退休教师谭保华说：“记得上小学时讲村史，说在村东有个地窖，鬼子一下烧死7个人。日本鬼子圈庄，把全庄人都圈起来，机枪架着，问谁是八路军。不说就灌凉水，压杠子。我四爷谭德忠那年31岁，穿了一双新布鞋，被鬼子挑死了。”

黄松峪村

73岁村民尉泽民说：“抗日战争时期，日寇为达到长期奴役中国人民的目的，大肆推行奴化教育。记得是1943年的春天，日寇从东北安东市前聚宝街派来一名汉奸充当推行奴化教育的走狗，此人叫李凤山，专门给日本人办事。每天中午，他强迫村中的青壮年到村北的庵庙里学日语。庄稼人学日语，开始怎么也记不住，哇啦哇啦的真绕口。李凤山就用木棍打。我们这些年轻人都没少挨打，而挨打最多的要数丁宝发，他有点儿大舌头，咋也说不对。李凤山就用棍子打他，让他在地上爬三圈，逼他吃狗屎。他受尽了打骂和凌辱。我们恨在心头，又怕挨打，只好硬着头皮学，每人还都学会了几句日本话。于是，村里流行了四句顺口溜：'学会了日本话，就把洋刀挎。吃饭说咪西，骂人说八嘎。"

日寇的侵华美梦没做多久，抗战形势急转直下，平谷县的日本鬼子在我抗日军民的打击下，渐渐龟缩到平谷城里。奴化教育在我们村搞了不到一年就完蛋了。

选自《平谷文史选辑》第四辑

87岁老生产队长郭保瑞说："我家就挨着鬼子炮楼，隔一小墙。有一天，俩鬼子瞅见我，使劲拽着我耳朵，把我拽到他们的大门里头，让我把一个小煤油壶送到东山的岗楼上去。我那年八九岁，一劲儿打坠儿，可不去不行，拽得我耳朵生疼。有一年十冬腊月，有俩鬼子上我家来，哇啦哇啦说啥也听不懂。后来闹明白了，是跟我家要韭菜。一个鬼子用刺刀背儿，狠狠砍我爷爷脑门一下子，流了好些血。要是鬼子使刀刃那边，准一下就把我爷爷砍死了。"

88岁老村书记秦端清说，抗战那时候，他家住日本鬼了据点旁边，整天看见鬼子打人、杀人，有一回抓去18口，杀死17口。

梨树沟村

80岁梨树沟二队老生产队长尉清江记得："闹日本的时候，一回，有个鬼子戴着钢盔、拿着枪过来的，我爸一瞅见鬼子到伴儿俩（跟前）了，当时就是坝沿下，就一个鬼子，我爸提溜着我就跑。那时鬼子没开枪，要开枪准给打死了。"

65岁老村书记张连芳说："我爷爷那辈儿哥儿四个，爷爷是老三，还有我四爷，还有一个叫代俊峰。当时鬼子来了，这仨人跑到沟口外西坡一个小砬棚藏着。代俊峰抽着烟，大烟袋一晃悠，大概叫鬼子瞅见了，一枪就把烟袋打掉了，同时把我爷爷和四爷打死了，代俊峰没打死。"

塔洼村

62岁村民郝金友说："闹日本鬼子那会儿，我十二三岁，也记事了。日本鬼子杀人的事我看见过不少，也听说过不少。1941年秋后的一天，大约10点钟，塔洼据点相源、河本这两个鬼子带着五六十个伪警察，从马家沟抓来18个采金的农民，这18个人被绑到塔洼南台子据点那儿，用绳将他们串起来，准备用机枪扫射。当时有个叫修志海的伪警察想救他们，就偷偷地给他们解绳索，可刚解开几个，这几个人一跑就暴露了目标，于是敌人开始扫射了，只有2人逃生，其余16人全部被杀。其中有个岁数最小的刚18岁。

"1943年正月，鬼子开始在黄松峪口子以北制造'无人区'。塔洼沟里沟外70多户，200多间民房全给烧了，只剩下东坡上一间小庙，鬼子在'无人区'内见人就杀。我老叔就是那年被鬼子用枪打死的，胸口中了好几枪，死时才29岁。我父亲那次也中了好几枪，只是没打着要命的地方，等他跑到马蹄沟一看，腿肚子被打了两个透眼儿，头皮被子弹擦了两道沟儿。这年腊月二十四，本村的郭朝生、郭玺、郭三这一家老少三辈儿一块儿被鬼子抓住，绑到塔洼南山挑死了，有些乡亲被杀的地点我记得很清楚，但时间记不清了。贾忠林是在塔洼北山羊鸡沟被鬼子用刺刀挑死的；刘富珍是鬼子在塔洼东山上杀害的，光是塔洼村被鬼子杀害的就有韩歪子、刘付春、刘付海、王顺、张友、郝才、郝宽等22人。

"有些过路的，只要被鬼子逮住，也别想再活。那年11月，鬼子在塔洼沟口枪杀了3个人，都是从陡子峪那边抓来的过路人。有一个穿黄棉袄的，一个穿大褂的，都是用'炸子'崩的，头上挺大一个窟窿。事后塔洼的乡亲把他们都给埋了。”

选自《平谷文史选辑》第四辑

70岁老村会计贾希旺记得，三队那儿有个日本炮楼。一队沟口那儿住过仨日本鬼子。日本鬼子把长城以外都划成“无人区”，塔洼也是。鬼子见人就杀，见房子就烧，见庄稼就割。那时候大伙儿都穿着衣裳睡觉，鬼子一来就赶紧“跑反”，二队一个姓郭的就在“跑反”的时候被鬼子打死了。一次，鬼子来了，村里二三十人跑到西北坡的一个洞里藏着，鬼子在外面找人。当时郝家媳妇生了个小女孩，怕孩子哭被鬼子发现山洞的人，就把孩子嘴堵上了，结果把孩子捂死了。

63岁老村主任王志存说，在矿山公园底下，现在停车场那儿，有七八个人被鬼子抓住，有人跑了，有人被打死了。有个民兵叫郝才，上黄松峪鬼子炮楼偷枪去，先偷了两支枪。后来又去了，被鬼子抓住，在黄松峪西河滩被挑了。日本鬼子把家里的房子烧了，连锅都没有，就使锅刬（chàn）儿凑合着做饭。

附　消失村落的日军暴行

黄土梁村

63岁原区人大主任刘军说：“关于黄土梁发生的日军暴行，我问了老村书记崔连明和在秦皇岛的老叔刘瑞明，他们记得，黄土梁周围，狗背岭、陡子峪和塔洼的贾家台，都驻有日本鬼子和伪军，来黄土梁‘扫荡’的主要是这三处的鬼子和伪军。

“鬼子把长城以外都划为‘无人区’，黄土梁就在这‘无人区’的范围内。被鬼子烧杀抢掠的起码有六七次，黄土梁的房子多次被烧。等鬼子走了，老百姓就在房岔子上搭根木头，弄点棒子秸、树枝子搭个棚子，要不没地方住啊。庄稼也被割多少回，说是‘割青’。

“那时候，鬼子一来，大伙儿赶紧躲起来，叫‘跑反’。有的人躲藏得不及时或在躲藏的地方被发现了，往往就会被鬼子杀害。一次，鬼子来了，陈福的爸爸往东山上跑，让鬼子一枪给打死了。二队有个卢维宪，他父亲在一次‘跑反’时，跑到东边山坡上，鬼子追上来，开枪把他父亲打死了。四队被鬼子杀死两个人，一个是我太姥爷，‘跑反’的时候被鬼子打死了；一个是我四婶她妈，当时我四婶和她妈在一起，让鬼子抓住，被推砬子下去了，她妈摔死了，我四婶没摔死，过了两天才被家人找到。

“我老叔刘瑞明清楚记得，一次日本鬼子及伪军来‘扫荡’了，老百姓往山上跑并躲藏。王山当时藏到了一个崖缝里，一个鬼子搜查到王山藏身的地方。王山见藏不住了，突然跳出来，跟鬼子夺枪。那个鬼子个儿小夺不过他就喊人，其他鬼子过来，把王山抓住了，和周边村被抓住的人一起，带到了狗背岭。鬼子要把这些人枪杀了，王山就在鬼子开枪时，顺势往前一倒，结果子弹贴着后背打过去了，流了不少血，但没打中要害。他躺在地上装死，等鬼子走了，就爬起来跑回家了。”

68岁原文委主任张兴说，抗战时期，日本鬼子在长城沿线划千里“无人区”，黄土梁就在“无人区”内。当时黄土梁有三四十户人家，被十几个伪军和两三个鬼子组成的讨伐队7次“扫荡”，割7次庄稼，烧7次房。那时鬼子是见房子就烧，见庄稼就割，见人就杀。他们张家就有3人被杀害。他三爷张武因为哮喘第一次“扫荡”时走不动，鬼子抓到他，用机枪把他打死在大石片上。还有大爷张项的大孙子秃子，还有一个记不住名的孩子，被敌人“扫荡”时打死。

胡同水村

黑豆峪村张秀兰说：“我们家是土改后才到黑豆峪来的，以前是在胡同水住。

“闹日本那几年，三天两头儿‘跑反’，跑慢一点就没命了。我家老爷子就是叫鬼子给打死的，那年我才21岁。那天，听见有人喊‘鬼子来了！’全家人赶紧往山上躲，老爷子说：‘你们先走，我把东西藏起来。’东西还没藏利索，一个日本兵在南山尖上看见了他，用机关枪冲他扫了一梭子，等鬼子走了，我们回家一看，好惨哟，肠子都给打出来了，人早没气了。

“要说日本鬼子那真是一点人性也没有，他们杀人、放火、奸淫妇女、抢夺财物，无恶不作。我们家那几间草房让鬼子烧了三回。山上有的是黄毛草，烧落架了，再就着原来的石头、土坯、四框重新盖上。可鬼子一来，又给烧了。等鬼子走了回家一看，有用的都给拿走了，坛坛罐罐儿砸个稀巴烂，房盖儿成了灰，只剩四框和土炕，一家老小躺在炕上数星星。

“我丈夫叫秦宝元，他有两次都是死里逃生。一回是给八路军送信的路上被鬼子抓住了。鬼子把他带到黄松峪据点，要把他拉到村外大坝上砍头，他突然挣脱鬼子跑了，鬼子因没带枪，又追不上，干着急。他的褂子让树棵子刮掉了，鞋也跑丢了，一口气跑到晏庄他姐姐家。还有一回是上山采金，被鬼子搜山抓住了。一块被抓的有20来人。鬼子把他们拴成一串儿，从倪家洼押到黄松峪东山上，鬼子在地上楔上铁钎子，把这些人一个个绑在钎子上，在远处架起机枪扫射。正巧一颗子弹打断了他的绑绳，却没打中他要命的地方，他猛一醒，撒腿就跑，从机枪口下逃出一条命。其余那些人都被鬼子打死了。”

选自《平谷文史选辑》第四辑

胡同水村87岁老村书记于文合说，抗战的时候，日本鬼子把吕长海他妈在胡同水大北沟打死了。

土谷子村

原土谷子村老书记80岁计泉说：“我是1943年生人，听大人说，日本鬼子把土谷子划为‘无人区’，土谷子被烧过四五次，一些房子被烧毁了。鬼子搜山、烧房，枪不响了，隐藏着的老村书记王永的父亲想出来看看，刚一探头，鬼子一枪就把他打死了。黄松峪据点的鬼子一次来山里‘扫荡’，贾起同和他妈‘跑反’，被鬼子发现了追这娘儿俩。他家在大队部南边那住，就跑到北天井尽上头北坡那儿，那儿是个砬子，有两丈多高。实在没处跑了，娘儿俩就跳砬子了。他妈摔死了，他跳下去没事，爬起来还跑。这事是贾起同自个儿跟我说的。”

原土谷子村75岁老村主任李永才说，卢家姐姐背着弟弟“跑反”，日本鬼子一枪打弟弟胸部了，穿过去又打着姐姐脑袋了，结果把姐弟俩都打死了。

人　物

黄松峪地区有史以来，究竟有多少值得记载的大小人物，今已无从查考。仅将寓居刁窝的王蒙、王华祥、陈克永三位作家、画家记述于此，以彰显当世，更教益后人。

核桃树下的王蒙

题记：王蒙，中国作家协会原副主席、文化部原部长。文学创作70年，影响海内外。2019年9月，国务院授予王蒙“人民艺术家”荣誉称号。

王蒙，我景仰的作家。见到他，是在燕山脚下，他的山里人家。那是一道山洼，三面环山，独南面豁缺，敞向太阳与蓝天。村边有条小马路，一端通向山外世界，一端通向燕山深处。小村不过几十户人家，王蒙的家坐落其中，墙挨墙，脊挨脊，不显山露水。我不晓得他几时来这里的，并精心构筑了心爱的家园。院里一棵核桃树，他指着说：“打我住进来，这核桃树就猛长。”想来，一定是树借地缘，也借人缘吧。而今核桃树已尺把粗细，枝杈伸张，亭亭如盖，荫蔽大半个院子了（图319）。

他非常喜爱这座小院，就是主持人杨澜采访也要来这里。平时，他只要在京城，就一定会过来，即使远在异国远在他乡，心也时时惦念着。回来，一打开那扇门，一走到核桃树下，无论春雨夏蝉秋风，总使他遁

图319　1999年5月与王蒙合影于刁窝核桃树下（白云兵摄影）

入一种境界。“独坐深山忆旧时，心如明月笔如痴”，一人静静地坐着，没有任何尘嚣纷扰，天上地下，过去未来，悠悠思绪，便从心灵深处泛起。组诗《乡居》，写明月山后小憩而满天发光的星星；写有时流在石下，有时流在地上，沥沥潺潺溪断水仍连的山泉；写即使被山风劈成两股，也会再长出新的青枝绿叶的树；写垂下头来准备多年，清风尽情弹奏的风铃；写与他拉家常的小姑娘。尤其在《蝈蝈》中他写道：

试图去捕捉，
他不逃遁，
只是唱着，唱着，
即使落入手心，
歌儿也还没有唱完。

这些作品，明眼人一读，就读出一定是在这里写的，一定写的是这里，借助有形无形的意象，融注沉思默想，抒发几十年的人生情怀，展示丰富多彩的心灵自白。是这里，使作家进一步成为诗人。当然，不仅如此，只有高一学历的他，也翻译外国作品，也写散文随笔，长篇小说“季节系列”第四部，就在这里搭好架子，写好最难的开篇，剩下的

图320　刁窝村王蒙家全景，从东南侧拍摄（摄于2013年11月）

则让人物推动着情节，天南海北走着写，一直于北戴河完稿。他曾著文："大作家在哪里也是大作家。"用于自观，倒恰如其分呢。

他喜爱这座小院（图320），更喜爱这里的一山一水一草一木。写作之余，常常朝一道山沟无目的地走去，往往能够发现世人不曾发现的风景。想唐代柳宗元谪居永州，寻山问水，虽写下传之后世的"永州八记"，终因其境过清，不可久居。难怪，柳是罢黜遭贬无奈而去，他则是自觉自愿欣然而来，不可同日而语了。时代不同，地域不同，心境不同，虽然都是大家手笔，笔下却不尽相同。永州因柳宗元而千古不朽，或许这不起眼的小山洼，就因王蒙之笔而名扬天下。记得初冬时节，我陪他登山半日。择一山羊踏出的小路起步，几分崎岖里，山一步比一步深，一步比一步高。山间尽是果树，有手指般细的，才栽；也有腰杆般粗的，甚至树干成了空洞，便不知经历了多少春秋。一切都收获了，只有柿树枝头摇曳着一两个大盖儿柿，红得夺目，棵棵如此。他端详片刻："莫非纯朴的山里人，希望年年有余？"

他冲柿子一笑，拄着拐杖，继续前行。毕竟年近古稀之人了，虽然19岁就写下长篇小说《青春万岁》，但终究是流年似水，青春不再。山路一般崎岖的人生旅途，能留得住青春吗？想他少年时参加革命，1956年发表短篇小说《组织部新来的年轻人》，其格调清新朴实，语言生动尖锐，富有强烈的讽刺性和幽默感，引起社会强烈反响，一些报刊为此展开讨论争鸣，而文痞姚文元给他扣上了“站在党的敌对面反对官僚主义”的帽子。毛泽东主席闻悉，明确表态：“王蒙反官僚主义，我就支持。我也不认识王蒙!”还说“王蒙有文才”。应该说，是毛泽东主席的肯定，使单纯的他得以在突如其来的厄运前受到保护。多少年后，一切烟消云散，尘埃落定，他谈起毛泽东，仍然动情地说：“我很感谢老人家!”但是，最终他依然被打成了“右派”，而且是由组织最后“平衡”上的，时间是1958年，二十年的命运就靠这样的“平衡”决定了。他先是到京郊劳动改造，后携妻带子，举家迁往新疆。在伊犁那个地方，住在人家一个不足6平方米的仓库里，维吾尔族主人从燕子在他小屋筑巢这个细节上，判定他不但不是坏人，而且一定是个心地善良的好人，便热心地邀请他搬到正屋，同主人一起居住。维吾尔族主人这份温情与新疆地域的辽阔，渐渐融入了他的血液，使他性格更为洒脱，心胸更为开阔了。后来他草草盖了自己的家，因入冬才建好，潮湿，麦秸里有很多遗落的麦粒，和泥抹在墙上，生火着暖后麦粒纷纷发芽，墙上居然长出一根根嫩绿的麦苗，当然，它们最终没有长成小麦，不然，真要创造“奇迹”了。他在那里默默地劳动，不能再写什么，作为一名初露才华的青年作家，竟连钢笔都没有，需要写字时，伸手向儿子“借”，多么可悲！穷极无聊，那是生命最大的痛苦，死一样地活着与活着一样地死去。同接纳他的维吾尔族人大碗喝酒，沉醉于浑浑噩噩的梦里，同他们唱和《黑黑的眼睛》。那是一首万分依恋的歌，一种永远思念却又永远得不到回答的爱情，一种遥远的、阻隔万里的呼唤，是那样刻骨铭心。生活是沉重的，有时甚至是荒芜的，然而他们的歌是热烈的，是益发动情的。他跟着每一句的尾音相和，吐出胸中无限块垒，却总觉跟不上那火热的深沉与寥廓的寂寞。一声“黑眼睛”，双泪落君前！他们一唱，他的泪就流出来了。及至现在，只要一听到哪怕小小的一声，他也能从万千音响中辨识出来，毕竟是他唯一的又喜爱又熟悉又至今唱不成调的歌儿！其实，不论个人遭遇如何，他从来相信生活是美好的与广阔的。因此，即使在逆境中，他对生活、对未来也从来没有失去信心，从来不让自己往死胡同里走。“我要是想不开，早跳楼了。”冲我淡然一笑，二十年的厄运尽付这一笑中，而俯仰之间，一切早成陈迹。

山不知走了多远多深，每走一程，就有一程的境界，山石林木天造地设的图景，鬼斧神工的自然造化，总让人惊叹画也不如。惊叹之余，我这40多岁的脚力都感觉累了，他依然兴致勃勃，不时地扬起拐杖，指点江山。我却指着一块石头：“您歇歇吧。”他拍拍坐下，喟叹一声：“廉颇老矣，尚能饭否?”是慨叹青春焕发、欲有所作为却被打入生活底层的二十年，还是慨叹复出后奋力拼搏、二十年又倏忽流逝?不待我多想，他话锋一转：“什么地方不能歇得!”苦难噩梦中新疆的小泥屋里歇得；1979年回到北京，在夏衍曾住过的小院，亲手植花种树，花香果香里依然歇得；而在这山里人家，无须养鸟，自有鸟语盈耳，无须挂画，自与自然相接，徜徉其间，更是歇得！特殊的人生经历，造就了他乐观豁达的性格，乐观豁达中却不失机智的幽默。他立身绝顶，侧身下眺小院，左手背拐杖于后，右手搭凉棚于前：“这样，像《西游记》里的孙悟空么?”在像与不像之间，我乘机拍下这转瞬即逝的情景。这张照片他很喜欢，以至收进了他出版的《我的人生哲学》中以及中央电视台拍摄的《大家·王蒙》纪录片中（图321）。闲话时，他谈起小院的奇

图321　王蒙在山中深情地回望自己的小院。这是作者为王蒙登刁窝村后山时所拍（摄于1999年10月）

闻逸事："屋有一百多颗杏核，趁我不在，耗子们一颗颗全叼到我枕头里，可能以为找到了一个极好的仓库。气得我在屋里放上粘耗子的帖儿。耗子真精，再也不来了，八成儿发现形势不对。"我被这份幽默不由自主地逗引笑了，他也会心地笑了。

望着那轮虽已偏西却依然灿烂光明满山的太阳，我们下山了，回到了他无时无刻不深深眷恋的小院，回到了那棵他情有独钟的大核桃树下。他欣然告诉我，核桃树春天开了好多花，一串一串的，秋天结了好多果，一嘟噜一嘟噜的。其实，他自己何尝不是如此呢？从写《青春万岁》时，就苦苦思索，放弃故事主线，探索文体创新。如果说，是对生活的热爱而使他走向了文学，那么，自他走向文学的那一天起，在中国文学和世界文学面前，他就没想画地为牢，而是以敢为天下先的精神，努力开拓艺术空间和精神空间。一个作品之所以有存在的价值，一个作家之所以有存在的价值，其中一个重要原因，就在于这个作品和这个作家异于其他作品和其他作家。他重返文坛后，依然坚持自己的追求，包括意识流等在内的现代派小说实验，使他成为中国文坛上空一只翩翩的蝴蝶，一个高扬的风筝。应该说，他21岁时写《组织部新来的年轻人》，追求的是一种革命的、道德的理想主义，是一种青年的单纯。而经历了40年风风雨雨之后，追求的则是一种公正、和谐与适度的宽容了。他精心构筑了季节系列《恋爱的季节》《失态的季节》《踌躇的季节》《狂欢的季节》四部，作品中所映照出的，是我国巨大变化中的一段历史。而历史不能老是重写，这恐怕是天心民意，也是作家的神圣职责。最近，他出版了长篇新作《青狐》，在文坛引起极大轰动。而人民文学出版社又隆重推出他二十三卷本《王蒙文存》，可以说，是他出道以来的集大成了。而随后，作家出版社又推出他用五年心血写成的长篇小说《尴尬风流》，被认为是探索中国人之"心"的一部奇绝大书，着实正强劲地"风流"着中国。读先生作品，感觉先生对人生对社会对世事，真的是看透了，看开了，看明白了，想说什么就说什么，想怎么说就怎么说，不再拘谨于时，不再顾虑于世，似乎已然“彻悟”了。人道先生“至愚”也好，“至神”也好，“从容”也好，“潇洒”也好，“睿智”也好，总之人活到这个份儿上，算是真正活出味儿来了。

世人公认王蒙的，或许首推小说，他自己也是把百分之九十的精力，用于小说创作。可我觉得，他记叙人物的散文与评价作家作品的评论及其他一些随笔，活跃而深刻的智慧，机智而幽默的思辨，使其产生一种与众不同的叙述方式，放射出与众不同的文化华彩。如《我心目中的丁玲》《不成样子的怀念》《周扬的目光》等，在他整个文学创作中，我不敢说与他的小说比肩，起码应该具有重要位置。而那本《我的人生哲学》，该“哲学”了多少读者；才出版的自传三部曲，展示了他非凡的一生，被誉作“一个人的‘国家日记’，一个国家的‘个人机密’”。近读《王蒙自传·半生多事》时，忽闻网上因先生自传而引发“汉奸”父亲风波。至于因此而引起的“先生父亲原是汉奸”的风波，是非曲直，历史早有结论。有人以小说等的只言片语，断章取义，实属恶意解读。先生以坦诚而碰到了“阴暗”，自是无须介意，读者自有公论。70岁后，他又转而研究老庄，说“老子的帮助”也好，“与庄子共舞”也好，其实都是在“帮”自己，“舞”自己，要不他怎么说是“老庄注我”呢？

我曾想，王蒙对于文学的沉迷，对感情和语言的沉醉，当是与生俱来的，也是无法挥之而去的。所以，他才把做三年文化部部长称为“服兵役”，骨子里他是不可能完全变成一个规规矩矩的行政官员的，最终必然还要回归到作家文学这条道上来。迄今为止，他已创作出千万字作品，被译成几十种文字在世界各地出版，可谓硕果累累，著作等身了。他的作品，走了比他自己走得更远的路，走进了许多他没有机会走进的房子，拥抱了许多他还没有机会结识的朋友。这应该是他的幸运，甚至有人尊他为“大师”，他更是摆摆手，一笑了之。

站在核桃树下，他向我挥手道别。记得孙犁说过：“文人宜散不宜聚。山居野处，方能出成果。”而不被名利缠绕，远离浮躁，于静寂之中，潜心创造无愧于人民无愧于时代无愧于自己的精品，或许，这正是他安家于山乡的初衷吧。

柴福善

艺术其实是一种生活，更是一种信仰
——王华祥访谈录

题记：王华祥，1962年生于贵州，1981年毕业于贵州省艺术学校，1988年毕业于中央美术学院。

曾为中央美术学院造型学院副院长、中央美术学院版画系系主任。现为中央美术学院教授、博士生导师、博士后导师、国际学院版画联盟主席、国际版画研究院院长、中国传统文化发展委员会副主席、中国美术家协会版画艺委会副主任、中国艺术研究院中国版画院副院长、意大利罗马美术学院客座教授、比利时欧洲版画大师展评委、阿根廷ACE当代艺术基金会国际名誉顾问委员会委员、中国教育部专家库成员等。

王华祥创作涉及素描、木刻、水墨、油画、雕塑、行为艺术、建筑环境设计、艺术评论及杂文写作。

在黄松峪水库北侧、刁窝村西边的山脚下，2003年王华祥盖了一座房子（图322），后来起名万圣美术馆。王华祥经常在这里给学生上课，也在这里接受记者采访。根据一次采访视频，整理了这篇文章，题目为整理者所加。

这块地在我手里，变成今天这样美丽，大家都很欣赏、很羡慕。可是，在我之前，它上面只有石子没有土，既不能种粮食也养不了牲口。

图322　刁窝村西王华祥先生的家，即万圣美术馆（摄于2022年10月）

没有人认为它是一块好地。某种意义上上，是我发现了它的潜能，并创造了它的价值。

从艺术的角度来说，这座房子北边的装修和设计是最有作品感的，我在那里住的时间最长。从2010年装修完以后，一直到现在12年了。样子是非常古朴的，但里面的环保理念是非常现代的。今天来看这房子像个老宅，其实在10年前装出来就是旧的。因为我使用的材料有七成是旧的，石头、木头、草、陶罐都是旧的，包括里面的家具。买家具的时候要么是旧的，要么是买做旧的，有些桌子、椅子都有100多年了。喜欢旧是人追求新的前提，它就像大树的根，不同的是，前者是把灵魂藏在时间里，后者是把根扎进土地里。

整个室内和院落装修非常环保，虽然使用了大量的材料，但是最后只剩下一小堆建筑垃圾，因为它们全都被废物利用，全部消化在房子里面了，比如小木头块做了餐厅的装饰墙面，细小的木屑被当成麻丝纤维放进客厅和卧室墙上的石灰里了。其实对我来说，没有没用的东西。在那个客厅里放酒的墙壁上，有一个一个的洞。那是些老百姓淘汰掉的下水道管子，管子是泥土烧制的。艺术家的这种眼光，会让我们在看待这些司空见惯的、非常普通的甚至一些垃圾时受到启迪。

桌子、墙壁上装饰的木板，看起来就是一些特别破烂的、被虫子蛀过的有很多洞的、被风吹日晒雨淋，甚至可能还被水冲刷显得凹凸不平的木板，如果给木匠看，它们就是垃圾。但它们被艺术家变成桌子、柱子、台阶和墙面皮肤以后就难得了，你近距离看的时候会发现那种纹理变化和色泽就是图画，你用手触摸的时候那种温暖柔软就是活体的皮肤。你想不到：客厅、卧室的墙壁已经十几年了，现在没一个裂纹。为什么呢？我把做木地板锯下来的锯末，让工人掺和在白墙的材料里面。白石灰和腻子粉本来是密度很高的，当有了这些锯末，就有了看不见的小孔，变得有呼吸了，而且变成很有韧性的纤维。所以我那个屋子一进去就很舒服，不会让你觉得好像在憋气。还有院子里面有很多大的雕塑，哪儿来的呢？是挖地基的时候，挖土机刨出来的石头，那些大的石头经过我的处理：用钢筋水泥做绳子捆住打结就变成了雕塑，小的就垒起了河的堤岸和院墙，没有一样是多余的无用的，不需雇车拉出去扔掉。

从事木刻创作几十年（图323），当我去试图做一个建筑的时候，对建筑表面的皮肤是很看重的，这一层被称为肌理的东西，对画家来说非常重要。我们每天需要有这种视觉上的食粮，对于很多形状、色彩，我们是需要消费它的。这里所使用的建筑材料，是最廉价的材料，以鹅卵石为主，原始的、原生态的、早就存在这里的。但它们的魅力就在于：最早的时候可能是一些山上塌方下来的石头，可能都是有棱有角的，呈现在我们面前的它们其实已经变成了圆的，去了棱角之后的形状，会感觉到它们里面有一种内在的力量，它们和人为的造型是不一样的，它们储存了时间和撞击的记忆。所以，当这种材料变成我的墙壁的时候，其实就类似于在画面中所制造的抽象的笔触或是抽象的形状里所显示的感情，我是用心用身体去

图323　王华祥先生在创作中

体会这些东西，所以才能够敏锐地发现这些东西的独特品质。如果我也是世俗眼光，就会从它们身边走过而忽略它们。这个地方有价值，老百姓都看不上，周围的人都看不上，没有人看得上这个地方。过了若干年以后，人家说“哎哟，你真有眼光”。我享受这种赞美，并乐于分享我发现和创造的美。

也许，由于我出生在农村，对乡野有一种特殊的感情，一直的理想生活是住在大自然里面。后来我搬到这里，就在大山之间了，就在水边了，但起先的建筑隔了好多道墙。于是，决定改建东南角的房子，东南角三面墙完全使用玻璃，用了一个跟自然最近、近乎零距离的方式，要把自然尽收怀里。所以，这个房子实际上就是我的身体之眼，这个大玻璃对我来说就是眼睛。再有就是呼吸的问题，我曾经住过很多房子，外面环境很好，但你在屋子里就感觉很闷，外边哪怕下着非常通透的大雨，你在外边看起来是非常爽的，但你一到屋子里，一下子就很闷。当你身体不舒服的时候，其实你是看不见这种美，也听不见这种美的。上大学的时候读过一本书——丹纳的《艺术哲学》，里面讲道：人尤其是在童年，童年环境对你的影响是一生的，你的性格、喜好、生活理想，其实可能都跟你的童年理想有关系。11岁之前我都在农村，家在乌江上游，那个地方依山傍水，跟这里有点像，但我们那个环境从视觉上看更漂亮，看到的河对岸就像长江三峡式的那种悬崖峭壁。每天就在河边上玩耍、放牛，最喜欢的就是裸露的石头。同样是从小看到的山水，你就觉得好像到什么时候这些东西都会触动你。当你有了一定的经济条件以后，你在选择居住环境的时候，可能就会无意识地跑到这种地方，而且你可以不惜代价（它离城里比较远），这个就与你的人生目标有关系（图324）。

上学的时候是“文革”后期，整个中小学都是放羊的。很幸运我11岁之前受到的是自然教育，虫子、蛇、癞蛤蟆。可能城里人都是害怕的，至少会厌恶它们。但对我来说很自然，和风声雨声一样的，它每天滋啦

图324 王华祥先生作品“高原系列之二”，51cm×76cm 彩色木刻 1988年

滋啦地叫，不会影响我睡觉。所以，我觉得一个人的教育，一定要有自然教育和艺术教育，这两样东西都是非实用性的，但给我强大的支撑是无形的。其他东西属于技能知识型教育，比如知识，多学点知识，多积累点词汇，多学一下数理化，多学一下技术，都属于生存技能。中国人都很重视生存技能的学习，却唯独不重视自然的教育和艺术的教育。

每一个人的性格、经历，决定了个体的空间需求。有些人需要封闭的房子，他觉得很舒服。像我呢，就特别喜欢大的，一定要足够大，眼睛必须看得远，能够看出去。你的视觉，其实是跟你的心理变化有关系。年轻的时候，特别喜欢热闹、聚会，喜欢很多人在一起，喜欢找别人去玩，也招别人来玩。我们房子的设计，就是非常密集的肌理，形状、色彩变化很多。但到了现在这个房子的时候，我和夫人就希望简化，所以设计尽量让空间大，连二楼都没有门，上去之后是一种自由的不受束缚的连续空间。二楼有个中心区域，既是一个过道、过厅，同时也是影音区。没有专门的衣橱，只在西墙上面放了一排矮柜。剩下的往上到房顶，这一半可以放一根杆子，挂衣服。这是我太太的设计，跟整个开放式的设计理念比较一致。

作为一个父亲，一位丈夫，就是喜欢甚至比较迷恋一家人在一起的生活。家庭对我来说，是一种内在的需要。在我们的各种需要当中，功名心、生存、财富的追求、他人眼里的荣誉等等，如果与家庭相比的话，都排不上号。从一开始在昌平上苑画家村的那个建筑，到现在，我的家庭观念，包括事业的观念，可能有个180度的变化。那时候比较年轻，以工作和事业为主，所以没有家庭的空间。在我的心理空间中，可能99%主要都是工作、工作、工作，甚至有时候都觉得跟孩子说几句话都浪费时间。但对于现在来说，不能说99%都是家庭，至少这两个东西、这两个空间重合了，以前家庭和事业是对立的。如果对于即将组建家庭的人来讲，可以分享一点我的看法，年轻的时候都会觉得家庭和事业是一种冲突，是一种不可调和的矛盾，你把这个时间和空间看得非常对立的时候，你是不适合组建家庭的，很多家庭为什么会有这么激烈的矛盾，我曾经也是这样的。这些事情过去以后，你会发现这两个空间、这两个点互相是可以重叠的。当你可以重叠的时候，你会发现不仅仅是你的事业可以和你的家庭重叠，你的娱乐、闲暇的时间和你用于工作的时间，那种为了生存去打拼的时间，它们都可以重叠，所以这个时候你就会很少生气了，很少产生矛盾了（图325）。

图325 王华祥先生作品“贵州人之一”，36.8cm×27.7cm 彩色木刻 1988年

办美术馆的念头，其实早在20

世纪90年代中期就有了。我曾经做过翰海拍卖公司的首任油画艺术总监，就想通过推当代艺术能够影响艺术的收藏，想得比较天真。艺术市场是由买家决定的，那时候就想，我能不能够开始收藏了，因为那时候的画也不贵，很多画家其实是刚刚开始卖画，或者是很多人希望卖画但是卖不出去，所以从那个时候就开始收藏作品。在巴黎受到很大刺激，除了卢浮宫、奥赛博物馆、蓬皮杜这些比较有名的大的美术馆，其实还有很多大大小小的美术馆，艺术早就融入生活，是老百姓的生活的刚需内容。然而在中国，我们的美术馆基本上是属于出租场地的地方，这种情况应该改变。所以，就开始筹备这个美术馆，但到后来，等把美术馆建完以后，已经买不起作品了。中国经济开始腾飞了，很多富人出来了，以前你几千块钱、几万块钱能买一张画，后来就不可能了，看上眼的画都比较贵了，连学生的画都买不起。现在，这个美术馆里面，我最得意的是国际版画馆，有像文艺复兴时候最早的铜版画，包括丢勒这种德国文艺复兴大师，西班牙现代主义大师达利，美国约瑟夫，意大利安德烈，西班牙纳兰霍，中国方力钧的作品等。

画画对我来说，是一种生活方式，但同时也是我跟这个世界交流的一种渠道，还是我探索人生、探索社会的一种工具。对绘画这个职业，我也曾是有过动摇的。最迷恋绘画的时间是在中专的时候，大学四年也非常迷恋绘画，做梦都会梦到绘画。直到1993年初，我编写了《将错就错》之前。但在这个之后，开始出现了动摇，过去所信奉的那种标准、所追求的那种理想，在艺术市场和当代艺术的浪潮中，不被需要了。如果艺术是这样的话，我宁可放弃艺术。但这时候心还是不死，所以后来办学，就希望用教育来改变这种状况。我们可以放弃这个市场，但不能放弃年轻人。如果我们做当代艺术是为了成功的话，你成功的目的是什么呢？就为获得一定的名气？获得名气又干什么呢？就是想多赚点钱？我们的画可以卖得好一点，可直接奔钱去不就完了吗？所以，那个时候我开始鄙视这种用艺术换名声换金钱的行为，就没有做这样的选择。可以说，那段时间我是放弃了画画的，也放弃了在艺术圈的活动。

又过了五六年，大概到2005年、2006年，我在中国美术馆，决定重回美术圈。怎么回去呢？还是要用画画去改变人们的观念，我认为绘画应该重回它的地位，而且重新得到尊重，艺术造型的本体标准必须回来。这个声音在当时非常孤单，可我已经逐渐明确起来了，就开始在教学中体现这种理想。原来的人的思维都是非此即彼的，要不就是站在古典艺术的立场，要不就是站在中国东方立场来反西方，要不就是站到当代立场来反过去。这些问题我都经历过，但到后面觉得这些都不是问题，是可以共处的。这么多年来，我们一直跟着市场跑。如果市场标准很低，那么在艺术整体上，这一代人都跟着低；如果市场很混乱，一代画家一辈子就过去了。可以看到很多职业画家，一辈子寄托于各种艺术区，倾家荡产，然后把自己的投入都放在这个地方，最后到他们的艺术不再有人问津，上了岁数也没有劳动能力了，所有的积蓄、所有的时光都花光了，艺术梦彻底破碎。这当中有少数人成功了，但大部分人、垫底的人是非常悲惨的（图326）。

图326　王华祥先生作品“贵州人之二”，36.8cm×27.7cm　彩色木刻　1988年

艺术其实是一种生活，它不是专属于画家，应该是人人都需要的东西。从这个意义上来说，我们要去唤起人们对艺术的需求和热爱。但是，“是不是要指望艺术来谋生”，是一个非常严峻的问题。实际上，艺术从来不能拿来谋生。我们一个人会读书、会写字，在90%都是文盲的时代，靠一支笔就能生活。当今天已经人人都受过教育的时候，你会写字，你能靠它吃饭吗？画画也是这样，过去是属于少数的手艺人，这

点手艺是可以吃饭的。那么，从生存这个角度来讲，不仅仅是画家，不仅仅是搞艺术的人，任何职业可能学的东西学了以后，有一部分沉淀为你的素质，大部分所谓的技能和知识都是被淘汰的，就是无用的东西。

我的忠告不仅仅是给学艺术的人：你不要画地为牢，说我是搞艺术的。只要不犯法，你应该瞪大眼睛，让耳朵尖着，去发现什么东西是人们需要的。你只要去关注人们的需求，你就有钱可赚，就有生意可做，就能生存下去。搞艺术的人最大的一个毛病，就是以自我为中心，一个只考虑自己需求的人，怎么可能让社会需要你呢？打一份工，你需要这份工作，我好好把这份工作干好，你就会成为一个受欢迎的员工；你想成为老板，就要想办法去琢磨人们的需求。所以，艺术不艺术不重要，艺术只是个人的喜好。

艺术可以是自娱自乐，可以是个职业，但是高级的艺术是一种信仰，是一种天赋，是一种永恒之道的呈现，所谓风格流派，所谓时代差异，都是表面现象，内在的本质永远不变。厉害的和尚能挑中风水最好的地方，比方说，他通过化缘把寺庙一天一天建起来，可能用一辈子来建一座寺庙，但这个寺庙存在的时间就不是几十年了，可能就是几百年、上千年。一个好的艺术家，就有点像这种僧侣，他的艺术就是庙，那庙之所以被人膜拜，被毁坏了又被重建，被否定了又被珍爱，不是因为画好，而是因为好画是道的肉身使然。

整理　柴福善

我为中南海画画

陈克永简介

陈克永，1953年生于北京市平谷区。1976年毕业于首都师范大学美术系。现为中国艺术研究院研究员、中国美术家协会会员、北京美术家

图327　画家陈克永（摄于2013年9月）

协会理事、北京市文史馆馆员、中国山水画研究院院长，燕山画派创始人。其作品多表现沉宏博大、雄浑壮观的气象，曾为人民大会堂、中南海、北京市政府创作多幅巨作，陈列于国家殿堂（图327）。

艺术成就

1988年获首届中国画大奖赛二等奖，同年参加中日美术作品交流展。

1991年获“90年代中国画展”二等奖。

1993年参加由文化部中国艺术研究院主办的“中国书画万里行”大型艺术采风活动，北京当代美术馆举办北京水墨画五人联展。

1994年四幅组画入选第八届全国美展，被北京市美术家协会收藏，同年应中南海之邀为接见厅作巨幅山水《大壑腾云》《秋晴泉气香》《燕山风雪》《松泉图》。

1995年获北京市美展一等奖，北京市美术家协会收藏。

1996年在中央美术学院举办“陈克永山水画展”，同年中央电视台《书坛画苑》栏目，专题播放了《走进燕山峡谷——访青年画家陈克永》专题片。

1997年入选中国文联、中国美协举办的中国画坛百杰画展，被评为“中国画坛百杰画家”。

1998年在北京荣宝斋举办陈克永山水画精品展，同年创作巨幅山水画《春潮颂》悬挂于中南海接见厅，创作巨幅山水画《东海游龙》悬挂于天安门贵宾厅。

1999年《美术》杂志重点介绍了陈克永山水画艺术创作成就。出版有《陈克永山水画集》《中国名家画谱·陈克永国家殿堂山水》《中国当代山水画坛10名家·陈克永作品》等多种画册。

2000年为人民大会堂118厅创作《东岳映朝阳》（5米×5.5米）。

2003年成立中国山水画研究院，白雪石担任名誉院长并题字。同年为迎接奥运，与程振国、王梦湖、贺成才、郑山麓、李春海、于永茂共同创作《新北京盛景图》。

2004年中华人民共和国成立55周年为天安门城楼创作《东海游龙》（1米×3.6米）。

2005年为陕西省西安市政府创作巨幅《江山颂》（1.2米×7.3米）。

2006年为中国石化创作巨幅《华夏腾龙》《春山无处不飞花》两幅（3米×11米）；同年为中国石油创作巨幅作品《云海腾龙》（5米×8米）。

2007年为北京市政府创作巨幅作品《燕山雄风》（7米×5米）。

2008年为中央纪律检查委员会创作巨幅《紫气东来》（5米×7米）。

2009年当选北京市人大代表，被北京市文史馆聘请为北京市文史馆馆员。首届江山颂——中国山水画研究院名家作品展展出《奔腾咆哮民族魂》（图328）、《小鸟天堂独木林》《奇松怪石黄山云》巨幅作品（2米×8米）。

图328　陈克永先生所画《奔腾咆哮民族魂》

2010年为北京市重点文化工程创作巨幅作品《长城》（2米×8米）。

2011年创作作品《听涛》陈列于中南海（2米×3米）。

2012年为上海市检察院创作巨幅作品《华夏腾龙》（3米×11米）。

2013年创作《延安颂》悬挂于中南海（3米×5米）。

2015年，参加在马来西亚举办的江山颂——中国山水画研究院展览。

2016年，参加在深圳举办的江山颂——中国山水画研究院展览。

2017年为中南海创作《泰山颂》（2米×10米）。

2018年与段铁合作为北京市创作巨幅作品《居庸叠翠》《天云山胜境》（4米×8米）。同年为文史馆大运河文化工程创作重大历史题材作品《白浮泉》（2米×8米）。同年为中南海创作《松风泉韵》（3米×5米）。

2019年为北京市政府创作《燕山秋韵》（2米×10米），同年为昆仑饭店创作巨幅《巍巍昆仑》（2.3米×7米）。

2020年为北京市委创作《燕山金秋》《天云山胜境》（1米×3米）、《紫气东来》（3米×3.8米）。为抗击疫情创作作品《胡杨》。

要说为中南海画画，还得从董玉龙先生谈起。

董先生是我当年在首师大美术系学习时的系主任，我的画儿一直受到先生的关注。后来先生到中国美术馆工作，任研究收藏部主任。1994年，我邀先生来平谷，陪先生游览金海湖、大溶洞等景区，然后到盘峰宾馆、金海宾馆，看我画的巨幅山水画。临走，先生对我说，我推荐你到一个地方，也去画一张大画。

我没有在意，以为是先生随口说说而已。不料想，没过几天，先生打来电话，要我去北京看场地。那天，我随着先生，在京城里转来绕去，最后竟进了中南海！先生领我与有关负责人见面，我便留下来，画了一张丈二的山水。那时，我在北京工商行平谷支行工作，负责人专门为我请10天假。

说心里话，我从没想到能来中南海作画，激动，兴奋，心想无论如何一定要把这幅画画好。前后仅用7天时间，就一鼓作气地画完了。董先生请来81岁高龄的大画家白雪石先生，白先生先是凝神注目，继而频频点头，最后欣然为画题款：“秋晴泉气香”。

这幅画得到了大画家的首肯，当然也得到了中南海有关负责人的赞赏。我以为事情到此就结束了，谁知这只是试画！如果试得不行，那就啥也别说了，打道回府。可试得人家满意了，便笑着要我留下来，再画一张更大的画。

这是中南海接见大厅，又称“152”会议室，那块地方，我仔细一量，需要画6米长、3米高的巨幅大画。为画好这幅画，在玉泉山特意为我安排一个大画室，让我安安静静地画。画累了，我出去散散步，或者听听最喜欢的《高山流水》《阳关三叠》等古曲。该吃饭了，有人给端来。画晚了，还备有夜宵。我只管一门心思地画。可画什么呢？中南海，我国的政治中心，最高的对外窗口，这幅画一定要展现出我们东方泱泱大国的气度，因此，构图一定要饱满，画间一定要充盈着激越浑浑的气韵。我一而再，再而三地反复酝酿、推敲，一连画出几十张草图，终于完成小样，得到有关负责人的审定同意。

我在玉泉山画了一个多月，画或蟠伏或傲立的古松，画或雄奇或险峻的悬崖沟壑，画奔腾的白云，画涌流的涧水……笔下所画的，说到底，就是我们平谷的山，就是我们北京的山，就是我们中国的山！在作画中，我不用大笔，就使用一般的中型毛笔，把山石、纹理突出加强，力求画得大而充实。一般来说，画大容易，若画饱满充实就不那么容易了。我很注意画好植被、山林、山石这些细节。为画好这些细节，我几次登上海拔1000多米的四座楼山，悉心揣摩山的形状、山的走势、山的气韵。

这幅画在透视上，我注意运用俯视，描绘出重峦叠嶂，意境显得开阔博大；当然，我也有意运用仰视，以突出群山的崇高雄伟。近景棵棵古松，富有万古长青的寓意，以象征祖国江山古老而又具勃勃生机。在画面的颜色上，我强化秋叶的红色。在中国人心目中，红色象征着喜庆，象征着吉祥，象征着热烈。这红，就是我们的“中国红”，引申开来，象征我们的红色江山。白云在山壑间腾飞，使得这莽莽群山也随之奔腾起来，以象征我们伟大祖国的腾飞！所以，我为这幅画起名《大壑腾云》（图329），其寓意也正在这里。

图329　陈克永先生所画《大壑腾云》

人常说，画为心迹，境由心造。这幅画，就展示了一种苍古而又生机盎然的艺术境界。而我所追求的，正是一种浑厚、雄奇与壮阔。我在作画中，始终处于一种高度亢奋的精神状态，那种状态，那种境界，后来一直没有出现过。每下一笔，简直如有神助，甚至是鬼使神差。不少人想要我再按那样重画，却怎么也画不出那种感觉了，更画不出那种意境了。真正的艺术，确实是不可重复的，更不是随意可以复制的。最近，外地一位画家，竟然抄袭、剽窃了这幅画，而且还在《中原书画报》堂而皇之地以自己的名字发表。抄袭、剽窃得很拙劣，那是一种侵权行为，但客观上也说明这幅画作的成功与影响。画得不好，谁又会去仿它呢？

其实，以前我从未画过这么大的画，我以一种只要肯登攀的精神，完成了以前不敢想、不能做的事情。这幅画给我带来了很大的声誉，随后全国人大、全国政协、人民大会堂等多家单位纷纷要我去画画。这幅

《大壑腾云》，一直就挂在中南海接见大厅里，党和国家领导人接见外宾等，就在那幅画前，中央电视台《新闻联播》节目中，多次出现这幅画面。这幅画，可以说是我的代表作了。不过，这种成功也不是偶然的，里边浸透着我20年的艰辛与奋斗。

近年，我创办了“中国山水画研究院”，举办了多次在全国有影响的学术活动。我深知，艺术没有止境，我要在此基础上，继续不停地探索与追求，攀登艺术的更高峰！

口述　陈克永　整理　柴福善

传 说

黄松峪地区，千百年来随着历史的演进及民间的交往，流传的传说与故事应该很多。而民间传说，一般涉及的人物、事件、地点等都是当地在历史上实有其人、其事或其地、其景、其物，以此叙述开来，往往具有生动、传奇的精彩情节。在此，仅选择与黄松峪地区风物等有关的四个传说。

朝阳洞

黄松峪西山坡上有个大山洞，叫朝阳洞。洞口上插着一支铁箭，入石三尺有余。相传这支箭是穆桂英射的。

说来话长了，当年宋辽交战之际，这里住着个修行了多年的老道闫荣。闫荣心肠歹毒，里通外国。

一次，辽兵进犯中原，摆下一百单八阵。穆桂英为保大宋江山，跃马抡刀，英勇杀敌，破了一百零七阵，还剩最后一阵。这最后一阵在哪儿摆的呢？正摆在黄松峪村南的三里庙前。穆桂英扎下元帅大帐，这一夜独自坐帐里谋划破阵之策。忽听帐外有响动，便提着宝剑走出帐来，四下查看。猛然，头顶上“嗖”的一声响，穆桂英一低头，随即一挥手中宝剑，只听“当啷”一响，一支箭坠落脚边。穆桂英朝暗箭飞来的方向望去，但见西山草丛中有个人影晃动，那人正是老道闫荣。

再说闫荣一瞧箭被穆桂英挡落脚下，心里不禁打了个冷战，急忙钻进洞里，盘膝打坐，以防不测。您想这能瞒过穆桂英的眼睛吗？只见她挽挽袍袖，取过雕弓，将弓拉得似满月。弦声响处，那箭直奔朝阳洞飞去。闫荣急忙念动咒语，手朝洞顶悬崖一指，就见飞来的箭拐了个弯，深深射进了山岩里。

第二天，穆桂英大破辽兵，闫荣老贼畏罪潜逃。可穆桂英射的那支铁箭，一直到现在还有迹可循。

陈三躲

黄松峪有个莲花洞。说是洞，其实是个大砬棚。砬棚上有朵莲花，用淡赭加黑色画成，脸盆大小，图案工整，手法质朴。顺洞口往东，过几处砬台是仰碑砬，碑砬上有碑文。要看得躺在洞里看。用水一刷，那文字就显现出来，一干又没了。字是毛笔字，传言是用龟尿研墨所写，墨渗石中，永世不掉。

那莲花图和碑砬字，据说都是陈三躲的手笔。

陈三躲是个穷苦人，人穷心肠热，见穷乡亲们七灾八难的，总想搭救。这想法让个老道知道了，就对他说："想普救苍生，非自身先修正果不可。可你有老婆孩子，尘缘难断呢。"话不多，陈三躲记得牢牢的。

有一天，陈三躲从山里回来，对媳妇说："我要进山修行去了，不知道哪天才能回来，你改嫁吧。"

媳妇想拦，知道也拦不住，就流着眼泪送出庄，眼瞅着三躲进了深山老林。那三躲梗梗的，头也没回，其实心里也挺难受。

媳妇是个贤惠人，没改嫁，一个人清清苦苦地拉巴着孩子过日子。转眼过了三年多，孩子大了，嚷嚷着找爸爸。媳妇便抱着小的，领着大的，进深山去找三躲。

立壁苍林的，哪儿去找呢？娘儿仨走烂了头条沟，边走媳妇边喊："三躲呀——回来吧——"喊声撞在石砬上，满世界起回音。

陈三躲正在头条沟里，听见喊声，赶紧过梁躲进二条沟。

立壁苍林的，哪儿去找呢？娘儿仨又走烂了二条沟，边走孩子边喊："爸爸呀——回来吧——"喊声撞在石砬上，满世界起回音。

陈三躲正在二条沟里，听见喊声，又赶紧过梁躲进三条沟。

立壁苍林的，没法找哇！娘儿仨又走烂了三条沟。三个嗓门一齐喊："回来吧——回来吧——"喊声撞在石砬上，满世界起回音。

梗梗的陈三躲，心碎了。下山去吧，三年的工夫白搭了。穷乡亲的灾难谁去解呢？陈三躲抹掉泪，蹚河躲进了胡同水。

"三躲呀——回来吧——"

"爸爸呀——回来吧——"

"回来吧——回来吧——"

七七四十九条山沟走烂，娘儿仨又找进胡同水。胡同水，两边是山，山高插入天；中间是深涧，涧水扎骨头。阴森森一条山胡同，三躲呀，你叫娘儿仨咋找哇？

日升日落，秋去冬来，可怜的娘儿仨冻死在山洞里。这山洞，人们叫它"三娘洞"。

三躲扒开雪，掩埋了这娘儿仨，大哭一场，接着潜心修行。到后来，果然修成正果，道法高明，一心为穷乡亲驱邪祛灾。

妃子山

黄松峪东边的长城根底下，有座叫妃子坟的山头，相传这地方埋着秦始皇的一个爱妃。

这位妃子很受秦始皇的宠爱，她的权势可大了，比正宫娘娘都牛气。

她想咋着就咋着，常带着宫娥、太监出宫去游山逛水。

一天，她来到此地，爬上一座烽火台，看见台上有一大堆干柴火，上面覆盖着一层狼粪，感到很奇怪。当她得知这是军用信号时，便命士兵点着了这堆干柴。这儿刚着起，对面的烽火台上也跟着着了起来，一个接着一个，只一会儿工夫，整个山脉便狼烟滚滚，随后便有大批援兵呐喊着向这里奔来。将士都以为这儿有北兵进犯，可到这儿一瞅，原来是妃子在寻欢作乐，一个个又恨又怨，可又不敢将妃子咋样，只好悻悻地回去了。

不久，北兵果真来犯，哨兵又点着了干柴。不想对面和远处的烽火台却没有反应，过了好长时间，才来几名探兵，怎奈为时已晚，北兵早攻破关口了。

后来，秦始皇亲自将这些违犯军纪的将士押往此地斩首示众。当刽子手正要动刑时，秦始皇那位爱妃站山头上高喊："万岁住手，将士无罪，此地应是奴家的葬身之地。"说完便从山头上纵身跳了下来。

影 壁

在黄松峪村的鼓楼北街，曾有一座影壁。如今影壁不在了，可关于影壁的故事还在流传。

自从黄松峪设立了都督衙门，官员已换好几个了。那时的都督权力很大，执掌着所有军政大权。前几任都督横征暴敛，克扣军饷，大肆搜刮民脂民膏，使得盗匪横行，民不聊生。

这年，朝廷又派来一个新都督。百姓们想，前几个都督都贪婪成性，新来的也不会好到哪儿去。谁知这个都督上任后，深入军营和百姓家，了解各方面情况。开始人们还有抵触情绪，慢慢觉得都督确是关心他们的疾苦，官民之间的隔阂也就慢慢消除了。

都督根据和将士、百姓了解的情况，先是提高了将士的待遇，足额发放粮饷，其结果是将士有了足额的军饷和优厚的待遇后，打击盗匪不遗余力，使黄松峪有了安定的环境。之后，都督又为百姓减免税赋，鼓励农桑，提倡开垦荒地，还在春节前开设了黄松峪集市，规定腊月二十一、二十六为集，便于黄松峪百姓置办年货，过好大年。

就这样，在都督的精心治理下，黄松峪的百姓丰衣足食，过着路不拾遗、夜不闭户的幸福生活。

都督尤其勤政爱民，与民同乐。不管谁家有事，他都会跟乡亲们一样去“随份子”。可作为都督，每天军政要务很多，就派人满街打听，生怕把谁家随份子的事错过了。

人心都是肉长的，将心比心，百姓们有点心疼都督了：大人不收礼不受贿，给大人提供点方便还是可以的。于是，人们约定俗成：以后谁家有喜事，都要让花轿到都督府前的影壁转三圈再抬回去拜堂；白事，也要到影壁前转转再发丧。目的就是让都督大人省点心力，知道谁家有事。

这就是影壁转转的来历。据说历史上确有其事。影壁虽说早已不在了，可黄松峪仍延续着腊月二十一、二十六为集的习俗，就为纪念这位为官一任、造福一方的好官。直到20世纪40年代末50年代初，这集才取消。

前三个传说，收录在胡永连老师所编的《平谷民间文学集成》一书中。第四个传说，黄松峪乡文化干部潘军整理。这些传说不仅较为生动有趣，而且具有一定的民俗、文化、艺术价值，以及一定的思想、文物与地理等价值。

编入本书时，作者又进行了适当整理。

辑 录

这里将黄松峪地区重要但又难以列入相关内容的如修建黄关路、土谷子知青等，记述简略的相关内容的研究与考证如黄松峪出土的铜炮、崖棚莲花与题字等，予以辑录，以保存、丰富和完善黄松峪地区的历史文化，且便于读者深入了解与研究。

我心中的黄关路

刘 军

平谷区有一条闻名遐迩的山区公路，名曰黄关路。这条公路因其东起黄松峪乡原黄土梁村，西接镇罗营镇关上村而得名，又因其优美的路况和沿途迷人的风景而闻名。而黄关路蜿蜒曲折，起伏错落，犹如一条巨龙，盘旋于平谷东北部崇山峻岭中（图330）。如果你开车从黄土梁向关上进发，先是盘山而上，步步升高，穿过

图330 美哉，黄关路（王玉梅摄于2008年6月）

黄土梁隧道后又一路向下，步步趋缓。其中位于狗背岭根的一段路，因为沟窄坡陡，公路在此处不得不左拐右绕，徘徊往复，形成了一个九曲十八弯的壮丽景观。凡是经过此地的人，都会不由自主地在观景台处停车观赏，直到心满意足方肯继续上路。黄关路沿途的自然风光更是多姿多彩，令人目不暇接，好似一个绵延20多里的山水画廊，集中展示着燕山余脉独特的清秀壮观。而这个山水画廊一年四季不断变化，景色各有千秋，令人百看不厌。更值得称道的是，黄关路就像一串珍珠项链，把平谷东北部的飞龙谷、千佛崖、天云山、百帝宫、杨家台水库等旅游景区（点），包括梨树沟、玻璃台、张家台三个民宿专业村串联一起，成为一条名副其实的旅游通道。

我与黄关路有着特殊的感情和深厚的情怀。因为黄土梁是我的故乡，我生于斯，长于斯，骨子里流传着太多黄土梁的基因，铭刻着太多儿时的记忆。记得20世纪七八十年代，因为这里交通不便，生活艰难，很多人纷纷投亲靠友，搬迁到了平原村，我就是1983年搬离这里的。最后这个村剩下那些户，于1993年被本乡黑豆峪村接收，从此黄土梁村不复存在。虽然搬迁是自觉自愿的行为，但是失去家园，甚至连熟悉的村名也要消失灭迹，不免让黄土梁人心里很不是滋味。黄关路的建成，尤其是黄关路及黄土梁隧道的命名，为黄土梁人保留了一些标识，也减少了些许遗憾。作为黄土梁人，我为黄关路感到无比自豪（图331）！

图331　2003年7月，常务副区长刘军踏察黄关路线路

每次行进在黄关路

上，我就会情不自禁地想起小时候交通不便的艰辛。我的姥姥家在镇罗营镇东牛角峪村，与我家虽然只一山之隔，直线距离不过10多公里，但是隔的不是寻常之山，而是平谷的次高峰四座楼山。那时还没有公路，去姥姥家只能走崎岖的山间小路，五六十里的路途要走将近一天时间。在我还不懂事的时候，每次都是大人背着或者用驴驮着我去姥姥家。等我上了中学之后，父母就允许我一个人，或者带着弟弟妹妹去姥姥家了。一般都是早晨喝一肚子稀粥后，背着上马子开始启程，一直走到太阳上了多半截山方能到达，一路上又饥又渴又累，对一个十几岁的孩子而言，是何等的不易！但是说句实话，即使这般辛苦，也还是十分乐意去，因为姥姥家比我们家粮食充裕一些，能吃饱饭。那个时候，每次走在去姥姥家的路上，我就想，什么时候能把这羊肠小路修成宽敞的大马路就好了。同时还幻想着等公路修好了，把东直门至关上的公交车延伸到黄土梁，让黄土梁人也能享受从家门口坐公交车去逛北京城的便利。现在我的梦想终于实现了，黄关路修通了，村村通公交也早就成了现实。抚今追昔，不禁感慨万千，黄关路让我增添了无尽的幸福感！

图332　2004年2月，区公路分局局长刘长革与市公路局领导冒雪检查黄关路施工情况

令我感到特别庆幸的是，我在担任平谷区常务副区长并分管区公路分局期间，我和时任区公路分局局长的刘长革同志（图332）共同促成了黄关路的立项和

开工建设。在研究《平谷区2000—2020年公路建设规划》过程中，我和长革同志一致认识到了黄关路对平谷区旅游业发展的潜在重要性，从那时起我们就多次到市公路局争取，希望黄关路能早日上马。但是客观地说，这个工程在全市公路建设的全局中并不那么举足轻重，所以一时难以立项。记得2001年下半年的一天，我和长革同志又一次来到市公路局局长项连方同志的办公室，进一步申述修建黄关路的理由，我们介绍说：从黄松峪乡黄土梁村到镇罗营镇关上村，距离不过五六公里。因为不通公路，两地往来需要绕行县城70多公里方能到达，相当于从平谷县城到市区东直门的距离，两地百姓苦不堪言，意见很大。同时我们还给项局长描绘了玻璃台这边的姑娘要嫁到黄土梁那边，需要用大绳子系在腰间，从山顶系到山下才能娶到夫家的模拟场景。听了我们的讲述，项局长既感到惊讶，又有点疑惑，但想必还是受到了触动。在当年下半年项目调整时项局长亲自拍板，终于将黄关路列入了市公路局建设计划。

现在回想起来，我在区政府分管区公路分局的5年里，先后主持了顺平路（平谷段）拓宽、密三路改扩建、新平蓟路建设等一批公路建设，说句心里话，黄关路的建成让我最有成就感！

图333　黄关路建设中（摄于2002年12月）

规划设计方案显示，黄关路全长10.69公里，设计标准为山岭重丘四级路，即路基宽6.5米，路面宽3.5米，两侧路肩宽各1.5米。该工程于2002年1月开工（图333），因施工难度大，加之资金紧张，工程分四期实施，用了5年时间，直到2006年10月才全部竣工（图334）。

图334　2006年10月16日，黄关路新建工程竣工通车仪式（摄于2006年10月）

黄关路工程并不浩大，设计标准也不高，但在平谷区公路建设史上却非同一般，创造了几个第一。一是第一次较好地落实了环境保护的理念，做到尽可能少破坏山体和植被，尽可能多垒坝护坡防止水土流失，采取绕行或者局部加宽等措施，尽可能保护名木古树等等。例如黄土梁三队有两棵大栗子树正好在路中央，要是以往修路肯定是毫不犹豫把它砍伐掉，而这次在此处做了两侧加宽处理，既保护了树木，又不影响车辆通行（图335）。至今这两棵大栗子树还完好地屹立在那里，已经成为这条路上一处独特的景观，见证着黄关路的设计者和建设者们对环境保护理念的坚守。二是第一次对环境景观进行了设计和建

图335　保护下来的黄关路中间的两棵栗子树（摄于2010年7月）

设。比如在九曲十八弯处建设了观景台和停车场，在黄土梁二队泉水处建设了御井泉景观。此外，为了绿化美化环境还对路边裸露的山体及时进行植被修复，大量栽植了爬山虎、火炬树、黄栌、五角枫、花灌木等，从而使这条路成了游人春季赏花、秋季看红叶的绝佳路线。三是第一次在公路建设中引入文化元素，在景观建设的基础上增加了文化内涵。或竖立碑石，或利用自然山石，在黄关路两边镌刻了十几处石刻，代表性标志是九曲十八弯等（图336），请一批京城书法家及区内王友谊等书法家题写。四是第一次构筑公路隧道——黄土梁隧道，这既是为了通行顺畅和便捷，又是尽量少破坏山体和植被的考虑（图337）。

图336　黄关路“九曲十八弯”刻石。路修好后，常务副区长王春辉找到作者，谈及刻石事，作者当时在文化委任副主任，带人沿路刻了十几处刻石（摄于2006年10月）

图337　黄关路隧道（摄于2010年6月）

黄关路建成通车已经17个年头了，它的意义是显而易见的。它结束了距离县城最远的黄松峪乡和镇罗营镇之间不通公路的历史，方便了大山里的百姓出行。它给这里带来了人流、物流和信息流，让这里有了生机和希望。它还促进了北部山区旅游景点的开发和旅游业的兴旺，让祖祖辈辈生活在大山里的人们从土里刨食改为吃旅游饭，从此走上致富之路。

自打黄关路建成通车以来，我作为一个住在县城的人，可能是走黄关路最多的。一来是因为对故乡的眷恋，每年都少不了要若干次回黄土梁看看。二来是在职期间，不管是因公还是因私，只要有机会到黄松峪乡或镇罗营镇，一定要绕道走黄关路回县城，为的是让自己在路上回忆一下小时候走着羊肠小道去姥姥家的艰辛，感受一下如今行驶在黄关路上的畅快和车窗外令人心旷神怡的美景，在这跨时空的对比中给自己找到满满的幸福与慰藉。随着年龄的增长，特别是退出工作岗位之后，去黄松峪和镇罗营的机会渐渐地少了，走黄关路的机会自然也就少了。但是不知道从什么时候开始，黄关路悄悄地进入了我的梦乡，现在经常会在梦境中享受走黄关路的惬意。我知道这是黄关路入了我的心了，这辈子我与黄关路再也不能分开了。

我所经历的黄松峪的教育

张 兴

1955年1月，我生于黄土梁村。1972年1月高中毕业后，任村小学队派老师。1973年2月，任黑豆峪中学协议老师。1974年4月，进入平谷师范学习。1976年1月师范毕业后，到塔洼中学任教。其间，参加北京师范大学中文系函授学习，获得大专文凭。

1984年8月，任塔洼中学临时负责人，主持全面工作。几年里，我注重抓好教学质量，使个不起眼的村办中学在全县创下优异成绩。教学中我注意总结规律，如教语文作文时，我用一题多做法，让孩子注重练好写人、写事及夹叙夹议的三类文体写作，掌握写作方法，而不是局限于只就某一篇、某一件事的写作。1988年，因成绩突出，我被评为北京市劳动模范。1989年，被教育部、人事部、全国总工会评为全国先

图338 张兴在获得市级劳模及全国教育先进工作者时戴着奖章留影

进教育工作者。当时塔洼中学有17个职工，就有两人评为全国先进教育工作者(图338)。

黄松峪乡虽然不大，可当时竟有3所中学，我所在的塔洼中学，是乡北五村的联办中学。还有黑豆峪中学，也属于村办中学。另一所是黄松峪中学，属于社办中学。1990年8月，根据县教育局的规划，将3所中学合并为黄松峪中学，大概有10多个班、70名教师。而1990年暑假中考，黄松峪中学在全县32所中学里，排名第28，倒数第五。就在这时，我被教育局临危受命任命为黄松峪中学校长。

在合并的第一次大会上，我提出在全县32所中学“保三争一”的奋斗目标，没有人认为这个目标能够实现，但我信心十足。当时对全校师生我提出了“五个精神”，即艰苦条件下的艰苦奋斗精神，逆境中争创第一的精神，教师爱生如子的无私奉献精神，社会学校家长的共建精神，天下教育资源为我所用的资源共享精神，被称为“黄松峪精神”。对教师实行严格的目标责任制管理，对学生实行严格的军事化管理。经过全校师生员工共同努力，学校面貌发生巨大变化。到1991年中考，初三三个班的平均分、合格率、优秀率，在全县32所中学中，一举跃居第一。

我在黄松峪中学干了不到两年，1992年2月，组织调我到镇罗营乡任经济联合公司总经理、乡党委书记，山区租赁荒地成为全国典型。1997年7月任成教局局长，2001年11月任文化委主任、书记，直至退休。

我虽然离开了黄松峪中学，但我提出的“黄松峪精神”和主要的管理方法被延续下来，在2004年至2005年学校人数达到高峰，很多外区县甚至京城的孩子都转到这里读书，使学生达2700多人，其中外埠转入率达80%以上。黄松峪中学可以说是一飞冲天，影响到全县，甚至影响到北京市，成为平谷一张向外展示的名片，是全市山区教育的典范。

柴福善 整理

大山顶上知青点的故事

许贵斌

知青，是一个带有时代烙印的名字，是一个前无古人后无来者的名字，也许中国只有我们这代人能够体会到这两个字的深刻含义，因为这两个字浸满了我们青春的热血。

而提起知青，大多数人都会想起当年在陕北、黑龙江、内蒙古、云南等地插队和兵团的知青，而很少会想到在北京郊区也曾有过37万插队知青，其付出同样不可被遗忘。

插队山村土谷子

1973年底，我从北京第七十四中学高中二班毕业了。这届毕业生是北京市自“文革”开始连续5年停办高中后毕业的第一批高中生，原本是准备直接参加高考的。所以，我们在读高中期间学习热情非常高。但就在我们就要高中毕业的前夕，全国大学招考工农兵学员时突然冒出个“白卷英雄”张铁生，在当时的境况下，各大学只能继续在工农兵里招收免试学生，致使我们失去了直接报考大学的机会。高中毕业后，同学们响应党的号召，服从组织安排，走上了上山下乡接受贫下中农再教育的

图339 土谷子村书记计泉讲村史

插队道路（图339）。

1974年4月23日，学校在大门口为毕业同学举行了奔赴农村插队的欢送仪式。虽然我们从热闹繁华的大城市马上就要到条件艰苦的农村去生活劳动，但同学们毫不犹豫地登上挂满“扎根农村一辈子”红色标语的大客车，兴高采烈地向老师和家长们挥手告别，送行的家长中没有悲伤离别的表情和难舍难分的场面。我们年龄大的也就18岁，小点儿的初中同学有的还不到16岁，严格说来还是一群面对外面的世界懵懵懂懂的孩子，可那时我们是心甘情愿的，哪里都敢去！

知青们从学校乘大巴车一直向东，到了平谷县。再向东北，就到了黄松峪人民公社，我们被分配到土谷子大队。插队落户的同学中，除我和岳勇作为先遣，从土谷子东南侧一条叫桃木峡的山谷爬上土谷子，其他同学便转乘公社专程送知青的手扶拖拉机和北京130小货车，从土谷子西南侧山下的北寨村，沿着208公路上了土谷子山。这是条简易的砂石盘山战备公路，从山下的平原地区由南向北，通向山里一个叫四座楼的微波通讯站，中途经过土谷子村西口。那时村里的手扶拖拉机也只能沿着208公路开到村西口，村里都是羊肠小道，村里的运输主要靠牲口驮运或村民的肩挑人扛。

130和手扶拖拉机拉着知青及行李，发动机吐着一股股青烟一路上坡，大约跑了20公里的路程。正是春暖花开的时候，同学们坐在车上，虽然不是很舒服，可视野极好，看到漫山遍野红色、白色、粉色的花朵，远处层层叠叠高山、朵朵白云，就像一幅壮美的山水画。尽管一路颠簸，可同学们没有一点累的感觉，只是欢天喜地说笑。

经过3个多小时的路途，我们七十四中的20名学生，终于到了土谷子，成为土谷子村第一批插队的知青。其中，高中一班3名男生、5名女生；高中二班3名男生、6名女生；初中班3名男生。我们的家都在北京东城区，我18岁年龄最大，岳勇15岁年龄最小。村支部书记计泉、生产队长王永带着村里的干部社员，在村口热情地迎接我们。

土谷子村散落在南北狭长的山顶上，北边是一队，南边是二队，我们就被分在了南北两个生产队。一队，12名知青，是原高中二班和初中的同学（图340，图341）；二队，8名知青，是原高中一班的同学（图342，图343）。

图340　土谷子村一队部分知青

图341　土谷子村一队知青宿舍，李永才老主任记得共10间，分两次盖的，东边一棵梨树前边的石墙等都是后来垒的（摄于2023年1月）

图342　土谷子村二队部分知青

图343　土谷子村二队知青宿舍旧址

大家临时分散居住在老乡家里。我们一队的6个男生，一起住进老乡西屋的一条大土炕上，过上了集体生活，队里还安排了大叔贾启桐教我们做饭。如果没有贾大叔，我们还真不知道如何用这大柴锅把饭做熟。

继1974年第一批知青插队落户后，土谷子村连续5年接收了5批共63名下乡知青。除了毕业于北京七十四中的同学外，还有不畏艰苦自愿报名申请到土谷子插队的北京二中姬素兰同学，北京五中门嘉林同学、张威同学、郭跃进同学，为建设贫困山村，献出了青春，磨炼了意志，锻炼了自我。

土谷子村情

土谷子立庄也就百十来年。知青进村前只有53户，244人。不像平原上的村庄户户相连，街巷纵横。这里的房子散落在四五里狭长的山上，平时几乎看不见人走动，那时农村政策又不许老百姓养鸡狗等家畜。所以，山上便静悄悄的，不注意还真不知道这里是个村庄。

土谷子人口不多，可占地不小，山场总面积达6000多亩，农田只有280亩，还都是沟壑里东一小块西一小块靠天吃饭的梯田旱地，主要农作物是玉米和小部分核桃、板栗、红肖梨、山楂等山货。

小村最大的问题是没有水源，老乡们在山上挖石坑蓄雨水，也就够村民的生活和队里的牲畜用水，每当旱季水坑干了还要到山下赶着驴驮水。

那时村里太穷困了，一个壮劳力苦干一年，到年终结算时收入还不到30元钱。

交通也是个大问题，到公社开会，或外面买点东西，来回至少要花一天的工夫。村里是不通公共汽车的，想去趟平谷县城那就更麻烦了，要步行近3个小时，从桃木峡走小路下山，到黄松峪公社乘车，或沿着208公路走近10公里的盘山公路到北寨村，才能见到一天只有两班的公

图344 土谷子大队部分干部和知青，左起公社团委书记贾若飞、二队队长徐洪祥、谢劲红、许贵斌、村党支部书记计泉、岳勇、生产队长王永、甄秀荣、一队队长卢洪旺、李晓芳

共汽车，当然还不一定能正好赶上车（图344）。

由于土谷子自然条件差，20世纪90年代，市政府出台“下山入川”等相关政策，引导山区基础设施不完善的小山村整建制地搬迁到平原条件较好的村庄，原有的集体财产全部归接收村所有。土谷子村便在1992年春，整体搬出了大山，迁到了位居平原的王辛庄镇中罗庄村。这是后话了。

第一天劳动

我们来后，休整了两天。村书记计泉和队长王永向我们介绍了土谷子的情况，带着我们走遍了土谷子的山场。刚进大山，看什么都感觉新鲜，这里的一切都和我们从小生长的城市不一样。很多同学在家连活猪都没见过，更别提分清楚什么是骡、马、驴了。我们就在好奇中，过上了山民的生活。

记得第一次下地干活是锄地。一大早，我们在一队队长卢洪旺的带领下，每人肩上扛着一把崭新的锄头，一个个就像战士要奔赴战场，挺着胸抬着头迈着大步，精神抖擞地迎着霞光，紧跟在队长后面，走向干活的地头。

一天很快过去了，到日落西山下工回来时，一个个浑身是土，满手血泡，你搀我扶，晃晃悠悠，拖着锄头，简直和败兵没什么两样。特别是女同学，进屋连鞋都没脱，就把自己摔在炕上一动不动了。那天留守在家陪贾大叔做饭打下手的，是知青诗人靳忠良同学，晚饭做好后，到女生宿舍看到疲倦不堪倒在炕上的女同学，都没忍心叫醒她们，还帮她们把满是泥土的鞋脱下来，默默走出房间。

图345　土谷子知青和乡亲们

第二天早上，我们起来，似乎忘了昨天的劳累，又重新振作精神，投入到新的一天（图345）！

1975年4月1日，土谷子又接收了第二批知青，他们是七十四中75届高二（2）班的6名同学和10名初中毕业生。其中9名到一队落户，7名到二队落户。有前一届老知青在山村打下的基础，新知青在心理上信心十足，但在身体上只能从零开始接受劳动锻炼。二队的第二批知青上山的第一天就受到了老知青的热情欢迎，吃了一顿香喷喷的铁锅炖猪头，心里还想着山上知青的伙食还不错。后来才知道那是老知青特意准备的，平时一个月都不一定能吃上一次肉。

二队的第二批知青经过大队组织的教育活动和休整后，就在二队副队长周旺的带领下开始了第一次生产劳动——耧地，任务是把山坡地、梯田里的大小石块从地里耧到地边。队里发给大家的农具就是用山上的桲椤木打造的九齿木耙，这木耙是村里唯一的木匠也是新知青男生的房东于全水大伯，为新知青量身打造的新家伙。由于木耙是临时打造的，又湿又沉，耙杆十分粗糙，只耧了一天，同学们的手上就打满了血泡。但大家没一个喊疼、喊累的，第二天扛着耙子照常来到地头。周旺看到新耙杆实在太磨手，就教大家用石头把耙杆尽量磨光一些。经过近一个月的耧地，崭新的九齿木耙被大家用得豁牙缺齿。几经维修，耙杆也光亮了许多，大家手上也血泡摞血泡地慢慢磨出了老茧，这些城里的孩子经受住了上山后的第一场考验。

跌落马背

我们在土谷子插队落户后，大家推荐年龄最小的岳勇同学担任了知青伙食管理员。这活可不轻松，一个人要做20个知青的饭，除了确保大家一天三顿按时开饭，还要记清知青集体的每一笔账。另外，要保证知青的后勤供应。知青下乡的第一年口粮，由国家定量供应。所以，每个月都要一个人赶着两匹马经桃木峡（图346）

图346　通往黄松峪的路桃木峡

下山，走大约20里到公社粮站采购粮食，然后再赶着驮着四五百斤重粮食的马，爬上桃木峡返回土谷子村。说他是知青，实际上也就是个15岁的半大男孩。

桃木峡不是一条正儿八经的路，就是一条放羊人踩出的陡峭的羊肠小路，路两边是悬崖峭壁。当地老乡有句顺口溜，说桃木峡：头顶一线天，脚下乱石滚。上山一身汗，下山腿打战。从黄松峪水库旁的刁窝村西边，弯弯曲曲地向上盘旋着，一直通到山顶的土谷子村东南口。峡谷长约4里，从水库到土谷子海拔高差约300米，小路平均有45度的坡度，最陡的地方得手脚并用。正常情况下，至少要用两个小时。

图347　岳勇

岳勇（图347）每次赶着马下山购粮，几乎都要天黑以后才回来。有时牲口不听话，怎么赶都不动窝儿，和它急也没用，那真得摸着黑，回来就更晚了。一个人两匹马深更半夜，沿着山林中的小路走着，路上看不见一丝光亮。有一次，因过于疲惫不小心还从马背上掉下来，摔个鼻青脸肿。从那以后，老乡们怕再摔着他，就给他指了一条好走点的路，距离却远了很多，回来也就更晚了。

岳勇是个初中毕业的同学，对会计记账几乎一窍不通。公社驻村干部团委书记贾若飞，手把手教他两个晚上，他终于学会了记账方法，成为一名优秀的知青伙食管理员。

门板救知青

熊新同学是个身材纤细的南方姑娘，性格却很倔强，有着从不认输的精神。那是8月初的一天上午，大家正在山上植树造林，熊新感觉头晕，大家劝她回去休息，可她一直坚持干到了下午。大概是实在太难受了，才由王虹同学搀扶着回到宿舍。

收工回来，发现熊新病情加重，体温高达40度，把大家都吓坏了。赶快找来队里的赤脚医生贾怀庆给她打了退烧针，这才稍微降了点温而昏睡过去，大家一直陪到深夜才敢回去睡觉。

第二天早上，熊新继续高烧，呕吐、腹泻不止，面色苍白，四肢冰凉，直至身体抽搐产生休克，失去了知觉。人命关天，更何况是个远离父母的女知青。情况危急，生产队立即决定在最短时间内，送熊新同学下山，到公社卫生院进行抢救！

说是在最短时间内送去抢救，可当时从土谷子一队知青点到黄松峪公社卫生院，以最快的步行方式下山，中间要穿过陡峭的桃木峡，总共要走近10公里的路程，并且多半是崎岖山路。如果再抬上病人，顺利的话至少也要花4个小时才能到达。

村里没有担架，老乡不知从谁家门上卸块门板做担架，把熊新用被子包裹起来放门板上就出发了。我们一行7人，我和卢洪明、贾树林等4个老乡每次4个人抬，轮换着，女知青王虹跟随着照顾熊新。

熊新一直处于昏迷状态，根本不知道自己怎么下的山。平日我们空着手走桃木峡都感觉很累，这次就更不容易了。陡峭的山间小路，碎石在脚下滚动着，一步一滑，生怕滑倒连累了其他人，更怕把担架上昏迷的熊新摔出去。由于桃木峡一直是下坡路，而且坡度至少有45度，4个人抬着必须不停地调整担架前后高度，特别是前面两人要时不时地把担架举过头顶，以保持担架平衡。为了加快速度，我们抬着担架，在乱石中像山羊一样紧张地跳跃着往山下蹿。人到了高度紧张的时候也就忘了劳累，一路上我们也没有停下来喘口气喝口水，终于在中午前赶到了公社卫生站，把熊新交给医生，才松了口气。此时我浑身上下都被汗水湿透了，只顾蹲在地上喘气，可抬担架的老乡们却默默离开了，仿佛做了一件很平常的事。

熊新住进卫生院，经医生仔细检查，确诊是得了中毒性痢疾。这病是会致命的，亏了抢救及时。熊新昏迷了三天，陪同护理的王虹坐她床边守了三天，直到熊新苏醒过来。

厨房火灾

插队的第二年，我们在老乡的指导下，用政府发放的安置费亲手盖起了红砖瓦房的知青宿舍，我们终于有了自己的家。男知青在搬进宿舍前，住在王永生产队长家里。大家高高兴兴地从火炕上的大通铺搬进了新家，从此过上了知青独立自主的生活。

知青宿舍坐落在土谷子最北边的山坡上，坡下就是一道深沟，坐北朝南，视野开阔。有6个房间是知青的宿舍，最东边是个烧柴灶的厨房。所有屋子的窗户上都没有玻璃，窗户贴着窗纸。新宿舍离生活用水的蓄水池不到100米，虽说池里游着小蝌蚪，漂着驴粪蛋，但只要天不旱，池里就会有水。我们从池里挑水，倒进大缸里，放些明矾把泥土沉淀一下，水就清澈了，还常看到小蝌蚪在缸里游。每个房间住三个人，全部家具是一个没有抽屉的小木头桌，三张长木凳支起的木板床。

搬进新房后，我们自己烧火做饭了。每天留个知青在家负责做饭，一周轮换一次。大家做饭的水平也不一样，我印象里李新田同学厨艺比较好，水平稍差些的可能是张德旗了。因为一次轮到张德旗同学做大厨，也不知道他是不知道怎么做饭还是图省事儿，蒸了满满一大柴锅白薯，害得我们天天白薯就咸菜，一个星期才吃完，吃得我吐酸水儿。

一天天还没亮，我在床上朦朦胧胧听到有人使劲喊我的名字，一开始还以为是在梦中，再仔细一听确实有人在屋外喊我："许贵斌！许贵斌快出来呀！"我一下子从床上跳下来，推开屋门就看到周连贵同学正跳着脚儿地指着厨房大喊："着火啦！着火啦！"周连贵是初中毕业后第二批到土谷子插队的知青，身体健壮，性格直爽，遇事好像比谁都着急。

我往厨房一看，黑色的浓烟夹杂着火星噼里啪啦地响着从厨房门里冒出来。我冲进厨房，黑乎乎的什么也看不见，四周都是烟，满地是火，灶边的一大堆秸秆都引着了，火苗正蹿上房梁。我一看这情况就急了，抓个大水瓢从缸里舀水灭火，同时让周连贵把所有知青都叫出来灭火。因为早上缸里没多少水，用瓢舀了两下就空了，只好脱下上衣拼命抽打，可根本没用，反而火势越烧越大。大冬天的，一旦整座房子烧掉，知青们可就受罪了。

就在这时，厨房门外突然泼进来一盆盆水，明火一会儿就被熄灭冒起了白烟，我在厨房里也被泼了一身水。也不知道这水是洗什么用的，或许是还没来得及倒掉的脏水。火扑灭了，我灰头土脸地走出厨房，看到女知青们站在门外，手里拎着空脸盆冲着我笑。不过我还是挺开心的。

事后我问周连贵："你大早上在厨房是做饭还是放火呀？怎么火没在灶里面着，倒把灶外面的柴火都给点着了？"他说，这是第一次烧柴灶，怎么也点不着。就想在灶外面点着了再放进灶膛里，可没想到差点把房子都点了。经过这次事故，知青们的防火意识提高很多。

老鼠取暖

自从厨房着火后，就没再出现过火灾，可小的火灾隐患却时有发生。

1975年冬天特别冷，山区的温度更是比山下平原要低10多度，孤零零地立在土谷子北坡上的知青宿舍，经受着寒风的考验。每间宿舍里都

图348　李连荣

有一个小煤球炉取暖，煤是国家按照指标供应给知青的，但还是无法完全抵御从门窗缝隙钻进来的刺骨寒风。此时，我们特别想念老乡家里那温暖的大火炕。

女知青李连荣（图348），是第二批上山的初中毕业生，也是女生里年龄最小的，她个子不高，瘦瘦的，快言快语，每天脸上总是挂着无忧无虑的笑容。一天早上起床后，李连荣掀开被子整理床铺时，突然惊恐地喊叫起来。同屋知青过去一看，只见5个粉色的小肉球正在被子里蠕动。听到乱哄哄的喊叫声，我急忙过去察看。她们指着那几个小肉球问：这是什么东西呀？还在动。我仔细一看，原来是5只刚出生的小幼鼠。

这就奇怪了，老鼠怎么跑到人被窝里生小崽来了？我开玩笑地问李连荣："告诉我你是怎么把它们孵出来的？"李连荣急忙说："我也不知道是怎么回事。"接着又说，昨天晚上屋里太冷了，睡觉时就把亮着的灯泡塞进了脚下边的被窝里取暖。结果早上起床后拉出灯泡，掀开被窝，就看到这些小东西了。这下把我惊着了，指着灯泡对李连荣说："亏了这灯泡度数不高，否则就不是老鼠找暖和地方生小崽儿的问题了，没准儿就把被子烤着，连你带这窝小老鼠一起烧了！"

山洪险情

黄松峪水库北头滩地，是土谷子老乡和知青到公社办事来回的必经之路。桃木峡谷口，就在水库北头的西坡上。坡上有块大石头，每次到那里我们都要坐在石头上，歇息片刻再继续赶路。

这天，我（图349）在公社开完知青工作会往回走，准备天黑前赶回去。因山上的知青好几天没吃到新鲜蔬菜了，就顺便在公社菜站买了个近20斤的大冬瓜，扛在肩上往回赶。

图349 许贵斌

正要穿过水库北头的乱石滩时，突然天色黑沉下来，接着就听到远处的山上响起了滚滚雷声。肯定是要下大雨了，我就加快了穿过水库的速度。可没跑几步，突然感觉鞋湿了，接着就蹚起水了，差不多一分钟左右就听到哗哗水声，不一会儿水就没过了腰。我从来没遇到过这样的事，根本不知道这就是所谓的山洪。这时我正处在水库两岸中间的位置，大水顷刻就淹过了我的胸部，肩上的冬瓜也漂了起来，接着水就没过了头。多亏我是从小在武汉长江边上长大的孩子，会游泳，不怕水。我一只胳膊搂着大冬瓜，另一只胳膊奋力向对岸游去。那大冬瓜浮力还真大，否则我没准儿就让大水给吞没了。在水里折腾了有半小时，才爬上了对岸。

我浑身上下湿漉漉的，爬上桃木峡山口的大石头，气喘吁吁，没多一会儿，天就彻底黑了。身边没有一点声音，小风吹得身上凉飕飕的直打战。刚站起身准备往山上爬，头上就哗哗地下起了瓢泼大雨。这里前不着村后不着店，只能硬着头皮往山上爬了。雨越下越大，雨水顺着峡谷带着泥沙往下冲。大约两个多小时才爬到半山腰。独自一人在伸手不见五指的峡谷里，真的特别无助和瘆人。这时我开始感到头重脚轻腿发软，肩上的大冬瓜也越来越重。我只好抱着大冬瓜，连滚带爬地在大雨中继续向上走。感觉自己不是用两条腿直立行走的人了，像只受了重伤的大猩猩在陡坡上爬行。

爬着爬着雨慢慢地小了，也不知道深夜几点了，终于登上了土谷子桃木峡顶，这里到我们一队知青点宿舍还要翻过几道坡。我四肢发软，实在走不动了。暴雨后的一阵阵小凉风吹得我不停地打战，浑身上下透心凉。路上经过一个看场的小屋，就不管三七二十一扑了进去，屋里正在值班看场的知青李新田，突然看到一个满身是泥浑身是水，怀里还抱着个大冬瓜的人闯进门来，吓了一跳。我一头栽倒在炕上，对他说：实在走不动了，今晚就睡这儿了。

躺倒后我的头开始一阵阵剧烈地疼痛，像有个尖头大锥子插进脑袋里搅和。这地方深更半夜的，也没办法处理解决，只好咬紧牙关忍着一声没吭，不知道什么时候就昏睡过去了。等我醒来已经是第二天下午快天黑了，睁眼一看，小屋里只剩我一个人，李新田值完夜班早回知青点了。

现在回忆起这件事还觉得后怕，要是遇到山洪暴发，我就被冲进水库葬身库底喂鱼虾了。

误食毒根

1975年第二批知识青年到土谷子插队落户后，小山村的知青已增加到36名，致使土谷子大队人口突增，加重了用水负担。为缓解土谷子山上缺水问题，知青和老乡们开始在山上修建蓄水水库。小水库修建了两个，先建的水库在一队知青宿舍坡下的沟里，后来建的大一些的在离大队不远的沟里。

入秋不久，我们开始挖掘第二个水库大坝的地基。首先要除去上面的土层，直到见着整块没有缝隙的山石为止。干活的有20多人，大多是知青。干到中午时，我正抡着大镐刨地表土层，突然从土里刨出个像芋头一样的球状根茎。平日里在地里干活，我们也能挖到些野菜和可以吃的根茎野生植物。这回也没在意，以为是野生的芋头，在衣服上蹭了几下放嘴里就咬了下去。还没等我再嚼第二下，嘴就突然动不了了，接着就感觉舌头僵硬，嘴唇麻木。我赶忙用手把那东西从嘴里抠了出来，这时感到整个口腔刺痛难忍，心想这下完了，中毒了！我扔下镐，捂着嘴忍着痛，以最快的速度向坡上的大队卫生室跑去。

大队卫生室里，是知青赤脚医生甄秀荣值班。我一直张着嘴不能闭上，也说不出话，嘴里像被开水烫了一样的疼。甄秀荣举着手电仔细地检查了我的口腔后说："你嘴里怎么搞得都是血泡?"然后给我注射了消炎和止痛针。就这样我半张着嘴，天天只能喝稀粥，熬了一个多星期才把嘴闭上。

事后，和我们一起修水库的老乡告诉我："你吃的是山里长的野玉米，这东西毒性特别大，它长出来的小红玉米粒，如果乌鸦吃了马上就会从天上栽下来。亏了你没咽进肚子，否则命就没了，你命可真够大的!"

很多年后，我认真研究了这种植物，其学名叫天南星，俗称蛇玉米、蛇木芋。土谷子当地老乡都叫它野玉米。也是一种中药材，具有祛风定惊、化痰散结的功效。天南星整棵植物带剧毒，误食后会导致呼吸系统麻痹，严重的会致喉部水肿窒息，若不及时医治，会有生命危险。

从此以后，我是绝对长了教训，再不敢把不明不白的东西往嘴里放了。

青春的奉献

自从知青来到小山村土谷子插队落户后，山村面貌在一天天发生着变化，知青们也变得更成熟、更坚强，和乡亲们更贴心。老乡们越来越信任这群城里来的年轻人，知青们也越来越喜欢这里淳朴的乡亲们。在平谷县知青办、黄松峪公社党团委的支持下，在土谷子大队党支部的倾心培养以及乡亲们的信任下，土谷子知青逐步担任了大队的各项领导职务和专职工作：

图350 谢劲红

谢劲红 土谷子大队党支部副书记，兼二队知青点组长（图350）

许贵斌 土谷子大队民兵连长，兼一队知青点组长

胥晓静 土谷子大队铁姑娘突击队副队长，兼一队知青点副组长

杨春洁 土谷子大队一队第二任知青点组长

刘学英 土谷子大队一队第二任知青伙食管理员

图351 笑对人生——在土谷子时的郑维强

郑维强 土谷子大队二队政治队长，兼大队团支部副书记、二队第二任知青点组长（图351）

付美玲 土谷子大队团支部委员，兼二队第二任知青点副组长

孙克文 土谷子大队二队知青伙食管理员，兼二队现金管理员

卢 燕 蔡 军 刘新生 土谷子大队团支部委员

岳 勇 土谷子大队一队知青伙食管理员、饲养员、大队专职汽车司机

杨宝利 土谷子大队一队第二任知青伙食管理员

林建华 贾超英 土谷子林业队技术员

甄秀荣　于桂珍　土谷子大队赤脚医生

熊　新　土谷子大队科技组

王　虹　王志燕　土谷子大队第一任知青民办教师

胡便琴　肖艺梅　曹鸿泽　土谷子大队第二任知青民办教师

赵晓明　徐红娟　公社供销社土谷子大队代销点代销员

岳　娟　土谷子大队民办教师

修水库

我们插队的第二年，即1975年，正赶上“农业学大寨，普及大寨县”运动的高潮，大寨村党支部书记陈永贵担任了国务院副总理。党中央提出“大干社会主义，大搞农田基本建设，大搞农业机械化，实现高产稳产”的要求，土谷子也被卷进了这场运动中。知青和老乡们学习大寨精神，拼命地大干苦干起来！这时的土谷子大队，插队落户的知识青年已占全村劳动力总数的32%。在土谷子大队，只要是有人干活，肯定会有知青的身影，知青已和老乡们融为一体。

土谷子最大的问题是没有水源，完全靠天吃饭。土谷子养的毛驴，都配有专门的运水设备，两个巨大的水罐分别挂在驴背两侧，每年一到没有雨水的缺水季节，知青和老乡们就要赶着毛驴下山驮水。所以，解决水的问题是土谷子山村基本建设中的重中之重，根本办法就是修水库。

1975年，大队决定分别在一队和大队建设一个小水库。虽然是建小型水库，但对于一个小山村来说就不是个小工程了。这不像修建梯田用石头垒起坝墙挡住土就可以了，是要建个不漏水、不渗水的水坝，把水挡在沟谷里。当时土谷子总共建了两个小水库，先开工建设的水库是建在了一队知青宿舍坡下的山沟里，一队的知青全部投入到了水库建设中。为赶在汛期前完成水坝的建设，知青们夜以继日地和老乡在工地轮班上阵。工地上没有任何机械，一切全靠人工。替代水泥搅拌机的是猪场搅拌饲料用的一口大号柴锅，垒坝的石头是从周围山上一块块背到工地的，水泥是手扶拖拉机从山下沿208公路运到村口，再由知青们一袋袋背到工地。一袋水泥的标准重量是50公斤，对男同学来说问题不太大，但女生背上50公斤的水泥就要用上洪荒之力了。有的女同学本来身体就弱，她们有的还没一袋水泥重，像王虹、熊新等女生，但仍咬着牙背着水泥一步一步走向工地。

水坝设计20米长，1.5米宽，10米左右高。一天晚上，正当水坝马上要封顶的时候，下起了大雨，工地只好停工。第二天一早雨过天晴，大家急忙跑到水库工地上，只见山上下来的雨水已经把还没彻底完工的水坝灌满了。大家特别激动，第一次见到土谷子居然有这么多水。同学们正高兴的时候，突然有个老乡喊：大锅不见了。由于水库工地上没有平坦的地方，翻拌水泥浆料的大锅就安放在坝头的坡上了。大家分析情况后，一致认为大锅是被雨水冲进水库里了。怎么办？只有捞了。

缺水的土谷子村，没有一个老乡会游泳，知青中几个稍会游泳的男生水性也一般。正当大家一筹莫展时，我站起来说：我下去试试吧。大家怕我在水下拖不动那大铁锅，就用一条粗麻绳把我的腰捆上，一头由上面的人拉着，准备把我连人带锅一起拉上来。

水坝已经建了大约两层楼高了，山上刚冲下来的水很浑浊，根本看不到底，我深吸了一口气就一头扎进了黄黑色的水里。越往库底潜光线越暗，到了库底周围黑乎乎的，也就只能隐隐地看到伸出手的距离了。我用手扒着库底的石头慢慢向前摸索着，大约一分多钟还没找到，只好浮出水面换口气又潜了下去。这次很快就摸到了锅沿儿，用力拉了几下大锅纹丝不动，往锅里一摸有半锅的泥沙。只好按事先约定的信号，一手抓着大锅一手拉了两下绳子。上面的人比我往下潜水还利落，很快我就拽着大锅露出了水面，大家一通骚乱，把我连人带锅从水里一起拉了上来。

在知青和老乡们的奋斗下，土谷子山上的第一个小水库终于顺利落成了。参加修建水库的大多是知青，水库又建在知青宿舍下面，我们就把这个小水库叫“土谷子知青水库”。

图352 知青在石壶水库工地

入冬后，我们又和老乡们一起，在大队下面的沟谷石壶，开始了第二个更大水库的建设。

工程开始后，北京市东城区知青办为支援我们这个大山里环境艰苦的知青点，联系北京军区炮兵部队支援我们修建水库，从山下运送水泥和沙子到土谷子水库工地（图352）。解放军的翻斗大卡车，沿着我们新修的山村道路开进了土谷子。

有了路才有车，巧合的是就在这一年北京市知青办支援优秀知青点物资，奖励了土谷子知青点一部130汽车和一辆手扶拖拉机。由于山路不适合130汽车行驶，经过知青四处联系，用新的130中型货车从西安换回了一部八成新的解放牌卡车。从此土谷子村有了自己的大卡车。

知青岳勇同学经过学习驾驶技术，从专职饲养员成为土谷子历史上第一名专职汽车司机。

修公路

完成第一个水库的建设后，知青和乡亲们深深体会到，土谷子要搞好农业基本建设，就必须首先修好土谷子的路，让汽车、拖拉机开进山村。

初秋时节，我们开始了土谷子又一重大工程建设——开山筑路。

知青刚到土谷子时，山上只有一条小路，从一队208公路边的村西口，曲曲弯弯地翻过几道大坡，中间经过大队和小学校，最后通到二队的桃木峡谷口，全长四五里地，宽不到1米，只能人和牲口走来走去。

修路并不是把原来的山路拓宽就完事了，而是经过县公路局测绘设计后，要在山上建设一条能走汽车的路，必须要建至少3米宽的盘山路。从土谷子一队208公路边的村西北口到达位于二队桃木峡谷口的村东南口，车道全长约5公里。

在大山里修路可不像在平原那么简单，平原地区只要把路面垫平，基本上就可以跑车了。山里的车道不是一条直线，必须顺着山势沿山盘旋上下，大多地段都是斜坡，甚至要开山炸石。

筑路工程开始后，知青和老乡一样，每天天不亮就出发去工地，天黑才回知青点。知青们学会了打炮眼、抡大锤、扶钎子，20多斤重的大锤震得手指都伸不了，握大锤的手上满是血泡。

土谷子劳动力少，又赶上学大寨运动大搞农田基本建设，活多得几乎干不完。那些年时不时地就来场夜战，修水库要夜战抢在汛期前，修路要夜战抢在山地上冻前，不知道为什么甚至挖猪圈也要挑灯夜战，打谷场抢收粮食就更要夜战了。隔三岔五的就是一场夜战，一个夜战周期就是10多天，每天都要干到夜里10点多才收工，土谷子知青对夜战已经习以为常。那些年，我们真的很累、很辛苦！

图353　知青和乡亲们共同修建的土谷子山村道路

经过一个多月的筑路大战，道路终于在入冬前修通了（图353）！

徒步归来

知青落户土谷子前，这里是个非常平静的小山村，老乡们只能听到公社小喇叭播放的新闻和文艺节目，从来没有亲眼见过现场表演。知青进村不久，就决定让具有才艺的同学充分发挥，利用节假日为乡亲们表演节目，活跃小山村的气氛。当时土谷子没有任何乐器，为了给乡亲们表演节目，李新田同学受大家委托，回北京采购乐器。

李新田同学是第一批插队土谷子的初中毕业知青，老北京小伙子，中等个头儿，身材较瘦，别看岁数不大，性格却比较沉稳，好学也善思考，爱好民间乐器如胡琴、月琴等。来到土谷子后，李新田是我们知青点中第一个独自下山回京办公事的知青。那时我们没有地图，更没有手机导航，谁也不知道怎么才能回到北京，也无从知道北京离我们知青点到底有多远。在这样信息完全模糊的情况下，一大早李新田同学就出发了。晚上收工时知青们陆续回到宿舍，仍然没见李新田回来，一直等到夜里还没见人影，大家有些担心了。问房东老乡去北京来回需要多长时间，老乡告诉我们：如果下山后和回来时都能赶上山下北寨汽车站到平谷县城来回一天两个班次的班车，还要换乘北京东直门长途汽车站到平谷县城汽车站来回的长途公共汽车，一天有可能回来，但是非常紧张。现在还没回来，就说明没赶上从县城回来的班车，那就要乘第二天早上回来的班车了，估计明天午后才能回来。我们这才放下心。

图354　李新田

第二天早上起来，我正收拾炕上的被褥，李新田（图354）突然出现在门口，身上背着大大小小的乐器微笑着走进屋。看到他回来，我吃惊地问：你怎么这时候就回来了？怎么回来的？李新田不慌不忙地从身上拿下那些新买的乐器，然后不当回事地说：走回来的。这下可把我吓了一跳，昨天房东告诉过我，县城离土谷子差不多有50里地！后来我才搞清楚，原来李新田昨天下午从北京买完东西就乘车回到平谷县城，真的没赶上从平谷县城回来的班车。为了争取能尽快回到知青点，他从县城沿途问路步行往土谷子赶。李新田也没想到要走一晚上才能回来，更没想到大约有1/3的路是要摸黑爬山走夜路。

这件事让我特别感动，一个刚刚16岁的孩子，为了早一些回到知青点，深更半夜独自一人，步行近50里摸黑爬上海拔600多米的大山。用了不到24小时的时间从土谷子到北京打个来回，在那时几乎是很难想象的事。到现在，我还能清楚记得他进门时那忘记疲倦的微笑。

展露才艺

土谷子知青不但特别能战斗能吃苦，而且还很有才艺。至今乡亲们还能回忆起每逢节日，在大队部的院子里欢乐喜庆的知青表演场面。如朱世文的男声独唱和山东快书、胥晓静的舞蹈、王虹的民歌独唱、陈瑞敏的女声独唱、李新田的月琴弹奏、郑维强的手风琴伴奏、蔡军的小提琴演奏和合唱指挥、靳忠良的诗歌朗诵、李京跃的连环画……

图355　王虹

一次联欢会上，王虹（图355）为大家演唱了一支不知从哪里学来的歌曲《新苫的房，雪白的墙》。那时我们正好也刚搬进自己盖的新宿舍，不免和这歌词产生了共鸣。这歌轻松活泼，朗朗上口，知青和老乡都特别喜欢：

新苫的房，雪白的墙，屋里挂着毛主席的像。

贫下中农瞧着您啊，心中升起红太阳。

我们欢呼，我们歌唱，

感谢伟大的毛主席呀，感谢伟大的共产党！

这歌似乎唱进了大家的心里，不久土谷子的老乡和知青好像都学会了，田间地头都能听到大家哼唱着干活儿，就连我这歌盲也学会了前几句，只是当时也没见过歌词，把“新苫的房”唱成了“新盖的房”，一直唱了几十年，才搞明白词儿唱错了。

不久，知青中的文艺天才朱世文同学又谱写了自创的《土谷子知青之歌》，“土谷山峦峰峰连涌，知识青年战斗在山顶。毛主席挥手我前进，像松柏挺拔在山顶。——”从此土谷子知青有了自己的歌，每个知青都会唱，大家自豪地把这歌从土谷子唱到了黄松峪公社，唱到了平谷县，唱到了北京市。

1976年7月，《北京日报》发表了靳忠良（图356）创作的歌词《我爱土谷山》：

我们大队山场辽阔，土地肥沃。

我们大队青山峻岭，满山花果。

男女社员斗志昂扬，劳动的歌声多么嘹亮。

啊，美丽的山乡，富饶的山乡。

我们爱土谷山。

图356　靳忠良

我们大队梯田层层，羊群满坡。

贫下中农改天换地，气壮山河。

劈山造田创高产，大寨红旗迎风飘。

啊，革命的山乡，光荣的山乡。

我们爱土谷山。

我们插队落户来到土谷山，困难吓不倒我们年轻的共青团员。

艰苦奋斗创大业，反修防修意志坚。

啊，改造山乡，建设山乡，我们战斗在土谷山。

为丰富土谷子大队的文化生活，林建华同学费尽周折从北京给土谷子买了一台“北京牌”14吋黑白电视机，那时电视机是凭票供应很难买到。电视机就放在大队的学校里，晚上土谷子的老乡们从山里四面八方来到学校看电视。不久，知青岳勇和贾超英又分别为一队和二队买来了电视机。当时，大山里有了电视机，这对大山里的土谷子村来说，是一个了不起的文化突破，知青为山里的乡亲们打开了一扇面向山外世界的窗口。

乡村教师

在大山里，有座土谷子小学，和普通小学的概念完全不一样。知青到土谷子插队落户前，由于土谷子人口少，仅有大约30名不同学龄的学生，只有两个当地教师，小学校几乎没法开设正规的小学各年级课程。学校根据学生的年龄情况只能设小学一、二、三、五年级，四年级因人数不够，没有设立。学生想再续读，就要到离村20多里地的山下塔洼中学编班住校读书。

1976年，黄松峪公社加大了对土谷子文化基础教育的重视力度，对

图357 民办教师王志燕

土谷子小学进行教育资质整改，为学校注入新鲜血液。公社给土谷子派出了有经验的青年教师接替了将退休的老教师，并起用了正在插队的知识青年参与农村文化基础教育。土谷子大队根据政策条件推荐选拔了王虹和王志燕（图357）两名女知青加入民办教师队伍，并给予民办教师资质待遇，随后又增加了知青胡便琴、肖艺梅、曹鸿泽、岳娟同学。

整改后，土谷子小学发生了令人瞩目的变化。由原来只有初小部的土谷子小学，变成了具有从小学一年级到初中一年级的土谷子学校，学生数量也增加到了40名，基本解决了孩子们上学的困难。土谷子大队对学校的建设给予了极大的支持，教室从过去的两间扩充到三间，扩展了操场面积，重修了篮球场地，还用石头垒砌了乒乓球台。

土谷子小学因为学生少，便采用复式班授课法，即一个教室安排两个年级的学生，教师同时上课。例如，一年级和二年级安排在同一个教室上课，老师讲一年级课时安排二年级的学生做作业。一个教师一天要教4个年级的课，判4个年级的作业，处理4个年级的教学问题。

知青教师对山村的儿童教育，投入了极大的积极性和热情。在土谷子的艰苦教学条件下，充分发挥着才智，把所具备的文化底蕴和掌握的文化知识奉献给了山里的孩子。老师们一身多职，除了教语文、数学基础课外，还在自然课中增加了土壤分析，在音乐课中增加了文艺排练、认识简谱，在体育课中增加了篮球比赛和乒乓球训练。过去，山里的孩子很少走出大山，知青担任教师后，学校常带着孩子下山参加公社教育系统的各种文艺会演、体育比赛，让山里的孩子走出了大山，见了世面。

知青进入学校不久，经过一段时间的教学实践后，土谷子学校的教学内容就从过去的识字、简单计算等低段位教育模式，提升为多学科、多内容具有合格资质的学校教育模式。

知青王虹和王志燕是土谷子学校第一批知青教师，她们爱山村，爱山里的孩子，带着孩子们一起勤工俭学上山打柴。孩子们将打来的柴送到供销社换回一二毛钱，再用这钱去买学习用具。王志燕经常义务为孩子们理发。一次有个孩子发烧落了课，王志燕晚上摸黑走了五六里山路，到家里去为孩子补课。

学校离知青宿舍有五六里山路，每天上完课、备完课再批改完作业后，天已很晚了。山里跟平原不一样，太阳只要落山就漆黑一片，只能听到植被的摇曳声，两个知青老师分别住在两个队的知青宿舍，周围黑黑的，有时候连月光都没有，仅凭着小路路面上的反光赶往宿舍。老乡们曾经传授给知青走夜路的技巧：黑的是泥，白的是路，亮的是水。记得有一次下大雪，晚上10点后才回宿舍，根本分不清是路还是雪了，王虹一脚踩空掉进了一个足有半米深的坑里。

虽然条件艰苦，但孩子们对知青老师特别亲，每天知青老师的讲台抽屉里，都能塞满孩子们从家里带来的山里的核桃、栗子、白薯干等孩子们认为是最好吃的食品。土谷子学校的校舍建在大队部，学生们住在土谷子方圆十几里的各个角落，上学要走半小时到一小时的山路，中午还要赶回家去吃饭。冬天教室里只有一个火炉，学生们自己劈柴，生火取暖。孩子们珍惜学习机会，从来没见他们迟到过。孩子们上课听讲认真，作业工整，字写得都整齐漂亮。记得三年级有个下放到土谷子的“右派”的孩子，因为父母工分挣得少，家境很穷，那个孩子衣服穿得很破旧，但学习成绩特别好，对人有礼貌。还有一个叫扣儿的男孩子，拔下自己穿的羊皮袄的羊毛，给老师作演节目的道具，这里的孩子心灵特别纯朴高洁。

当知青老师要返城的前一天，孩子们知道了都依依不舍。山里的孩子不太会说带有情感的语言，他们用清澈的眼神，不舍地望着临别的老师。二队有个姓周的女同学塞给王虹一张纸条，上面写着：王虹老师，你就要走了，我们舍不得你……感动得知青老师泪流不止。

除了土谷子的孩子们，山里那些朝夕相处的老乡也和我们知青情深义重。村里针线活做得最好的贾春华姐姐给王虹做了一件蓝色卡其布棉外衣，那时候干一年的工分也就挣几十块钱，他们不富裕，但把最好的东西送给知青。一个叫李秀英的大姐，亲手给王虹做了一双千层底儿的黑布鞋，还用彩色的花线做了一副带有图案的鞋垫，那双鞋垫是她一针一线缝制出来的，蕴含着千丝万缕的情谊。李秀华大姐正巧在山里打了一只山兔子，就做了一锅兔肉丸子，用玉米碾成的大楂子做成米饭，依依不舍地为王虹送行。每当想起这些往事，王虹感动得就要落泪。

土谷子的知青老师与山里的孩子们融为了一体，不是亲人，胜似亲人！

赤脚医生

赤脚医生，也许现在的年轻人听了会感到陌生，但在我们插队的那个年代，赤脚医生却是尽人皆知。这是“文革”中期出现的名词，是中国卫生医疗史上的一个特殊的产物，是在乡村中没有列入医生正式编制的非正式医生。

土谷子大队从我们第一批知青中选拔了两人担任赤脚医生，一队女知青甄秀荣和二队女知青于桂珍。她们被派到公社卫生院培训实习了一个月后，掌握了一些基本的医疗卫生知识，可以简单地处理治疗常见病后，就回到土谷子开始为乡亲们治病疗伤了。在大山里的乡亲们，一般生了病是不可能下山去公社卫生院或者县医院的，除了路途太远外，即使去了，也很难负担医疗费用。因此，山里的老乡们就特别敬重这些年轻的赤脚医生，把她们当作救命恩人。实际上，她们看病的诊疗设备就

图358　赤脚医生和孩子

是药箱里的几根银针、注射器、纱布、消炎药等常用药物和一本当时的《赤脚医生手册》。

在大山里当赤脚医生，白天除了给乡亲们治病，还要自己上山采药、制药以及和知青们一起参加劳动。土谷子的老乡家零零散散地分布在几平方公里的大山里，每到一家至少要走半小时甚至一个多小时的山路。尤其是夜里，不论多晚，什么天气，都要随叫随到，一刻不能耽误地去老乡家出诊（图358）。乡亲们把她们当亲人，她们也从没辜负乡亲们的期盼。

山里的晚上，只要看到山上晃过的手电光，就十有八九是甄秀荣或者于桂珍在出诊的山路上。她们都是18岁的城里姑娘，深更半夜一个人在大山里漆黑的小路上独自行走，要多大的勇气呀。现在回想起来，她们都佩服当初的自己。

1975年的冬天，《北京日报》对土谷子知青赤脚医生的事迹进行了报道，并登载了她们深入老乡家做农村常见病普查的照片。

奉献与收获

土谷子大队地处深山区，山高路陡，一直交通不便，水源短缺。自从知青插队落户到这儿后，在村党支部领导下，知青和乡亲们共同建设改造贫困山乡。我们顶烈日，战严寒，开荒造田，1975年粮食产量比1973年增产了42%，实现了粮食自给，摘掉了靠吃国家统销粮过日子的帽子；我们劈山炸石，修起了土谷子第一条公路，使偏僻的小山村

图359 知青们从山下挑水植树造林

从此也马达轰鸣；我们到土谷子插队的两年内，修建了两座小型水库，不但抗住了旱灾的危害，还结束了祖祖辈辈赶着毛驴翻越10里山路到山下驮水的历史；我们在荒山上种植了500多亩油松，绿化了两座山头一面坡，还栽种了700多棵果树（图359）。

土谷子在变化，知青在成长。这时的土谷子知青数已占了大队劳动力的1/3，成为改造山乡的主力。知青在大山里取得了成绩，《北京日报》等多次刊登报道土谷子知青艰苦奋斗、建设山乡的事迹。土谷子大队知识青年小组成为平谷县优秀知青点、北京市知青先进集体，多次受到北京市政府知青办公室的表彰和奖励。

我和岳勇、郑维强等知青在土谷子光荣加入了中国共产党。

我和谢劲红、甄秀荣、岳勇、郑维强、付美玲、蔡军、卢燕、刘新生、肖艺梅、姬斌、门加林、王一蓓、李凤兰、李京耀等多人多次被授予市级、县级、公社和大队先进知识青年、优秀共产党员、劳动模范、先进共青团员、模范民兵等荣誉称号。

李晓芳同学被党支部推荐保送进入清华大学深造。

知青返城

从1974年3月到1978年12月间，共5批63名同学，响应毛主席“知识青年到农村去，接受贫下中农再教育”的号召，来到土谷子大队插队落户。分别来自北京七十四中58人、北京二中1人、北京五中3人，还有1人为京外转插知青。

第一批20人

谢劲红（女） 许贵斌 胥晓静（女） 李小方（女） 甄秀荣（女） 王虹（女） 熊新（女） 赵晓明（女） 林建华 靳忠良 岳勇 李新田 于桂珍（女） 朱世文 李鹏亮 徐鸣雨 陈琰 刘小宜（女） 张德旗 吉晓雪（女）

第二批16人

郑维强 程瑞敏（女） 李连荣（女） 李连生 刘学英 翟和平 周连贵 张永祥 孙克文（女） 王志燕（女） 张秀云（女） 朱星宇 张运可 郭品江 蔺跃增 杨春节（女）

第三批12人

杨宝利 肖艺梅（女） 卢燕（女） 徐红娟（女） 徐媛（女） 刘新生 蔡军 姬素兰（女） 胡便琴（女） 曹洪泽 贾超英（女） 付美玲（女）

第四批14人

张巍 门嘉林 郭跃进 李京跃 李凤兰（女） 王美兰（女） 唐静（女） 李淑芬（女） 岳娟（女） 姬斌 苏志杰 李晓东 王一蓓（女） 徐小秋

第五批 转插1人

关晓娟

20世纪70年代末，随着“文革”的结束，知青上山下乡运动落幕了，知青们逐渐被分配工作回城或参加高考考入了大学。

谢劲红、许贵斌、靳忠良、熊新、郑维强、姬斌等同学，成为“文革”后第一次高考进入大学的77级大学生。郭跃进、李晓东等同学则成为78级大学生，王一蓓成为78级大专生。

同学们继续发扬勤奋上进、吃苦耐劳的土谷子知青精神，日后成为在各行各业不可多得的人才和骨干（图360）。

图360 当年插队土谷子村的部分知青回到平谷看望父老乡亲（摄于2016年6月10日大红果酒店）

柴福善 整理

黄松谷关明代火炮考证

明代长城东起丹东虎山，西至嘉峪关，分九边十一镇。其中东部设重镇蓟镇，戚继光曾任总兵。蓟镇下又设十一路，平谷百余里长城，隶属蓟镇马兰路与墙子路两路所辖。其中黄松谷关，则属马兰路了。明《四镇三关志》记载，黄松谷关“永乐年建，正城，河口平漫。通众骑，极冲，馀通步，缓。”关口坐落在两山之间，宽百余米，地势较为平缓。中有一河，从北向南流过，今称黄松峪石河，北魏郦道元《水经注》称作独乐河，故黄松谷关应该设有河流的水口。“极冲”，说这里是极为重要的地方。“馀通步，缓”，说这里可以步行，不陡峭。关两侧各建一座敌楼，1969年修黄松峪水库时拆毁。关南300米，河东岸，原有关城，东西宽约300米，南北长约500米，四遭以大石垒砌三四米高墙。辟南、北、西三门，东面临山无门。关城内有鼓楼等建筑，现已无存。

志书所记黄松谷，这里的“谷”同“峪”，所以民间就叫黄松峪。后因关成村，便称黄松峪村了。村在关城里，且依关城而建，至今仍保持着中间南北向一条大街的格局。1982年，村里发现两门明代火炮。88岁老村书记秦瑞清记得，铜炮是在村纸箱厂那儿发现的。纸箱厂就在大街西侧，那儿过去是供奉真武大帝的真武庙，因盖纸箱厂把庙拆了。记得那年快秋天了，在真武庙前边，为建马钢厂挖线缆沟时，说挖出东西来了。那时我是马钢厂厂长，正在那儿，赶紧过去一瞅，是俩铜炮，也就在地下半米来深，都长绿锈了。当时就报告了县文物部门，很快来人就弄走了。

作者在文物局分管文物多年，曾在文物所看过这两门铜炮，主持编写《平谷文物志》时，也是作为重点文物予以介绍的：

铜炮，明代。1982年黄松峪关南出土，2门，铜铸，器物完整，器身呈竹节状。

其一通长49厘米，外径12厘米，药膛径6厘米。器身部有阴文：马兰副总兵都督金恢获第八号铜炮，明天启丁卯年（1627年）造安边神炮。

另一件通长44.5厘米，外径11.5厘米，药膛径3.5厘米。器身部有阴文：马兰副总兵都督金恢获第十号铜炮，明天启丙寅年（1626年）造□□神炮。

这两门炮均为天启年间造，且在器物上统一编号，当是长城防务重要兵器。

现为文物管理所收藏。

近年，随着区博物馆的建成，两门铜炮移交博物馆收藏且展出：

铜炮一，明，1982年黄松峪村征集。长49厘米，口径5厘米。

炮用铜合金铸造，炮身由前膛、药室、尾底、火门等几部分构成，上有七道凸起的圆箍，把炮身分为六节。药室粗短，上有一圆形小孔，作装捻点火之用，上刻有铭文。

铭文：

马兰副总兵、都督金　恢获第八号铜炮（图361）

天启丁卯年造安边神炮（图362）

图361　马兰副总兵都督金　恢获第八号铜炮铭文拓本

图362　天启丁卯年造安边神炮铭文拓本

铜炮二，明，1982年黄松峪村征集。长44.5厘米，口径4厘米。

炮由铜合金铸造，炮身由前膛、药室、尾底、火门等几部分构成，上有六道凸起的圆箍，将炮身分为五节。药室粗短，上有一圆形小孔，作装捻点火之用，上刻有铭文。

铭文：

马兰副总兵、都督金　恢获第十号铜炮（图363）

天启丙寅年造虎蹲神炮（图364）

图363　马兰副总兵都督金　恢获第十号铜炮铭文拓本

图364　天启丙寅年造虎蹲神炮铭文拓本

博物馆展出时，请了市里专家帮助整理了解说文字，使之更为翔实具体专业，并把文物志“□□神炮”空缺的二字做了辨识，补充为“虎蹲神炮”。

图365　明安边神炮，1982年黄松谷关关城遗址出土

“安边神炮”与“虎蹲神炮”，应该是当时守卫长城所用的两种火炮。

看相关资料，“安边神炮”（图365）为铜质，直筒形，炮身铸有7道箍，1—5道箍间为前膛；5—6道箍间为药室，略粗，呈椭圆状，上部开一引信孔；6—7道箍间即尾底，尾部稍凹，有阴文楷书“天启丁卯年造安边神炮”10个字。

“虎蹲神炮”（图366），亦为铜质，直筒形，只是炮身铸了6道箍，1—4道箍间为前膛；4—5道箍间为药室，略粗，呈椭圆状，上部开一引信孔；5—6道箍间为尾部，有阴文楷书“天启丙寅年造虎蹲神炮”10个字。

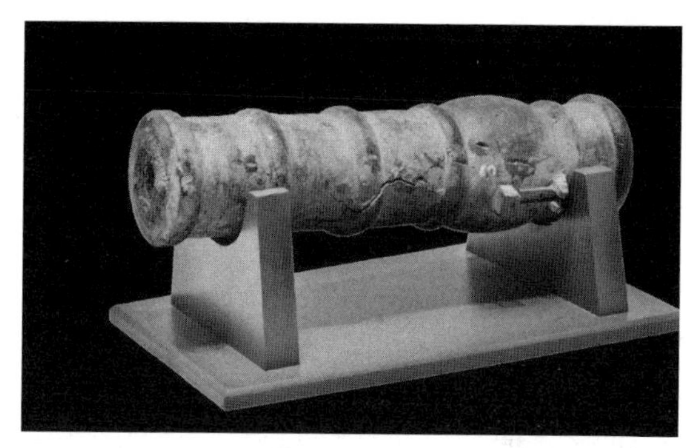

图366 明虎蹲神炮，1982年黄松谷关关城遗址出土

“安边神炮”与“虎蹲神炮”形制类似，年款铭文都刻在尾部同一地方，且笔意相近。作者以为或是当时朝廷所属的同一制造火器的场所制造的，且铭文镌刻也可能出自一人之手。从炮身长短、口径粗细比量，“安边神炮”或许火力更强些。据记载，“虎蹲神炮”前有铁虎爪、铁绊的圆形圈，以支撑起炮身，尾部也有铁尖的圆形圈，并以铁钉固于地，形如猛虎踞地，故而得名。这是戚继光于嘉靖年间，在东南沿海剿灭倭寇时发明的一种轻型火炮。多用于控扼险要之地，一发能射出上百枚小弹丸，为杀伤密集进攻之敌的利器。明隆庆二年（1568年），戚继光调任蓟镇总兵，特以此炮装备了骑兵营，《纪效新书》中称“虎蹲炮比佛郎机而轻，比鸟铳一可当百”，亦可见其威力了。从形制看，或许“安边神炮”亦如“虎蹲神炮”，也有支撑与固定的铁虎爪、铁绊及铁尖的两个圆形圈的。现在，这两门铜炮都只有筒形炮身了。

当然，两门铜炮铸造的时间，一为明天启丙寅年，即明天启六年（1626年），一为明天启丁卯年，即明天启七年（1627年）。两门铜炮前后两年所铸，且是明末，距戚继光任蓟镇总兵已过去四五十年。况且天启年号总共才7年，随之即位的崇祯皇帝也仅延续了17年。也就意味着铸造了这两门铜炮的十七八年后，大明王朝就在李自成起义的汹涌浪潮中被推翻了。

随着清军入关，长城作为边墙的作用消失了，黄松谷关自然也就失去了关口的地位与价值。由铭文“马兰副总兵”，作者想到清时曾设马兰镇。查阅清光绪十二年（1886年）《遵化通志》“陵寝志”记载：“马兰镇，总兵一员。初设副将，雍正元年（1723年）改设总兵，以守护陵寝，兼内务府大臣。”也就是说，清时所设马兰镇，主要为守护清东陵了。铜炮所刻“马兰副总兵”，是否为马兰镇副总兵呢？就此请教清东陵原研究室主任、77岁的徐广源先生，先生肯定地说：“清代马兰镇只设总兵，没有副总兵。”徐先生一直研究清东陵，著作颇丰，所谈应该言之有据，看来铜炮上所刻的副总兵不是清代人了。

又想铜炮上既有“天启”年号，这位副总兵或是天启时人了，并有“都督”之职，且为金姓。循此线索，查阅《明史》，终于在“卷二百七十一·列传第一百五十九”处，查到“金日观”之名，且有传（图367）。写道：金日观“天启五年，以将才授守备，效力关门。擢镇标中军游击加参将，行蓟镇东路游击事，专领南兵。崇祯初，加副总兵，守马兰峪”。接着又写，崇祯“三年正月，大清兵破京东列城。兵部侍郎刘之纶遣部将吴应龙等结营毛山，规取罗文谷关，师败。日观遣二将驰援，亦败歿。大清兵乘胜据府君、玉皇二山，进攻马兰城，甚急。日观坚守，亲然大炮。炮炸，焚头目手足，意气不衰。乞援于总理马世龙，令参将王世选等赴救，兵乃退。寻复以二千余骑来攻，日观偕世选等死守不下。朝廷奖其功，骤加都督同知。四月，与副将谢尚政、曹文诏等攻复大安城，遂偕诸军复遵化。录功，进左都督”。

《明史》所记金日观崇祯初年以副总兵镇守马兰峪，崇祯三年（1630年）正月因功加都督同知，同年四月再进左都督，吻合了两门铜炮镌刻的“马兰副总兵、都督金”的铭文。也就是说，两门铜炮上所刻的

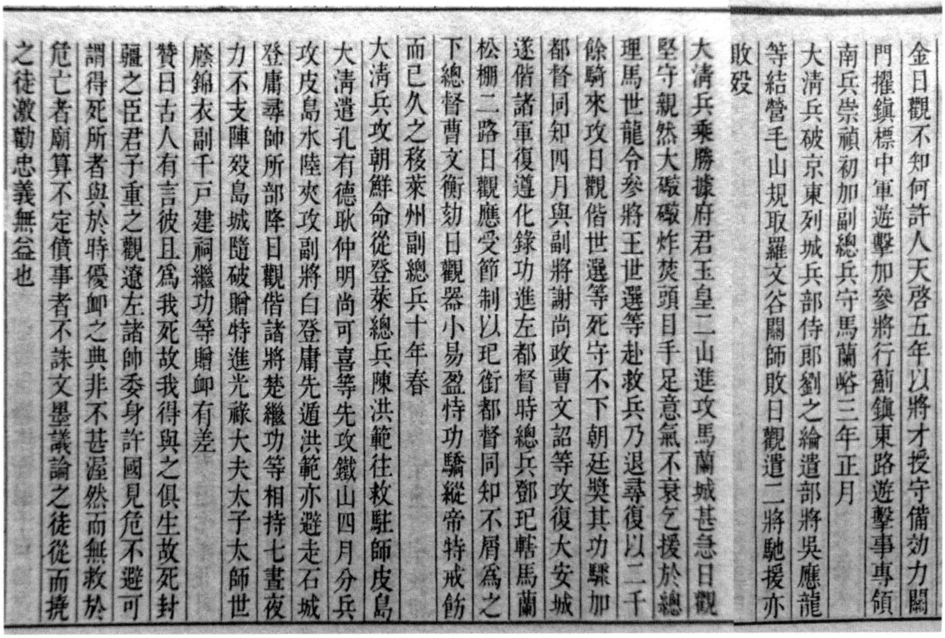

金日觀不知何許人天啓五年以將才授守備効力關
門擢鎮標中軍遊擊加參將行薊鎮東路遊擊事領
南兵崇禎初加副總兵守馬蘭峪三年正月
大清兵破京東列城兵部侍郎劉之綸遣部將吳應龍
等結營毛山規取羅文谷關師敗日觀遣二將馳援亦
敗歿
大清兵乘勝據府君玉皇二山進攻馬蘭城甚急日觀
堅守親然大礮礮炸焚頭目手足意氣不衰乞援於總
理馬世龍令參將王世選等赴救兵乃退尋復以二千
餘騎來攻日觀偕世選等死守不下朝廷獎其功驟加
都督同知四月與副將謝尚政曹文詔等攻復大安城
遂偕諸軍復遵化錄功進左都督時總兵鄧玘轄馬蘭
松棚二路日觀應受節制以玘銜都督同知不屑爲之
下總督曹文衡劾日觀器小易盈恃功驕縱帝特戒飭
而已久之移萊州副總兵十年春
大清兵攻朝鮮命從登萊總兵陳洪範往救駐師皮島
大清遣孔有德耿仲明尚可喜等先攻鐵山四月分兵
攻皮島水陸夾攻副將白登庸先遁洪範亦避走石城
登庸尋帥所部降日觀偕諸將楚繼功等相持七晝夜
力不支陣歿島城隨破贈特進光祿大夫太子太師世
廕錦衣副千戶建祠繼功等贈卹有差
贊曰古人有言彼且爲我死故我得與之俱生故死封
疆之臣君子重之觀遼左諸帥委身許國見危不避可
謂得死所者與於時優卹之典非不甚渥然而無救於
危亡者廟算不定僨事者不誅文墨議論之徒從而撓
之徒激勸忠義無益也

图367 《明史》金日观传

“金”，不是别人，正是金日观了。

《明史》称金日观“不知何许人”，或许编修《明史》时编修者没有金日观相关资料，不知其为哪里人，恰表明编修者不知为不知的实事求是精神。现经大数据搜索，得知金日观是浙江金华府浦江县人。就在崇祯三年（1630年）四月“进左都督”后，说金日观“久之，移莱州副总兵”。莱州在山东东北部，临渤海。这“久之”为多久？哪年调去的莱州？记述不明，也就不得而知了。至崇祯十年（1637年），金日观在与清兵皮岛之战中壮烈殉明了。故《明史》记载：

十年春，大清兵攻朝鲜，命从登莱总兵陈洪范往救，驻师皮岛。大清遣孔有德、耿仲明、尚可喜等先攻铁山。四月，分兵攻皮岛，水陆夹攻。副将白登庸先遁，洪范亦避走石城。登庸寻帅所部降。日观偕诸将楚继功等相持七昼夜，力不支，阵殁，岛城随破。

赠特进光禄大夫、太子太师，世荫锦衣副千户，建祠。

崇祯皇帝追赠金日观为光禄大夫、太子太师，从一品，也是一种哀荣了。而随着清之代明，“锦衣副千户”后人亦是不能“世荫”了。

金日观既是浙江人，又怎么来到北方蓟镇的呢？有篇浦江《蔡氏武医世家》记述：金日观，字伯玉，明嘉靖年间人，住县城东街北隅。家境清寒，双亲早亡，与兄嫂度日。他从小在灵泉乡十九都香溪蔡村外婆家长大，随舅父蔡孟铨学武习医。嘉靖末年，倭寇不断侵犯中国沿海诸省，朝廷令大将戚继光、俞大猷征剿。戚继光在浙江余姚、义乌招兵，金日观闻讯踊跃从军，由于武艺高强，作战骁勇，甚得戚继光赏识。后多次荣立战功，官至副总兵，敕封祖上四代一品。金日观感念蔡氏教诲之恩，曾题写“文武世家”牌匾一块，赠予香溪蔡氏。

如此说来，金日观是跟随戚继光过蓟镇来的，且是戚家军一员了。

这是金日观的大致情况。再说两门铜炮上的刻字，“天启丁卯年造安边神炮”“天启丙寅年造虎蹲神炮”，分别刻在铜炮尾底部，而“马兰副总兵、都督金　恢获第八号铜炮”“马兰副总兵、都督金　恢获第十号铜炮”分别刻在铜炮药室部。总觉不为一次所刻，请搞篆刻多年的秦绒女士甄别，说这些字应该是楷体，尾底部刻得更规整些，药室部刻得多少有些随手，且认同作者不是一次所刻的判断。

铜炮尾底部“天启丁卯年造安边神炮”“天启丙寅年造虎蹲神炮”的字，应该刻于“天启丁卯年”和“天启丙寅年”无疑，即为铜炮铸造时所刻了。那么，药室部“马兰副总兵、都督金　恢获第八号铜炮”“马兰副总兵、都督金　恢获第十号铜炮”又刻于何时？联系到《明史》所记，可知崇祯三年正月至四月间，金日观镇守马兰峪，与清兵激战正酣，且屡立战功，一再加官晋爵。作者以为，两门铜炮药室部字很大可能是镌刻于此时。

作为副总兵、都督，金日观是否来过黄松谷关，未见相关记载，不得而知。那么，两门刻着“金”字的铜炮，又是怎么运来黄松谷关的呢？作者以为，会不会就在崇祯三年正月至四月间，马兰峪战事紧张之时，上面将一批铜炮运到了马兰路。在刀枪剑戟的冷兵器明代，火炮可算得最为先进的重器。这些铜炮有如及时雨，金日观命人编号、刻字，送到马兰路所辖的各关口。《明史》写金日观，崇祯三年正月，大清兵“进攻马兰城，甚急。日观坚守，亲然大炮”。作为副总兵、都督，竟亲自上阵，亲手点燃铜炮，可见激战一定非同一般了。就在这时，也有铜炮运送到了黄松谷关。只是运来的铜炮不一定两门，因为两门铜炮一个编为第八号，一个编为第十号，起码中间还应有第九号呢。究竟当时运来几门，今已无从查考了。

铭文中有“恢获”二字，“获”为获得或得到，“恢”又作何解？请教京城有关专家，有说两门铜炮“获”前之字不都是“恢”字，有个可能是“帐”字。书法家翟德年先生多年治学古文字，认同志书所写的“恢”字，且说这里的“恢”字为“大”的意思，并认为“恢获”应该是一个词，且撰文予以释义。个别字一时未能统一，留待以后再行研究。起码专家对“恢获”作为一个词、不是名字的意见是一致的，所具有的“获得”或“得到”之意基本无异议，且是在规模宏大的军事活动中得到的。当然，这里的“获”字不会有“缴获”之意，因为两门铜炮为明时官方所铸造，更为明时守关将士所使用，而非从清军手中缴获的。

黄松谷关城踏察散记

黄松谷关，位于黄松峪乡黄松峪村北，今黄松峪水库大坝处。

明《四镇三关志》记载：黄松谷关“永乐年建正城，河口平漫。通众骑，极冲，馀通步，缓”。关口坐落在两山之间，宽百余米，地势较为平缓。中有一河，从北向南流过，今称黄松峪石河，北魏郦道元《水经注》称作独乐河，故黄松谷关应该设有河流的水口。“极冲”，大意是极为重要的地方。“馀通步，缓”，大意是可以步行，不陡峭。关两侧建有敌楼，1969年修黄松峪水库时拆毁。

村人回忆起来，说现在的大坝坝址过去称为“口子墙”，东西两侧崖壁直立，东西崖壁上各有一座敌楼，连通东西两侧的长城。黄松峪境内，大坝东侧有四座敌楼，西侧有三座敌楼。修建水库大坝时，由于东西两侧要各伸进崖壁十几米，所以，大坝东西两侧的两座敌楼就拆毁了。大坝西侧的山坡叫西山寨，东侧的山坡叫玉皇庙坡。大坝的北面叫“口外”，东侧有一条通往库里村庄的路，路西边是一条河道。

就在黄松谷关关口东南300米的地方，原有守关的关城一座，即《四镇三关志》记载的“正城”。东西长约300米，南北约500米，周遭为石头垒砌的城墙，设东、西、北门，东面临山无门，内有钟鼓楼等建筑。对关城相关志书没有记载。

作者2007年来村调查寺庙，老人们曾谈及关城，说有两道西门，还有南门、北门，由于东边是山，故没有东门。西门村人又称为丧门，过去村里有人去世了，出殡是一定要走西门的。而南门村人说是喜门，凡是结婚的都要从南门进来。并且不管家在哪儿住，一定要往北到北门前，绕着影壁转上一遭，这是村里多年约定俗成的习俗。

街北头有棵大槐树，大槐树在关城北门外东侧。大槐树南边五六米的地方，就是那道大影壁。这道影壁应该是在北门里边，因为弥勒正对着北门，起着遮挡北门的作用。2007年来村访谈时，村里老人谈及这道大影壁，说东西宽约10米，高约4米，以砖砌筑，两面抹白灰，有画像，画的啥人们记不住了。“文革”中将影壁拆毁。拆影壁时，还拆出一方小碑，约50厘米高，30厘米宽，上面有字（似是修长城的碑刻），早不知下落。随着这道影壁的拆去，村人结婚也就无须到这儿再转了。但过去

“不管你新媳妇掉蛋不掉蛋，先给你影壁转一转”的老话儿，还流传至今。影壁南面三四十米处，有座钟鼓楼，上面的楼子不知道啥时候就毁了，只剩了下面的门洞，1966年村里改造水管道，将这门洞也拆去了。

2022年12月，作者在黄松峪村88岁老村书记秦瑞清带领下，踏察黄松谷关城遗址。

黄松峪村为南北向一条主街，街中部为关城南门。这条街并不是笔直的，从南门往北走不远，就拐了一个小弯儿，略偏西北了（图368）。

图368　黄松峪村88岁老村书记秦瑞清所指的地方就是黄松谷关南门处（摄于2022年12月）

老人清楚记得，这条500米的街上，从南到北过去有7棵古树，其中6棵是大槐树，1棵是大柏树，一溜都在街东部，间隔三四十米或五六十米一棵。有2棵老槐树，抗战时期让日本鬼子给砍了。有4棵在1976年前后拓宽街道时放了，如今仅剩最北边的1棵槐树了。现存一张拍摄于1974年的街景彩色照片，可见3棵大槐树屹立街头，颇为壮观。作者走遍了全区的每个村落，尚未见有此景者。

关城中部偏北主街西侧，有座供奉真武大帝的真武庙，后来村里在这儿盖了纸箱厂。街东侧有座小五道庙，就是过去人去世了家人烧纸报庙的地方。那棵大柏树，就在五道庙北边三四十米的地方。老人不止一次地说，在真武庙北边十几米的地方还有座三皇殿。而2007年作者调查寺庙时，村人只谈到了真武庙，访谈的村人有三四位，按说不至于落下一座庙的。经再三研究，才明白老人所说的三皇殿，并非一座单独的庙字，就是真武庙的后殿。

秦瑞清老人指着大槐树南边三四十米的地方说，这里就是钟鼓楼，中间下面有宽大的门洞，人们可以过来过去。他小时候还爬到上面去玩呢，上面的楼子不知道啥时候就没了。记得上面有口大钟，2米来高，他个儿不高，反正伸手够不着上面的“揪儿”。这钟是铁铸的，上面有字，那时也小，不认得啥字。抗战时期，八路军弄走铸手榴弹了。

作者以前来村访谈时，曾听有村人说钟鼓楼下面的门洞，就是当年关城的北门。秦瑞清老人走到大槐树前，指着大槐树下面的那辆白色小面包车，肯定地说，关城的北门就在槐树南边小面包车那儿，大槐树在北门外东侧。这就是了。

主街两边，还可见一些老房子的根基石，就是当年关城城墙的条石。如街东侧秦瑞清老人的老宅还在，老宅底下的根基石都是过去关城的大条石。并随口说：“我爷爷都不知道这房子啥时候盖的。”在街上还可见一些保存较好的老宅院，如陈小凯家的老宅，可见西山墙青砖抱角，石砌墙芯，底下是大块条石，上部山尖以砖垒砌，中间垒几块石头，还做出灰勾缝凸起的冰裂纹图案（图369）。这座宅院当初建造时，应该是很讲究的。走遍关城内外，这是作者所见到的唯一一座保存较为完好的老宅。不定啥时候一翻盖，几百年的老宅就不复存在了。

图369　黄松峪村主街中部东侧，保存较好的陈小凯家老宅（摄于2022年12月）

主街西边，有条南北向的西小街。称之为街，其实不宽，形如一条窄窄的胡同。村人却称其为“老街”，或是自建关城以来就有之故吧。再往西不远，又有一条西大街，而村人习惯将东边那条主街称为东大街，以示与此区别。西大街的东墙，就是关城的西墙处。西墙内中部，有眼水井，村人称为南井，南井北边有座一间的龙王庙。龙王庙北边几十米处，有一座一间的小山神庙。山神庙大的方位，已是黄松峪村西北了。

北门外，就是那座佛教庙宇弥勒庵，连接着北山。山上先是建造了玉皇庙，后毁；又在玉皇庙南边的地方，再建一座太公庙。玉皇庙院外东侧，有一三四丈高的圆“槁”，即一座以砖砌筑的实心圆塔，上面是圆顶，往上越来越细。上边有个小门，1尺来高，下面一个略大的门，有1米多高，60厘米宽。两个门都在塔的南面。由于外面抹着白灰，人们看不出塔有几层了。塔在“文革”中拆毁，拆出6个铜佛，大的有60厘米高，小的也有30厘米高，早不知下落了。这些大小庙宇及圆“槁”，正对着南面这条主街。

就关城门几经访谈，尤其69岁退休干部秦瑞文一再帮助询问村里老人，包括那位90岁的赵胜，最后认为：关城有南门、北门、西门三座大门。南门西侧还有一道小门，俗称“水沟眼子”，离西门不远，应该对着南北向的西小街。关城北高南低，或许下雨时城中的水由北往南流，除从南门、西门流出外，也会经此流出，故称。东墙略北一点，对着一条胡同，也有一道小便门。赵胜记得，过去赵家的地就在东山炮楼北边下面的刘家沟，干活过来过去老从那儿走。过去有钱人家的人去世了，出殡时抬着往北走，到北门往西再往南，绕到西门出去，故称西门为“丧门”。而普通人家尤其南门附近人家，一般就从南门西边的“水沟眼子”抬出去了。或许这就是2007年来村访谈时，老人说的“两道西门”之故了。

这就是作者多年所了解的黄松谷关城的大致情况，88岁秦瑞清老人

图370　秦瑞清老人站在关城东北角东墙位置，可见老人身后的一段关城的北墙（摄于2022年12月）

领着作者踏察半日，不想一切早已无存，仅从这道南北向主街及大槐树，尚可想见关城的旧有格局。最后，在关城东北角，发现残存一段关城的北墙（图370），算是关城的见证了。

黄松峪地区黄金的开采

平谷黄金开采历史悠久，新中国成立后产量一直居京郊首位，是北京市主要黄金产地之一，而黄松峪地区又是平谷的黄金重要产地了。

一

平谷黄金主要分布于北部及东部山区，东南部山区亦有零星分布。矿线东西长60公里，形成晏庄、万庄、上镇三个大矿区及南山村矿区。其中晏庄金矿，位于靠山集、黄松峪两乡北部山区的塔洼、倪家洼、马家沟一带，分布范围约4平方公里。含金矿脉主要为北—北—西向构造充填的含金石英脉，有大小含金石英脉70余条（图371）。

新中国成立后，国家对平谷黄金资源多次勘查。1958—1965年，初步搞清万庄、晏庄、上镇三大矿区的地质构造特征和含金矿脉分布。晏庄金矿通过矿山地质探矿共获得矿石24万吨、金属量2116千克。

1979—1990年，县黄金公司组织小型探矿，为民采黄金提供指导。

累计施工2.3万米，投资196.42万元，扩大矿源和开采范围。如晏庄矿区的大坝墙二、三、四层，秫秸棚矿段，鸡素洼至断道子掌矿段等。

1988年后，采金农民自筹资金购置材料、设备，对已知矿脉深部进行硐探。至1990年底，晏庄矿区有8个农民探矿队，投资百万元，探矿工作量达2000多米。

图371 晏庄金矿西部厂区（摄于2022年12月）

二

县志记载，平谷黄金开采始于唐代，元、明两代皆设矿开采，掘采“老硐”遍布各矿。

访谈中，大东沟、塔洼等村人说，抗战时期，日本人曾在这里开矿采金，掠夺金矿资源。

《北京市平谷区军事志》记载了两大金矿惨案。晏庄金矿惨案：1943年1月29日，日伪军突然包围晏庄金矿，逮捕工人47人，分别押送到胡庄据点和平谷县城。除1人逃生外，其余46人惨遭杀害。黄松峪据点惨案：1942年8月，驻黄松峪据点的日军，从金山抓来采金群众18人，酷刑之后，拴绑跪在东山坡下，日军在炮楼上用机枪扫射，17人中弹身亡，只有秦宝元被枪弹打断绑绳，没中要害，死里逃生。

1958年，平谷成立县矿务局。1959年，建国营晏庄矿。1960年，县内金矿移交北京市冶金局。晏庄金矿投资120万元，建了一个日选50吨的选矿厂，采选初步机械化（图372）。1962年底，完成技术改造，采选

图372　原黄金公司生产科长、万庄金矿副矿长李英指着介绍，说这是晏庄金矿西部三排职工宿舍（摄于2010年9月）

图373　晏庄金矿最初选矿矿址（摄于2010年9月）

图374　这是保存至今最早的晏庄金矿的办公厂房（摄于2022年12月）

基本机械化。1965年，成立北京市平谷中心矿，下设万庄、晏庄、上镇矿。1967年，万庄、晏庄、上镇三矿生产黄金首次突破万两，达到10022.4两，为历史最高水平，称平谷为“黄金万两县”，即由此而来。

晏庄矿因矿源缺乏，严重亏损，1973年9月下马。至今，晏庄金矿厂区遗址尚存，西部为厂区（图373），在这里“拉溜儿”等，可见散落一旁的轧毛石的电碾轱辘。东部为办公区，保存着一排晏庄金矿最早的办公厂房（图374），还有留守人员看守。对晏庄金矿，大东沟村85岁老村书记陈秀峰说：“1958年，我在北边也就是塔洼那边弄金子，给国家金矿弄了一年，就是晏庄金矿。我过去在那边，为采金拉过毛。”陈秀峰还记得至今流传着一首歌谣：

槁寺靠北坡，
金子银子九缸十八锅，
不在东坡在西坡。
东坡西坡全没有，
在槁底下摸一摸。

槁寺北边有金矿，这首歌谣得到了验证。

1979年春，晏庄矿有少数社员上山采金，到10月，人数剧增。县政府大力支持，将县内金矿全部放开，成立金矿管理所，组织采金。1980年1月，金矿管理所改为黄金公司，下设万庄、晏庄、镇罗营三个黄金管理所。8月，县委、县政府召开黄金会议，提出“群众采、定点收、集中选、国家炼”的原则，要求各社队成立采金队，集体组织采金。仅一年，全县采金人员就发展到2000多人。1982年后，社队集体采金解体，个人采金成为主要形式，乱采滥挖日趋严重。为此，成立黄金派出所，对个人采金发放镐位证，实行镐位管理。

研究平谷历史文化的先贤韩牧苹先生曾撰写《金山记景》一文，记述了大金山周边村民采金的情景：

平谷县是我国著名盛产黄金的县份之一，“金山”又是平谷境内储金最富、采金农民最多的一架山。如果你来到大金山，将会随时见到古法采金、淘金真情实景。

金山西侧，有一个重要采金村塔洼。这一段路上，你可以在倪家洼、塔洼看到乡民采金、淘金的情景（图375）。

文中所记，应该是20世纪80年代初期至中期，允许民间采金的情景，当时也是作为景观极力向外界广为推介。

图375 韩牧苹先生所编《金海游踪》书前彩插“采金者下山时在半山休息”

实行民采，使部分山区农民脱贫致富，但也出现了私挖乱采现象。后为保护环境，保护资源，区政府颁发《北京市平谷区关于关闭金矿停止开采工作实施方案》等，关闭了金矿，封堵了金矿洞口，不允许开采了。

三

民采一般为土法采金，从山上采回矿石，再用人工推碾子碾碎，通过拉溜儿、煅烧等炼出金子，从而形成了一套方法以及民间的一些说法。为此，2019年6月，作者访谈了黄松峪村54岁村委委员李占岭（图376），他说道：

图376 黄松峪村54岁村委委员李占岭（摄于2019年6月）

我15岁的时候，就跟着父亲到山里挖金子，还帮助运送东西。1989年我正式采金，在村东北五六里地的东涝洼那儿。那儿是过去日本人挖过的矿址，我们接着挖。那一带有前立线、后立线等，我们采金的地方叫兔子圈（juàn）儿，都在一座山上。村里有四五十人在那儿采金，采多的一年能弄几十两，我当时一年也就采二三两。

采金要先找线脉，打巷（hàng）道，巷道俗称“掌窝儿”。按线脉方向横着打过去，叫“打穿”。为准确找着线脉，且一般是投资小。如果投资大，就可以在线脉附近打一大巷道。矿脉线就是金线，如果接近了，颜色上就会有变化，金砂子看上去油汪汪儿的，普通岩石不这样。另外，金砂子也含水分大。找到的矿脉线，有宽有窄。有的一席篾窄，也不一定含金量低。有的一两米宽，也不一定含金量高。

图377 采矿打眼

打巷道，巷道平着往前打，叫“平巷”。要是往上打洞，叫“爬天儿”。往下打洞，叫“立井儿”。斜着打，叫“斜井儿”。打巷道要先打眼儿（图377），用钢钎儿、铁锤打。立着往下打，叫“橛子眼儿”。往上打，叫“爬眼儿”。一般打的洞，1.6米左右高，八九十厘米宽，一米六七的个儿猫点腰或低点头能正常走。根据岩石情况，离露天近，巷道就打得宽点。巷道打得深的，往往就会打得小点、窄点，能干活儿就得。打好眼儿用炸药崩，也就是放炮，把岩石崩开了，或松动了。巷道里不是金线的石头，叫“毛”。把这石头运出来，叫“拉毛”。是金线的石头，叫“砂子”。块儿大的砸砸，得往外背（图378）。有装砂子的布袋儿，一般直径一尺到一尺二，长3尺。常规装一袋儿叫“一个溜儿”，约120斤。看矿脉含金量，一个溜儿要出二三分金，就不错了。经常是出几厘金儿，1分是10厘，10分是1两。

图378　手提电石灯往外背砂子

图379　轧砂子（摄于2005年6月）

在巷道里，要注意忌讳，有些话不能随便说，不吉利，这都是老年人传下来的。比如，洞里的石头，不能说“破石头”。洞里见着耗子，要说“小伙计儿”。女的一般不让上山，不让上伴儿俩（跟前），认为女的例假等会弄脏砂子。掌窝儿要是塌了，不说塌了，叫“啸”。

过去把砂子运回来，要用碾子轧（图379）。为了好轧，往往先用火烧。把大劈（pǐ）柴码好，劈柴上面码大块儿砂子，一般烧两三天，有时要烧三四天。把砂子烧酥了，当然也把砂子里的水烧出去，砂子里含水。接着搁碾子上轧，过去是套着毛驴。轧的过程中，将轧碎的砂子面过细罗筛，整的再接着轧。过去家里用的筛面的细罗，罗底是塑料还是纤维的，也称蚂蚁罗。筛砂子面的，罗底是细钢丝做的，比家里筛面的罗底略微糙点。

把砂子轧碎，筛成面，就该拉溜儿（图380）了。有溜板，木头打的，六七十厘米宽，2米长，表面不是很光滑，俗话说的毛了吧唧的。溜板一头垫起，呈斜坡状。将砂子面均匀铺在溜板上，随着细细流水，来回拉动溜笆。拉溜儿不是是人就能干的，得会拉，要把金子留在溜板上。不然，金子就随着砂子顺着水流走了。拉完了，用小铁铲铲到盆里。一回剩下不点儿，拉几回，集中再拉一次，尽量把杂质清理出去。等剩少了，用金簸箕来回卢送（song）。这个簸箕不同于平时家里用的簸箕，相当于把两个簸箕的顶部去掉，连接在一起，形成一个中间窄而洼，两边宽而高的形状（图381），这样便于金子留在中间洼的地方。过去金簸箕一直是木头做的，后来改成铁的了。拉溜拉走的石面，放上氰化钾，叫烧缸，再提炼金子。

图380　塔洼村近80岁的苏香义在拉溜儿（摄于2005年6月）

图381　金簸箕（摄于2019年6月）

这样，剩下的几乎就是纯金面了，还要放硫酸里泡，软性的杂质如铁等就烧没了，铜、铅也会烧去一些。硫酸烧后，就倒在金碗里炼（图382），炼金子俗称“倒条”。金碗一般六七厘米或八九厘米，少的时候，就在金碗里炼。多的时候，用炼锅子。炼锅子直径20多厘米，高30多厘米，一般一锅炼1个多小时。炼的过程中，上面就会浮一层沫，也就是

图382 炼金（摄于2005年6月）

杂质，在上面蒙着。等往两边分开了，叫“开脸儿”。有时候且不开脸儿呢，或者开一下就蒙上了，往往是杂质多。可过去忌讳女人到伴儿俩，认为女人在伴儿俩把金砂子给冲了，就不爱开脸儿了。其实应该还不到火候，与女的在不在伴儿俩没关系。

金碗里一开脸儿，金子就成块儿了。这时旁边准备一个水碗，接上凉水，把炼好的金块儿钩出来，放进水碗里冷却，金子表面有些杂质也就掉了。不过，兔子圈儿、前占线这地方出的金子杂质多，不好炼，炼出的金子也就8个多到9个色（shǎi）儿。所说的色儿，即成色。塔洼那边的金子好炼，有9个色儿。

还有些俗语，如“吃阳间的饭，干阴间的活”，是说挖金子，不知道啥时候出事儿，比如塌方捂里头，抢救不及时没准就完了。

而掌窝儿塌方，俗称“啸”。在万庄金矿那儿，有一回外边啸了，露了一小缝，人慢慢挤着爬出来。不敢一劲动，怕再啸了。

还有一个叫“闷（mēn）登儿”，就是缺氧。在掌儿窝里干活，要轮换着干。有时掌窝儿里通风不好，干一会儿没准就闷登儿了。旁边人赶紧拿破衣裳来回扇（shān）乎，赶紧出来。有时候在底下干着干着，尿屎都来，一上来啥事都没了。过去下去带着电石灯（也称嘎石灯），点着也耗氧。李占岭记得，1993年他带着16个人在万庄金矿那儿采金，分拨干，一拨三四个人。干了两个多小时，先后有9个人闷登儿了，出不来气，赶紧出来，过会儿就好了。

“接纸不打砂”，是说就差一张纸那么薄，没打到砂子，你也弄不着，意味着这金子也不是你的。人家过来，可能随便一打，就打透了，金砂就出来了。在兔子圈儿那儿，我们13个人打了4个月也没打到金线，就把这儿填了，上别处打了。当时没全填上，人家走了，我从缝里爬进去，拿小锤一敲，就发现金砂了。把人赶紧叫回来，拿碗一逛荡，叫叫金，结果不见金子。在一平板石上砸碎了，放碗里再逛荡，才发现是大金粒，有几个点，也就是几厘金。要是大的点后面碎的多，叫拉尾（yǐ）巴，就会一个溜儿几分金。

“轻挡砂子硬挡毛”，要是掌窝儿接近金线了，岩石更硬了，有砂子。或者快到金线的砂子有些软了，也有砂子。一般到金线的地方就会含水分大，所谓水养金。

李占岭所谈，是一辈辈采金人经验的积累。随着时间推移，人们不再采金了，这些慢慢也就鲜为人知了。

四

近年来，一些文学作品对采金也有所反映。

北京作家刘连书（图383），是《北京日报》记者，多次跑平谷访谈采金的当事人，曾以此写过小说，后以此编写了一部电视连续剧《淘金谷》。刘连书也是市作协理事，作者曾与其一起多次开会，后来找作者帮助联系拍摄外景，作者领着作家刘连书、电视剧导演、主要演职员（图384）考察，最后就定在黄松峪梨树沟里拍摄的。

图383　编剧刘连书举起尚未做好的剧中白发人的白发留影（摄于2010年9月）

图384　作者柴福善与《淘金谷》艺术总监、主要演员杜源合影于梨树沟选景中（摄于2010年5月）

图385　《淘金谷》拍摄外景（摄于2010年9月）

这个故事从侵华日军投降前夕开始，仓皇撤退的日军将800块金砖藏匿于金牛坨大山里，并屠杀了所有知情的中国劳工，只有田有侥幸活了下来。改革开放后，国家放宽政策，有淘金一技之长的田有，带领家人和雇工大干一场。最终，田有不仅采到淘金人千载难逢的纯金条，还在废巷道里找到了为洗清儿子罪名而走失多年的已经变成白毛人的父亲，并发现了当年日本鬼子藏匿在金库里的金砖（图385）。

大致就是这么一个故事，拍成后在网上好像上线了，改名为《血洗淘金谷》，电视台一时还未见播出。

柴福善根据新编2001年版《平谷县志》、

民间访谈及实地踏察整理

黄松峪村北崖棚的莲花与题字

莲花与题字，在黄松峪村北、水库东侧、三道沟沟口北坡崖棚上。民间随口也称“莲花洞”，其实就是一道崖棚。

山不是很高，但没有上山现成的路，须在杂草、树木间穿过去，甚至有岩石要手脚并用地攀爬才行。就在半山崖壁间，随山就势地天然形成一道东西向时断时连的崖棚（图386）。

崖棚不是很深，上面棚顶向外探出，这朵莲花就画在棚顶上。如果不是乡文化干部、黄松峪人潘军领着，很难找到。棚顶上沾满了浮尘，影影绰绰不细看几乎看不出莲花。崖棚3米多高，用蘸了水的拖把举着一擦再擦，才把莲花清晰地擦拭出来（图387）。

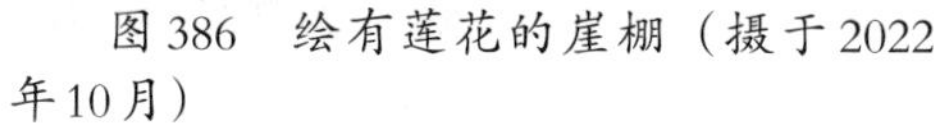

图386　绘有莲花的崖棚（摄于2022年10月）

图387　黄松峪乡文化干部潘军在擦棚顶上的莲花图案（摄于2022年10月）

莲花直径40多厘米，中间一深红色的花心，围绕花心是6片略带粉红的花瓣，花瓣下是一个土色的花瓣般大的圆，圆下面是6片托着花瓣的硕大的深红色花萼。花瓣与花萼错开来，也就是每片花瓣的尖正伸展在两片花萼间。花萼下，是一片略大花萼一圈儿的与花瓣一样颜色的圆

图388　崖棚顶上所绘的莲花（摄于2022年10月）

图389　在绘有莲花的崖棚东边不远的半山峭壁上写有字迹的崖棚中，向西南水库眺望（摄于2022年10月）

底。莲花上边与左边似有抹的圆底一样颜色的一片（图388）。当然，莲花上边也可看到崖棚顶外渗流下来的水的痕迹。莲花右下边，崖棚石缝处，有个不小的马蜂窝，应该是有些年了，不但早就没有了马蜂，连窝都有些破落了。

这个崖棚面积不是很大，崖棚顶上及石壁没发现其他什么壁画或字迹。从这里出来，沿着崖壁往东，又往北，没几步，再往东，贴着石壁下去，一人来高的断壁，东走三两步，还是一人来高的断壁，再攀爬上去，北侧便是题字的又一个崖棚了。因在东边，故称东崖棚（图389），而有莲花的那个崖棚在西边，则称西崖棚了。

就在东崖棚西侧石壁上方，有一处刻石，刻有“两十年前住人处”7个字。字分上下两行，“两十年前”为上行，“住人处”为下行，且是方正的楷体。没有落款，也就不知谁人、何时所刻了。或是刻石人20年前曾住在这里，20年后又来这里，感慨地刻下了这两行文字（图390）。

东崖棚顶上墨笔题写着四五处字迹，如西边崖棚的那朵莲花一样，几乎看不出来了，拿着蘸水的抹布一点点擦拭，才隐约看出些字迹，趁着湿润赶紧拍下来。崖棚有些地方可以站着，有些地方须躺着才能去擦，当然也要躺着去看去拍摄了（图391）。湿润着看也不是很清楚，等一会儿干了就更不得看了。只能先尽量地拍下来，拍细致些，多拍些局部，回来整理时好放大仔细辨识。结果把照片导在电脑上，发现效果也不是很好。就在作者躺着看字和拍摄时，也许太过专注，不时地向外挪动身子，感觉俩脚都悬空了。等拍完起来，往前探身一看，才发现崖棚下面竟是挺深的悬崖绝壁，心里多少还是有些后怕的。

图390 写有字迹的崖棚西壁上刻着7个字（摄于2022年10月）

图391 躺着才能看崖棚顶上的字迹（摄于2022年10月）

一遍遍翻过来调过去地看，这些石面未经打磨，完全是自然岩石，毛糙不平，只能说大略平整。写时应该也是随手而写，又时隔久远，所以隐隐约约模模糊糊的字大多难以辨识了。如东部略显灰白的石上，显现着小片字迹，好像有“山”字，或“人”字，大面的是解读不出来的。又如一大片题字，能辨识出来的，如“真君雨”“寿命一千”“身□伴处”“无上”“天子”“我都有无”“半山”“修”等，字有八九行，支离破碎的看出一两个字、两三个字，多者三五个字，很难读出一个完整的句子（图392）。

图392　东边崖棚顶上的字迹（摄于2022年10月）

从这些零碎的题记看，有可能是在这里修行的人题写的。而那时这里应该还没有这多村落与人家，所以，修行的人找个崖棚住下来，也是很好的休憩的地方了。关键是山下还有条石河，北魏郦道元《水经注》记载的独乐河，应该是一年四季水流不绝，而有水就有了生存的基本保障。

在东崖棚顶部一大片字的下面，靠石头右侧边缘处，竖着写有落款：“至大四年丙申”，下面的字看不清了，不知是不是题写人的名字。“至大四年”，为元武宗时，是公元1311年，这年为“辛亥”。那么“丙申”又作何解？仔细辨识，或是“丙申月”，而元至大四年丙申月又是几月？请教京城石刻专家刘卫东先生，说这要查一下《二十史朔闰表》。《二十史朔闰表》是一部检索我国历史纪年的重要文史工具书，著名史学家陈垣所撰。而翻到元至大四年，发现12个月中根本没有“丙申”。再问刘先生，又说有可能题字的人写错了。即是如此，对“丙申”月也就无须细究了。

这片竖写的文字，包括落款大致9行，可看出有“天”“乱语明言故正南”“道龙”“安丙顺”“李□双”“京君王圣禹”等字。

感觉这片文字有可能是题写了一首七绝，像是有“安丙顺”“李□双”“京君王圣禹”等几人的名字。或是几个京城等处的文人雅士聚此而随手题写，类似今人所写的“到此一游”了。这是古人游历的习惯，如唐代诗人李白来到湖北长江南岸的黄鹤楼，兴之所至，想作诗一首。忽然看到崔颢在上面写了一首黄鹤楼诗，李白大为折服：“眼前有景道不得，崔颢题诗在上头”，便搁笔而去。

当然，这片题字最重要的，是有“至大四年”的时间落款，这是元早期的时候。作者2007年去塔洼小寺遗址的半山崖棚考察时，记得也有许多题字，其中有“至元二年四”落款。这是元世祖忽必烈的年号，时间为公元1265年，为元朝初年了。而与黄松峪三道沟北坡崖棚的题字比，前后仅相差46年，基本可看作同时，两处是否有交集就不得而知了。至于西崖棚顶上那朵莲花所画的时间，作者以为或与东崖棚题字同时，即在元至大四年前后，也就是元前期了。

而原平谷县副县长、政协副主席韩牧苹先生早在20世纪80年代初，就曾踏察平谷东部及北山一带，包括黄松峪地区。先生在撰写的《金山记景》文章中写到了塔洼小寺：“寺西绝壁崖盖内，有石刻莲花，花径二尺，造型甚美，以水溽湿方较明显。”小寺遗址附近作者曾不止一次踏察，遗址东北四五十米的崖棚题字是有的，但说“寺西绝壁崖盖内，有石刻莲花”，却未曾见过，问及村人也说不知。这里所记，是否为三道沟沟口北坡的莲花呢？可这里的莲花为人所绘画，而非石刻。

柴福善

参考文献

1. 郦道元. 水经注［M］. 上海：上海人民出版社，1984.

2. 郦道元，陈桥驿等. 水经注全译［M］. 贵阳：贵州人民出版社，1996.

3. 张映勤. 寺院·宫观·神佛［M］. 天津：天津社会科学院出版社，1991.

4. 梅宁华. 北京辽金史迹图志（上、下）［M］. 北京：北京燕山出版社，2003.

5. 齐心. 图说北京史（上、下）［M］. 北京：北京燕山出版社，1999.

6. 国家文物局. 中国文物地图集·北京分册（上、下）［M］. 北京：科学出版社，2008.

7. 北京市文物研究所. 北京文物与考古（第四辑）［D］. 北京：北京市文物研究所，1994.

8. 北京辽金城垣博物馆. 北京辽金文物研究［M］. 北京：北京燕山出版社，2005.

9. 宗庆煦. 民国三年密云县志［M］. 北京：京华印书局，1914.

10. 密云县公署. 民国二十七年密云县志［D］. 密云：密云县公署，1938.

11. 天津市地方志编修委员会办公室，天津市蓟县地方志办公室. 明嘉靖蓟州志，清道光蓟州志，民国蓟县志［M］. 天津：天津社会科学院出版社，2014.

12. 仇锡廷. 民国三十三年重修蓟县志［D］. 蓟县：蓟县公署，1944.

13. 蓟县志编修委员会. 蓟县志［M］. 天津：南开大学出版社，1991.

14. 马书田. 全像中国三百神［M］. 南昌：江西美术出版社，1992.

15. 任在陛. 清康熙六年平谷县志［D］. 平谷：平谷县公署，1667.

16. 项景倩. 清雍正六年平谷县志［D］. 平谷：平谷县公署，1728.

17. 朱克阅. 清乾隆四十二年平谷县志［D］. 平谷：平谷县公署，1777.

18. 王兆元. 民国九年平谷县志［M］. 北京：中华印刷局，1920.

19. 王兆元. 民国二十三年平谷县志［M］. 天津：天津文竹斋，1934.

20. 平谷县地名志编辑委员会. 北京市平谷县地名志［M］. 北京：北京出版社，1993.

21. 平谷县志编纂委员会. 平谷县志［M］. 北京：北京出版社，2001.

22. 北京市平谷区地方志编纂委员会. 平谷县志［M］. 北京：北京出版社，2019.

23. 北京市平谷区军事志编纂委员会. 北京市平谷区军事志［M］. 北京：北京出版社，2011.

24. 北京市革命烈士英名录（平谷县分册）［D］. 北京：北京市民政局，1981.

25. 中共北京市委党史研究室，中共平谷县委党史办公室. 平谷革命史［M］. 北京：北京出版社，1991.

26. 中共平谷县委党史资料征集办公室. 洵水长流［D］. 平谷：中共平谷县委党史资料征集办公室，1990.

27. 政协北京市平谷县委员会. 平谷文史选辑一［D］. 平谷：政协北京市平谷县委员会文史委员会，1989.

28. 政协北京市平谷县委员会. 平谷文史选辑三［D］. 平谷：政协北京市平谷县委员会文史委员会，1992.

29. 政协北京市平谷县委员会. 平谷文史选辑四［D］. 平谷：政协北京市平谷县委员会文史委员会，1995.

30. 老党员见证［D］. 平谷：中共北京市平谷区委组织部，北京市平谷区老干部局，北京市平谷区政协文史委员会，2017.

31. 平谷区文化委员会. 平谷文物志［M］. 北京：民族出版社，2005.

32. 平谷区文化委员会. 平谷石刻［M］. 北京：北京燕山出版社，2010.

33. 平谷区文化委员会. 平谷文物揽胜——北京市平谷区第三次全国文物普查资料汇编［D］. 平谷：平谷区文化委员会，2011.

34. 平谷区档案局（馆）. 档案见证幸福平谷［D］. 平谷：平谷区档案局（馆），2014，3.

35. 平谷区档案局（馆）. 档案见证幸福平谷［D］. 平谷：平谷区档案局（馆），2014，11.

36. 罗哲文，刘文渊. 世界奇迹——长城［M］. 北京：文物出版社，1992.

37. 中共唐山市委党史研究室. 冀东革命史［M］. 北京：中共党史出版社，1993.

38. 陈平. 千里无人区［M］. 北京：中共党史出版社，1992.

39. 何许等. 金海游踪［D］. 平谷：平谷县政协文史资料研究委员会，1986.

40. 韩牧苹. 泃阳杂录［M］. 呼和浩特：远方出版社，2000.

41. 胡永连. 平谷民间文学集成［D］. 平谷：平谷文化馆，1999.

42. 柴福善. 平谷寺庙志略［M］. 北京：民族出版社，2014.

43. 柴福善. 平谷史话［M］. 北京：民族出版社，2016.

44. 柴福善. 峪口史话［M］. 北京：中国文史出版社，2014.

45. 柴福善. 独乐河史话［M］. 北京：中国文史出版社，2015.

46. 柴福善. 平谷镇史话［M］. 北京：中国书籍出版社，2022.

47. 大美黄松峪［D］. 平谷：北京市平谷区黄松峪乡政府，2012.

48. 北京黄松峪国家森林公园材料汇编［D］. 平谷：北京市平谷区黄松峪乡政府，2021.

49. 北京黄松峪国家矿山公园材料汇编［D］. 平谷：北京市平谷区黄松峪乡政府，2021.

50. 北京黄松峪国家地质公园材料汇编［D］. 平谷：北京市平谷区黄松峪乡政府，2021.

后　记

应乡党委张玉娟书记之邀，编写了这本《黄松峪史话》。

这是我在多年积累的基础上，自2022年9月至今，历时七八个月，对境内长城、墓葬、遗址、全乡七个村落及已搬迁消失的黄土梁、胡同水、土谷子、西涝洼四个村落，深入细致地访谈踏察，搜集资料，进而着手梳理编写。全书分为沿革、山川、名胜、村落、寺庙、墓葬、古建、古树、碑刻、文物、战事、人物、传说、辑录等。

应该说，这是第一本全面系统且图文并茂地记述黄松峪地区历史文化的书。编写中，一如既往地坚持典籍文献、实物遗存与口碑资料的三者结合，从而使全书资料丰富，记述翔实，考据严谨，实事求是，且行文朴实简洁，文脉贯通古今。

在记述中，对同一件事，不同访谈人的一些不同说法，如贺明登牺牲、秦宝元逃脱、黑豆峪惨案等，有些是亲历，有些是亲见，有些则是亲闻了。作为文史资料，尽量尊重且予以保留，以存资料，便于后人研究，亦请读者理解。

作为一本地方史志之书，我想要努力挖掘出黄松峪地区的深厚底蕴；作为一本乡土教材，我力求让其真实可信且可读。这本书如能助力于黄松峪地区经济社会发展及文化繁荣进步，便深感欣慰了。

感谢张书记，百忙中欣然作序；感谢张艳北部长、潘军主任等的精心组织安排，使访谈踏察得以顺利进行；感谢京城书法家翟德年先生为本书题写书名，感谢出版社责编刘华夏女士的精心编辑，也感谢诸位朋友的大力关注。

当然，作者才疏学浅，书中这样那样的不足在所难免，诚请方家及读者不吝教正。

柴福善

2023年4月25日于善书斋